男子という闇

少年をいかに性暴力から守るか

To Raise a Boy

Emma Brown

エマ・ブラウン　山岡希美＝訳

明石書店

男子という闇——少年をいかに性暴力から守るか　目次

プロローグ　7

第1章　私たちには見えていないもの
——少年に対する性的暴行の密かな流行　32
少年たちが助けを求めない（あるいは「女々しさを見せない」）理由／スポーツの文化／性的暴行は「悪ふざけ」ではない／我々がいまだに信じている、少年に関する誤った常識／男性が声を上げることの重要性／傷ついた町

第2章　少年はいずれ男性になる
——生まれ・育ち・少年期を再考する　75
ホルモンと脳、そして男の子への接し方を無自覚にも変えている親／男の子を成功へと導くために／「マンボックス」と男性の健康／男の子の感情リテラシーを育てる／父親が「マンボックス」を作り上げる、または打ち砕く方法／あなた自身の人間関係が重要な理由／変化の表れ

第3章　性教育の危機
——セックスの話をしないことが子どもにとって危険なわけ　126
セックスについての会話を始める方法／セクスティング——オフ

ラインのエチケットをオンラインに適用する／男の子がポルノなしで自慰行為を練習すべき理由／「性的市民権」について学校で教える／性的自己抑制教育の問題点／新しい性教育——ポルノリテラシー

第4章　若者の心の形成——学校は子どもたちをいかに導き損ねているか　170

学校で性暴力を無視することの問題点／罰することの問題点／ジョン・ドウ2の場合／別の手段の可能性——修復的司法

第5章　「同意」とは何か——アジズ・アンサリの告発者、グレースから学ぶ　205

「いや」は必ずしも一つの方法で伝えられるわけではない／オーラルセックスは同意ではない／拒絶にうまく対処する方法を学ぶ／アルコールのせいにできること（とできないこと）／変化の兆し

第6章　人種差別、暴力、トラウマ——親しい関係が少年の心の支えになる　238

人種、人種差別、そしてアメリカの黒人少年たち／トラウマと暴力の関連性／「取り締まりで現状打破はできない」／「今でも毎日痛みと向き合っている」／銃暴力と家庭内暴力（DV）の関連性／「頼れる誰かがいる」

第7章　ハリーにサリーが必要な理由　279
――男子校が時代遅れにならないために
「女子と関わる方法が分からない」――男女別学教育と社会的スキル／男子校の文化を変革する／男の子とどう話すか／男子校に求めるもの

第8章　少年たちの居場所　310
――男の友情が新たな文化を作り上げる
セクハラの本質／スポーツの力を活用する／学校における「社会性と情動の学習」の可能性／男子にもジェンダーがあることを教える／変革をもたらす力があることを少年たちに気づかせる／少年が少年を導く

エピローグ　355

*

訳者あとがき　363

註　393

プロローグ

私が息子を持つ母親となった最初の年は、マスコミ、芸能界、政界の権力者による性的暴力が全国的に明るみに出始めた年とほぼ同時期だった。ニューヨーク・タイムズ紙とニューヨーカー誌で、ハーヴェイ・ワインスタインの性的暴行疑惑に関する最初の記事[1]が掲載されたのも、息子がまだ生後六週間のときだ。授乳しながら、私はそれらの記事をスマートフォンで読んだ。

その後も次々と同じような話が浮上した。ロイ・ムーア、チャーリー・ローズ、マット・ラウアー、ルイス・C・Kなど。責任逃れをしてきた男性たちの話、何年にもわたり口をつぐんできた女性たちの話、性的暴行疑惑の加害者を擁護してきた大勢の人々の話。それらの話が突然ソーシャルメディア上に溢れ返った。押し寄せてくるその波に、その重さに、息苦しさと、時折、激しい怒りを感じていた。そしてそれは、絶えず頭を悩ます、ある疑問を心に残した。息子がそうならないように、どう育てればよいのだろうかと。

私が息子に教えたかったのは、性暴力を振るわないということだけではない（そんなことは言うまでもない！）。彼には、性差別的あるいは暴力的な行動から目を背けず、それに立ち向かえるような人になってほしいと考えていた。そして、少女や女性、他の少年や男性、また自分自身との関係を育む方法を知ってほしかったのだ。

息子を出産した半年後、私は育児休暇から戻り、ワシントン・ポスト紙の調査記者としての仕事に復帰した。その五ヵ月後、ポスト紙の情報受付窓口に、匿名の女性から、彼女がまだ高校生だった三〇年以上も前に、同じく高校生だったブレット・カヴァノーから性的暴行を受けたという内容のメールが届いた。当時、カヴァノーはトランプ大統領が指名する次期最高裁判事の最終候補者の一人であった。

私の元に舞い込んできたその情報を受け、私は彼女に電話をかけた。彼女はワシントンの有力者に自分の体験を知ってほしかった一方で、公に名乗り出ることは望んでいなかった。その後の二ヵ月間、どのように話を進めていけばいいのか頭を抱える彼女と私は連絡を取り合い、可能な場合はどんなときでも（職場の窓のない一室で息子のために搾乳していたときも、バーモント州のある山の頂上を目指して、家族と土砂降りの中ハイキングをしていたときも）、彼女と会話やメールを交わすよう努めた。最終的に、彼女は自分の話で何かが変わるわけがないと考え、口をつぐむことを選んだ。しかしその後、彼女の訴えに関するニュースが、彼女の許可なく他のメディアに流れ始めたのだ。そうして、夏の終わりに、カリフォルニア州で心理学教授を務める彼女、クリスティン・ブラジー・フォードは、自分の体験談が公にされるのであれば、自分の口で語るべきだと判断したのであった。

そこで彼女は、「あなたは信頼できる」ジャーナリストだからと[2]、私に助力を求めてきた。今となっては、彼女が語った内容を誰もが知っていることであろう。カヴァノーと彼の友人であるマーク・ジャッジが、ワシントンDC郊外で開かれたハウスパーティーで酔っ払い、彼女を寝室に追い詰め、押さえつけて彼女の体を弄《もてあそ》んだという内容だ。彼女が命の危険におびえる中、少年たちが「猟奇的に」笑ってい[3]たことなど、はるか昔に起きたその夜の出来事について、彼女には忘れられないことがいくつもあった。その一方で、どこで起こったのか、その後どのように帰宅したのかなど、思い出せないこともたくさんあった。彼女の話を裏付けるものとして、彼女は高校時代に経験したこの強姦未遂に関してセラピストが残した記録を提供しており、彼女の夫は、彼女が暴行のことやカヴァノーの名前などを初めて口にしたのは六年前だったと語っている。

　二〇一八年九月一六日に、ポスト紙は彼女の主張とカヴァノーの真っ向からの否認を掲載した。[4]認識の甘さからか、私は次に起きる出来事を予想できなかった。それは、ニュース番組のトークショーやトランプ大統領のツイッターアカウント上、また上院司法委員会の聴聞室で繰り広げられた偏った政治的な論争である。フォードの感情的な証言に、カヴァノーの怒りに満ちた反論と最終的な最高裁での承認が相まって、三〇年近く前にアニタ・ヒルがクラレンス・トーマス判事をセクハラで告発［一九九一年、トーマス判事の最高裁判事承認のための公聴会で、元部下のヒルがセクハラを受けたことを証言した］して以来、女性にとってどれほどの変化があったのかという当然の疑問に繋《つな》がった。またこの論争は、トランプにとって、二〇一八年の中間選挙に向けて共和党の有権者を結集させるための重要な鍵となった。

　しかし、フォードの証言は政治的な大騒動を引き起こしただけではなかった。それは、性暴力や薬物乱用、説明責任、特権、同意、そして少年が少年のあり方をどのように学ぶのかなど、少しばかり話しづらい話題について、時には食卓を囲む親と子どもの間で話し合う機会を与えたのだ。フォードの話は、＃ＭｅＴｏｏ［ＳＮＳ上でセクハラや性的暴行被害について共有する際に使われるハッシュタグ］を使った一連の暴露投稿と共に、若者の間で大きな反響を呼び、性差別や性暴力に反対する声を上げるよう多くの若者の意識を高めた。

「僕たちは自分たちの手で変えていかなければならない」。カヴァノーの母校から一六キロほど離れたワシントンＤＣの私立男子校、セント・オールバンズ校に通う三人の高校四年生［年齢としては日本の高校三年生にあたる］が学校新聞でこのように述べていた。それは、姉妹校に通う女子生徒たちが侮辱され、軽く扱われたという経験に、同級生たちが耳を傾けるよう促そうとするものだった。「特権には責任が伴う」[5]

各地では、反発の兆しが見られた。「僕は女性に対する不信感の方が強い」と警戒心の強い高校生は話していた。

フォードの話がポスト紙に掲載された数日後、私のメール受信箱は、一〇代のときに受けた性的暴行の体験を語ろうと心を動かされた人々からのメッセージで溢れ返っていた。中には、自らの体験について初めて語る人もいた。メールには次のように述べられていた。

「二〇年以上も秘密にしていました」

「高校時代に体験したことがレイプだと分かってはいたが、ずっと自分を責めていた」

「全てが終わることを願いながら、枕に顔をうずめて静かに泣いたのを覚えています」

「眠れないときに頭に浮かぶのは、あの出来事です」

「それが起きてから五三年が経ちました」
「私はやめて、やめて、やめてと言いました……彼はやりたいようにやった後、そのまま私を床に置き去りにしたのです」

彼らの記憶が教えてくれたのは、性暴力は男性や女性の生活だけでなく、少年や少女の生活の中にも組み込まれているということである。彼らは、#ＭｅＴｏｏ運動で明かされた隠れた苦悩の根本が、多くの場合、子ども時代にあることを教えてくれた。そして、意味のある変革を求める声がたくさん上がっていることも示してくれた。どうやら、多くの人が私と同じ質問の答えを探し求めているようだ。息子たちがそうならないように、どのように育てればよいのかと。

ぽっちゃりしてまだ舌足らずな幼い息子と家で過ごしながら、男性の過ちについて読んでいた二〇一七年末のあの瞬間まで、恥ずかしながら私は、少年が少年のあり方をどのように学ぶのかについて深く考えたことがなかった。その男たちもかつては赤ん坊だったのだ。そして彼らは成長した。

私にとって、男の子を育てることは異国の地を旅しているような感覚に近い。それは娘のときとは違う体験だった。息子を産む三年前に娘を出産した際、私は母親になる方法について見当もついていなかったが、女性として生きてきた数十年のおかげで、娘のために何を望むのかは明確であった。

夫と私は、山の斜面にしがみつく丈夫な樹にちなんで、彼女をジュニパーと名付けた。彼女には、女性のあり方や世の中の渡り方に関する因習に縛られることなく、自分には何でもできると思ってほしかった。トラックのおもちゃで遊んでもいいし、人形で遊んでもいい。ワンピースだって、オーバーオールだって着ることができる。宇宙飛行士を目指すのも、看護師を目指すのも自由だ。彼女は、大胆で、ひょうきんで、愛情深くて、芯の強い人間になれる。「私は強い、怖いものなんてない」。娘が二歳の頃、公園にあった三メートルほどの高さの吊り橋を渡ろうと足をすくませているのを見て、私はこのように唱えるよう彼女に教えた。娘の手を取り、その言葉で彼女の背中を押すと、娘はそれを復唱しながら少しずつ進んでいった。

その短いフレーズに何か明確な意図があったわけではない。それは、自然と口からこぼれ落ち、私が娘にどう育ってほしいのか、自らをどのように考えてほしいのかを凝縮していた。橋を渡りきった後、娘は両手を上げて「私は強い、怖いものなんてない！」と叫んでいた。今でも、不安や困難な出来事に遭遇するたびに彼女はその言葉を口にしている。私は小さな少女からそのような力強い言葉を聞くことを嬉しく思う。

息子のオーガストには、そのような明快な人生訓はなかった。男の子に強く無敵であるようにと言い聞かせるのは、不要であるとともに、ステレオタイプを打ち消すというより、強固なものにしてしまうのではないかと、逆効果なようにも感じた。男の子に対する古臭い因習を無視し、ジュニパーに教えたような人生における無限の可能性を息子が理解できるように、私は彼に何を与えることができるのか？　私には見当もつかなかった。少年時代のストレスやステレオタイプに彼が抗《あらが》えるようにする方法が分からなかったのは、そもそも男の子がストレスやステレオタイプに直面するという事実に、私が向き合うことがなかったからだ。

女の子だった私には、男の子の方が何かと楽なように思えた。男子の強さや能力は想定されているのに対し、私は自らの強さや能力を常に証明しなければいけなかった。中学二年の頃、体育でバレーボールをした際に、女子には巨大なビーチボールが与えられ、男子には本物の革製のバレーボールが渡された。そこから読み取れるメッセージは明確だった。私は教育委員会に抗議し、発言することの力を知った。しかし、自分がどれほど強いと感じていても、私は三人の兄たちとは違い、ある意味無防備でもあることを理解していた。両親は、地元の自転車道で起きたレイプ事件の新聞記事を見せて、私にそこでジョギングしてはいけないと話すこともあった。母は、私の長い金髪は悪人を引き寄せる効果があると、警察官から忠告されたことがあるそうだ。私は女子として、少しばかりの恐怖心を持つことを学び、男子だったらよかったのにと幾度となく思った。

その後、私は大学に進学し、自然保護官として季節ごとの仕事に従事した後、教師に、そして記者へと転職した。男の子の方が何事も単純だという感覚が消えることはなかった。しかし、本書のために調査を始めてから、私は自分が間違っていることに気づいた。「息子がそうならないように、どう育てればよいのか」という初めに抱いていた疑問は、新たな疑問へと変化していったのだ。息子の成長を助けるために**私自身は**どう変わればよいのか？　男の子について私は何を誤解しているのか？　男の子をより明確に理解するためにはどうすればよいのか？

このプロジェクトを進めていく中で、公衆衛生の専門家、医師、社会学者、心理学者、神経科学者、教師、校長、コーチ、親、少女や若い女性、そしてもちろん、少年や若い男性など、全国の何百人もの人々にインタビューを行った。黒人、ラテン系、アジア系、ゲイ、ストレート「性自認が身体的性と一致している異性愛者」、バイセクシュアル、アメリカの田舎町や小さな町出身の者、裕福な家庭で育った者、ぎりぎりの生活をしている者など、様々な少年と話をした。社会科学や公衆衛生の文献に頼りながら、何千ページもの法廷文書や専門家による査読済みの専門誌にも目を通した。そして、メイン州からカリフォルニア州、ユタ州の牧場からミネアポリスの郊外、私が住むワシントンＤＣの教室からシカゴ南部の学校まで、様々な場所へと足を運んだ。私は正しく理解したいと思ったのだ。

これらの旅路や様々な人と交わした会話の中で、私は女性として（また、ただの女性ではなく、沿岸部の大都市で育ち、別の大都市で大学と大学院にまで進学した恵まれた白人女性として）少年や彼らの経験に対する自らの見解を曇らせるような、深い思い込みを抱えていたことを認識せざるを得なかった。娘たちを守るために、我々は息子たちの育て方を見直さなければならないと私は思い込んでいた。しかし、少年の世界を垣間見た今、彼ら自身のためにも、我々は息子たちの育て方を見直さなければならないのだと分かった。我々は少年たちを導き損ねてきたのだ。そして、その失敗は公衆衛生上の危機へと繋がっている。少年たちは、驚異的なレベルの身体的・性的暴力、上昇し続ける自殺率、あるべき姿に対する厳しい制約、そして多くの羞恥心と恐怖心に直面している。

我々は単純に、少年たちが彼ら自身と、他の少年や男性と、少女や女性と、健全な関係を築くために必要なものを与えることができていないのだ。

アメフトが盛んなインディアナ州の小さな町で育ったある少年は、体操競技をすることや、体操競技を**愛する**ことで感じる罪悪感と葛藤について話してくれた。「親友が全員女子だったことを恥ずかしく感じていました」と彼は話した。「そのことで友人や兄弟、母親から非難されたことを覚えています。『他の男子とつるむことを学んで、男のあり方を学びなさい』と」

サンフランシスコのすぐ北側にある町の高校に通う、卒業間際の裕福な白人の少年たちは、「男文化」と呼ばれるものについて説明してくれた。それは、童貞を捨てるか嘲笑を買うかというプレッシャーであり、何事にも深く関心を持たないようにするという戒めのようなものでもあった。「仲間とはつるんだりしても、感情は表に出さない」と一人が言った。「自分の気持ちなんて語るべきじゃない」

火曜日のある晩に、連邦議会議事堂の近くにある教会で出会った中年男性たちは、毎週集まって、自らの感情に働きかけることや、互いに心を通わせることを練習し、男性がどのように関係を築くべきかに関して植え付けられた教訓を打ち消そうとしていた。「私は五〇歳になってようやく、自分が孤独であることに気づきました」と、そのうちの一人が話してくれた。「私には何かを共有する友達がいなかったのです」

シカゴで出会った銃撃被害者は、背の高い青年で、生まれたばかりの息子が背が高くて逞しい男に育たないように願っていた。彼の地元では、背が高くて逞しい体つきの黒人少年は、何かを証明しなければいけないという意識に駆られた者からの攻撃を受けやすいからだ。「ここに住んでいると、いろいろと大変なことがあります」と、まだ肌寒い春の日にコーヒーを飲みながら彼は話してくれた。「男性であることにも、いろいろと大変なことがあります」

私の子どもたちに聞けば分かる通り、私は子育ての専門家ではなく、本書も、子育てのハウツー本として執筆したわけではない。そうではなく、息子が成長するにつれて直面するであろう問題を探ることで、その際に息子を助ける方法をよりよく理解することを目指している。そして、教師やコーチ、指導者や他の親など、男の子の子育てに携わるその他の人々とそれらの発見を共有したいと思ったのだ。以降の章で「息子たち」と述べているが、それは、身近にいる少年たちだけでなく、出会ったことのない少年たちのことも指している。いずれにしても、彼らの成功と健康は我々にかかっているのだ。

本書を執筆したことが私にとって、少年たちに対する自らの考えを見直すきっかけとなったのと同じように、本書を読むことが読者にとっても、少年たちに対する考えを見直すきっかけになることを願っている。

我々はセックスについて、まるで少年たちが望んで行っていることであるかのように話すが、最近では、一〇代の少年は一〇代の少女に比べて性交経験が少ないことが分かっている[6]。我々は性暴力を女性の問題として捉えているが、少年や男性も驚くほど高い確率で被害に遭っている。また、我々は少年や男性が少女や女性を尊重することは当たり前であるかのように話し、尊重するのは任意ではないということを彼らに伝えている。そんな中、ドナルド・J・トランプが米国の大統領に選ばれた。彼は何人もの女性に性的暴行やセクハラ行為を行った[7]として告発され、女性の「あそこ」を掴んだ[8]と自慢する様子をスクープされ、全国放送で月経に関する発言でテレビキャスターのメーガン・ケリーを侮辱した[9]人物である。

　そして、我々はジェンダーバイアスを、女性に困難な課題を生み出すものとして話す傾向があり、少年たちは、自らの葛藤を目に見えない、あるいは重要性が低いものであるかのように感じたままとなっている。

　私は女性が完全に不平等に打ち勝ったと言っているわけではない。特に非白人の女性は、私が直面したことのないような差別に直面している。政界やビジネスの場など、権力社会において女性の存在はいまだに不足しがちである。しかし、この半世紀の間に、女性解放運動はアメリカに住む多くの少女たちの生活を変え、彼女たちができない、あるいはすべきでないとされてきた常識を一掃した。一八二〇年代までは、女子が公立高校に通うことすら許されていなかった[10]。今となっては女性の方が、男性に比べて大学に入学し卒業する可能性が高い[11]だけでなく、全米の修士号と博士号の半分以上[12]を女性が取得している。給与額に関しては、今でも女性は男性に比べて低いが、以前に比べれば格段に向上している[13]。一九六九年には男性の一ドルに対し、女性は五九セントしか支払われていなかったが、二〇一九年には八二セントにまで上がっている。二一世紀のアメリカで少女として生活するということは、ガールパワー〔少女同士の結束や自立心を表す言葉〕やブラックガール・マジック〔黒人女性を称える運動〕を称賛する声、そして未来は女性にあると謳《うた》う声で溢れた社会、何にでもなれるのだと宣言してくれる社会の中で育つということなのだ。

少年にとっての可能性もある程度は広がってきている。著名な男性たちによって、男性であることの意味が再定義されようとしているのだ。妻の出産のために、二〇一九年秋のプレーオフ試合を欠場した、ワシントン・ナショナルズのダニエル・ハドソン投手は、ワールドシリーズの制覇に向かう直前だったチームメイトたちから声援を受けた。ヒップホップアーティストのチャンス・ザ・ラッパーが二〇一九年に予定していたツアーを延期したのも、妻の出産が理由だった。[14] テニス界のスターであるセリーナ・ウィリアムズが出産した後、彼女の夫で、レディット社の共同創設者、そしてベンチャーキャピタリストのアレクシス・オハニアンは、一六週間の有給育児休暇を取得した。[15] それ以来、彼は、父親が有給育児休暇を取得するだけでなく、職場でのペナルティを恐れることなく自由に取得できるよう提唱する主導者の一人となった。「そもそも、そのために私は休暇を取得したのです」[16] と、オハニアンはジャーナリストのカラ・スウィッシャーに話している。「私は他の男性にも、その様子を見て『よし、アレクシスが野心的な仕事人間にならなくても誰も責めはしない。彼にできるなら、俺にもできるだろう』と思ってほしかったのです」

一九八九年以降、育児のために専業主夫をする父親の割合は、ほぼ二倍にまで増加した。[17] 半世紀前に比べると、父親たちは毎週、育児に三倍もの時間、[18] 家事に二倍以上もの時間を費やしている。そして、男性の正看護師の割合は、ほぼ同時期に四倍以上にまで増加しているのだ。[19]

しかし、これらの数字はある真実を覆い隠している。多くの少年は、自分がどんな人に、どのようになれるのか、なるべきなのか、なることが期待されているのかについて、狭い視野を持ったまま成長しているということである。彼らは、型にはまった少年、型にはまった男性にならなければいけないという強烈なプレッシャーに直面しているのだ。

　こうした変化の中でも、専業主婦の割合が二七%であるのに対し、専業主夫の割合はわずか七%[20]である。父親は母親に比べて、いまだに育児や家事に費やす時間がはるかに少ない[21]上、家族のためにお金を稼がなければならないというより多くのプレッシャーに直面している。また、男性看護師の数は増えてはいるが、この分野で男性が占める割合はたったの一一%[22]なのだ。この分野は今後一〇年間で急速に成長し、製造業など男性が優位な産業での雇用が減少する中で、数十万もの新たな職を生み出すと予測されている（養育を中心としたその他の仕事も、ほとんどが女性が優勢なままである。たとえば、歯科助手ではわずか四%、保育士では六%、小学校教師では一一%しか男性[23]がおらず、教職に就いている男性の数は二〇年前に比べて減少している）。

　多くの人は、娘たちにステレオタイプ的な男子のように振る舞うこと、すなわち、仕事に野心的で、ビジネスや政治の場でリーダーとして活躍し、私が自分の娘に言ったように、強くて無敵であることを奨励してきた。しかし、女子に関連づけられている最高の資質を息子たちが受け入れるように導く、これに匹敵するような社会運動はこれまでになかった。

　女子っぽさは非常に恥ずかしいものとされており、実際にアメリカにいる思春期の少年の一〇人に八人は、男の子に対し、弱虫、情緒不安定、ゲイなどの意味を込めて「女子みたいだ」[24]と誰かが侮辱しているのを耳にしたことがある。その結果、いまだに我々が女性的だと考えるものを軽蔑し、男であることの意味に関する強固で古いステレオタイプから影響を受けている若い世代の男性が増えている。少年の三分の一以上[25]は、自分の持つことができる最も重要な資質は、世間的に見ると、強さとタフであることだと考えている。そして、ほぼ同じ割合の少年が、恐怖や悲しみは抑えなければいけない感情だと考えているのだ。

　男性のうつ病に関する本を執筆した家族療法士のテリー・リアルによると、我々は少年たちに自らを「二分化」し、感じることや表現すること、そして他者と繋がることに必要なスキルを拒絶して否定するように仕向けているという。我々が実践してきた少年の育て方の成果を、リアルは実務の中で感じ取っている。彼が診る男性たちは、自身や恋人が切望するような親密な関係を維持することができないのだ。「全体的に、女性が男性に求める感情的な親密さは、私たちが、少年たちに大切にして示すようにと教えてきた親密さ以上のものです」と彼は言った。

　しかし、男性や少年たちもまた、想定されている以上の感情的な親密さを求めている。本当の意味で、少年が少年であることを受け入れるということは、実際にはこのような親密さを彼らは（多くの場合は性行為よりも）[26]求めているのだと、彼ら自身が認められるようになることなのだ。そして、彼らはそうした親密さを、恋愛関係だけでなく、交友関係、特に他の男子との交友関係においても求めている。

　ニューヨーク大学の心理学者であるナイオビ・ウェイは、数年間にわたり一〇代の少年たちを追跡[27]し、彼らの交友関係や、交友関係に対する感情が時間とともにどのように変化するのかについてのインタビューを実施した。その結果、一五歳くらいの思春期初期までは、男子が友人について話す様子には、女子が友人について話す様子と大きな差はないことが判明した。彼らは、深い絆と親密さで結ばれている男友達について熱心に話し、自らの秘密を共有できるほど信頼しているとたびたび語った。

しかし、この子どもたちが大人の男性へと成長していく中で、ある変化が起きることをウェイは発見した。一六歳から一九歳の間に、彼らは、一番身近な友人を失ったり、最も大切な交友関係の中に新たな距離感を感じるようになったりしたと話している。そのことを気にしていないと主張する者もいたが、孤独感や憂鬱《ゆううつ》さについて話し、親密さを渇望しているが手が届きそうにないと認める者もいた。

ウェイが気づいた、男の子が親しい友人関係を失う年齢層は、彼らの自殺率が女子の二倍から四倍にまで急上昇する年齢層と同じである。ウェイは、その因果関係について証明することはできないものの、これが単なる偶然ではないと考えている。自分や他の少年との親密な繋がりから切り離されることは、少年が男性へと成長する過程で支払う代償なのかもしれないと彼女は話していた。

当然のことながら、これらは一般論に過ぎない。ワイオミング州の田舎で育った白人少年が直面する問題は、ニューイングランドの進学校に通う生徒や、ロサンゼルス東部に住むメキシコ系移民の息子、あるいはワシントンDC南東部で育った黒人少年が直面する問題と同じではない。しかし、全米各地で様々な少年時代を送っている少年たちにはいくつかの共通点が存在する。それは、強くて冷静に振る舞い、弱さや不安、助けが必要であることを決して認めてはならないというプレッシャーを感じていることである。性行為を求め、性行為をし、性行為について自慢しなければいけないというプレッシャー。同性婚が合法化され、ＬＧＢＴＱ［性的マイノリティの総称］の権利に関する考えが急速に変化している今でも、多くの少年はストレートでいなければならないというプレッシャーを感じている。そして、それらのプレッシャーは、友人、音楽、メディア、また教師、コーチ、保護者を含む、悪意なき大人たちによって強化されているのだ。

　アメリカの少年たちが吸収している「男らしさ」に関する話は、この国に限ったものではない。ジョンズ・ホプキンス大学の研究者は、一五ヵ国の一〇歳から一四歳の子どもたちを対象とした大規模なジェンダー意識調査を主導し、世界各地で注目すべき類似点[28]を発見した。メリーランド州ボルチモアからエクアドルのクエンカ、上海からニューデリーやナイロビまで、少年は、タフで強くて、性的に優位[29]でいなければならないと学んでいる。そして、少女は、魅力的で従順でいるべきだと学んでいるのだ。女子がサッカーをして[30]、ズボンを穿《は》き、ジェンダーステレオタイプに抵抗することに対して、いくつかの国では明らかに寛容度が高まっている一方、ネイルアートを楽しむ男子に同じような寛容さがあるとは言えない。

「それはグローバルな脚本のようなものです。本当に異常です」と、同大学で研究を主導する学者の一人、ロバート・ブラムが語った。

　このグローバルな脚本は、明らかに女子に害を及ぼすものであり、彼女たちは過度な性暴力に直面しているだけでなく、若年妊娠や退学のリスクも高いのだ。しかし、四〇年間にわたり思春期の若者を研究してきた医師のブラムは、それが男子にも害を及ぼしていることを理解してもらいたいと考えている。

ジョンズ・ホプキンス大学の研究では、都市部の貧しい地域の子どもたちに焦点を当てているが、男子は女子よりもさらに高レベルの身体的暴力、ネグレクト、性的虐待[31]を受けていることが明らかになった。そして、被害に遭えば遭うほど、被害少年もまた、他者に暴力を振るう可能性が高くなる。ブラムによると、男子は女子よりも二〇代で死亡する確率が高く、アルコールやタバコなど、年齢を重ねるごとに健康に害が及ぶような習慣を身につけていることが多いという。「少年たちの話はまだまだ語られておらず、それはとても重要な話だと私は考えている」とブラムは説明してくれた。「私たちのデータによると、男性が優位で女性は不利な立場にあるという神話は単純に事実ではないことが示唆されます」

ブラムをはじめとするジョンズ・ホプキンス大学や世界各国の研究者たちは、子どもたちがまだ幼いうちに、すなわちジェンダーに関する考え方が固定され始める一五歳くらいまでに、彼らがグローバルな脚本を書き換えられるようにすることで、少年たちの行く末を変えることができると考えている。しかし、女子を力づけることに多大なるニーズがあると感じられているときに（そして実際にそうしたニーズがあるときに）、男子を支援するために投資するよう出資者を説得するのは困難かもしれない。「人々は女子に焦点を当てることでジェンダー平等を実現できるという考えを刷り込まれてきました」とブラムは言う。「私にはそれが理解できません。男子に目を向けて、女子を蔑《ないがし》ろにするのと同様に、女子に目を向け、男子を蔑ろにすることで、どのようにジェンダー平等な世の中を作ることができるのでしょうか」

この点に関して、米国は他国に後れを取っていると公衆衛生の専門家は言う[32]。一九九〇年代以降、少女や女性の生活改善に努めてきた国際的な開発事業者や活動家たちは、男性や少年にますます目を向けるようになってきている。男らしさに関する考えを広げるように少年たちを説得できれば、彼らは性的に攻撃的になる可能性が低く、女性の地位向上に対しより寛容に、より健康的になると考えられているのだ。インドや南アフリカのような多様な国では、まだ数は少ないものの、この理論にメリットがあると示唆する研究が増えている[33]。

そんな中、ハーバード大学の心理学者であるウィリアム・ポラックが、一九九八年の著書『男の子が心をひらく親、拒絶する親』〔邦訳＝二〇〇二年、講談社〕で「男らしさという仮面」が少年たちの抑うつ感、自殺、学力低下に繋がっていると主張し、それからアメリカでは少なくともこの二〇年間で、少年期に対する懸念がくすぶっている。その翌年に、臨床心理学者のダン・キンドロンとマイケル・トンプソンが、ベストセラーとなった名著『危ない少年たちを救え』〔邦訳＝二〇〇三年、草思社〕で、息子たちの感情リテラシーを育てるよう親たちに呼びかけた。それらの著書と並行して、「エイ・コール・トゥー・メン（男性への呼びかけ）」や「メン・キャン・ストップ・レイプ（男性はレイプを阻止できる）」などの団体が、少年や男性に直接働きかけ、暴力を防ぐ手段として、より健康的な男らしさを推進してきた。

二〇一七年から二〇二〇年にかけて、全国メディアで性暴力が注目を浴びるようになり、心理学者やジャーナリストたちは、少年が少年のあり方を学ぶ方法と彼らが人間関係をうまく築く方法との間の関連性を見出すための新たな取り組みを始めた。二〇二〇年だけで、このテーマに関する注目すべき考察として、マイケル・C・ライヘルトの『男の子を育てる方法』（*How to Raise a Boy*）とペギー・オレンスタインの『男子とセックス』（*Boys & Sex*）が挙げられる。

しかし、この国では、息子たちにも性別があること、その性別によって彼らは多くのステレオタイプや臆測の対象になること、そしてそれらのステレオタイプや臆測に抵抗し、それらは変えることができることを彼らに教えるべきだという考えは、今まで浸透してこなかった。ジェンダー平等は、女子のために活躍の場を広げるだけでなく、男子のために障壁を打ち破ることでもあるという論争も同様だ。

現在、変革に向けて新たな勢いが生まれている。国内最大都市の中心部に位置する、問題を抱えた公立校からエリート私立男子校まで、少年とその保護者のためのあらゆる機関が、これまでどのようにして少年たちに男のあり方を教えてきたのか、そしてそれをどう改善できるのかについて分析し始めている。

この変化は、二つの大きな変動がきっかけとなっている。その一つは、男らしさについて幅広い文化的な考察を促した＃ＭｅＴｏｏ運動である。そしてもう一つは、トランスジェンダー〔身体的な性と性自認が一致していない人〕やノンバイナリー〔性自認が男女のどちらにも当てはまらない人〕の人々に対する認知度が高まり、ジェンダーとは**何か**、ジェンダー規範やジェンダーステレオタイプが我々の生活にどのような影響を及ぼしているのかについて、我々全員が考えられる場が増えたことだ。

しかし、ジェンダー規範について考え直そうとする取り組みは、アメリカの生活に広く浸透してしまった深刻な分極化の一環として、激しい抵抗に直面している。これまでもジェンダーと政治が切り離されることはなかったものの、トランプの当選と彼の女性遍歴によって、それらは記憶に刻まれるほど融合することとなった。＃ＭｅＴｏｏ運動は、男らしさの規範を守ろうとする者とそれに疑問を抱く者との間にある溝を広げてしまっているようだ。そしてそれは、少年たちの生活の中にまで浸透しつつある。教育者やコーチによると、ほんの数年前と比べ、ジェンダー規範や性暴力について少年たちと話すことがはるかに困難になっているという。現代の少年たちは、自分たちが何を信じ、どちら側に立つのかをすでに明確にした状態で話し合いに臨んでいるのだ。

多くの少年たちが、気まずい状況や酔った状態で性行為に及んだことが、後の人生を狂わすような虚偽のレイプ疑惑に捻《ね》じ曲げられてしまうのではないかと恐れていると告白してくれた。そのうちの一人はテキサス州に住む一八歳の少年で、彼は大学卒業後、自らの男性らしさによって、就職が困難になるのではないかと考えていた。彼から見ると、昨今の性差別の被害者は、女性ではなく男性である。「男性がずっと優位に立ってきたから、こうした扱いを受けるのは当然だと言うことはできますが、それはフェアではないと僕は思います。僕はこの時代に、この性器を持って生まれた男です。僕はどうすればよいのでしょうか？」と彼は言った。「僕がシスジェンダー［身体的な性と性自認が一致している人］の異性愛者の男だから、僕の意見は重要ではないのでしょうか？」

我々は、息子たちを含め身近にいる少年たちに、こうした話し合いは彼らにも得るものがあるということをもっとうまく伝えられるはずだ。そして、これ以上先に進む前に、私が今ここで言いたいのは、まずは「有害な男らしさ」という言葉を捨てようということだ。その言葉は、少年たちが直面しているプレッシャーを簡略的に表現している一方、議論の余地をなくし、反発を招くような意味合いも含んでしまっている。私が出会った多くの少年や男性は、「有害な男らしさ」を男性に対する攻撃だと、また男性を本質的に有害だと決めつけるものだと解釈している。「男であることは気分のいいものではない」と、サンフランシスコ郊外に住む高校四年生は話してくれた。そして、セントルイスに住む高校三年生は、有害な男らしさについて語り始めれば「誰も耳を貸さなくなる」と語っていた。

私がインタビューした白人の少年の中には、「有害な男らしさ」に対し、特に激しく、防衛的な態度で反論する者もいた。アメリカ人が性差別だけでなく、人種差別、白人至上主義、そして高まりつつある白人ナショナリズムに順応している時代に育つ中で、少年たちは自らが生まれ持った特徴のおかげで槍玉にあげられ、吟味されているかのように感じていた。彼らは、自分たちが本質的に善人であることを保証し、リベラル派やフェミニストを白人らしさや男らしさを否定しようとしているとして攻撃する動画をユーチューブで見ることで、オンラインでは安心を得られていた。「白人男性がいかに邪悪であるかが常に話題に上っていますが、僕はそれが気に食わない」と、ミネソタ州に住む一四歳の白人の少年は話す。「僕たちが存在していることが、まるで間違いであるかのように主張する体制になっています」

こうした発言に対し、呆れた表情を浮かべるのは個人の自由だ。しかし、呆れていることを示したところで、青少年の心を摑むことはできない。彼らは、自分には居場所があること、自分が評価されていること、自分が大切にされていること、そして自分には貢献する価値があることを実感したいのだ。少年たちに耳を傾けてほしいのであれば、彼らの目を通して世界がどのように見えているのかを理解し、彼らが耳を傾けたくなるような言葉を使うとよいだろう。

では、我々は**どうするべきか**。

数ヵ月前にシアトルを訪れた際、私は旧友と公園で落ち合った。国際公衆衛生の分野で働き、幼い息子を持つ彼女は、探索研究から臨床試験、感染症に有効なワクチンや医薬品の開発に至るまで、彼女の専門分野における研究の明快な展開方法について説明してくれた。尊敬し合える充実した人間関係を築けるように少年たちを育てることは、それほど単純なことではない。性暴力や感情的な断絶の原因は一つとは限らず、ワクチンも存在しないのだ。[34]

その代わりに、我々がどんな手段を取るかや、よりうまく振る舞うためにどうするかなど、日々積み重ねていけることはいくつもある。後の章でも述べている通り、いくつかの手段は、家庭内の、家族のプライベートな領域の中に存在する。親は、息子たちがまだ赤ん坊の頃から、「女の子向けの」おもちゃや趣味を否定しないようにしたり、彼らにとってありのままの自分でいられる安全な場所となるような、親密で温かい関係を築くよう取り組んだりすることができる。そうすることで、たとえ世の中を渡って行くために、ある種の鎧《よろい》を身につけなければいけなくなっても、彼らは自分自身や自分の感情を見失わなくて済む。我々は、家庭内暴力（DV）を目撃したり経験したりすることから、息子たちを守ることもできる。これらの経験は、後に彼ら自身が他者に暴力を振るう危険性をはるかに高めることが分かっている。また、セックスや体について話し合う機会を増やし、誰もが尊重されるべき個人的な境界線を持っているということを幼少期から彼らに教え込むことができる。彼らがある程度成長したら、セックスに関する価値観を共有し、質問や議論をしやすい場を提供することで、ポルノやその他のメディアに込められているメッセージを緩和することもできるのだ。

しかし、多くの手段は我々の家庭の外、すなわち社会全体にある。これは、元中学校教師で教育記者である私の偏った見方かもしれないが、子どもたちが社会生活のほとんどを送るK－12［幼稚園から高校までの教育期間のこと］の学校こそ、変化をもたらす強力な原動力になるのではないだろうか。セクハラや性的暴行は中高生だけでなく、小学生の間でも驚くほどよく見られる。それにもかかわらず、多くの教員や学校管理者は、これらの問題への対処法を知らず、そのためのトレーニングも受けていないのだ。

その一方で、少年たちが健全な人間関係を築くための最良のツールとも言える性教育は、子どもたちの生活の中にオンラインポルノが普通に存在するようになった今、教室から姿を消しつつある。公衆衛生の専門家は長きにわたり、K－12の教育機関がいじめと同じように性暴力を真剣に受け止め、政争の具と見なされてきた性教育を公衆衛生と公衆安全の重要な問題として見直すことを求めてきた。今こそ、そうした声に耳を傾けるときである。

このプロジェクトを始めたとき、私は自分の子どもたちにどのような世界が待ち受けているのだろうかと、多少の不安を抱えていた。しかし、驚いたことに、このプロジェクトを終えて、私は希望を見出すことができた。それは主に、私が出会った少年たちのおかげである。彼らは、人間関係における新たな性と権力の力学に適応しようとしている。彼らが言うには、それは恐ろしくて絶えず変化しているものだ。彼らの多くは、女性に危害を加えないようにという差し迫った責任感だけでなく、男であることの意味を再定義する自由があるという感覚と真剣に向き合っている。そして、彼らの多くは指導を求めているのだ。

ボストンの裕福な郊外にあるリンカーン＝サドベリー・リージョナル高校で、私は運動部に所属する生徒たちにどんなスポーツをしているのかを尋ねた。黒髪で筋肉質の四年生のジャック・ギャリティは微笑んだ。「僕はラクロスとアメリカンフットボール……、あとチェロ」と、見知らぬ人が彼のような男性に持つであろう先入観を打ち砕くことに喜びを感じているかのように彼は答えた。

その数分後、彼は講堂の演壇に立ち、デートDVに関する一日がかりの集会を始めた。彼は他の生徒たちに、男子が非難されていると感じさせたくはないが、「これは女性だけの問題ではない」ということを伝えたいと語った。集会後、ジャックは私に、少年や男性が憧れる理想像を作り変えたいと話してくれた。「男であるということは、暴力で問題を解決したり、経験人数が多かったりすることではないのです」と彼は言った。「男であるということは、仲間を守り、女性を尊重することなのです」

彼は、より良い男になろうとする真剣さと同じくらい、うっかり失敗してしまうのではないかという恐怖心を本気で抱いていた。彼は、飲酒や誤解の上での性行為、意図せず誰かを傷つけてしまうことなど、大学における性生活に不安を抱いていたのだ。ある意味、彼は仕立て上げられたとも言えるだろう。彼は同意に関する基本的なルールは理解していた。それは、集会で映し出されたスライドにも書いてあった通り、「『いや』は常にいやを意味する！」、そして「『いいよ』が必ずしもいいとは限らない！」ということだ。しかし、実生活において、これらのルールがどのように機能するのか、彼には分からなかった。彼は、自分自身や自分のパートナーを性的不正行為の脅威から守る方法を、自分が理解できているようには感じられなかったのだ。彼は、試行錯誤を繰り返す以外にそれを学ぶ方法はないと思っていたが、二〇一九年には、過ちを犯す余地はないように感じられた。

「僕は大人になって、自分が真の男になるのを楽しみにしています」と彼は話した。「何事もなく、無事に大人になれることを願っています」

第1章　私たちには見えていないもの――少年に対する性的暴行の密かな流行

ブルーミングについて私が初めて耳にしたのは、忙しい一日の合間の、出勤前に自動車整備工場で車の修理が終わるのを待っていた、そんなふとした瞬間だった。外は土砂降りの雨で、苛立《いらだ》ちを隠せない他の六人の客たちと一緒に、小さな待合室で縮こまりながら、地元のニュース番組が映し出されたテレビに目を向けた。五人の少年、ワシントンDC郊外の高校のアメフト部の生徒[1]が、チームメイトを木製の箒《ほうき》でレイプした、あるいはレイプしようとした疑いで逮捕されたというのだ。

そんな話は、それまで聞いたことがなかったばかりか、想像したことすらなかった。箒でレイプ？　その場を離れた後もそのことは頭から離れず、その後の数日間、数週間のうちに明らかにされていく詳細から、私は目をそらせなくなっていた。

その事件は一〇月の最終日であるハロウィンの日に、メリーランド州モンゴメリー郡の、強豪のアメフトプログラムを持つ多様性に富んだ公立校であるダマスカス高校で起きた。[2] ワシントン・ポスト紙の同僚が、この事件に関する衝撃的な詳細を報じていた。放課後、二軍チームの一年生たち［年齢としては日本の中学三年生にあたる］が更衣室で着替えていると、突然電気が消え、誰かが壁を箒で叩く音が聞こえてきた。二年生［年齢としては日本の高校一年生にあたる］が現れたのだ。「時間だ」[3]と一人が言った。彼らは一年生を一人ずつ、合計四人を捕まえ、地面に押さえつけ、殴り、踏みつけた。上級生たちは後輩たちのズボンを下ろし、彼らのお尻をめがけて箒を突き刺し、箒の取手部分を直腸の中へと押し込もうとして――少なくとも一度は成功した。被害者たちは必死で助けを求め、加害者たちは彼らをあざ笑い、他の少年たちはその惨劇をただ傍観していた。[4]

何か不条理なことについて知るたび、私は、自分や愛する人にはそんなことは起こり得ないということを示す手がかりを探してしまう。それが人間の性《さが》というものではないだろうか。しかし、箒を肛門に突き入れることを意味する「ブルーミング」という行為は、他の性的暴行と同様に、この高校に限って起こる現象ではない。また、特定の種類の学校やコミュニティに限った現象でもない。こうした行為は、人種や社会経済的な境界線を越え、エリート私立男子校や共学の公立校、大都市や農村部、中部に点在する小さな町に至るまで、あらゆる場所で発生している。

二〇一五年、テネシー州ガトリンバーグを訪問中の選抜バスケットボールチームのメンバー三人が、チームメイトの直腸にビリヤードキューを突き入れ、結腸と膀胱の両方に穴を開けたとして逮捕された。[5]二〇一七年、テキサス州ラバーニアでは、ゲータレード［アメリカの有名なスポーツドリンク］のボトル、コート掛けの紙管、懐中電灯などの物体をチームメイトの肛門に貫通させた容疑で、一三人の少年が逮捕された。[6]そして、二〇一八年、オクラホマ州ビックスビーでは、四人の少年がチームメイトを、これもやはりビリヤードキューでレイプしたことで逮捕された。[7]

少年と性暴力について、あなたはどこまで理解しているだろうか。私は、少年が被害者になることは稀《まれ》なことで、「児童性的虐待」は大人が子どもを狙ったものだと決めつけていた。しかし、どちらに関しても間違っていた。

多くの少年が大人から性的ないたずらを受けているのは事実である。ところが、性的虐待や性的暴行は、子どもから子どもに対し行われている可能性がさらに高いということが強力に示唆されている。一七歳以下の子ども一万三千人を対象としたある調査では、性的被害を受けたと報告した少年のうち四分の三が、加害者に他の子どもを挙げていた[8]。そのうちの半数以上で、加害者は女子であったことが判明した。そして、暴行を受けた少年の多くは、そのことを大人に打ち明けたことがなかった。

多くの場合、性暴力は少女や女性に影響を及ぼしている一方で、男性が被害に遭うことも驚くほど一般的なのだ。少年の六人に一人が幼少期に性的虐待を受けていることを知り、私は衝撃を受けた[9]。男性の約四人に一人は、生涯のうちに、不本意な接触、強要、強姦に至るまで、何らかの性暴力の被害に遭っている[10]。また、ＬＧＢＴＱの男性は、異性愛者の男性よりも被害に遭うリスクが高いとされている。ストレートの男性の二一％と比較して、ゲイの男性の四〇％以上、バイセクシュアルの男性の四七％が、性的被害を受けたことがあると答えている[11]。

二〇一五年に、疾病予防管理センター（ＣＤＣ）が行った全国調査によると、前年だけで、四〇〇万人近くの男性（そして五六〇万人の女性）が性暴力の被害に遭っていたことが判明した[12]。そのうち、二〇〇万人以上もの男性が望まない性的接触を受け、八〇万人以上が他者に「挿入させられた」と答えている。これは、メディアや公の議論ではあまり取り上げられることのない気まずい表現だ。それはつまり、男性が同意できないほど酔っていたか、口内性交・膣性交・肛門性交のいずれかを強要あるいは脅迫されたことを意味する。

少女や女性の場合と同様に、少年や男性に対する暴行は、物理的な力や感情的な強要を伴うことがある。そして、少女や女性と同じように、少年や男性も、幼すぎるから、あるいは泥酔しているからという理由で、同意できないまま性体験に至ることがあるのだ。こうした体験を我々は反射的にセックスと呼ぶことがあるが、実際には暴行であることを理解すべきである。そして、この場合の加害者は他の少年や男性の可能性もあれば、少女や女性である可能性もあり得るのだ。男性のレイプ被害者の圧倒的多数は、加害者が他の男性であると証言している一方で、その他の性暴力被害（性的強要、不本意な性的接触、他人に挿入させられたなど）に遭っている男性のほとんどは、女性から暴行を受けたと話している。[13]

性暴力被害に遭った少年や男性は、心的外傷後ストレス、抑うつや不安症状、自殺願望、薬物乱用、性機能障害など、深刻な心理的・感情的影響を受ける可能性がある。少年の体は望まない刺激に対しても反応することが可能であり、暴行を受けている最中に勃起してしまうこともあり得る。そうした経験は、被害者に罪悪感や恥ずかしさを感じさせ、自らの性的指向や男らしさについて完全に混乱させてしまう恐れがあるのだ。

ニュースではこのような話をほとんど聞いたことがない。議論されることもほとんどないであろう。性的不正行為に関する話はありふれているが、そのほとんどが少女や女性によって語られている。男性や少年の話はいまだに、ほとんどが隠されており、知られておらず、議論もされていないのだ。

性暴力に関する議論では、少年や男性を加害者として、少女や女性を被害者として考えるのが当たり前となっている。しかし、それは、男性を傷つけることはできないという有害なステレオタイプに基づいた簡略化しすぎた考えであり、そのことが真実を曖昧にしている。少年は被害者になることもあれば、助けが必要となることだってある。我々はただ、彼らがそれを認め、他の人がそれに気づくのが困難な世の中を作り上げているだけだ。男の子の育て方を見直したいのであれば、彼らは、暴力を振るうことも痛みを感じることも、同等に可能なのだということを、我々は理解しなければならない。

急峻な山に囲まれた農村部のユタ州ガニソンで、二〇一九年一月、高校のアメフト、野球、そしてレスリングの選手でもある一六歳の少年が、八人のチームメイトを性的に虐待したことを告白した。

その翌月、被害者たちは法廷に立ち、自分たちに何が起こり、どれほどの傷を負ったのかを、裁判官に涙ながらに訴えた。[14] 少年は彼らの睾丸を潰した。親指を肛門に突き刺されたと話す者もいた。彼らがやめてくれと泣き叫ぶ中、彼は笑っていたという。襲撃後、被害者たちはこのことについて話すことを恐れ、静かに苦しみながら屈辱を感じていた。彼らは、恥辱に悩まされていたのだ。

「一番つらかったのは、睾丸が破裂するほどひねり潰されたときです。人生であれほどの痛みを感じたことはありません」[15]と最初に証言した少年が話した。「親には話せませんでした。でも、ベッドから出られず、血尿が出ていたので何かおかしいと気づかれていたみたいです。腹部には耐えられないほどの痛みがありました。病院に連れて行かれたときは怖かったです。プライマリー・チルドレンズ病院の先生に睾丸に外傷はないかと聞かれ、僕はないと答えてしまいました。治療が必要なのは分かっていたのに、怖くて本当のことを認めることができませんでした」

病院の検査で内臓の腫れが確認されたと彼は話した。困惑した医師たちは、薬を処方し、彼を家に帰した。徐々に痛みは消えていった。彼は、同じ少年に前にも二回襲われたことがあったが、起こったことを誰にも話したことはなかったそうだ。その代わりに、彼は加害少年を避けようとした。レスリングが好きで、得意だった彼は、練習に行きたがらなくなった。アメフトも辞めようと試みたが、両親に続けるよう説得された。それまでは学校で優秀な成績を収めていた彼だったが、学校にも行きたがらなくなっていた。

「私たちは、何が起きていたのかを全く知りませんでした」とその日、少年の母親は法廷で言った。「親として、私たちは無力に感じました」

ひねり潰された睾丸。血の混じった尿。肛門に押し込まれた異物。気分が悪くなるような傷害事件。なぜ私は、少年に対する痛ましい性暴力事件の詳細から語り始めたのか？

それは単純に、アメリカの少年期におけるプレッシャーや暴力について語るのに、これ以上に明確な入り口を見つけられなかったこと、そして少年であることの意味に関する私自身の思い違いを理解するために、これ以上に直感的な方法を見つけられなかったからである。私は本書のために、なぜ少年が他人を傷つけるのかという疑問から調査を開始した。今となっては、私は重要なものを見失っていたことに気づいている。少年も被害者になることがあるのだ。そして、その全貌が見えてこない限り、我々は娘たちのためにも、息子たちのためにも前進することはできないだろう。

少年たちが助けを求めない（あるいは「女々しさを見せない」）理由

更衣室での暴行について初めて知ったとき、私は少年がなぜそのような形で他の少年を傷つけようとするのか、その動機を知りたいと考えた。しかし、その過程で、被害者の体験にさらに困惑し、頭を抱えるようになった。彼らは、自分たちの身に起こったことを性的暴行だと認識することが困難であり、自分が傷ついていると認めることに恥ずかしさを感じていたのだ。

ある少年は、大会遠征でチームメイトに襲われるかもしれないと予想して苦悩し、助けを求めようと母親に連絡した。しかし、彼はおびえながらも、いざ母親に話そうとすると、何が起ころうとしているのかを説明することができなかった。「最初に電話したとき、母に話すつもりでした。でも結局何も言えなかった」と、後になって彼は語った。「話すつもりだったのに、どう話せばいいのか分からなかったのです」[16]

彼のことをマーティンと呼ぼう。彼は、テネシー州チャタヌーガ近郊のオルテワ高校で、一年生にして代表チームに所属していた。二〇一五年一二月、彼とチームメイトたちは、自宅から車で二時間半の所にあるガトリンバーグのグレートスモーキー山脈で行われたクリスマス大会遠征に参加した。彼らは、ジェイジェイズ・ハイダウェイ[17]と呼ばれる二階建ての山小屋に宿泊した。

少年たちの部屋のある一階にはビリヤード台が設置されており、コーチたちの部屋は二階にあった。

ジェイジェイズズ・ハイダウェイ滞在四日目になると、マーティンは上級生たちからそろそろ襲われることになりそうだと理解した。彼らはすでに他の新入生三名を襲撃していたのだ。彼は毎晩、上級生たちがビリヤードキューを振り回している様子を目撃しており、下級生たちの叫び声も聞いていた。次は自分の番だと悟った彼は、母親に連絡することを決意した。しかし、恥ずかしい思いをしたり、告げ口をしないという暗黙のルールに違反したりせずに、どのように助けを求めればよいのか、彼には分からなかった。彼は、ただただ言葉に詰まっていた。

女の子が被害に遭った場合、彼女たちは自らの恐怖と向き合おうとする。少年たちは、男であることの意味、すなわち、強くて、傷つきにくく、理性的であることといった、今まで聞かされてきたことと闘わなければならない。そして彼らには、自らの体の不可侵性、当然与えられるべきプライバシーや個人の自主権など、聞いたこともないようなことをうまく活用することなどできないのだ。

母親との電話の直後、マーティンはチームメイト二人に捕まり、ベッドルームに連れ込まれ、ベッドに押し倒された。そのうちの一人が叫びながら、マーティンの肛門を目がけてビリヤードキューを突き刺した。そして、彼のズボン、下着、直腸、膀胱に穴を開けた。

「女々しさを見せるな!」[18]と上級生が怒鳴った。「男らしく耐えろ!」

マーティンは「男らしく耐え」ようとした。最終的に全治一ヵ月で入院するほどの大怪我をしたにもかかわらず、襲撃直後も、彼は自分の身に起こったことについて話そうとはしなかった。コーチには、襲撃者たちとただ「ふざけていた」だけだと話し、血尿が出て、倒れて救急外来に搬送されるまで、彼は大丈夫だと主張し続けた。彼が大怪我をしたからこそ、真実が明らかになったのであった。

後の宣誓供述の際にマーティンは、上級生がなぜ彼を犯したのか、その理由を尋ねられた。弁護士は性的指向に関係があるのかを知りたかったのだ。その上級生はゲイだったのか？　いいえ、とマーティンは否定した。そういったことでは全くなかった。「彼は僕を侮辱しようとしたように思います[19]」と彼は言った。「男として劣っている、彼よりも劣っていると感じさせたかったのだと思います」

学界で学者が主張していることを、すなわちこの手の性的暴行は性とは全く関係ないということを[20]、この一年生は直感的に理解し、それに同意していた。これは、権力の話なのだ。上級生が頂点に君臨し、下級生に身の程をわきまえさせるために、生々しく原始的な方法で彼らを辱《はずかし》める。また、肛門を犯すことで、上級生たちは自らの男らしさを証明すると同時に、チームメイトを貶《おとし》めるのだ[21]。

このような権力の誇示の仕方は、少年の安全を保障するために雇われた大人たちの無知や黙認する姿勢によって左右される。また、多くの一〇代の若者と同様に、必死で集団の仲間入りを果たそうとしている被害者たちの沈黙によっても左右される。そして、仲間入りを果たすということは、痛みに耐え、自らで対処し、絶対に告げ口しないことを意味する。しかし、学校組織に対する民事訴訟でマーティンの代理人を務めた弁護士の一人であるモニカ・ベックは、少年たちに自己防衛の責任を負わせることは危険であり、不公平であると語った。男子も女子と同じように、コーチや教師、両親、そして校長による保護と支えが必要なのだ。

倒れて手術を受けた後、マーティンは病院で六日間過ごし、再び歩けるようになる練習も含め九ヵ月間の療養生活を送った。[22] 加害者の一人は加重強制性交の罪で、他の二人は加重暴行罪で有罪判決を受けた。[23]

これらの恐ろしい事実を受けても、マーティンの身に起きた出来事を実際に性暴力と見なすべきだということに、誰もが同意したわけではなかった。事件を捜査した警察官はこの事件を、テネシー州では性的動機を必要としない加重強制性交の罪で書類送検した。[24] しかし、法廷でその警察官は、この事案は実際に性的暴行ではないと示唆した。「たまたま」加重強制性交の定義に該当した「子どもによる愚かな行為[25]」だと彼は述べたのだ。

「私から見ると、それはただの暴行です。本質的に全く性的なものではありません。彼はズボンを下ろされてはいません。二人は性欲を満たすためにやったわけでもありません。それはやってはいけない、子どもによる愚かな行為だったのです[26]」と、ガトリンバーグのロドニー・バーンズ刑事は話した。「レイプや拷問が行われたわけではなく、苦悶の叫びもなかった。[27]……この事件は、実際には吹聴されている内容よりはるかに些細なものです[28]」

その後、マーティンは、ハミルトン郡の学校が彼の公民権を保護することを怠ったとして訴えを起こした。裁判が近づくと、教育委員会を代表する弁護団は裁判官に、マーティンの弁護団が陪審員の前で、レイプ、加重強制性交、性的傷害、性的暴行などの特定の用語の使用を禁止するよう求めた[29]。

最終的に、学区の保険会社がマーティンと七五万ドルで和解[30]し、裁判に至らなかったため、裁判官が決断を下す必要もなくなった。しかし、この事件が議論に値する問題であったことは明らかである。マーティンと同じように襲われ、乱暴に犯され、重傷を負った少女がいた場合、それが性的暴行に値するかどうかと疑う人はいるだろうか？

スポーツの文化

私にとって、スポーツは常に逃げ場だった。サッカー漬けの毎日を送っていた私にとって、チームメイトは友であり、心の支えであった。強さや技術を大切にしていた彼女たちは、自分の体がどう見えるかではなく、自分に何ができるのかによって評価することを思い出させてくれた。

これは私に限ったことではない。スポーツは、多くの子どもにとって逃げ場となっており、たくさんの利益を生み出す原動力でもあるのだ。スポーツを通して、子どもたちはコミュニケーションの取り方や、互いを頼ることを学習する。自らの運動能力の限界に挑戦し、その限界を超えることだってできる。謙虚さと思いやりをもって、勝つことも負けることも学べるのだ。米国小児科学会によると、組織的なスポーツをしている子どもたちは、していない子どもたちに比べると、学校でより良い成績を収め、より高い社交性と自尊心を持ち、身体的にも精神的にも健康な傾向がある[31]。

しかし、少年サッカーやバスケットボール、アメフトの試合を観戦した経験がある人なら分かる通り、スポーツは破壊的になることもある。暴言を吐くコーチや親は、誠実さよりも勝利が重要であり、無礼な態度も試合の一環であると子どもたちに教えている。子どもたちは力や暴力を行使することを重んじるようになる。そして、特にスポーツ熱心なコミュニティにおいては、チームに入れなければ自分に価値はないと考えるようになるのだ。

スポーツのこのような暗い側面こそ、上級生が下級生を侮辱するためのヘイジング〔主に新人をしごくための儀式〕や加入儀礼の原因となっている。このような有害な文化を持つチームに所属する少年たちにとって、スポーツは逃げ場ではない。悪夢なのだ。

ヘイジングを研究する社会学者や高校スポーツチームのコンサルタントによると、世代が変わるにつれ、かつては無害とされていたヘイジング行為（ばかばかしい衣装をまとって公の場で恥ずかしい歌を歌うなど）は進化して、ますます危険で性的なものになっている。[32] 性的なヘイジング[33]は、スポーツで称賛されている狭義の男らしさを表現するものだと主張する人もいる。その男らしさとは、強さだけでなく、何としてでも支配すること、痛みを隠し弱さに耐えること、そして女性的なものやゲイっぽいと思われる人やものを貶めることだ。誇り高きオタク《ギーク》やアーティスト、ジェンダーノンコンフォーミスト〔男女という従来のジェンダー表現とは異なる表現をする者〕として、少年が活躍できる場が増えている一方、多くのスポーツはこのような形で頑なにマッチョであり続けている。

我々は、少年が他の少年に性的暴行を加えることが、スポーツの場においてどれほど一般的なのかに関する包括的なデータを持ち合わせていない。ニューヨーク西部の小さな私立学校であるアルフレッド大学の研究者たちが、二〇〇〇年に高校におけるヘイジングに関する初めての、そして今のところ唯一の全国調査を実施した。[34] 彼らは、性的なヘイジングについて尋ねたかったのだが、そこには障害があった。[35] インターネットが普及し始めたばかりの時代であったため、彼らはアンケートを学生に郵送しなければならず、性や性的指向について言及しないという条件の下でしか、学生の住所を入手することができなかったのだ（一般的に、研究者が一八歳未満の子どもを対象に、性、性暴力、虐待などに関連した質問をする許可を得るのは困難である。それは理解できるものの、子どもたちの経験への理解に支障をきたしているとも言える）。

アルフレッド大学調査の主任研究員の一人であるノーム・ポラードは、自由回答形式のある質問に対する生徒たちの回答に衝撃を受けたと言う。「遠征試合で、バスの後部座席や更衣室で、性的暴行を受けたことがあると書いていました」とポラードは言った。「ただチームやクラブの一員になりたかっただけの子どもが、あのように報告していることに胸が痛みました」

心理学者のスーザン・リプキンスは二〇〇三年以来、ヘイジングについて研究してきたが、そのきっかけは、ニューヨークの地元近くにある小さな町を訪問し、高校アメフト部のプレシーズンの強化合宿でチームメイトから虐待された生徒たちの保護者やコーチをインタビューしたことだった。被害に遭った生徒たちは、箒や痛み止めのアイシーホットを塗った松ぼっくりなどで、肛門を犯されていた。[36] 合宿中に少年たちが泊まった宿舎で、上級生たちは、下級生のチームメイトを氷の詰まった袋で殴りつけたり、下着をフックにかけて彼らの体を吊るし上げたりした。被害者の誰一人として、コーチや親、その他の大人にこの虐待行為を報告しなかった。合宿から帰宅した後、直腸からの出血が続いていた一人の少年が病院に駆け込み、原因として医師に説明した怪我の経緯に矛盾があったことから、初めて事件が明らかになったのだ。

彼女や他の専門家たちによると、男子高校生の肛門貫通をはじめとする儀式化された性暴力についての報道や、法廷への申し立ては明らかに増えており、この問題はますます一般的かつ深刻なものになっているのではないかという。少年たちは互いに、そして自分自身に、伝統にならって行動しているのだと言い聞かせている。それはチームに入るために、仲間になるために必要なことなのだと。まずは暴行を受ける。次に傍観者となり、他の者が無残な仕打ちを受ける様子を見守る。そして最終的に、自らが頂点に立ち、攻撃する番が回ってくるのだ。

性的暴行を受けたと報告する少年は、どのような被害を受けたのかを、声に出して他人に説明しなければならないという屈辱に直面するだけでなく、その後も、リプキンスが「第二のヘイジング」と呼ぶものに直面することになる。それは、ハラスメントやいじめなどの反動で、女性のレイプ被害者が浴びせられるものとは異なる。保護者や生徒たちが結束して、性的ヘイジングの疑いからチームやコーチ、不動産価値までをも守ろうとする様子を見てきたとリプキンスは述べている。「コミュニティは、加害者を擁護し『弱虫め、なんで報告したんだ』なんてことを言うのです」と彼女は述べた。

そのような圧力から、暴行を受けた後も沈黙を貫く少年は珍しくないと彼女は言う。少年たちは、チームメイトに関して告げ口をしたくないだけでなく、多くの場合、自分が許されない違反行為や犯罪の被害者であることすら認識していない。それは、教えてくれる者が誰もいなかったからである。リプキンスによると「ヘイジング教育は暗黒時代に突入しています」。

若者や、保護者、コーチ、学校管理者を含む大人たちが、このような行為は守るべき伝統ではなく、許されない傷害行為であると認識するためには、より多くのトレーニングが必要ではないかとリプキンスは述べる。そして、選手たち自らが、被害者を守ろうとする積極的に行動する第三者として、あるいは被害者自身として、共に声を上げる勇気を見つけない限り、それを止めることはできないと彼女は考えている。

もちろん、彼らが声を上げるとき、それに耳を傾け、彼らを擁護する大人たちが必要である。コーチたちは、健全なチーム文化の構築と選手の安全を守ることこそ、自らの職務において重要なことだと理解しなければならない。そして、我々は親として、娘たちに伝えるのと同じように、息子たちにも、彼らの体は彼ら自身のものであり、彼らの同意なく他人が触るべきものではないということと、彼らの身体上の自主権を侵害することは許されないということを伝える必要がある。

リプキンスは、襲われた後に何とか声を上げることができたルイジアナ州セント・アマンのアメフト選手のことを振り返る[37]。彼の誕生日に、チームメイトたちが彼を裸にし、ベンチに縛って殴りつけたのだ。そのうちの一人が、テーピング用のテープの芯を彼のお尻の中へと押し込んだ。それは誕生日に行われる伝統行事だった。

その数年前、彼がまだ思春期を迎える前のことだったが、彼は母親からヘイジングに関する雑誌記事を渡された。そしてヘイジングや個人的な境界線を守る権利について、母親と話し合った。

その際に、もし誰かがあなたの許可なくあなたに触れたなら、声を上げなさいと、母親は明確に伝えていた。そして、その意識を持っていた彼は、実際にそうしたのであった。リプキンスによると、彼はコーチに「こんな誕生日祝いはもうたくさんです」[38]と言い放ち、チームを辞めたそうだ。

性的暴行は「悪ふざけ」ではない

レイプや性的暴行被害に遭う少年は、ある種の不信感に直面することがある。少年の場合、女の子にたびたび向けられるような「同意の上での性的接触を、同意ではなかったと主張し直しているのではないか」という疑惑が向けられることはないかもしれない。真っ向から嘘をついている、あるいは正気ではないと疑われることも少ないであろう。その代わりに、彼らは物事を深刻に捉えすぎていると非難される。性的暴行？　いいや、ただの悪ふざけだ、と。ただの冗談だ。ただ男の子たちが遊んでいるだけ。ただのヘイジング。

性的暴行被害に遭った男女の弁護においてトップクラスの弁護士であるアデル・キンメルは、少年たちの身に起きることを説明する際に我々が使用している言葉は、問題を悪化させると主張する。

ヘイジングと言えば無邪気に聞こえるかもしれないが、自らの意思に反して貫通されることは無邪気とは正反対である。何かがおかしいと感じても、少年たちは、自分たちが経験したことや、自分たちが目撃した周りの少年に起きていることについて、言い表すことができないことが多い。

そして、肛門を犯されたという恥ずかしさが相まって、彼らにとって報告することが難しくなっている。

「言葉選びは重要です」と、ある雨の日に、ワシントンのダウンタウンにある非営利団体パブリック・ジャスティスの洗練されたオフィスで、キンメルは言った。漆黒の髪を持つ、スタイルの良い彼女は、その団体の上席弁護士を務めている。「中には、性的暴行を受けたことにすら気づいていない少年もいます。なぜなら、それは大人たちが普通にしてきたことだからです。彼らはそれを婉曲的な言葉で言い表したりします。悪ふざけ、取っ組み合い、突っつき合い、ヘイジングなど。性的暴行とは言いません。レイプとは言わないのです」[39]

キンメルのクライアントの一人である、デイヴィッド・スミスも、自らの経験を打ち明けた際に、性的暴行ではないと否定するような疑いの眼差しを向けられた。彼の話が重要な理由は、男子が、女子と同等の苦痛を感じることがあるという見解に対し、しばしば否定的な世界で生きていることを示しているからである。そんな中、彼らが自らの脆弱性を見せてはいけないと思い込んで育つのは不思議ではないだろう。

デイヴィッドの家族がオクラホマシティから南に車で三〇分ほどの場所にある、オクラホマ州ワシントンという小さな町にやってきたのは、彼が中学一年生［日本では小学六年生にあたる年齢］になって数ヵ月後のことだった。彼らは、別の町で、竜巻で家が倒壊したために引っ越してきたのであった。デイヴィッドの両親は、キリスト教の価値観を共有するワシントンの緊密なコミュニティに心惹かれたと話した。クリスマスの数週間前に初めて中学校を訪れた際、「きよしこの夜」や「ジョイ・

トゥ・ザ・ワールド」などが流れていたそうだ。教師陣は祈りの時間を設けており、それは黙禱《もくとう》ではなく、「祈り」と呼ばれていた。

「ここなら快適にやっていけると思ったのです」とデイヴィッドの母親のカルラは話した。

しかし、デイヴィッドが転校してから数ヵ月後、彼はアメフト部のチームメイト三人によって、非常に公然と、またスミス家によると非常にキリスト教徒らしからぬ方法で、裏切られたのである。音楽の授業中、教師が教室を離れた隙に、数十人の生徒たちの前で、チームメイトの一人がデイヴィッドを押さえ、もう一人は、デイヴィッドがもがく様子を笑いながら見ていた。そして、三人目は、服の上からデイヴィッドの直腸へと指を押し込んだのだ。

その後、デイヴィッドは怒りと屈辱で泣きながら母親に電話をかけた。彼は両親と共に、校長のスチュアート・マクファーソンに暴行の件を報告したが、スミス家から見ると、彼はさほど気にかけてもいないような態度で対応した。デイヴィッドの直腸に指を押し込んだ生徒は五日間の停学処分を受けた[40]。デイヴィッドは告げ口屋というレッテルを貼られ、スミス家によると、クラスメイトからは「チクリ野郎」や「お尻を掘られた」少年と呼ばれ、常に冷やかしやいじめの対象となった。彼は脅されることもあり、スミス家によると、彼に指を押し入れた生徒も「くたばれ、殺してやる」[41]というテキストメッセージで彼を脅してきたという。

いじめはデイヴィッドが中学二年生に上がるまで続いた。デイヴィッドが音楽室で襲われてから一年以上が経った後、父親のジョンは、息子を嫌がらせから守るよう校長にかけ合った。すると、校長は次のように答えた。「私に何をしろと言うのですか？　彼と手を繋いでおけとでも？」[42]

ジョンは呆れ果てた。「このようなことに対処することは、人として、男女どちらであっても困難です」と彼は話した。「でも、私たちは軽々しく男の子に言ってしまうのです。『ぐだぐだ言わず、男になって乗り越えろ』と」

ジョンが息子の保護を懇願しに行ったその日、デイヴィッドは両親に、その数ヵ月の間に別の少年二人からさらに二回、性的暴行を受けたことを報告した。当時は誰にも話さなかったそうだ。そこで初めて地元の警察が関与し、次に、オクラホマ州立捜査局（ＯＳＢＩ）が関与するようになった。そして、スミス家は、男の子だからという理由でデイヴィッドの申し立てを真剣に受け止めなかったとして、学区、マクファーソン校長、そして教育長のＡ・Ｊ・ブリューワーを訴えたのであった。

スミス家によると、マクファーソン校長とブリューワー教育長の両者は、音楽室でのデイヴィッドの体験を、男子の間で行われる一般的な「悪ふざけ」であると説明していた。宣誓供述で教育長は、校長による事件の説明に基づくと、それは「悪ふざけ」と呼ぶものであろうと述べ、校長自身も自らの初期判断を覆すことはなかった。ただの悪ふざけだ、性的暴行ではない、と。なぜ彼はそう思ったのか？「私にはそれが性的なものに思えませんでした」[43]と彼は話している。

スミス家は、同じことが女子に起きた場合（男子ではなく、女子が肛門を貫通された場合）には見方が違っていただろうと、校長と教育長の両者が認めていたことも指摘した。その場合であれば、彼らは性的暴行だと考えたであろうということだ。

法廷での反論で、被告側は事件を真剣に受け止めていたと主張した。[44]しかし、被害者が女子であれば扱いが違ったということを教育長と校長が実際に認めたかどうかを知るためには情報が不足していると述べた。[45]宣誓供述の際、宣誓した上で質問を受けたマクファーソン校長は「そんなことを言った覚えはない」[46]と答えている。

しかし、宣誓供述で、二人の学校関係者の発言は明確だったと証言したOSBIの捜査官によると、校長は実際にそのように発言していたのだ。彼らにとって、デイヴィッドの身に起きたことは性的暴行ではなかった。しかし、彼が女子生徒だったなら、考え方は変わっていたであろう。

「聴取の際、私は二人にその質問をしました。もし、これが女子生徒の身に起きたのであれば、同じように対応したかどうかについてです」と捜査官のジョシュ・ディーンは言った。[47]

「彼らの回答は？」とデイヴィッドの弁護団の一人が尋ねた。

「それなら性的暴行と見なされたでしょう、と。しかし、本件に関する彼らの考えは、ただ男子が悪ふざけをしていただけで、本質的に性的暴行ではないということです」

ディーンによると、それは間違いだった。彼らはそれを性的暴行として処理し、捜査のために警察に引き渡すべきだったのだ。

最終的に、スミス家の民事訴訟で提出された文書によると、OSBIの捜査の後、二人の生徒が器物による強制性交罪で刑事告訴された。[48]そのうちの一人（デイヴィッドの肛門に指を挿入したことを認めた少年）は、異議を申し立てることはなかった。もう一人は、単純脅迫・暴行罪の適用を求めた。

デイヴィッドに起きたことを性的暴行として認識するべきだという考えは、オクラホマ州ワシントンの学校関係者のみならず、少年たちのそのような行動を平凡で許容できるものと見て育った全ての人にとって斬新である。母親として、私はより多くの人がそれを容認できないものだと考えるようになることを願っている。それは、非行少年という烙印が押された中学生を増やしたいからではなく、私の息子、そして全ての少年たちが、学校のみならず世界中のどこにいても安全であるべきだからである。

望まない接触が性的暴行という深刻な問題に当たるのは、男子ではなく女子の場合のみであると少年たちに示す際、我々は同時に、女子の体しか守る価値がないというメッセージを送っている。このようなメッセージは、息子たちを虐待の対象にし、彼らに厄介な問題を突きつけることになる。それは、自らの体が尊厳と敬意を持って扱われることがないのに、なぜ他人の体を尊厳と敬意を持って扱わないといけないのかというものだ。

スミス家の弁護団は、学校当局がデイヴィッドへの貫通を性的暴行として取り扱わず、被害者が女子生徒であれば違う対応をしたという明確な認識を持っていたことは、教科書通りの性差別事件であると主張した。

ワシントンの公立学校は否認したが、二〇二〇年七月に和解が成立した。学区は最後まで非を認めることはなく、今はもうワシントンの学校に勤務していないマクファーソンやブリューワーも同様に、非を認めることはなかった。しかし、学区はスミス家とその弁護団に五五万ドルを支払うことに同意した。さらに、教職員の訓練、苦情の追跡、生徒のためのメンタルヘルスサービスの提供などの、いじめやセクハラの申し立てに対する学校の取り組みを全面的に改善することにも同意したのであった。また、この和解案では、学区が約束を守っているかを確認する役割がスミス家に与えられた。三年間、学区の職員は毎年、スミス家の弁護団に取り組み内容について報告しなければならず、進捗が滞った場合、弁護団は裁判官に介入を要求することができるというものだ。

被告の代理人弁護士であるアンディ・フギットは、学校組織はスミス家の幸運を願っていると述べた。「中学時代は難しい時期であり、中学生の子どもは多くの過ちを犯します。学区や学校関係者は、そのときに最善だと思った行動を取りました。もっと良い手段があったのではないかと聞かれれば、もちろんそうです。しかし、最終的には、彼らは彼らにできる最善を尽くしたのです」

スミス家は、他の親やその息子たちのために変革をもたらそうとして、訴訟を起こしたのだと話した。ジョン・スミスは、学校や地域社会の文化を変えるには長い時間を要するであろうと語った。しかし、今回の和解は一歩前進である。「私には時間を戻すことができません。過去に戻って、息子に起きたことを防ぐこともできません。今できることは、前に進むために彼らが何をしているのかを問うことです」と彼は話す。「理想は、コミュニティが変わって、文化が変わって、人々が立ち上がって『それは許されない』と言えるようになることです」

スミス家は、車で二時間半ほど東へ行った所にある地域へと引っ越した。そこはデイヴィッドが「お尻を掘られた」子としてではなく、普通の子どもとして暮らせる町だ。両親によると、新しい町の学校に通い始め、日常的な暴力や嫌がらせの脅威から解放されたことに気づいてから、彼の様子はみるみるうちに変わっていったそうだ。数年ぶりに彼の笑い声を聞けたと彼らは話していた。

我々がいまだに信じている、少年に関する誤った常識

暴力防止プログラムは、多くの場合、レイプ事件の女性被害者に対する誤った常識を論破することに重点を置いている。丈の短いスカートを穿くことはセックスに同意していることではない、など。しかし、男性被害者（特に女性に暴行された男性）に対し、我々が信じ続けている誤った常識については、掘り下げられることがほとんどない[49]。男性が女性に性交を強制あるいは強要されるという考えは、性交がどのように機能するのかに関する我々の文化的スクリプト［文化固有の規範、価値観、慣行を明確に定式化したもの］に反している。男性はいつでもセックスをしたいと思っているはずなら、女性がどうやってそれを強要できるのか？

しかし、それもまた誤解を招くステレオタイプであり、少年や男性が自らの体験を認識し、それらに対処することを困難にするものなのだ。

大学キャンパス内でのレイプ事件を例に挙げると、同意できないほど泥酔している女性を暴行する男性がいることは、今では当たり前のように周知されている。その一方で、飲みすぎてレイプされた男性の話は聞いたことがない。この場合は、ただセックスと認識される。しかし、彼らが暴行として認識するか否かに関係なく、キャンパス内にいる男性は望まないセックスに至ることがあるし、実際に望まないセックスをしているのだ。マサチューセッツ工科大学に通うある学

生が、興味のない女性に言い寄られた際に、どれほどの居心地の悪さを感じたかについて話してくれた[50]。彼は、元恋人のことが忘れられず、その女性と性交に至る気はなかったのだが、彼女の執拗な誘いに断れない自分がいることに気づいたそうだ。「失礼なことはしたくはありません」と彼は話した。「変に思われたくもありません」

大学のフラタニティ［寮生活を伴う男子学生による社交団体］は、女性に対する性暴力を容認し、さらには奨励していることで有名であり、フラタニティのメンバーは、他の男子大学生に比べ、暴行を犯す危険性が高いという証拠もある[51]。しかし、あまり知られていないが、フラタニティのメンバーは、他の男子大学生よりも、自らが暴行を受ける危険性が高いという証拠もあるのだ[52]。中西部にある大学のフラタニティに所属する男子学生を対象とした調査では、四分の一以上の二七％が、力ずくで、あるいは酔った状態を利用されて、口内性交、肛門性交、膣性交のいずれかを同意なしに強要されたことがあると答えている[53]。この調査は、回答者が一〇八人だけの小規模なものであったが、他の多くの研究とは異なり、男性の同意なき性体験を把握するための質問が設定されていた。つまり、自らの意思に反して挿入された経験だけでなく、不本意に、あるいは泥酔して判断ができない状態で、誰かに挿入することを強要された経験があるかについても質問していた。

しかし、多くの人は同意なき性交を強要された男性を、性的暴行の被害者として定義することはない。一二〇〇人の成人を対象とした二〇一八年の調査によると、三人に一人は女性にレイプされたと主張する男性をあまり信じないだろうと回答し、四人に一人は女性にレイプされることを男性は喜んでいると考えていることが判明した[54]。女性には男性をレイプするほどの身体的な力がないという考えがある。そして、ストレートの男性は常に性欲が強く、自分が一度断った女性からしつこく迫られてもあまり気にしないはずだと思われているのだ。このような考えは、メディアから医療、法律、そして学問に至るまで、あらゆる機関に組み込まれている[55]。

男性がレイプされることもあり得るとFBIが認めたのは、二〇一二年になってからだ[56]。それまでFBIは、レイプを「女性の意思に反した強制的な性交」と定義していた。今では、ジェンダーニュートラルな［性別にとらわれない考え方の］表現が使われており、レイプは「どれほど軽度でも、被害者の同意なく、膣や肛門に体の一部あるいは物体を挿入すること、または、他人の性器を口に挿入する行為」と定義されている。

性暴力を研究している学者は、男性には自らの性的攻撃性についてのみ、そして、女性には暴行被害に遭うことについてのみを尋ねる場合が多かった[57]。このようなアプローチでは、男性の被害者、女性の加害者、また同性同士による暴行の存在を認識できず、測定することすら困難である。しかし、研究者たちが、性暴力に関して**ジェンダーニュートラルな表現を用いて質問をした**ところ、驚くべき発見があった。男子大学生三〇〇人を対象としたある調査では、半数もの男性が何らかの性的被害を受けた経験があり、なんと一七％（およそ五人に一人）にレイプされた経験があることが判明したのだ[58]。つまり、彼らは脅迫や物理的な力、同意できないほどの泥酔状態を利用され、望まない性交に至ったということだ。

メディアもまた、性暴力が男性に実害を与えるという事実について、考えが及ばないときがあるようだ。たとえば、ヒューストン郊外で五人の男性を襲った連続レイプ犯に関する二〇〇六年のAP通信の報道。[59] レイプ犯が若い男性たちの跡をつけ、彼らの自宅で被害者たちに銃やナイフを突きつけていたと説明しているにもかかわらず、「誰も大事には至らなかった」と報道されたのである。連続レイプ犯に狙われた女性被害者が「大事に至らなかった」と報道するジャーナリストの姿は想像し難い。

そして、毎年何十万人もの人々（主に男性）が拘留中にレイプされているにもかかわらず、刑務所内レイプに関するジョークが根強く残っている。二〇一八年四月に、テレビ司会者のビル・マーは、トランプ大統領のかつてのフィクサー［政界で裏交渉を行うための手段や人脈を持つ人］であるマイケル・コーエンが、トランプに代わって弾丸を受けると発言したことについて言及していた。[60] 選挙資金や銀行詐欺のスキャンダルに巻き込まれたコーエンに関して、マーは「懲役刑を目前にした今、彼が男根を受ける覚悟があるか見ものですね」と言ったのだ。会場は笑いに包まれた。

UCLAの法科大学院で学部長補佐を務めるララ・ステンプルは、性暴力を経験した多くの男性と、その経験を覆い隠してきた制度的なバイアスに注目して研究を行ってきた。男性被害者（そしてこの種の暴力に驚くほど高い割合で存在する女性加害者）に注意を向けようとする彼女の取り組みによって、我々が男性を差別する「女性中心」の世界に生きていると考える、反フェミニスト的で女性蔑視の言動や思想傾向のある男性権利活動家たちと彼女が手を組んでいると非難されることもあったという。

男性権利活動家は、フェミニストが性暴力を女性の問題としてしか認識していないために、性的暴行の被害に遭う男性が見えていないと主張する。[61] 男性の権利を訴えるウェブサイト、ア・ボイス・フォー・メン（A Voice for Men）では、ライターやコメンテーターたちが、女性を「肉壺」「淫売」「フェミナチのクズ」などと表現し、フェミニストを名乗る人物は「卑劣で下劣なゴミ人間」[62]だと見なす。また、フェミニストが男性被害者の存在を認めることは、彼女たちの資金力、政治的権力、「被害者ステータスの独占」を脅かすこととなるため、彼女たちはその存在を認めようとしない[63]のだと主張されている。

しかし、男性権利活動家でなくても、あるいは女性の権利に対する彼らの女性蔑視の敵対的な見解に共感しなくても、隠れた男性被害者や、彼らの体験の見えにくさに心を痛めることはできる。また、男性の苦しみの不可視性を認めることは、女性に対する暴力の存在を否定したり、疑ったりすることではない。どちらか一方ということではないのだ。どちらの問題も、男性であることが何を意味するのか（あるいは何を意味すると思うのか）について、深く根付いた同じ考えに絡みついている。

ワシントンDCのダウンタウンにある、声の響き渡るホテルの吹き抜け《アトリウム》のロビーで、ある二〇代の茶色の髪の男性は、初めての性体験をいまだにどう解釈すればよいのか分からないと話してくれた。彼は、当時住んでいたジョージア州の合法的な同意年齢よりまだ一歳若い、一五歳のときに、父親から年上の女性と関係を持つよう強いられたという。その女性は、ある日の放課後に、彼の父親と飲むために集まった何人かのうちの一人だった。「父は『息子はタイプか？』と尋ねてました。ある種のプレッシャーを作り上げていたのです。私が行動を起こさなければ、父を失望させることになると思いました」と彼は話した。それで、彼はその晩、その見知らぬ女性に童貞を捧げることになったのだ。「そのときは、心ここに在らずという感じでした」と彼は言った。「二階に行って、自分よりはるかに年上の女性とセックスしました。これが男のすることなのだと、自分に言い聞かせました。これで男になったのだと」。しかし、今振り返ってみると、自らの性生活をそのような形で始めたくはなかったと彼は言う。父親は、息子がストレートであるという安心感を求めていたのではないかと彼は考えている。そして、彼は、父親に自分をそのような立場に置いてほしくはなかったと話した。「私にはまだ早かったのです」と彼は言った。

彼の話を別の筋から裏付けることはできなかったが、もし一五歳の娘に、酔っぱらった大人の男友達に処女を捧げるようにと圧力をかける父親がいたとしたら、あなたはどれほどの嫌悪感を抱くかを想像してほしい。そして、次のように自らに問いかけてほしい。女性とセックスをするよう一〇代の息子に圧力をかける父親に、同等の嫌悪感を感じるだろうか?

私は感じるとは断言できない。そして、それを認めることに少しばかりの気持ちの悪さを感じる。そのように冒瀆《ぼうとく》されても、男子は女子ほど深く悩むことはないと考えること自体、私が男子に関する性差別的なステレオタイプを受け入れてしまっていることの表れである。それは、自分でも気づかないうちに、男の子とはどういうものなのか、彼らがどのように感じるのかについて、浅はかな思い違いをしていることの表れなのだ。

男性が声を上げることの重要性

リチャード・ローゼンタールは、野球好きの中学二年生だった二〇一二年、母親から、サイ・

ヤング賞を受賞したメジャーリーグのナックルボーラーであるR・A・ディッキーの回顧録をプレゼントされた。同書では、ディッキー投手が八歳のとき、女性のベビーシッターから繰り返し暴行を受け、その後、一七歳の少年に暴力的にレイプされたことが明かされている。

リチャードはフロリダの自宅で、自分のベッドの上に横たわりながら、ディッキーの本を読んでいた。そのベッドで彼はかつて、母親が市外に出かけていたある晩に、ベビーシッターとして来ていた中学校の校長から、性的ないたずらを受けたことがあった。

リチャードはあまりの屈辱と混乱で、校長に触られた晩のことを誰にも話すことができなかったそうだ。しかし、尊敬するプロのアスリートが幼少期に性的暴行を受けたことを知ったとき、彼の中で何かが変わった。絶望感が薄れたと彼は言う。彼は勇気を振り絞り、何が起きたのかを母親に話すことを決意した。その後、警察にも話をした。校長は、リチャードと別の未成年の少年を性的に虐待したことを認め、現在は校長の職を退き、一〇年の実刑判決を受けて服役中である。[64]

私はリチャードに、R・A・ディッキーと連絡を取る予定だが、彼に何か伝えてほしいことはないかと尋ねた。「ただ彼の体験談を共有してくれたことについて、ありがとうとお伝えください。それで僕の人生は変わりましたので」と彼は言った。「本当にあの本のおかげで、僕は大丈夫だと心から思えるようになりました。僕が経験したことを理解してくれる人たちがいて、僕は一人ではないのだと」

#MeToo運動は、人々が次から次へと語る体験談によって築かれたもので、権力を持つ男

性がいかに女性を虐待し、いかにその暴力を秘密にしてきたかを明らかにする役割を果たしてきた。世間はこれらの話の中に、至急対処しなければならない問題がはびこっているという証拠を見出したのだ。女性たちは、自分たちに起こったことを認め、それは容認できないことであり、自分たちのせいではないと宣言することで一致団結した。

そして今、男性のこうした体験談をもっと少年たちに聞かせる必要があるのだ。

現在は野球界から引退しているディッキーは、虐待を受けて何十年も経ってから、気持ちに折り合いをつけなければならなくなったと話している。彼はその体験で受けた屈辱によって、自殺するか愛する人を傷つけるかのどちらかしか逃げ道がないと思うほど追い込まれたからだ。「私は限界に達していました」と彼は話してくれた。彼は、回顧録を書き上げるまで、何年もの間セラピーに通い、ようやく自らの体験を人と共有することができ、彼は解放感と緊張の両方を感じたそうだ。当時、彼はニューヨーク・メッツの投手だったが、更衣室は「誇張された男臭さと虚勢の培養皿」だったという。スポーツ・イラストレイテッド（ＳＩ）誌で、彼の著書から虐待に関する箇所が引用されたとき、彼は自らの性的指向に対して下品な冷やかしを受けることを覚悟していた。しかし、二人のチームメイト以外、誰も何も言わなかった。その二人は、自分も若い頃に似たようなことがあったと内緒で打ち明けてくれた。彼らはそれまで誰にも話したことがなかったそうだ。

それが、声を上げることの力である。

男性と少年に対する性暴力事件の中でも注目度の高いこの事件のメディア報道は、少年は性的被害に遭うことがあり、深い傷を残すこともあるという事実を米国民に気づかせたのであった。電話でこのように語ってくれたのは、男性被害者の治療を専門とする、心理学者のリチャード・ガートナーである。一九九〇年代に、ガートナーが男性被害者について公の場で語り始めたとき、彼はしばしば虚《うつ》ろな視線と不信感で迎えられた。

しかしその後、カトリックの神父や、ペンシルバニア州立大学のアメフトコーチであったジェリー・サンダスキー、そしてボーイスカウトの指導者などによる広範囲にわたる虐待の事実が明らかになった。これらの話によって、人々は少年の脆弱性を認めざるを得なくなった。また、俳優で元NFL選手のテリー・クルーズが、ハリウッドの男性幹部に痴漢されたと告白したとき、人々は屈強な成人男性の脆弱性についても考えざるを得なくなったのだ。こうしたことによって、より多くの少年や男性が、性的虐待の被害に遭った体験と折り合いをつけられるようになったと、ガートナーは言う。

「そのたびに、どこかの少年がこう言うでしょう。『彼が名乗り出られるのであれば、僕も誰かに話した方がいいのではないか』と」とガートナーは話した。

おそらく、その動きはより頻繁になりつつあるのであろう。ここ数年の間に、性暴力について声を上げるために大挙して名乗り出た女性たちに、虐待を受けた経験があるという男性たちが加わっている。そこには、俳優のケヴィン・スペイシー[65]や映画監督のブライアン・シンガー[66]のような、有力で知名度の高い男性からの虐待も含まれる。驚くべき人数であるが、オハイオ州立大学の元学生三〇〇人以上が、大学の医師リチャード・ストラウスから性的虐待を受けたと証言し、学生の保護を怠ったとして大学側を訴えた[67]。

数多くの原告の一人であるロン・マクダニエルが初めてストラウスの医務室に行ったのは、一九八一年の秋、テニス推薦で入学した一年生のときだったという。ストラウスは彼にズボンを下ろすように指示し、非常に長く感じるほどの時間をかけて、陰部を検査した。その日の晩に、マクダニエルが運動部の友人たち数人にそのことを話すと、彼らはただ笑っていたという。性器検査を好む傾向にあることから、彼らはストラウスを「ナッツ先生」〔ナッツは睾丸や頭のおかしい人を意味する俗語〕と呼んでいた。中学二年生のデイヴィッド・スミスの事件と同様に、彼らはマクダニエルの話が真実かどうかを疑うことはなかったが、それを大した問題ではないと考えていたのだ。「何かがおかしいと分かっても、ああ、これが普通なんだという感じでした。そして僕たちはただそれに耐えていました」とマクダニエルはインタビューで振り返った。

彼はストラウスを避けようとしたが、足首を痛めたことで、結局顔を合わせることになった。ストラウスは彼に短パンを下ろすように命じ、マクダニエルがなぜそのようなことが必要なのかと尋ねると、ストラウスは彼のウエストバンドを摑んで短パンを下ろそうとしたのである。松葉杖をつき、よろめきながらマクダニエルは医務室を後にした。性器とは全く関係のない怪我で、ストラウスが性器検査を実施しようとしたと、彼はテニス部のコーチやスポーツ科の他の職員に話したものの、笑い飛ばされたそうだ。

選手たちが何かミスをしたり、特定の時間内に一・六キロ走りきれなかったりすると、コーチがナッツ先生の所に連れて行くぞと脅すまでに、それは「鉄板ネタになっていた」と彼は言う。

医者、特に男性の医師には絶対に近寄らないと決め、大学を卒業してからの数十年間、精密検査を受けることは一度もなかったと言うマクダニエルにとって、それは冗談で済まされることではなかった。左の睾丸に腫瘍ができていたが、医者を避けるあまり、自転車で股間から電柱に突っ込む事故を起こし、とうとう治療を受けざるを得ない状況になるまで、そのことに気づけなかったのだ。そのときには、腫瘍は睾丸を摘出しなければいけないほど大きくなっていた。彼の話によると、もう少し早くに受診していれば、腫瘍摘出手術で済んだであろうと医師に言われたそうだ。

ストラウスは二〇〇五年に自殺をしていた。二〇一九年に、大学が委託した独自調査で、オハイオ州立大学の職員らは、一九七九年にはすでに彼に対する苦情を受けていたにもかかわらず、その二〇年後に彼が定年退職するまで、業務の継続を許可していたことが判明した[68]。人々が彼の虐待行為を笑い飛ばす中、ストラウスは、四七件のレイプを含む[69]一五〇〇件近くもの性的虐待行為を行っていたと[70]、二〇一九年に大学側は連邦当局に報告した。彼が行ったとされる虐待には、不要な性器検査、勃起や射精に至るまでの愛撫、そして少なくとも二人の男子生徒に対し、意思に反して口内性交を実行したことが含まれる。

マクダニエルとオハイオ州立大学の他の卒業生たちが語るストラウスの話は、何百人もの女性が、ミシガン州立大学と米国体操連盟代表チームの元担当医師であるラリー・ナサールから受けたという虐待の話と、驚くほど類似している。仮に、ナサールの被害者の集団的な力が、少女や若い女性による性的暴行被害の訴えを無視する制度のあり方に国が向き合わなければならない状況を生み出したのだとすれば、オハイオ州立大学の卒業生もまた、少年や若い男性を我々がこうした問題からいかに退けてきたかについて、見つめ直さなければならない状況を生み出してくれるかもしれない。

しかしながら、今のところ多くの男性は、自らの体験を秘密にしておく理由があると考えている。ガートナーが広範囲にわたって書き記しているのは、被害を受けた経緯を自分で理解しようとする中で、被害者が抱く羞恥心、トラウマ、そして混乱についてである。被害者の多くは、暴行を受けた事実を認めることで、個人的な弱さを証明してしまうのではないか、自分の話を信じてもらえないのではないかと恐れている。そして、望まない接触によって勃起や射精にまで至った場合には特に、ある意味、自分にも非があったのではないかという懸念を抱くのだ。

暴行や虐待を受けたと報告する少年は、親や身近な人から、自分が無条件に愛されているという言葉を聞く必要がある。ガートナーによると「一番重要なのは『あなたを信じている。あなたのせいじゃない。……そして私たちは今でもあなたのことを愛している』と伝えること」なのだ。また、息子たちを虐待から守りたいのであれば、親は、娘たちに伝えるのと同様に、自分の体に触れるかどうかを制御する権利は自分にあるということを、息子たちにも伝えるべきだと彼は述べた。

私はガートナーのアドバイスを深く心に留めている。男の子が狙われることがどれほど一般的であるかを理解した今、私は娘を守るのと同じくらい、息子も性暴力から守りたい。そして、娘にも息子にもたびたび、望まない接触には「いや」と言う権利があることを伝えている。

我々が少年に対する暴力を認識し、それに対処しない場合、我々は少年を守ることに失敗しているだけでなく、女性に対する暴力を助長する可能性もある。これらの問題はある程度絡み合っている。多くの子どもは成長して、暴力や犯罪、非行に走ることはないが[71]、被害を受けたことのある子どもは他人に危害を加える可能性が高いことが分かっている[72]。

ライフタイム〔アメリカの有料テレビチャンネル〕のドキュメンタリー番組『サバイビング・R・ケリー』で、名高いシンガーソングライターのR・ケリーによる複数の未成年少女に対する虐待疑惑の詳細が明かされ、彼自身が、幼少期に性的虐待を受けた被害者であることを告白した。二〇一二年の彼の回顧録『R・ケリー自伝 Soulacoaster』〔邦訳＝二〇一三年、スペースシャワーネットワーク〕によると、彼が八歳のときから、繰り返しある年上の少女から性的ないたずら[73]をされ、誰かに話せば危害を加えると脅されていたそうだ。

二〇一六年に、彼はGQ誌に対し、その少女自身が虐待の被害者であることを知っていたから、彼女を許したのだと語っていた[74]。「私はそれを、なんというか、世代を超えた呪いのようなもの、いわば、家族に代々伝わる呪いのようなものだと考えました」。しかし、性的虐待の長期的な影響を認めながらも、彼はそれを回避してきたと述べた。児童ポルノ、性的暴行、誘拐などで、州と連邦政府から二〇件以上もの告発を受けながらも、彼は勾留中に、自身に向けられた疑惑は虚偽であると主張した。

傷ついた町

ユタ州のソルトレイクシティから、有名な赤い岩の広がる峡谷へと二車線の高速道路を南に向かう旅行者にとって、ガニソンは瞬きするうちに見過ごしてしまうような場所である。町の一角には州立刑務所があり、サンドイッチ店のサブウェイ、食料品店、ガソリンスタンドが一つずつあるだけのような場所だ。しかし、そこに住む人々にとってこの町は一つの世界であり、その世界は性暴力の疑惑によって取り壊された。何人もの少年が、数年間にわたり、チームメイトのブラッド[75]から暴行を受けていたことを警察に話したのだ。町内でも地元のモルモン教会でも有名な彼の家族は、彼を猛然と擁護した。被害者の親たちも説明責任を要求するにあたり、同様の激しさを見せた。誰もが長年の友情を犠牲にして、どちらか一方に味方したのであった。

ブラッドの虐待疑惑が明るみに出たのは、彼がアメフト部の別の生徒と共に、新入生のグレッグ・リーフティングを押さえつける間、もう一人の生徒（ブラッドの弟）がグレッグの顔に剥き出しの臀部と性器を擦りつけたことがきっかけだった。グレッグは、そのことで腹を立てていたが、起こったことを誰にも話すことなく練習に参加していた。しかし、ある人物が匿名で警察官のカール・ウィマーに密告したのだ。その後の数ヵ月で明らかになった事実は、この小さな町の社会構造を引き裂き、関係する多くの少年たちだけでなく、また彼らの学校だけでもなく、その家族や地域社会全体にまで影響を与えたのであった。

元州議会議員のウィマーは、二〇一二年に連邦議会選挙に出馬して落選した後、ガニソンバレーに移り住んだ。そして近年は、自宅で礼拝を行う福音派の牧師や、地元の警察に所属するスクールポリスとして働いていた。地元の高校にある彼の部屋は、廊下の奥の隠れた場所にあり、家族写真や重量挙げ選手時代のトロフィー、そして数枚の横断幕（彼の母校である、ジェリー・ファルエル創設の福音派リバティ大学のものが一つと、彼の大好きなプロアメフトチーム、マイアミ・ドルフィンズのものが一つ）が飾られていた。私が訪問したのは、陸上競技のシーズン終盤で、彼がコーチを務める陸上部の子どもたちが、他のコーチへのお礼カードに名前を書くためにたびたび現れた。

この窓のない一室で、ウィマーはグレッグにアメフトの練習で何があったのかを尋ねた。グレッグは彼に話し、目撃者たちの名前を挙げた。その後まもなくして、グレッグの母親は、別の少年が同じようなことをされたと告白しているのを小耳に挟んだ。ウィマーは、少年たちを一人ひとりオフィスに呼び、目撃者や他の被害者の名前を聞き出すことで手がかりをたどった。最終的にまとめられた二三ページの報告書[76]によると、十数人以上もの少年がブラッドから暴行を受け、睾丸を捻《ひね》られたり、強く掴まれたり、また肛門に指を入れられたりしたとウィマーに対し証言していた。少年たちの話によると、彼らが悲鳴を上げるとブラッドは笑っていたという。

報告書の中で、ウィマーは面談を行った少年たちの様子を記述している。「目に見えて緊張している」「非常に落ち着かない様子」「明らかにおびえている」。少年の多くは、怖くて誰にも話したことがなかったと彼に話したそうだ。「あまりにも強力な恥辱の烙印がある」とウィマーは言った。

グレッグの暴行に加担した他の二人の少年に対する申し立てには、類似したパターンは見つからなかったと彼は言う。二人は最終的に、強制的な性的虐待容疑で一件ずつ起訴された[77]。

ブラッドの両親と弁護士は、私の取材に同意することはなかった。ウィマーの報告書では、彼の両親はウィマーに、息子が不当に槍玉に挙げられていると話していた。他にも多くの少年が互いの睾丸を摑んだり、肛門を貫通したりしていると彼らは主張した。ブラッド自身もされたことがある、と。しかし、ウィマーによると、両親が名前を挙げることはなく、彼が実施した面談の中で、同じように他者を傷つけている子どもがいるという情報は上がってこなかったそうだ。

地元の検察官は、器物を使用した強制性交等罪六件を含む、一一件の重罪でブラッドを起訴した。ブラッドとその家族は、彼は何も悪いことはしていないと強引に否定したが、ブラッドが性的虐待の重罪八件を認めたことで、住民にとって苦しい裁判に至らずに済んだのであった。

二〇一九年二月二六日の火曜日、ブロディ・キーセル判事が被害者の証言を求めたとき、ブラッドは被告人側の席に座っていた。法廷は満員だった。後にキーセル判事は、その日に聞いた話には驚いたと語っている。少年たちの話は生々しく、恥辱にまみれており、性的暴行を経験した多くの少女や女性が語ってきた話がそのまま反復されているかのようだった。少年たちは、信じてもらえないのではないか、また、襲われたのは自業自得だったのではないかと恐れていた。

ある少年は、ブラッドの行為を秘密にしていたのは、声を上げることで反感を買うことを恐れていたからだと説明した。しかし、彼は平静を装うことができなかった。レスリングを辞め、自殺することまで考えた。「そのことがあった後は、何もかもがどうでもよくなりました」と彼はキーセル判事に話した。彼は両親に相談することができず、そのために親子関係に亀裂が生じ、より孤独を感じるようになった。「僕は毎日、自分を責めています。（ブラッドを）止めるために十分に抵抗しなかったように感じるからです。このせいで弱気になっています」

この少年の父親（ここではロバートと呼ぼう）[78]は、涙をこらえながら判事に話した。ガニソンで育ち、ブラッドの家族と親しい間柄であった彼は、非常に心を痛めていた。コミュニティにいる多くの人が、彼の息子は自らの苦しみを受け流すべきだと考えていた。コミュニティの人々には、その傷がどれほど深いものだったのか、毎日帰宅したロバートが心を閉ざす息子に手を差し伸べようとするたびに、どれほどの苦しみを味わっていたかは見えていなかったのだ。「この件で、私は多くの友人を失いました。私たちは大袈裟《おおげさ》に騒ぎすぎだと、子どもたちはただ楽しんでいただけだと言われました。そんなことが楽しいわけがない。毎日が闘いなんです」とロバートは判事に話した。

その数ヵ月後の五月、私は、何が起こったのか、そしてそれが何を意味するのかを理解しようと、ガニソンを訪れた。ロバートは、ガニソン北部の、彼が看守兼ケースマネジャーを務める州立刑務所のすぐ近くにある公園で会うことを承諾してくれた。季節外れの寒い朝、私たちは震えながら、ピクニックテーブルを挟んで座り、話をした。前日の夜、気温はマイナス一度まで下がり、突然の吹雪で山は白く染まっていた。気丈で物腰の柔らかいロバートは、刑務所の制服を着たままであった。

彼の息子は中学時代、成績優秀で、アメフトとレスリングの選手として積極的に活動していた。しかし、高校に入ってから数週間経つと、不可解なほど引きこもりがちとなり、成績も落ち込んでいったそうだ。そのときにはすでに、ロバートの息子は少なくとも三度、暴行被害に遭っていた。「息子は学校から帰宅するとすぐに部屋に閉じこもるようになりました」とロバートは話した。「まさかそんなことが起きているなんて、思いもよりませんでした。……そういうことが男の子に起きるということは知っています。ただ、ここガニソンバレーで、よりによって自分の息子の身に起きるなんてあり得ないと思っていました」

高校でアメフト部の副コーチを務めるロバートは、選手全員のことを知っており、襲撃に関しては全く気づかなかったばかりか、「カリスマ性に溢れる」背の低い小柄な少年のブラッドが犯人だなんて、疑いもしなかったと話している。彼の主張によると、ブラッドの家族は、スポーツの才能に恵まれた息子を追い出そうとする嫉妬から仕組まれた陰謀で、被害者たちは話をでっち上げていると非難していたそうだ。しかし、ロバートは少年たちを信じた。彼らの表した羞恥心は非常に直感的なもので、嘘をついているようには思えなかったのだ。

「総じて、間違いなく、二度と経験したくないと思うような経験でした」。ゆっくりと、慎重に言葉を選びながらロバートは言った。「しかし、この経験によって、私はよりよく理解することができました。こういうことは実際に起きており、男の子の場合は特に、報告されずに長い間放置されているのだと分かりました」

彼の息子はセラピストに診てもらっており、心の闇が晴れつつあるそうだ。ガニソンの少年たちが自分たちの身に起こったことについてようやく口を開くことができ、必要としていた助けをようやく得ることができたことを、ロバートは喜ばしく感じていた。そして、彼らと同じような苦しみを抱えた人が、同じように話を聞いてもらい、同様に癒やされる機会が与えられることを願っていた。

少年犯罪の裁判は通常、未成年者のプライバシーを保護することを目的とした善意の守秘義務を盾に、見えないところで展開する。しかし、それによって、性犯罪が少年や少女の生活にどれほどの影響を与えているかを認めざるを得なくなるような話が、我々の耳に届かないように遮断されてもいるのだ。

とはいえガニソンでは、最も深刻な少年犯罪事件を一部に公開するというユタ州の法律[79]と、アメフトの練習で受けた暴行に関して正直に答えてくれた高校一年生のグレッグ・リーフティング、そして彼の母親のミスティ・コックスのおかげで、私はブラッドに対する告発の内容を垣間見ることができた。コックスは、自身も性的暴行被害に遭ったことがあると告白し、ブラッドの虐待行為が何年にもわたって行われてきたことに愕然としたと話していた。彼女はグレッグに、彼に起こったことは彼のせいではなく、恥じることはないということを繰り返し言い聞かせた。

グレッグが暴行を受けてから七ヵ月ほど経った学年最後の週に、ガニソンから一〇キロほど離れたユタ州メイフィールドの静かな通りにあるコックスたちの自宅で、私は彼女と会った。その日の授業を終えたグレッグがバスで帰宅し、キッチンに颯爽《さっそう》と現れ、友人と遊びに出かけてもいいかと母親に尋ねた。外の気温は一〇度で異様に寒かったが、彼らはため池に泳ぎに行こうとしていた。私には拷問のようにしか思えなかったが、グレッグにはとても楽しそうに思えたのであろう。彼は私と話すために少しだけ立ち止まり、リュックを背負ったまま、灰色がかった金髪を掻き上げながら、暴行事件について話してくれた。あの瞬間は完全に混乱していた、と彼は言った。彼は自分の身に起きたことが信じられなかったそうだ。その後、彼は練習に参加し、そのことを忘れようとした。私は、性的暴行を受けたのだと気づいたのはいつかと尋ねた。あの窓のない部屋でウィマー巡査に言われるまで気づかなかったと彼は言った。それまで、彼はその出来事を何と呼べばよいのか分からなかったのだ。

友人がトラックで到着すると、彼は勢いよく走り出ていった。彼は暴行について話すのも、そのことについて考えるのもうんざりしていたようだ。「今はもう、過去のことは忘れて前に進みたいというところまで来ています」と彼は話した。

コックスは、シナモンの利いたコーヒーを出してくれた。まつ毛エクステを付けてニヤリと笑う、小柄で不遜な彼女は、ブラッドの行いについてだけでなく、なぜそれが長い間隠されたままとなっていたのかをガニソンに突きつけることを決意したのである。

グレッグの同意を得て、コックスはソルトレイクシティ放送局の報道記者にこの件を話し、そのインタビューは全米の注目を集めた[80]。その後、彼女は、学校関係者はブラッドの性的不正行為に関する苦情を知っていたにもかかわらず、それを止めるために何も対応しなかったと主張し、グレッグの公民権の保護を怠ったとして、サウス・サンピート学区を訴えた。学区は合計四万八千ドル（コックスの弁護団に三万ドル、グレッグのための信託基金に一万八千ドル）の和解金を支払うことに同意した[81]。

コックスが主張したように、サウス・サンピート学区がブラッドの行為を知った上で受け流していたかどうかは、私には分からない。学区はそれを否定しており、教育長のケント・ラーセンは、訴訟については話せないし、自分のコミュニティを分断した問題について記者とは話したくないと言っていた。しかし、コックスの叫びは、この町に住むより多くの家族に、少年は性暴力の被害者になり得るということを今や知らしめたのだ。

もしかしたら、私もようやく理解できたのかもしれない。

本書を書き始める前に、少年や男性が性的暴行の被害者になり得るかと尋ねられていたら、私は**もちろん**と答えていただろう。もし、少年や男性には常に性欲があると考えているかと聞かれれば、私は呆れた顔で「……いいえ」と答えたかもしれない。しかし、男性被害者の話を聞くにつれ、私は自らが信じていると思っていたことを完全には信じていなかったことが分かった。特に、望まない性的接触で少年はトラウマを抱えることがあるということ、また、彼らにとってもそれは**重大**なことであるということに対して、私は自分が反射的に抵抗感を覚えていることに気づいた。心の奥底で、この皮膚の内側のどこかで、私はとんでもなく間違った思い込みをしており、それらの考えは自覚できないほど深く根付いていて、私の中で少年を人間以下の存在にしていたのだ。

第2章　少年はいずれ男性になる――生まれ・育ち・少年期を再考する

私の息子は、プラスチック製の消防車のおもちゃ（彼の姉がその年齢だった頃には気にも留めなかったもの）をやけに気に入っている。娘は、愛情を込めて寝かしつけたりする、ぬいぐるみを使ったままごとの方が好きだった。息子はそういう遊びよりも、消防車を押し回すことに夢中で、その様子を見た彼の祖母は最近、二台目の消防車をプレゼントしてくれた。もう一人の祖母からはダンプカーを、おばからはスクールバスをもらっていた。息子は車輪の付いたものなら何でも大喜びである。

私の息子を見て、男の子らしいものを好むように生まれた典型的な男の子だと言う人がいるであろう。また、彼のおもちゃを選ぶ大人たちも含めた周りの世界から、彼は自分の好みを学んだのだと主張する人もいるかもしれない。これは、ジェンダーに関する終わりのない議論の縮図なのだ。男の子は「男の子らしく」生まれてくるのだろうか、それとも私たちがそのように仕向けているのか？

どちらの見解にも、それぞれを支持するデータが存在する。数多くの研究によると、母親や父親は、娘とは異なるやり方で息子と接することで、自分でも気づかないうちに子どもたちを形づくっている。我々は男の子の怒りの感情にばかり注意を向け、彼らの恐怖心にはあまり注意を払わない。[1]彼らがどのように感じているのかについて話し合うことも少ないであろう。[2]我々は、男の子を、実際よりも強く、身体能力に優れているかのように扱う。[3]そして、もちろんメディアの影響もある。四歳児は、テレビを見る時間が長いほど、少女や女性よりも少年や男性の方が優れていると考える可能性が高くなる。[4]一〇代の少年については、テレビの視聴時間が長いほど、セクハラを容認しやすくなることや、[5]豊満で露出の多い女性が描かれるゲームによって、レイプに関する誤った常識を信じやすくなることが裏付けられている。

つまり、男の子が育つ中で何を学ぶかということは明らかに、とてつもなく重要である。

しかし、社会化**だけ**が重要だという考えもまた、正しくはない。典型的な男の子と典型的な女の子の生物学的な違いは、時折言われるほど大きな差でも、明確な差でもないが、**確かに存在する**のだ。

心理学者のエドワード・トロニックが一九七〇年代に実施した、有名な「無表情」実験[6]について考えてみよう。この研究には、赤ん坊とその母親のペアが参加した。母親たちは、まずは笑顔で赤ん坊をあやすよう指示され、その後、感情を表に出さないように無表情になり、赤ん坊が注意を引こうとしても無視するように指示された。必然的に、赤ん坊は母親に気づいてもらえるように泣いたり、騒いだり、叫んだりした。しかし、最後には、赤ん坊たちは落胆して諦めたのであった。無反応な親に対し、苦悩の反応を見せた小さな男の子や女の子を記録したビデオは、ネグレクトが子どもにもたらす影響について科学者たちが理解するのに役立ってきた。それらは見るのもつらいものだ。

無表情実験について初めて教えてくれたのは、二〇年にわたり男性の友情を研究してきた、ニューヨーク大学の発達心理学者であるナイオビ・ウェイだった。彼女はそれを、性別に関係なく、全ての人が生まれながらにして誰かと繋がりたいという欲求を持っていることの証拠だと考えている。だからこそ、彼女の研究に参加したある少年が「女子に生まれた方がよかった。そうすれば感情を殺さなくて済んだのに」[7]と主張したとき、彼女は非常に悩まされた。ウェイの見解では、男の子も女の子も根本的には似ているのだが、男の子だけが大人になるにつれ、感情的な親密さに対する欲求を捨てざるを得なくなっているのだ。

今ではマサチューセッツ大学ボストン校の著名な教授となっているトロニックに、彼の代表的な研究からジェンダーについて学んだことは何かを尋ねたくて、私は彼に連絡を取った。彼は一点だけウェイに同意した。赤ん坊が共通して見せた苦悩は、男性的でも女性的でもない、人間的な繋がりを持つための「原始的な」欲求を示すものだと彼は言う。

しかし、トロニックは、男女は重要な点で根本的に異なると考えており、この理論は無表情実験の結果からも裏付けられている。女の子がストレスへの対処や自己鎮静に優れていたのに対し、男の子は興奮する度合いが高く、落ち着くためにより多くの助けを必要とすることを彼のチームは発見したのだ。[8]「私の研究室にいた男児たちは『ぐずる小人たち』と呼ばれていました」とトロニックは話した。「彼らの方が母親からより多くの注意を払ってもらう必要があったのです」

トロニックは、成長するにつれてもこれらの違いは持続し、男の子は自分の行動を律するのに苦労し、母親や父親からのより徹底的なしつけを必要とする可能性が高いと考えている。

しかし、そのことが私の息子について何を教えてくれるのだろうか? 大したことは教えてくれない。トロニックの研究所で男の子がぐずりやすい傾向にあったからといって、自分の息子もぐずりやすいだろうと想定したり、自分の娘に温和な性格を期待したりするべきではない。誰もが生まれながらにして、適性や好みを持っており、限界がある。子どもにペニスがついているかどうかで、その子の適性や好み、限界がどうなるかについて予測できることは、ほとんど何もないのだ。

実際、共感力から言語能力、空間認知能力に至るまで、様々な測定値を見ると、男子と女子の平均の差はわずかであり、男子全体と女子全体との間で重なり合う部分はかなりある。子どもの性別が分かっても、その子が誰と恋に落ちるのかを知ることはできないのと同様に、その子がどんな人間になり、何に力を発揮するかということも知ることはできないのだ。

しかしながら、男の子に関するステレオタイプや思い込みが、彼らの精神的・情緒的健康、学業での成功、そしてセックスや人間関係へのアプローチを形成する上で重要な役割を果たしていることが知られている。男になる正しい方法は一つしかないと信じて育つ少年は、多くの悲劇を生み出すリスクが高いことは分かっているのだ。

科学者たちは「生まれか育ちか」ではなく、容易には切り離すことができない強力な力である「生まれ**と**育ち」について話す。息子たちに健康的で幸せな生活を送る最大のチャンスを与えたいのであれば、唯一コントロールが可能なものに焦点を当てるべきであろう。それはすなわち、彼らに何を教え、彼らをどのように扱うのかということだ。

少年に少年のあり方を教える方法について考え直そうという関心が明らかに高まっている。それは、男らしさに関するマスコミの報道や、男子が直面するプレッシャーについて話せるプログラムを提供する学校の増加、さらには、業界のリーダーが「少年らしさ」の定義を広げることにビジネス価値を見出しているおもちゃ売り場など、至る所で目にすることができるだろう。

この瞬間がいつまで続くのか、消費者文化を超えて男性や少年にとってより深い変化となるのか、それはまだ分からない。私が生まれたのは、ジェンダーニュートラルな子育てが流行していた一九七〇年代である。実家のリビングでは、フェミニズムを謳うレコード『あなたも私もありのままでいる自由がある』（*Free to Be... You and Me*）が繰り返し流れていた。アラン・アルダとマーロ・トーマスが、人形遊びに憧れる幼いウィリアム少年のことを歌い、プロアメフトの元スター選手であるロージー・グリアが「泣いてもいいんだ」という言葉で少年たちを安心させた。しかし、一九八〇年代から九〇年代にかけて、アクションフィギュアやスーパーヒーローで少年たちを囲い込んだ大衆文化と、ピンクやお姫様系のものには近づかないようにという黙示的な警告によって、これらのメッセージは風化した。そして今、世論はまた揺れ動いているようだ。

ホルモンと脳、そして男の子への接し方を無自覚にも変えている親

何世代にもわたり、あらゆる方法で少年少女の本質的な違いが差別を正当化するために使用されてきたことについて私は留意している。しかし、実際のところ、遺伝子が我々全員を形づくっ

ていることも事実なのだ。息子のトラック愛は生まれつきのものだと私は考えている。息子は常に姉の人形たちに囲まれながら育ち、私たちは親として、彼に人形遊びを勧めることもあった。それでも息子は全く興味を示すことはなかった。おさがりではない彼専用の新しい人形を購入したりもしたが、彼の注意はすぐさまメトロバスのおもちゃへと引きつけられた。息子に選択肢を与えることはできても、好きではないものを強制的に好きにさせることはできないのだ。

男の子と女の子の違いが顕著に表れるものの一つが、遊び方である。[9] そして、その違いを助長するものに目を向けることで、生物学と社会化の両方を含む、男の子を「男の子らしい」存在にする全ての力を垣間見ることができる。

研究によると、乳児は生後九ヵ月になると、性別を意識するより先に、おもちゃの好みが分かれ始めることが示唆されている。[10] 男の子はトラックやボールを好み、女の子よりも他の男の子と遊びたがる傾向にあるが、女の子は人形やピンク色のものを選択する傾向にある。そして、成長するにつれ、男の子の方がより活発になり、激しい格闘ごっこなどの遊びをするようになる。

これらの違いは、少なくとも部分的には、生まれる前に母親の胎内で男の子の体へと流れ込むテストステロンが原因であろう。そのテストステロンの波は、彼らの性器を男性化するだけでなく、「男の子らしい」遊びを奨励するようだ。

研究者は、先天性副腎過形成症（CAH）という珍しい病を持つ女の子を研究することで、出生前のテストステロンの影響を理解するようになった。母親の胎内で、この女の子の体では通常よりもはるかに多いテストステロンが生成される。そのために彼女たちは、肥大したクリトリスや「間性」の特徴を持つ場合がある。出生後のホルモン治療により、身体的な不均衡を正すことは可能であるが、胎内で大量のテストステロンにさらされていたという事実が、すでに実験を成立させている。CAHの少女たちを、高レベルの出生前テストステロンにさらされていない彼女たちの姉妹と比較することで、科学者は「生まれか育ち」のどちらが影響しているかをうまく探り出すことができる。

CAHの少女がおもちゃの選択肢を与えられると、出生前に大量のテストステロンにさらされなかった姉妹に比べて、「男性的な」オプション（車やトラック、組み立て式ブロックなどのおもちゃ）を選ぶ傾向があることが判明した。[11] また、わずかではあるが、彼女たちはより攻撃的で、[12] いくつかの研究では、活動レベルがより高いことが示唆されている。[13] これらの研究を含む様々な研究で、出生前のテストステロンへの曝露が、子どもの関心事や行動の一部を形成していることが示されているのだ。

つまり、「男の子らしい」あるいは「女の子らしい」行動はある程度、ホルモンの違いによって説明できるのかもしれない。しかし、少年の行動の原因とされやすい強烈なテストステロンは、たとえばその性質として特に名高い（あるいは悪名高い）ものでは、少年や男性に制御不可能な性衝動を煽《あお》るなどと誇張されていると専門家たちは言う。

幼い男の子が人形よりもトラックを好むように、出生前のテストステロンが偏りを生み出し、その後、親、友人、マーケティング、メディアが奨励・強調するのと同じく、思春期に流れ込む大量のテストステロンもまた、少年たちの性衝動を形づくる一つの要因に過ぎないと科学者は考えている。

発達心理学者のキャロリン・T・ハルパーンは、三年間にわたり、およそ百人の中学二、三年生［年齢としては日本の中学一年生、二年生にあたる］の男子生徒を追跡した。[14] 彼女は定期的に、彼らの唾液中のテストステロンレベルを測定し、性的な考えや活動についてのインタビューを実施した。その結果、テストステロンレベルが高いからといって、少年がよりセックスについて考える傾向にあるわけではなく、性的な活発さとの関連性も非常に弱いということが判明した。

同研究プロジェクトで彼女は、社会的期待の影響力も発見した。[15] 性的に最も活発であった少年たちは、二つの要因により性行為を促されていた可能性がある。一つは生物学的なもので、彼らはテストステロンレベルが高かった。もう一つは社会的なもので、彼らは定期的に教会に通っていなかった。一方、性的に最も消極的であった少年たちには、性行為を妨げる二つの要因があった。それは、テストステロンレベルが低いことと、定期的に教会に通っていたことである。どちらの結果も、特に驚くべきものではなかった。

しかし、興味深かったのは、制御不能なはずのホルモンによる衝動が、教会に通うことで制御可能になるということだ。教会に通う高テストステロンの少年は、教会に通っていない低テストステロンの少年と比べ、性的に活発になる傾向が**低かった**のである。教会の指導者たちが性行為を控えることに関する強力なメッセージを伝えていたからか、あるいは、教会に通うことで少年たちが一種のアイデンティティを身につけていたからか、あるいは、その他の理由からか、宗教的なコミュニティとの繋がりは、遺伝子とは全く関係のない強力な影響力となっていたのである。

生まれ持った性質は重要ではあるが、育った環境もまた重要であるということだ。

我々の態度、行動、そして人生を形づくるにあたり、遺伝と文化のどちらがより重要な役割を果たしているかという論争に、ハルパーンはうんざりしているという。どちらも等しく関係しているのだ。「人は本当にホルモンの役割を過大評価しています」と彼女は言った。

この研究から得られたことは、少年の素行不良や乱暴な行いをテストステロンのせいにしたくなる衝動には抵抗すべきだということだ。暴走するホルモンのせいだと言うことは、たとえ冗談であっても、少年は生物学的に制御不能になる傾向があると、つまり、彼らの性別や性器のせいだから、どうすることもできないのだと言っているようなものである。そのような態度は、少年を過小評価しているだけでなく、彼らに行動を改めるように教えるその他の人々を、その責任から逃れられるようにしているのだ。


仮に、少年のホルモンが「男の子らしさ」を決定する上で[16]、我々が思っているほど重要ではないとすれば、少年の脳はほとんど重要ではないということになる。これは、神経科学者のリーズ・エリオットが、男性は女性とは根本的に脳の構造が違う[17]という考えに反論した二〇〇九年の著書『女の子脳　男の子脳』〔邦訳＝二〇一〇年、NHK出版〕で展開した議論である。

何百万もの脳画像が含まれる数百の研究を調べた結果、エリオットは、男女間には確かに平均的な違いが見られることを発見した[18]。たとえば、男性の場合、体の大きさに比例してわずかに脳が大きい。しかし、脳について現在明らかになっていることで、行動における男女間の違いを説明する証拠はないとエリオットは考えている。彼女によると、世界やそのあらゆる情報（言語、数学、感情など）を認識し、処理するために、男性と女性が脳内で異なる回路を使用しているという証拠は見られない。男女間での移植が成功するほど男性と女性とで類似した臓器である腎臓と同様に、脳も男性と女性とで何ら変わりはないと彼女は主張する。

エリオットは、ロザリンド・フランクリン医科学大学の傘下にある、シカゴ医科学大学院で教授を務めている。エリオットは、シカゴ北部のミシガン湖近くにある実家で高齢の両親の手伝いをしており、私たちはそこで会うことにした。彼女はリビングルームに座り、自分の子どもたち（二人の男の子と一人の女の子）の違いに対する好奇心が、性差の科学を掘り下げるきっかけとなったと説明してくれた。男児と女児の違いは初めは小さいものなのに、どちらの性器を持っているかに基づいて、おもちゃや遊び方、言語能力や計算能力、共感力や競争力などについて何を期待されているかが明確な世界によって、その違いが増幅されることを知ったと彼女は話した。「私たちは二分された性の文化に子どもたちを放り込み、それを強調するためにあらゆる手段を取っています」と彼女は言った。

エリオットによると、男子の平均と女子の平均との間に比較的有意な差がある領域でさえ、重なり合う点はたくさんあるという。たとえば、おもちゃの好みと並んで、科学者が確認した大きな性差の一つである身体的攻撃性である。平均的な男性は、女性の三分の二よりも身体的な攻撃性が高いとエリオットは言う。しかしそれは、男子の三分の一は平均的な女子よりも攻撃性が低いということでもある。つまり、男の赤ん坊は、その姉妹に比べてより攻撃的な素質を持って生まれる**可能性**があるかもしれないし、ないかもしれないということだ。

同様に、少女や女性は平均的にわずかに共感力が高いが、無表情実験が示す通り、全ての子どもはみな他人との深い繋がりを求めている。また、平均的な女性より共感力の高い男性も大勢いる。子育て能力、競争心、冒険心など、通常は男女のどちらか一方に関連づけられる数えきれないほど多くの他の特徴についても、科学的に同じことが示されている。男女間に違いは存在するものの、基本的にその差は小さく、重なり合う部分の方が圧倒的に多いのだ。

エリオットは、神経可塑性、すなわち環境や経験によって変化する脳の性質の専門家である。彼女は自らの著書で、「高度にジェンダー化された社会の熱い太陽[19]」の下、我々の可逆的な脳は、より試行回数の多いスキル（多くの場合、社会によって男あるいは女として得意であるべきだと教え込まれたもの）が上達し、その他のスキルが衰えるようにできていると述べている。我々の脳に組み込まれているものがあるとすれば、それは環境に適応することであると主張したのだ。

我々は地球上のあらゆる言語を習得する可能性を持って生まれてくるが、実際には自分が触れた言語しか学ばない。我々は生まれながらにして視覚という潜在能力があるが、完全な視覚認知機能を得るまで脳回路が発達するには、何ヵ月もの視覚経験が必要となる。また、脳は「男らしい」スキルも「女らしい」スキルも、チャンスさえ与えればどちらも習得できるとエリオットは主張する。

つまり、私は親として、息子がどんな人間になるのか（どんな性格で、何を好み、何を得意とするのか）を、彼の性別だけでは予測することはできないことを理解しなければならないということだ。あなたは、**そんなことはできなくて当たり前だ**と思っているのだろう。しかし、これは我々の多くが気づかずにしていることである。エリオットの主張によると、我々は、自覚すらしていない方法で、少年と少女を別々の道へと誘導し、多くの男性と女性の間で見られるような違いを作り出しているのだ。

少年たちは、メディアや友人からの冷やかしや指摘などによる明らかなメッセージによって、何事にも耐え忍ぶということを学ぶ。しかし、それだけではなく、男女に対する微妙に異なる反応をしばしば無意識的に示す親からも、そのことを学んでいるのだ。母親や父親は、たとえ測定可能な身体的差異がなくても、新生児の男の子（生後二四時間未満の子でさえも）を強くてたくましいと評価し、新生児の女の子を柔らかくて小さいと評価する傾向にある。[20] 幼児に対しては、助けを求める女の子には手を差し伸べる傾向にあるのに、男の子の場合は、将来人に助けを求めないようにと教え込むためか、助けることを拒絶する傾向にある。[21]

また、親たちは、男の子はより丈夫で、自らの力で世の中を渡って行くことができると考えている。ある驚くべき研究では、母親たちが生後一一ヵ月の赤ん坊がどれほど急な斜面を這い下りることができるかを予測するよう求められた。[22] すると、女児の母親と比べ、男児の母親たちは自分の子がはるかに急な斜面を這い下りることができると予測したのである。しかし、彼女たちは間違っていた。男の子と女の子との間で、急な斜面を下りる能力や、リスクを冒そうとする意欲に違いは見られなかったのである。このことから、研究者たちは、子どもの能力に関する母親たちの認識の違いは、「成功率が一〇〇%のときでも女の子は失敗すると考え、成功率が〇%のときでも男の子は成功すると考える」ほど、あまりにも顕著であると結論づけた。

我々は歴史の中で、女の子の能力を過小評価することで、彼女たちを制限してきた。しかし、この研究では、男の子の能力を過大評価することの影響について考えさせられる。成功できる可能性がゼロであるにもかかわらず、男の子に成功を期待するとどうなるのだろうか？　彼らが助けを必要としていることに気づけなければ、どうなってしまうのだろうか？

さらには、感情や権利などの問題もある。親は、男の子が苦悩を表現することをさりげなく抑制し、欲しいものを手に入れる戦略として怒りに身を任せるように仕向けている。たとえば、幼い子どもを持つ父親は、女の子には悲しみや不安に、男の子には怒りに対して注意を払う傾向があり、母親は、怒っている娘の要求よりも、怒っている息子の要求を聞き入れる傾向がある。[23]集団で遊ぶ幼児を対象としたある研究では、おもちゃの取り合いによる子ども同士の喧嘩に母親が介入するところが観察された。[24]ほとんどの場合、母親たちは自分の子どもに、諦めておもちゃをもう一人の子どもに譲るように言い聞かせていた。しかし、男の子の母親には、自分の意志を曲げないことを教える傾向があったのだ。我々は気づかないうちに、息子たちに、欲しいものを手に入れたり、やりたいことをしたりする権利が彼らにはあるということを教えているのかもしれない。

これらは、我々が少年と少女に、彼らが根本的に異なる存在であり、根本的に異なるルールに縛られているということを伝える方法の中でも、ほんの一部に過ぎない。

男の子の本質に関する思い込みが、いかに単純に雪だるま式に膨れ上がるかを理解するのは難しいことではない。トラックや拳銃のおもちゃで遊ぶ男の子は、同じようにトラックや拳銃のおもちゃで遊ぶ他の男の子と遊ぶ傾向にある。これによって、男の子がすることとしないことに関するステレオタイプは強調され、彼らが何を好きでどのような行動を取るのかに関する両親の思い込みが強化される。怒っているときに報酬が与えられる（また悲しいときに無視される）少年は、怒りを表現する（また悲しみを隠す）ことを学ぶ。そして、男性には常に性欲があると繰り返し聞かされる少年は、自分には常に性欲があるかのように振る舞うようになる。

母親としての私の役割は、自らの言動に隠れているこのような思い込みについて考え、正すことである。そのためには、意識的に息子と感情について話したり、彼が助けを必要としていないかを確認したり、男女両方の子どもと遊びの約束を取り付けたりすることが必要となるかもしれない。しかし、それだけではなく、私は子どもたちとこれらの隠れた思い込みについて話し合う必要がある。そうすることで、彼らは、男女間にあるとされている大きな溝に関するメッセージに気づき、それに異議を唱えることができるようになるのだ。

娘のジュニパーが息子の現在の年齢（約二歳半）だった頃、ある日、彼女は自宅の窓から、通りを挟んだ向かいの家にいた建設作業員を眺めていた。娘は、なぜ屋根の上に女の人がいるのかと尋ねた。夫が、彼女は建設作業員の一人であることを説明すると、恐ろしいことに、ジュニパーはそんなはずはないと否定した。「女の人は建設作業員にはなれないよ」と彼女は言ったのだ。彼女の経験上、その主張は完全に理に適《かな》っていた。彼女は短い人生の中でたくさんの建設作業員を見てきたが、それらは男性だったのである。

ジュニパーの発言から、私は、子どもがいかに早くにジェンダーを見出し始めるか、また、彼女たちが見ている世界の**あり方**がいかに効率的に、世界の**あるべき姿**に関する厳しいルールへと置き換えられていくかを垣間見ることができた（建設現場で男性しか見たことがないのであれば、そこに女性はいるべきではない。女の子しかピンクを着ているのを見たことがないのであれば、男の子は着るべきではない。そして、後に次のように考えるようになる。ポルノで男性のオーガズムしか見たことがないのであれば、女性の快楽は関係ない、と）。子どもたちに、少年対少女の社会的ルールに囚《とら》われてほしくないと思うのであれば、そうしたルールの愚かさについて、子どもたちとたくさん話し合う必要がある。そして、私たち自身も、それらのルールに逆らわなければならないのだ。

男の子を成功へと導くために

ワシントンDCの最も物価の高い地域にあるシェリダン校の教室で、数十人の中学生がサラダやピタパン、フムスを食べながら、彼らのあるべき姿が世間からどのように伝達されているのかについて考えていた。

これは、進歩的な教育を行うK－8［幼稚園から中学校までの教育］の私立校で、時折対立する二つの派閥（性差別と闘うために女子たちが設立した女性の権利向上クラブと、ある男子たちのグループ）による、初めての合同ミーティングであった。もともと女子の愚痴を言い合うだけの目的で設立された男子グループは、カウンセラーのフィリス・ファゲルの指導の下、思春期前の男子たちが直面するプレッシャーについて話せる珍しい場所となっていた。

何ヵ月にもわたり別々にミーティングを実施してきた二つのグループは、互いに落とし所を見つけようとしていた。ファゲルはこの統合の試みを、あるアクティビティから始めることにした。彼女が様々な形容詞を速読し、その間に男子生徒と女子生徒たちは、それが「マンボックス」に当てはまるかどうかを言っていくというものだった。この「マンボックス」とは、少年や男性がどのように振る舞うべきか、何を目標とすべきかに関するステレオタイプ、すなわち、お金を稼ぎ、感情を抑制し、主導権を握り、積極的に性行為をし、女の子っぽくもなくゲイでもないということが詰め込まれた檻《おり》のようなものである。

「支配的？」――はい。

「無鉄砲？」――はい。

「怒りっぽい？」――はい。

「希望に溢れる？」――いいえ。

ファゲルが次のような言葉を読み上げると、彼らの答えはほぼ一致していた。「率直」「競争心が強い」「丈夫」「独占欲が強い」「野心的」「破壊的」そして「低俗」など、これら全てがマンボックスに追加された。

そこに追加されなかった言葉は当然のように、満場一致で「ウーマンボックス」に選ばれるものとなった。

「デリケート」「柔らかい」「夢見がち」「内気」「不安気」「自信がない」。子どもたちは直感的に、考えなくてもどの言葉がどちらに当てはまるかを理解していたのだ。

「みんな、どれほどいろんなことを内に秘めているかに驚きませんか?」とファゲルは尋ねた。教室内の誰もが何らかの期待と常に闘っていることを生徒たちに気づいてほしかったのだ。彼女は生徒たちに、自分自身を表す形容詞を五つ、ピンクと黄色の付箋紙に書くよう指示し、書かれたものを読み上げていった。**強い**、**自主的**、**頑固**、**賢い**、**競争心が強い**と書いたのは? 女子生徒だ。**親しみやすい**、**寛大**、**不器用**、**クリエイティブ**、**気分屋**と書いたのは? 男子生徒だった。実際の人はステレオタイプ的なカテゴリーには当てはまらないということを、ファゲルは見せたかったのだ。

「期待される通りに振る舞うことは、自分をとても制限することになる」と眼鏡をかけた少女が熱心に話していた。

シェリダン校は左翼的で裕福な都会にある学校で、ここで交わされる会話はアメリカのどこででも耳にするような内容のものではない。しかし、本書のための調査を行う過程で、私はファゲルのジェンダーボックス活動の様々なバージョンがあらゆる場所で実施されているのを見つけた。それらは全て、もともとはカリフォルニア州の活動家であるポール・キベル[25]が数十年前に、女性への暴力を防ぐために男性を集めた活動の中で提唱した、「マンボックスのように振る舞う」という概念から派生したものだ。公立校や私立校、オハイオ州の小さな町やニューイングランドの農村部、シカゴやワシントンDCの低所得層の地域、黒人やラテン系の少年が多く住まう場所など、シェリダン校から数キロ離れた場所やはるか遠くの地域でも行われている。全米各地のこれらの場所で、子どもたちが、女子の生活だけでなく、男子の生活までをも形づくるジェンダー規範を認識し、それに異議を唱えられるような指導が行われているのだ。

子どもたちは今でもウーマンボックスの壁を感じてはいるものの、それが薄まりつつあることも理解している。この半世紀の間、フェミニストの活動家たちは、女性に対するステレオタイプを払拭し、女性はどうあるべきかという古臭いルールを、自分は何でもでき、何にでもなれるという認識に置き換えてきた。もちろん、男性はいまだに、圧倒的な割合で企業や政治における権力を握っている。そして、少女たちはいまだに、あり得ない美の基準を満たさなければならない、いやらしくない程度にセクシーでなければならない、受け身で意欲的で優しくなければならない、また頭が良すぎたり野心的すぎたりしてはならないというプレッシャーを感じながら成長している。しかし、少女たちはまた、様々な女性のあり方や、様々な異なる「女性らしさ」が存在する世界で成長しているのだ。

SI誌のスポーツパーソン・オブ・ザ・イヤーを二〇一九年に受賞した、サッカースターのミーガン・ラピノーは、同誌の表紙を、ゆったりとしたヴァレンティノのガウンを身にまとってハンマーを振り回す姿で飾った。法廷では輝いていた最高裁判事のルース・ベイダー・ギンズバーグは、キッチンでは散々で、優秀な弁護士である彼女の夫のマーティーが家族の食事を作るシェフの役割を担っていた。一〇代のR&Bスターだったビヨンセは、世界で最も影響力のある女性、そして芸術、音楽、文化において崇拝されるような人物へと成長を遂げた。エンジニアでコンピュータ科学者のケイティ・バウマンは、史上初となるブラックホールの画像を撮影したチームで重要な役割を果たした。

一方、マンボックスの方は、頑丈であることが証明されている。

それを取り壊そうとする取り組みは、一部の人からの猛烈な反感を買い、息子たちがどんな人物になれるのか、どうあればよいのかに関する選択肢を広げることは、男女間の違いを無視し、男性を弱虫にすることと同義であると主張されている。

二〇一九年一月に、米国心理学会（APA）は、男性や少年との関わり方に関して推奨する新たなガイドラインを公表した。[26] このガイドラインでは、古典的な男らしさの規範を守らなければならないという男性のプレッシャーや、その結果生じる精神的・身体的な健康への害について、臨床医が理解することの重要性を強調している。そして、それはフォックスニュース（ローラ・イングラムが番組で、このガイドラインは民主党による反男性運動の一環だと主張した際、テロップに「男性に対する左派の宣戦布告」と流れていた）によって、そしてその報道を男性に対する攻撃と捉えたオンラインコミュニティ上で、即時に反発がわき起こったのであった。

ガイドラインの作成に携わり、たびたびニュース報道でコメントが紹介された、アクロン大学の心理学者であるロナルド・F・ルヴァァンは、個人情報がネットにさらされ、脅迫されたという。彼は、大学警察の助言でホームセキュリティシステムを設置した。彼が受け取った中で特に攻撃的な内容のメールには、APAは小児性愛を正常なもの、男らしさを異常なものとして宣伝しているという不当な非難と、ルヴァァンとその一味を「窓のないバン」で一網打尽にするよう国家警備隊（それも白人の警備員のみ）に要請したことが書かれていた。

「お前は不潔なユダヤ人でホモなのか？　それともただの不潔なユダヤ人なのか？」[27] メールは白

人至上主義的な言葉で溢れていた。「この不潔なクソ野郎め！　お前らは正しいことを間違いとし、間違っている汚らわしいものを正しいこととすり替えている！」

同月、カミソリ会社のジレット社は、セクハラやいじめ、女性蔑視を指摘するよう男性に呼びかける広告を発表した。[28] 広告のタイトルは「我々は信じる、男としての最高を」というもので、それは長年のスローガン「男の手に最高を」をもじったものだった。それは瞬く間に拡散され、ユーチューブでは八〇万もの高評価と、その二倍もの低評価を獲得していた。

その後に続いた大量の解説記事では、これら二つの出来事について、男らしさに対する攻撃が強まっていることの表れであり、男性は女性と本質的に異なるという科学的事実を否定していると主張するものが多く見受けられた。「少年には少年らしく、男には男らしくいさせろ。男らしさに対するこの有害な戦争を終わらせるべきだ[29]」と、イギリスのテレビ司会者であるピアーズ・モーガンは、カミソリの広告に苛立った末にツイートした。

二〇一五年には、はるかに些細な問題で、似たような論争が繰り広げられた。それは、大手総合スーパーのターゲット社が子ども用玩具の男女別ラベルの廃止を発表したときのことだった。[30] ピンクとブルーで明確に分けられていた子ども用玩具の世界を曖昧にしようというアメリカ実業界の考えが、より深い自然の摂理の侵害であると感じた人々の反感を買い、彼らが同社の店舗をボイコットすると宣言したのだ。「神の怒りと裁きがやってくる……私たちの国をこのような形で変えたことを激しく後悔する人が大勢現れるでしょう」と、ターゲット社のフェイスブックに[31]、ある女性が投稿した。別のコメントには、「ポリコレナチス［偏見や差別を厳しく取り締まる人］の要求に屈しないところで買い物するわ」と書かれていた。「男の子は男の子らしく、女の子は女の子らしくあることの一体何が悪いんだ？」

これらの憤りは、少年のあり方は生まれつきであり、彼らに人形遊びを勧めたり、セクハラを指摘するように呼びかけたりすることは、彼らの少年としての本質をどこか否定し、軽蔑するようなものであるという一部の人々の深い信念を強調している[32]。

この議論では、男の子はどんなおもちゃで遊ぶかということよりも、はるかに重大なものが危機に瀕している。少年が直面するステレオタイプやプレッシャーは、彼らの身体的・精神的健康、精神生活や対人関係をうまく管理する能力、そして学業面での成功さえも脅かしているのだ。

男子の学校での様子について考えてみよう。平均的な男子は、平均的な女子に比べ、読解力で後れを取っている[33]。男子の方が高校を中退する確率が高く[34]、大学へ進学する確率も低い。ジャーナリストや活動家たちは、二〇年間にわたり、教育におけるこの「少年の危機[35]」に注意を呼びかけており、この危機の原因は、男子には適さない教え方や、より一般的には、最も注意や助けを必要とするのは女子生徒であるというフェミニストや教育者による思い込みにあるとされている。

しかし、研究からは、男子よりも女子の方が読解力があるという一般的な考えが少年たちに制限をかけている一因であることが示唆される。そうしたステレオタイプを信じる子どもが多い教室では、男子は自分の読解力に自信が持てず、読書に対する意欲も低く、実際に読解力も低下するということが、五年生から六年生に上がる一五〇〇人以上の生徒を長期的に追跡した研究によって明らかになった[36]。この場合、少年に関するステレオタイプが、予言となってしまっているのだ。

この研究結果によると、息子たちを成功へと導くためには、男の子は生まれつき読解力が低いという思い込みと闘わなければならない。では、そのついでに、男の子に関して人々が持つその他の否定的な思い込み（暴力的、汚い、無礼、無感情、無関心など）も打ち砕いていこうではないか。これらの思い込みは、有害で破滅的な一般論であり、息子たちに多大な影響を与えている。ジョージ・W・ブッシュ元大統領が、教育における「期待値の低さへのソフトな偏見」について語ったことは広く知られているであろう。これは、貧困層や非白人の子どもは学業で成功することはないという大人による有害な考えである。男の子に対しても、こうした期待値の低さをもたらす偏見が存在している。欠陥があり、早急に修正しなければならないのは、男の子ではない。我々の男の子に対する考えなのだ。

「マンボックス」と男性の健康

我々の生活の中にいる少年たちは、常に、少年のあるべき姿、あるいはあるべきでない姿に関するステレオタイプに従うかどうかの選択を迫られている。これは単なる仮説ではない。これもまた、アメリカで男性として育つことはどういうことなのかを尋ねたときに、少年たちが実際に言っていることなのだ。

「僕はよく『泣くな、耐えろ』と、母親や兄、家族全員から言われてきました」と、二〇歳のエゼキール・クレアが電話で話した。彼とはワシントンＤＣのダウンタウンで開催された会議で出会った。エゼキールがその会議に招待されたのは、彼が一〇代の頃にニューヨーク市で参加し、様々な機会を得た高校のメンターシッププログラムについて話すためだった。

ハーレムで育った、細身で落ち着いた性格のエゼキールは、自分は他の男の子と何かが違うと感じていた。幼い頃、彼は動物や明るい色、女の子と遊ぶことが好きで、スポーツや取っ組み合いなどは苦手だった。成長するにつれ、自分が芸術、絵画、ピアノの分野が得意であることに気づいた。彼は長い髪をドレッドヘアにしていて、いつもいじめっ子に言い返していた。「理由もなくゲイ呼ばわりされていました」と彼は話した。「本当に、理由なんてなかったのです」

エゼキールはゲイではなかったが、彼をからかっていた子どもたちからすれば、彼は十分に「男子」でもなかった。また、彼を「白人」と罵っていた他の少年からしたら、彼は「十分に黒人」でもなかった。その原因について彼は、自分の聴いていた音楽（ビートルズやデイヴ・マシューズ・バンドなど）に関係していたのではないかと考えている。「学校では、僕は白人でゲイでドレッドヘアの子、と認識されていました。意味不明だなと思いましたよ」。仮に、白人は「真の男」になるための枠組《ボックス》みが小さいのだとすれば、黒人の少年にとっての枠組みはより一層小さいものとなるであろう。

現在、エゼキールは、ニューヨーク州立大学パーチェス校で映像を勉強している。周りには理解のある恋人や友人がおり、自分らしくいられる場所を見つけることができたと彼は話していた。彼は、自分らしさを見つける旅路の中で、どうあるべきかというメッセージに抵抗してきた数多くの少年のうちの一人なのだ。

しかし、国際的な非営利団体プロムンドが一八歳から三〇歳の若い男性を対象に実施した二〇一七年の調査によると、男らしさに関する古風な考えを支持するアメリカの少年もたくさんいる。回答者の四分の一は、「尊敬を得るために男性は暴力を用いるべきだ」と回答していた[37]。また同じく四分の一は、ゲイの男性を「真の男」ではないと考えている。さらに多い一〇人に四人の男性が、「男性は助けを求めず、個人的な問題は自己解決すべきである」と考えており、いじめられて反撃しない男性は「弱い」と回答した。一〇人に六人は「怖くても不安でも、男性は強く振る舞うべきだ」という考えを持っていた。

ジェンダーステレオタイプを受け入れることには好都合な点がいくつかある。プロムンドの調査によると、マンボックスの中で生活する男性[38]（すなわち、性欲が強く、同性愛を嫌悪すると主張し、積極的で支配的で自立心を強く持つべきだと考える男性）は、そうでない男性に比べ、総合的に人生に満足していると回答する可能性が有意に高いことが判明した。それはある意味、理に適っている。なぜなら、世界の期待に合わせる生き方はいろんな意味で快適だからだ。

それでも、心理学、社会学、公衆衛生学で増え続けている多くの研究によると、これらのステレオタイプに従って生きるべきだと考える少年や男性（特に女性を支配し、優位に立つべきだと考える男性）は、女性に対しセクハラ行為をし、性暴力を加え、交際相手を身体的にあるいは性的に虐待する可能性が高いことが示唆されている[39]。

最近のある研究では、ジョージア州立大学とCDCの研究チームが、二〇代から三〇代の男性二〇八人に、どれくらいの頻度で、無理強いや物理的な力を使って、パートナーの意思に反した性行為を強要したことがあるかについて尋ねた[40]。

その後、男性たちがどれほど強烈に女の子らしさを避けるべきものとして考えているかが測定された。物議を醸したAPAガイドラインの作成に携わった心理学者のロナルド・ルヴァンが、長年かけて開発し、洗練した手法[41]を使って、八つの基本的なジェンダーステレオタイプ[42]に回答者がどの程度同意するかを評価した。

- 男子は人形ではなく、アクションフィギュアで遊ぶべきだ。
- 男性は昼ドラではなく、アメリカンフットボールの試合を観るべきだ。
- 男子は人形よりも、トラックのおもちゃで遊びたがるべきだ。
- 男性は恋愛小説を読むより、アクション映画を観たがるべきだ。
- 男性は化粧品やファンデーションをつけるべきでない。
- 男子は女子のようなボールの投げ方をするべきでない。
- 男性は「オプラ」のようなトークショーに興味を持つべきでない。
- 男性はいかなる場合でも、自分の妻のカバンを持つことを避けるべきだ。

これらの文は、男性がどれほど厳格に男らしさを定義しているか、すなわち、女の子らしいとされる領域に入り込むことにどれだけの羞恥心と違和感を感じているかを示すものである。これらの文に強く同意した男性は、女性の権威に従うことや、自分が女らしいと思われることについて、想像しただけでひどく動揺する傾向が強く、性的により攻撃的である傾向が強かった。彼らの攻撃性は、女性に対する優位性を示すための手段であると研究者たちは結論づけた。

これは、人形やティーセットより、トラックやアクションフィギュアを好む男子が将来レイプ犯になるという意味ではない。しかし、生まれたときから少年に向けられるステレオタイプは、あくまでステレオタイプであり、破ることのできないルールではないということ（すなわち、トラックを好きになってもいいけれど、好きにならなければならないと感じる必要はなく、ストイックで競争心が強くてもいいし、時には動揺して助けを求めてもいいということ）を、彼らに気づかせることができなければ、男性になる方法は一つではないことを教える重要な機会を逃すことになる。そうして、我々は少女や女性、女らしさに対する危険な蔑視的態度を助長してしまうのだ。

自分の息子について考えると、私にとってようやく彼に買い与えた人形に彼が興味を示すかどうかはどうでもよいことだ。しかし、息子が人形遊びをしたいと思ったときに、その選択肢があると彼が感じるかどうかは非常に重要だと考える。彼には、女の子や女の子らしさに嫌悪感を抱く必要はなく、それにはむしろ称賛すべき点がたくさんあることを理解していてほしい。そして、彼が成長する中で、ありのままの自分を（どんな人物になろうと）さらけ出せる場所があることを願っている。

ちゃんと「男らしく」しなければならないという少年たちが感じるプレッシャーは、明らかに少女たちの健康と安全を損なうものだ。しかし、私が驚いたのは、それは**少年**にとっても同様に破壊的なものだという証拠があったことだ。プロムンドの調査では、マンボックスの型にはまった男性はそうでない男性と比べて、抑うつ症状[43]を報告する可能性が高く、過去二週間以内に自殺を考えたと報告する可能性が二倍にもなることが判明した。彼らは暴飲暴食をする可能性も高く、交通事故に遭う可能性は二倍から三倍であった。また、身体的ないじめの被害者であったと話す可能性は四倍、身体的ないじめの加害者であったと話す可能性は六倍にまで上った。

「男らしさは女性にとって有害であると決めつけられていますが……男らしさについて話すとき、それが男性や少年をどのように制限しているかについても話し合うことが本当に重要なのです」と、カリフォルニア大学サンディエゴ校の准教授で、公衆衛生学の研究者でもあるホリー・シャキヤが語った。

おそらく、少年たちが従来の男らしさの規範を受け入れることで、最も顕著に生じる代償は、彼らの健康が損なわれるということであろう。これはCOVID-19のパンデミックが発生した際に、マスクの着用拒否という形で現れた。ある大規模調査で、性差別的な考えに縛られている人（たとえば、女性の上司を持つことに不快に感じ、女性は男性のように論理的思考を持つことができないと考える人）は、性差別的な考えを持たない人に比べ、ウイルスに対する懸念を抱く可能性が低いことが判明した[44]。そして、彼らはマスクの着用や、その他の感染予防対策を実施する可能性が低く、ウイルスに感染したと報告する可能性が**圧倒的に**高かったのだ。性差別主義的な考えを最も示さなかった人のうち、新型コロナウイルスに感染した人はたったの三％であったのに対し、性差別主義的な考えを最も示した人では二八％も感染していた。

男らしく振る舞わなければいけないという、男性が感じるプレッシャーは、文字通り有害であり、彼らの危険な行動を後押しするだけでなく、専門家の支援から彼らを遠ざけ、命までも危険にさらしていると専門家たちは考える。

アメリカの男性は、女性よりも凶悪犯罪の被害者になる可能性が高く[45]、心臓病、癌、その他の一三個ある主な死因のうちの一〇個のいずれかで死亡する可能性も女性より高い[46]。女性に比べると男性は、自殺する可能性が四倍、他殺される可能性も四倍である[47]。世界中で男性は女性よりも短命であり[48]、米国では男性の平均寿命は五年も短い[49]。

私は息子を産むまで、これらの顕著な男女差に気がつかなかった。今では、これらの男女差が非常に気がかりである。私には、息子の身体的・精神的健康に影響を及ぼす全てのものを制御することはできない。たとえば、多くの仕事を奪ったり、多くの男性に自分らしさを見失わせたりするような経済的な力を、私は制御することはできないのだ。それでも、今の私にできる重要なことが二つある。それは、自分が持つ少年に関するステレオタイプを考え直すこと、そして、男性のあり方に関する息子の考えを広げられるように手を差し伸べることだ。

シャキヤは、一九九〇年代半ばから二〇〇九年までの約二〇年間にわたり、約二万人の思春期から二〇代、三〇代になるまでの追跡データを分析する研究者チームを率いた。この研究で、一〇代の頃にステレオタイプ的な「男らしさ」を示す行動を取っていた者は、成人してから抑うつ症状を訴えたり、喫煙や飲酒、薬物を乱用したりする可能性が高いことが判明した[50]。約二万人の男性を対象とした七四件もの研究に関する別の分析によると、自立しなければならない、多くの女性と性的な関係を持たなければならない、そして女性に対して力を行使しなければならないと考える男性は、そうでない同年代の男性よりもメンタルヘルスに問題を抱えている可能性が高く、精神的治療を求める可能性が低い[51]とされている。

カリフォルニア州の心理療法士で、男性の健康に関する分野の先駆者でもあるウィル・コートネイは、これらの性差は、少年や男性の行動を形成する男らしさに関する考え方だけでなく、身近にいる少年や男性に対して我々自身が持つ思い込み（特に、彼らは助けを必要としないという思い込み）にも起因すると主張している。コートネイが二〇一一年の著書『死にゆく男性』（*Dying to Be Men*）で指摘したある研究では、どちらも早期発見が重要とされる乳癌と精巣癌について、医師の八六％が少女や女性に乳房に癌の兆候があるかどうかを調べる方法を指導しているのに対し、少年や男性に睾丸の検査方法を指導している医師はわずか二九％であることが判明した。[52]意識しているかどうかにかかわらず、我々は皆、マンボックスの壁を作るのに加担しているのだ。

男の子の感情リテラシーを育てる

スタンフォード大学で教鞭をとっている発達心理学者のジュディ・Y・チューは、四歳と五歳の男の子を二年かけて観察し、インタビューを実施した。『男の子が男の子になるとき』（*When Boys Become Boys*, 2014）で彼女は、観察対象である子どもたちが、男子の一員として溶け込み、受け入れてもらうために、本当の自分を隠すことを学んでいく様子を描いている。

受け入れられるための主な条件とは、「女子のようにならない」ことであった。

この「女子のようにならない」というルールは、どのおもちゃで遊べばよいのかということから、他の子が見ている中で、親に対してどの程度まで愛情表現をしてよいのか（せいぜい、渋々とハグをする程度）ということまで、男の子の生活のあらゆる要素に浸透していた。男の子たちはこんなにも幼い年齢から、友達と合わせるために、本当に望んでいるものを犠牲にしなければいけないことが明確に示されたのである。ある少年はチューに、クラスの女の子たちと仲良くなりたいと打ち明けた。彼は、女の子たちのことが好きだけれど、気に入らないフリをしなければ、クラスで最も権力のある人気者の男の子、マイクが率いる「ミーン・チーム」から追い出されてしまうと話した。また別の少年は、人にひどいことをするのは好きではないけれど、マイクに言われたことに従わなければいけないと打ち明けた。そうしなければ、自分がチームから「クビ」にされ[53]、自らが必死で求めていた帰属意識が失われてしまうことを彼は理解していたのだ。「ミーン・チームからは逃げられないよ[54]」と彼は嘆いていた。

男の子は、感情の鋭さや他人と深く繋がりたいという欲求を失うわけではなく、幼稚園児の頃から始まる同調圧力の渦の中でそれらを覆い隠そうとするのだとチューは主張する。それでもなお、彼らはありのままの自分をさらけ出せる親しい人に対しては、本音を話すことに意欲的であることが多い。ここにこそ、両親やその子の周りにいる他の大人の役割があるとチューは言う。すなわち、少年が自らの感情、関心事、能力と繋がることができる空間を与えることだ。何千人もの思春期の若者を対象とした調査[55]から、これこそが、我々が少年に与えられる最も重要なものであることが判明した。親であれ、コーチであれ、友人であれ、親しく信頼のおける相手を持つことは、たとえば暴力、薬物乱用、うつ病などのリスクから一〇代の若者を守る強力な盾となる。

ウィリアム[56]という青年は、我々がいかに少年たちに感情の扱い方を教えられていないかということと、両親との思いやりのある関係がもたらす保護力について教えてくれた。

彼と出会ったのは、彼が二〇代前半で、大学を卒業してワシントンDCで初めて職に就いた頃だった。首都らしい上品なオフィススーツに身を包んだ、ハンサムで清潔感のある彼は、大学時代に直面したメンタルヘルスの危機が、男、強さ、そして成功とはどういうことなのかと、自らの考えを見直すきっかけとなったと話していた。彼は少年時代に学んだいくつかの教訓を忘れ去ろうとしていたのである。少しずつ進展はしていると彼は語った。しかし、それは簡単なことではなかった。

彼は、両親を喜ばせることを生きがいにして育ち、両親の多大な期待に応えるために一生懸命努力をした。特に父親からの承認を得ることに必死だったそうだ。彼の父親は、泣くことも「愛している」と言うことも拒否することで、感情を表に出すことは自分や自分の息子たちには許されないというメッセージを効率的に伝えていた。

才能溢れる野心家のウィリアムは、学校でもサッカー場でも優秀だった。しかし、彼は制御不能な怒りを抱えており、自分でも怖くなるほど、暴力的に物を投げつけたりするような癇癪《かんしゃく》を起こすことがあった。振り返ってみると、子どもながらに不安や苛立ち、落胆などの感情に対処する方法を他に知らなかったのだと彼は言う。「ほんの些細なことをきっかけに僕は暴言を吐き散らしていました」と彼は言った。「ただただ錯乱状態に陥っていたのです」

当然のことながら、ウィリアムはある種の傾向が遺伝子に組み込まれた体に生まれている。しかし、彼はまた、自分がどうあるべきかということを教え込むような家族と社会に生まれたのだ。そうした条件の下で成功しなければならないというプレッシャーを感じていたと彼は言う。そして、失敗したときにこみ上げてくる感情をどのように処理すればよいのか、彼には全く分からなかったのである。

大学では、友人と居場所を求めてフラタニティに入会した。そして、ヘイジング期間を終え、どちらも手に入れたように感じた。しかしクリスマス直前に、仲の良かった祖母を亡くし、彼はその後に続いた深い悲しみにどう対処すればよいのかと途方に暮れた。大晦日になってキャンパスに戻った後も、彼は友人たちに、その悲しみをどのように打ち明けたらよいのか分からなかった。祖母が亡くなったということすら言えなかった。そうして彼はただ、酒を飲むことにした。それも大量に。そしてひたすら飲み続けた。ある晩、彼はバーで偽造した身分証を提示したことで、警察に捕まってしまったのである。羞恥心に打ちひしがれた彼は、帰宅途中に通りかかった高層ビルから飛び降りることを決意した。

少年が少年になる方法について考えたとき、私は、ウィリアムがどれほど自分の心を理解したかったたか、どれほど強く他人と繋がりを求めていたか、そして、どちらをするにしてもどれほどいろいろなことが不足していたかと考える。

自殺を考えた夜、彼は運が良かった。彼には連絡できる相手がいた。親しい関係を保っていた母親がいたのだ。また、近くには警察官もいた。ウィリアムはその警察官に助けを求めた。警察官が彼の服装と白い肌から、彼を脅威ではなく守るべき対象として扱ってくれるであろうという確信がなければ、この選択肢はなかったかもしれない。警察官は彼を病院に連れて行ってくれた。彼は一週間入院することになった。そこで彼は、自らが感じていることはうつの症状であることを知った。そして、その治療法が、自らの感情と折り合いをつけること、また、他の人間と心から無防備に関わり合うことであると学んだ。

彼はセラピーに通い、悲しみを分かち合う会に参加した。そこは、彼が悲しんでいることや、時には喪失感を感じていることを認められる安全な場所であった。毎週ユースミニストリー［教会の下で、青少年が社会的な目的のためにあらゆる活動を行う組織］にも通い、そこもまた、彼にとって自らの仮面を脱ぎ捨てて、本音を共有できる安息地となっていた。彼はそのような時間と場所を得てようやく、自分が直面している苦悩を正直に話すことができるようになり、解放されたのであった。

ワシントンのダウンタウンにある賑やかなカフェで、彼は話しながら顔を赤く染め、目には涙を溜めていた。今は気持ちを整理し、健康を維持するために日記をつけていると話してくれた。彼はそうした場所で安らぎを得ており、それが自分にとって良いことだと理解している。しかし、そのことを友人の多くには伝えていないそうだ。彼は今でも、自分の内面を理解しようとするこの作業はみっともないことなのではないかと時折不安を感じることがある。男らしくない時間の過ごし方なのではないのか、と。

感情リテラシーを身につけ他人との繋がりを築くことは、男らしくない行いではなく、人間としての本質的なスキルであるということを少年たちに示すにはどうすればよいのだろうか？一

○代の少年たちは、自分の弱さをもっと見せなければいけないという大人たちからの説教にうんざりしていると話していた。幼い男の子たちを研究した心理学者のチューは、少年たちが持つべきだとされる性質（ストイック、強い、好戦的など）を別の性質（感情的、感受性豊か、思いやりがあるなど）とすり替えることは建設的ではないと言う。男の子はそれら全てのものに、そしてそれ以上のものになることができる。ステレオタイプ的に男らしい資質にもポジティブなものはたくさんあるし、それらは我々が半世紀にわたり、女の子たちに身につけるよう奨励してきたものだ。

問題なのは、男の子が「男の子らしい」行動を取る場合ではなく、何を感じ、何を望むのかを、自分がどうあるべきかという強力な社会的規範によって覆い隠してしまう場合である。母親としての私の目標は、息子に、もっと無防備になることを強制したり、「男らしく」ならないよう強いたりすることではない。どうあるべきかを教えるのではなく、ありのままの自分をさらけ出すことを恥じないように教えることなのだ。

フレッド・ロジャースはそれを正しく理解していた。彼は『ミスター・ロジャース・ネイバーフッド』［アメリカの国民的子ども向け教育番組］のエンディングで、幼い視聴者たちに向けて、一人ひとりがユニークな存在であり、みんなのことを大切に思っていると伝えていた。彼を憧れの眼差しで見ていた子どもたちに対して「君たちのような人はこの世に二人といないし、私はありのままの君たちが好きなんだ」[57]と彼は言ったのだ。

「それはとても単純なことです」とチューは言った。「でも、私たちはまだ本当の意味でそれを成し遂げられていません」

父親が「マンボックス」を作り上げる、または打ち砕く方法

現代の少年たちは、男らしさに関する古典的な考えに立ち向かうように求められているが、それは彼らだけの力でできることではない。少年や男性が何をすべきか（何をすべきでないのか）に関する強力なメッセージを発信してきた少女や女性も含め、我々は皆、少年たちを枠組《ボックス》みの中へと収めることに加担してきた。

『グッドモーニング・アメリカ』の司会者であるララ・スペンサーが、バレエ好きであると報道されたジョージ王子（ケンブリッジ公爵夫妻のウィリアム王子とキャサリン妃の六歳の息子）をからかったことを例に挙げよう。スペンサーは「どれほど続くか見ものですね[58]」とクスクス笑いながら言った。彼女は後に謝罪したが、反射的にこぼれたその軽蔑的な笑いを、なかったことにはできなかった。それは言葉以上に、少年たちがいまだに直面している頑固なステレオタイプについて物語っていた。

私自身は、小学四年生のときに片思いしていた男の子が、スクールバスを降りるときに手を振ってくれたことが記憶に残っている。彼は灰色がかった茶色の髪に、笑うとすきっ歯が可愛い、小柄で優しい男の子だった。他の子たちは容赦なく彼をからかい、「女子」呼ばわりしていた。私はそれに加わった記憶はないが、彼を庇《かば》ったこともなかった。

しかし、仮に「マンボックス」を強化するか、取り壊すかを決める役割を我々全員が担っているのだとすれば、父親の役割はきわめて大きいだろう。また、男性や少年はステレオタイプに縛られるべきではないと心から信じている父親でさえも、自分の息子をどう育てていくかということ

とになると、葛藤を感じるのである。多くの場合、息子を支えたいという父親の願望は、ジェンダーノンコンフォーミングの〔従来の性別規範に当てはまらない〕少年にあまり寛容でない世界の残酷さから彼らを守りたいという願望と衝突する。

スティーブン・ホフマンは、五〇歳のポッドキャストプロデューサーで、現在カリフォルニア州に住んでいる。しかし、彼は一九八〇年代にシカゴで育った。そこでのルールは明確で、ゲイや女性的であることは許されず、タフで強く、闘う意志がなければならなかった。ホフマンは一度だけ、クラスからいじめを受けていた女の子のような少年を庇ったことがあった。そのとき、この少年を庇うのはホフマン自身がゲイだからではないかと、ある女の子にからかわれた。「屈辱でした。正しいことをしているつもりだったのに、気分は最悪でした」と彼は話した。「息子にはそんな思いはしてほしくありません。彼がさらし者にされるのは避けたいのです」

最近、彼の八歳の息子がショッピングモールに行きたいと言ったときのことを、彼は話してくれた。彼の息子はアメリカンガール〔女の子向けの人形や雑貨を販売する大手メーカー〕の店で男の子の人形を見かけてから、そのことが頭から離れなかったそうだ。男の子が人形を持つのは悪いことではないと頭では分かっているとホフマンは言った。それは彼の本心である。それでもなお、息子とその店にいることに彼は「違和感」を拭えなかったのだ。その違和感はおそらく彼自身の、期待に応えたい、十分に男らしくありたいという願望から来たものだろうと彼は言う。しかし、それはまた、男の子には何が適切であるかに関して明確なルールがいまだに存在するような世界から、息子を守りたいという彼の願望にも起因する。そのルールでは、アメリカンガールの人形で男の子が遊ぶことは許されないのだ。

「息子には、他人からの批判を気にすることなく、なりたいように自由に、なりたいイメージのままに生きてほしい。でも、私はこうした批判とそれらが息子にもたらす影響を、非常に、心底恐れています」とホフマンは言った。

彼の懸念はさておき、こうした率直さがあれば、彼の息子はより幸せで健康的な男性に育つであろう。さほど「女子っぽい」ものを軽蔑したり、少し変わった男らしさを実践することを恥ずかしがったりすることなく、様々な趣味や夢を幅広く探求するための態勢をより整えることができるのだ。

ホフマンの懸念は息子を持つ親には共通するものである。社会学者のエミリー・ケインは、幼稚園児の子どもを持つ数十人の親を対象としたインタビューを通して、母親や父親は、従来の男らしさの枠組みを超えて様々な活動や感情を息子たちが探求することをサポートしたいと考えているが、それには限度があることが分かった[59]。親たちは、男の子の共感力を促すことに肯定的で、男の子が料理や介護などの家庭的なスキルを持つことは許容できると考えていた。しかし、親は(特に父親は)、泣いたり、ネイルをしたりなど、よりはっきりとした「女性らしい」行動に対しては、はるかに抵抗を感じていた。男の子が赤ちゃん人形で遊ぶことは、将来的に彼らが父親になったときのためのスキルを養うことに価値があると考えられ、問題はないとされた。しかし、バービー人形ならどうであろう? あり得ない。

一部の親は、息子に典型的な男らしさを示して行動してほしいと考えるのは、彼が周りから浮かないように、冷やかしや社会的な拒絶を経験しなくてもよいようにという理由からであると話していた。しかし、一部の父親は、息子の行動を取り締まるのは、自らの男らしさを強化するためであると認めている。

「息子には『オカマ』っぽい何かになってほしくないのですよ」[60]。研究者たちにこのように話したのは「女の子っぽい」趣味を持つ五歳児の父親だった。

インタビュアーは次のように尋ねた。「それは親としてのあなたを反映しているからだと思いますか？」

彼は次のように答えた。「男親として、そうですね、正直そう思います」

ケインのインタビューに答えた親たちは、娘が男の子のような行動を取ることは、彼女たちがレズビアンであることを意味するという懸念は抱いていなかった。それどころか、彼らは、自分の娘がジェンダーステレオタイプから解き放たれていることを誇りに思っていた。しかし、多くの親、特に父親は、男の子の関心事や活動を彼らの性的指向と結びつけ、バレエを習いたいと思う男の子は大きくなるとゲイになるのではないかと懸念している。彼らは息子たちを、自分たちが思うより「男らしい」方向へと導く責任を感じていたのだ。

ある父親は、上位中流階級のストレートの白人男性で、仮に五歳の息子がゲイであると判明した場合について、ケインのチームに次のように語った。「おそらく父親として失敗したと考えるでしょう。……だって、私は彼を男子に、男になるように育てているからです[61]」

彼の回答は、男の子を異性愛者で、特定の男らしさに合致するように育てなければならないというプレッシャーを、いまだに抱えている父親もいることを思い出させるものである。しかし、そうでない父親たち（公の場で広く活躍している父親も含む）もいて、彼らは、息子たちのありのままの姿を受け入れるために、自分にとって居心地の良い場所から踏み出そうとしている。

バスケットボールのレジェンドであるマジック・ジョンソンは、一〇代の息子が二〇一三年にゲイであることをカミングアウト［自らの性的指向を打ち明けること］したとき、彼のことを批判する人や、彼の人生に苦難をもたらす人が現れるであろうと息子に警告した。「彼に覚悟させておきたかったのです」と、その四年後にジョンソンは語った。「そして、何があっても私は彼の味方だということを、彼に知っておいてほしかったのです」[62]。それ以来、リアリティ番組やソーシャルメディアでインフルエンサーとして活躍し、性別に囚われないファッションセンス（レザーのミニスカート、胸元の開いたガウン、ドラマチックなアイメイクなど）で知られている息子のEJを、ジョンソンは熱心に表立って応援するようになった。

従来は「女性的」と見なされてきた趣味を男の子が追求することで、彼らがゲイになる確率が高まるという証拠はない。しかし、そうした考えはなかなか消え去ることがないようだ。レベッカ・メルスキーは、トラックや飛行機、恐竜などをあしらった女の子向けのドレスを作るアパレル会社、プリンセス・オーサム社の共同設立者として、この動向を実際に目の当たりにしてきた。二〇一三年に、友人でビジネスパートナーでもあるエヴァ・セントクレアと共に会社を立ち上げたとき、彼女たちが否定的なフィードバックをほとんど受けることはなかった。女の子は「女の子っぽい」ものに限定されるべきではないという考えは、人々に理解され、評価され、好まれさえしたのである。

その後、プリンセス・オーサム社は年に百万ドルもの利益を得るようになり、二人は、男の子ものを補完する衣類コレクション「ボーイ・ワンダー」発表した。しかし、世間は、男の子は「男の子っぽい」ものに限定されるべきではないという考えに対して、あまり寛容さを示さなかった。猫やユニコーンが描かれたシャツや、ピンクのフラミンゴが描かれたパンツなど、ボーイ・ワンダーの初のコレクションに関する報道は、メルスキーによると、同性愛嫌悪的、トランスジェンダー嫌悪的、女性嫌悪的な激しい批評を招いたのであった。「これは児童虐待だ[63]」と、ある人はウェブサイトのアンケートを通じて彼女たちに訴えた。フェイスブック上では、「男性の女性化[64]」「小さなホモの育成」「小さな弱虫を作っている」などと非難が寄せられた。

夫と私は、他人の批判から息子を守ることはできなくても、いかなる場合でも、彼は家では安全で、愛されているのだと伝えることはできる。そして、女の子と同じように、男の子は何になっても、何をしても、何を着てもいいのだと繰り返し聞かせることができるのだ。

あなた自身の人間関係が重要な理由

現在ハンボルト州立大学に通う、ロサンゼルス東部出身の一九歳、アンヘル・デュランは、父親から認められずに育つとどういう気持ちになるかについて話してくれた。「小さい頃から、父からいつも言われてきたのは『男なら泣くな』ということでした」と彼は言った。

アンヘルはダンスが好きだったのだが、それを父親にやめさせられた。アンヘルは父親の期待に応えるために、嫌いだったアメリカンフットボールを始めた。「いつも、私を誇りに思ってほしいと考えていました」とアンヘルは言った。

父親の期待が自分にとって悪影響であることにようやく気づいたのは、父親から身体的虐待を受け、母親と共に家を出るという危機的状況に陥ってからであった。「私は父の持つステレオタイプに合わせようと必死で、自分を見失っていました」と彼は話した。

父親のジョニー・デュランは、七人きょうだいの長男として生まれ、ロサンゼルスのギャングに囲まれて育ち、家族を守ることが自分の役割だったと話してくれた。彼はアンヘルには別の人生を歩んでほしいと考えていたが、彼にとって息子を愛する唯一の方法は、タフな男になって、自分の身は自分で守れるようにと教え込むことだった。「私は彼に『ゲイみたいだからそんなことするな』と言いました」。ジョニーはアンヘルのダンスについてこのように振り返る。彼は、アンヘルの母親との結婚が破綻するにつれ、自分が暴力的になっていったことを認めた。「息子には厳しく当たっていました」とジョニーは言った。「もっと愛情を示すべきだった」

親は、自らの恋愛関係を通して、男であることの意味について、子どもたちに強烈なメッセージを伝達している。そして、アンヘルの両親がそうであったように、その関係が虐待的である場合、そのメッセージは危険なものとなる。父親がパートナーや子どもに危害を加える場合、それは息子たちの健全な人間関係を築く能力に長期的な影響を及ぼすことがある。家で暴力を目撃したり、自ら虐待を受けたりしたことのある少年は、人に暴力を振るう危険性が高い[65]。また、両親が怒ったり、怒鳴ったり、批判したり、物理的な罰を与えたりする習慣がある場合、少年は自分の恋人を虐待する可能性が高くなる[66]。

この研究から、夫と私が夫婦関係を育むために費やしてきたエネルギーは、私たち自身のためだけでなく、息子の結婚観のためにもなるということが分かった。息子は、夫と私がどのように問題を解決するか、どのように意見が食い違うか、どのように愛情を表現するかなどを、見て学んでいる。私たちは毎日、息子がお手本にするであろう人間関係の指針を作り上げているのだ。

ちなみに、私と夫は毎日子どもたちの食事を用意している。洗い物も、オムツ替えも、ゴミ捨ても、就寝前の本の読み聞かせもしている。他にもいろいろと書ききれないほどあるが、毎日の子育てで夫とどのように家事を分担するかも、息子が抱く将来像を形づくることになるのだ。

父親が、従来の家族モデルに抗い、仕事だけでなく家事も分担して行っている場合、その息子や娘も、夫婦共に育児に関わる平等主義的な結婚生活を想像するようになる可能性が高い[67]。幼少期に、父親が育児に携わっていた（食事の準備をしたり、医者に連れて行ったりなど）記憶のある男子大学生は、父親が育児に携わっていた記憶のない同級生に比べて、将来育児に携わる能力が自分にあると感じている可能性が有意に高いという[68]。

バージニア州のワシントン・アンド・リー大学の心理学者でジェンダー開発を研究しているメーガン・フルチャーは、このことは、お金を稼がなければいけないという男性のプレッシャーと育児を優先しなければいけないという女性のプレッシャーを、両親が強化することもできれば阻止することもできることの表れだと主張する。

育児に全く携わってこなかった父親を見て育った少年は、自分が育児に携わることを考える可能性が低いとフルチャーは言う。そのため、そうした少年は、家庭を持ってもフルタイムで働き続け、家では母親の助っ人、すなわち、買い物リストを渡されれば店に行き、子育てに関する意思決定は行わないベビーシッターのような役割を担うことになる。

父親が子育てに携わっている様子を見て育つ少年は、将来、自分も同じように子育てに携わることを想像する可能性が高い。そして、彼らが家庭のエキスパートとして自信をつけるための第一歩は、パートナーに仕事で野心を追求するための自由を与えることなのだ。

分業は、もちろん同性婚の家庭でも同じく重要である。両親の性的指向がどうであれ、家庭内での育児や家事が不均等に分担されている場合、子どもたちはステレオタイプ的な行動を手本にするよう条件づけられてしまう。[69] すなわち、息子たちはより「男らしい」仕事に就き、娘たちはより「女らしい」務めを果たすことを想像するようになる。一方で、両親が仕事を平等に分担する場合には、子どもたちは将来自分が何をするのかについて、幅広く想像を膨らませることができるのだ。

言い換えれば、子どもにジェンダー規範に抵抗する意志を与える方法の一つは、親が自らそれらの規範に抵抗することである。フルチャーと彼女の同僚は次のように述べている。「父親の最も重要な仕事は、日々の家事をこなしている様子、またそれらをうまくこなしている様子を、子どもや上司、友人に見てもらうことかもしれません[70]」

変化の表れ

ジェンダーや男らしさに関するアメリカ人の考えを正確に把握することは難しい。少年であることの意味や女の子であることの意味を考え直そうとするだけでなく、二つの性別という概念自体を取っ払おうとする意欲が高まっている兆候がある。ジェンダーを、二分された性に囚われたものではなく、流動的でダイナミックなものとして捉える人が増えているのだ。二〇一六年に実施された世論調査によると、ミレニアル世代〔一九八〇年代前半から一九九〇年代後半までの間に生まれた世代〕の半数が、ジェンダーは多種多様であると考えており、自分は「従来のカテゴリーからはみ出る」と答えている。[71]若い人ほど、ジェンダーに関する従来の考え方から解放されているようだ。二〇一七年に、カリフォルニア大学ロサンゼルス校のウィリアムズ研究所の研究で、カリフォルニア州に住む一〇代の若者のうち、四分の一以上がジェンダーノンコンフォーミングであることが分かった。[72]

奇妙なことに、それと同時に、多くの若者は男女の役割に関する従来の考え方に肯定的なようにも見える。過去四〇年間にわたって毎年実施されている、高校四年生を対象とした調査によると、一九九〇年代半ば以降、職場では男女が平等に機会を与えられるべきだという意見が大多数を占めている。[73]しかし、家族に関しては、女性が家事をし、男性が仕事をして家庭の重要な決断を下す方が、みんなのためになるという考えを示す人が着実に増えているのだ。この一見矛盾した結果について社会学者たちは、若者には経済的ニーズのために受け入れること（一つの収入では足りないため、母親を含めて女性は家族を養うために働く必要がある）と、自らの生活に望むこと（母親が家にいるという従来の役割分担）との間にギャップがあるという事実によって説明できると考えている。真相がどうであれ、この傾向によると、公生活の中でジェンダー平等を支持する人が、必ずしも私生活の中でジェンダー平等を支持するとは限らないということだ。

「私たちは紛争中であり、今後どうなるかは予測できません」と社会学者のエリザベス・スウィートは言った。しかし、ジェンダーとおもちゃについて研究しているスウィートによると、文化の行く末を正しく推測しようと莫大な投資をしている企業は、少年が「女の子っぽく」することに対してより寛容な世界になることを顧客が願っていることに賭けているようだ。

玩具メーカーはここ数十年の間、大量の製品を女の子向け（ピンク色やお姫様系）と男の子向け（赤、青、黒、そしてスーパーヒーロー系）に仕分け、子どもたちにとって何がふさわしくて、何がふさわしくないのかを明確にすることで、多大な利益を得てきた。スウィートによると、一九七五年頃までは、シアーズカタログ［通信販売で有名なアメリカの大手百貨店のカタログ］内で男女のどちらかを対象にして販売されていたおもちゃの割合は、全体のわずか二％であった。[74] しかし、その二〇年後の一九九五年になると、カタログ内の少なくとも**半分**のおもちゃが、明らかにどちらか一方の性別をターゲットにしていた。二一世紀に入ると、ジェンダーニュートラルなおもちゃは、大手玩具メーカーのウェブサイトや大型店の売り場からほとんど姿を消し、おもちゃはこれまで以上にジェンダーを意識したものになっていった。

しかし、今再び変化が起きようとしている。

二〇一五年に、男女別のおもちゃ売り場を廃止したターゲット社の決断は、玩具業界におけるジェンダーニュートラル化を予感させるものとなった。業界では二〇一七年に、男の子向けのおもちゃと女の子向けのおもちゃに別々の賞を与える動きが廃止[75]され、以前までジェンダーカテゴリーに沿っておもちゃを販売していたディズニー社のウェブサイト[76]では、「男の子向け」または「女の子向け」のおもちゃを探し求める買い物客は、結果的に全く同じ製品を目にするようになっている。

二〇一九年に、ハズブロ社は、食べて、飲んで、排泄をする人気の赤ちゃん人形「ベビーアライブ」[77]の商品パッケージやウェブサイトで、男女両方に向けて販売を開始した。サイト上では、人形にプレイ・ドウ［アメリカでは定番の子ども用粘土］のスパゲッティを食べさせる少女の横に、楽しそうにオムツ替えをしている少年の様子が掲載されている。ブラジルのハズブロ社の広告動画では、男の子（と女の子）が人形に優しくご飯を与えたり、あやしたりしている様子が描かれている[78]。「子どもは人形を使って何をしているのだろうか」という文が画面上に現れる。「思いやりを練習している。責任感を養っている。より良い人間へと成長している。人形の世話をすることで、女の子がたくさんの発見を得られるのであれば、男の子も同じではないだろうか？」

典型的な人形の原型とも言えるバービーを製造するマテル社は、男女別製品の境界線をより曖昧にすることへの需要があると認識し、その需要に応じるために、独自の措置を取り始めている。二〇一九年九月に、同社は世界初のジェンダーニュートラルな人形コレクションと称して、女性、男性、またはノンバイナリーと解釈できる体や顔をした人形のコレクションを発売した。タイム誌の記者に対してマテル社の幹部は、この「クリエイタブル・ワールド」人形[79]について、強固なジェンダー規範を拒絶し、ジェンダーを男性と女性の二者択一ではなく、多種多様なものとして捉える若い世代の心を掴むための取り組みであると話した。「もし、男の子は女の子向けとされるおもちゃで遊べるし、女の子は男の子向けとされるおもちゃで遊んでもいいのだという考えを生み出すことができれば、我々は現代社会においてより良い、より配慮の行き届いた認識を普及することに貢献できるでしょう」[80]と、マテル社のリチャード・ディクソン社長はタイム誌で語っている。「また、そうした困難と向き合っている子どもにとってはなおさらですが、彼らの人生の中でその瞬間を少しでも快適なものにでき、彼が受け入れられていると思えるようなものを我々が作り出しているならば、それは素晴らしいことです」

スウィートから見ると、これらの変化はめざましく、男らしさに関するより広範で文化的な話題が、子どもたちが日々遊んでいる具体的なものの中にまで浸透してきていることの表れである。そして、最終的には、幼い頃に子どもたちに伝達されるジェンダーの規範が緩和されるかもしれないのだ。

「今、何かが起きているのです」と彼女は言った。彼女によると、男の子専用の特別な人形を販売することは一つの手かもしれないが、ジェンダーに関係なく、誰でも遊べるようなおもちゃを販売することは、さらに一歩進んだ取り組みだという。それは、我々が幼い男の子と女の子を分けて、彼らが異なる存在であることを示すために作り上げた従来の壁への挑戦なのだ。スウィートの言葉を借りると「それは革新的な変化なのです」。

こうした変化、また、自分たちが何者で、どう行動し、何に関心があるのかに関する思い込みやステレオタイプについて少年たちに疑問を抱いてもらいたいという欲求は、玩具界だけで見られるわけではない。それは、引退したＮＢＡスターであるドウェイン・ウェイドが、一二歳の息子の性自認と折り合いをつける中で、表立って熱心に、ごく当然なこととして息子のジオンを支えていたことからも見受けられる。二〇一九年六月に、ウェイドはインスタグラムで、ジオンがマイアミビーチのプライドパレード［ＬＧＢＴＱ文化を称えるイベント］に参加している様子を一五〇〇万人ものフォロワーと共有した。その数ヵ月後には、クロップトップを着て、爪にマニキュアを塗ったジオンと一緒にポーズを取った家族写真をソーシャルメディアに投稿した。最終的にウェイドは、ジオンの強さと勇気を称え、この自分の二番目の子について話すときには、代名詞に「彼女」を使用することにした[81]。彼女はザヤと呼ばれることを望んでいると、ウェイドは発表したのだ。

「私は息子が、彼女が今の姿になる様子を初めから見守ってきました」。二〇一九年一一月に、スポーツポッドキャストでウェイドはこのように語っている。「私の愛する気持ちに何も変わりはありません。私が担う責任も何も変わりません。今私がやらなければいけないことは、もっと賢くなって、もっと学習することだけです[82]」

　トランスジェンダーの娘を公に迎え入れようとするウェイドの姿勢は、力強い意思表明となったが、必ずしも支持されたわけではなかった。ウェイドとザヤがクリスマスのパジャマを着てにんまり笑っているインスタグラムの写真に対し、「クソゲイな息子」というコメントがなされた。「あなたは自分が思っている以上に、自分の息子を傷つけている」。こうしたコメントを残す人々は、父親の役割は子どもを抑制し、子どもがストレートで「男らしく」なるように育てることだと考えているようだ。しかし、ウェイドはすでに父親としての別のビジョンを表明していた。それは、子どもたちを無条件に愛し、一人ひとりについて知り、彼女たちがありのままの姿へと成長できるように手を差し伸べることだ。

「父親としての私の役割は、子どもたちの生活を円滑にし、彼女たちを支え、彼女たちがしたいと思うことをできるように後ろ盾となることです」[83]と、彼はバラエティ誌で語っている。「私の役割は……彼女たちに世界を征服することだって可能なんだということを教えることです。だから、ありのままの素晴らしい自分をさらけ出せばいいんだよ、私たちはただ見守って君たちを愛し続けるから、と」

芸能界でも、少年たちがありのままの自分を受け入れられるようにする動きが見受けられる。俳優のビリー・ポーターは、ゴールデングローブ賞で、スーツの上にピンクのマントを羽織り、アカデミー賞では、タキシードに黒のベルベット素材のフルスカートガウンを着て登場した。メディアの中にも見ることができる。たとえば、映画『幸せへのまわり道』では、とてつもなく親切で思いやりのあるミスター・ロジャースがもてはやされ、ディズニーの『アナと雪の女王2』では、命がけで世界を救おうとする二人の姉妹が描かれる中、男性は舞台袖で待機する愛情深い応援団の役割を果たしていた。

そして、この変化は少年たちの実生活の中にも見られる。ワシントンDCの、フィリス・ファゲルが顧問を務めるシェリダン校の少年グループ[84]は、男子中学生が直面するプレッシャーについて話す場となっている。同校近くのジョージタウン・デイ私立高校では、男子生徒たちが「ボーイズ・リーディング・ボーイズ（少年が少年を指導する）」という、性暴力に繋がる社会的プレッシャーにどう抵抗するかを議論するためのグループが立ち上げられた。市内や他のいくつかの州の公立校では、「メン・キャン・ストップ・レイプ（男性はレイプを阻止できる）」という組織が発案した「メン・オブ・ストレングス（強き男性）」というクラブ[85]が、少年たちに「男らしさについて主に語られていること」を否定し、女性に対する暴力を防ぐ味方となるよう奨励している。八歳以上の男の子を対象としたカリフォルニア州のサマーキャンプでは、ステレオタイプ的な男らしさを疑問視することに焦点が当てられている。[86]そして、メイン州の中学校では、男子生徒がジェンダーステレオタイプについて考察し、共感力を身につけ、性的同意を理解するための授業が設けられている。

「私たちの文化は現在、過去には公にしてこなかった問題と闘っています」と二七歳のライアン・ターディフは話す。彼は、中学校プログラムを運営する非営利団体「メイン・ボーイズ・トゥ・メン（メイン州・少年から男へ）」で、プログラムのファシリテーターを担っている。「これはかなり新しい領域なのです」

「メイン・ボーイズ・トゥ・メン」のカリキュラムには、たくさんの体験型アクティビティが含まれる。そのうち最も人気のものとして、ジェンダーステレオタイプの概念を紹介するために、幼少期に大切にしていたおもちゃを少年たちに思い浮かべてもらうというものがある。小学二年生の子におもちゃをプレゼントする場合、男の子ならどんなものを（車やビデオゲーム）、女の子ならどんなものを（人形やおままごとセット）プレゼントするかについて意見を出し、おもちゃの販売方法が男女によってどのように違うかについて話し合うのだ。また、このおもちゃアクティビティでは、少年たちが刷り込まれる全てのステレオタイプを鵜呑みにしないようにする方法についても話し合う。この取り組みについて、「メイン・ボーイズ・トゥ・メン」のマット・セオドレス事務局長は、少年のあるべき姿に関するメッセージに対して、自分だけが不快な思いをしていると多くの少年が思い込んでいる世界では、めったにない機会であると述べている。

少年たちはどう振る舞うべきか、何を好きでいるべきかについて、彼らはいつも同じ話を聞かされているとセオドレスは言う。彼らは、真の少年や男性はそのような小さな枠組みの中には収まらないという反論も聞く必要がある。私が気づいたのは、それこそが息子に与えられる最も価値のある贈り物の一つであるということだ。それはすなわち、彼が友人、教師、メディアから聞くであろうメッセージを覆すような、男性とは何者で、何になれるのかという物語である。私は、息子がどんな人に、どのようになりたいのかを、彼自身で決断できるような空間と励ましの言葉を与えることができるのだ。

第3章　性教育の危機——セックスの話をしないことが子どもにとって危険なわけ

挑発的なHBO［アメリカの衛星・ケーブルテレビ局］のテレビシリーズ『ユーフォリア』に、二人の若者が初めて体の関係を持つという印象深いシーンがある。少年は少女の首に手を回し、首を絞め始めるのだ。彼女はもがき、彼にやめるよう叫ぶ。

「なんでそんな風に掴むの？　息できないじゃない」と彼女が言う。

「なんでって、そういうのが好きかなと思って」と彼は答えた。

彼女は困惑する。「そんなことが好きなわけないでしょう！」

少年の誤解について、語り手は、少年たちがオンライン動画で首を絞める場面を見ることが原因だと説明している。「世界中の誰もがポルノを観ている」と、暴力的なセックスの音と映像を背景に語り手は言う。「この愚行は思いがけないところから来ているわけじゃない」

これは、性行為や同意、そして私たちがどれだけ目をそらそうと彼らのほとんどは見ていると
いう事実は変わらないポルノについて、少年たちと話すためには良いシーンである。我々の多く
は、親としてこうした会話を避けてきた。学校も同じようなものだ。実際に子どもたちは、一世
代前に比べると、性教育を受ける機会が減っている。政治的・思想的に幅広い層の学者や活動家

は、これこそが、私たちがアメリカにもたらした結果だと述べている。すなわち、親や教師による代替教育が行われない中で、若い世代がセックスや体に関する知識を基本的に無料のオンラインポルノで形づくるように、我々は育ててしまっているのだ。

ボストンに住む高校四年生のコーリーを紹介しよう。彼がポルノで自慰行為を始めたのは、小学五年生のときで、友達からポルノハブ〔カナダのアダルト動画サイト〕の存在を教わったときだった。彼は、セックスというものは言葉なく、突然に、情熱的に始まるもので、何の交渉もなく、前戯もほとんどせずに行うものだとそこから学んだ。そして、男性が主導権を握り、男性が果てればセックスは終わるものだということを彼は教わった。学校や家で大人たちから受けた薄っぺらい性教育は、それらの誤解を解くのに何の役にも立たなかった。「ポルノ動画では同意するところなんて映されていません。初めてセックスをするときは、何も聞かなくてもいいんだ、と思うようになるのです」と彼は話してくれた。「好きなように、やりたい放題やればよいのだと」

「やりたい放題」好きなようにしてもよいという印象を与えたまま、息子たちを放置しておくのは、彼らのためにはならない。それでもなお、全米の家庭や学校では、そういう状態となってしまっているのだ。

一九九九年、コロンバイン高校で一二人の生徒と一人の教師が虐殺された事件をきっかけに、いじめは幼少期の通過儀礼ではなく、深刻な学校の安全問題として扱うべきだという全国的な運動が始まった。過去二〇年間の爆発的なポルノの普及と、長きにわたり、じわじわとはびこってきた性暴力の悲劇（遠い未来の大人に起こるものだけでなく、今ここで、子どもたちの間で起きているもの）から、性教育の欠如は子どもにも危険を及ぼすのだという新たな理解を得るべきである。我々が、セックスや性について若者たちと話すのを拒むことは、早急に注目すべき公衆衛生上の問題なのだ。

もちろん、性行為、性別、体について話すことに抵抗がない、あるいは自らの抵抗感に立ち向かってでも必要な会話をしようとする親、教師、メンター、教会の指導者に恵まれた少年も、中には存在する。しかし、多くの少年が、ほとんどの場合、自力で肉体的・感情的な親密さを理解しようともがいている。これら多くの少年にとって、ポルノは、大人たちが残していった空白を埋めてくれるものなのだ。

一八歳から二五歳の三千人以上の若者を対象とした、ハーバード大学の「思いやりの常識化」プロジェクト[1]の調査によると、一〇人に六人の若者が、「パートナーが性行為に同意していて、性行為をするための覚悟ができていることを必ず確認するように」という会話を親としたことがないと回答した。また、それとほぼ等しい数の若者が、パートナーに拒絶された後も迫り続けてはいけない理由、泥酔して同意を得られない人と性交渉に至るべきではない理由、また性交渉の相手に対して思いやりや敬意を持って接する方法について、親と話し合ったことがないと答えている。若者の三分の一近くが、これらの**どの事柄**についても、その他の性的同意に関する重要な概念についても親と話し合ったことがないのだ。これは、性教育に関する別の全国調査の結果と一致している。[2]その調査では、一五歳から一九歳の若い男性の三分の一（そして若い女性の四分の一）が、避妊や性感染症、性交渉の断り方について親と話した経験がないことが判明した。

性的不正行為について母親や父親から聞いた話に関して少年たちに尋ねると、状況は同じく芳しくない。二〇一八年に実施された、一〇歳から一九歳の若者を対象とした全国調査によると、セクハラ行為を防いだり阻止したりする方法について、親と話し合ったことがある少年は、二八%だけであった。[3]

そんな中、インディアナ大学で性とメディアを研究する研究者たちが実施した、二五〇〇人以上もの成人を対象とする全国調査によると、少年は平均して一三歳からポルノを観始めるようになることが分かった。[4] その多くは、輪姦、二穴同時挿入、イラマチオなど、幅広いジャンルのポルノを観て育っている。そして、五人に一人はレイプものを見たことがあるようだ。

二〇二〇年に発表された同調査では、少年は、ポルノを観る頻度が高いほど、性交中に支配的な行動を取る可能性が高くなることが判明している。たとえば、パートナーの首を絞めたり、パートナーを「淫乱」「売女」「ビッチ」などと罵ったり、ベッドの上でパートナーが乗り気ではないことを強要したりするなどが挙げられる。男性のうち一五%がそのようなプレッシャーを与えたことがあることを認めており、二二%（五人に一人以上）が許可なくパートナーの肛門に自分のペニスを挿入しようとしたことがあると認めていた。

心理学や公衆衛生の専門家によると、問題は、少年たちが変態的な性行為をしているということではない。問題は、変態的であるかどうかにかかわらず、少年たちに**同意の上**での性行為とは何なのかということを、大人たちが伝え損ねているということだ。あまりにも多くの大人が息子たちに、尊重し合う安全な関係を築くための一番の基本原則について、指導してこなかった。あまりにも多くの大人が沈黙を貫き続けてしまったのだ。

そして、アメリカの多くの地域、特に農村部で、教師たちがその不足を補えていない。国の清教徒の歴史のせいか、政治的にキリスト教右派が強いせいか、アメリカの学校は性教育に消極的である。しかし、このことはあまり知られていないと思うが、教師として働き、教育現場を長年取材してきた私でさえも驚いた事実は、子どもたちがほとんど性教育を受けていないどころか、二〇年前の子どもたちと比べ、はるかに少ない情報しか与えられていないということだ。

疾病予防管理センターによって集計された全国調査のデータでは、アメリカのK-12学校では性教育の消滅が著しいことが示されている。[5] 二〇〇〇年には、K-12学校の三分の二が人間の性について教えていた。二〇一四年には、その数は半数以下にまで減っていたのだ。子どもたちが性行為について学ぶことができる恵まれた学校ですら、その指導内容は性行為をするべきでない理由の羅列が支配する傾向にある。一〇代の少年たちに学校の性教育で何を学んだかを尋ねると、彼らはたびたび呆れた顔を見せたり、笑ったりする。「性教育なんてあってないようなものだ」と。

性的指向やコンドームの使用など、物議を醸しそうなトピックだけでなく、議論する余地のないトピックに関しても、指導されなくなっている。[6]「性行動への同調圧力に抵抗する」ことに関して子どもたちに教えているK-12学校は、二〇〇〇年から二〇一四年の間で二〇％減少した。その期間の終わり頃には、このスキルを教えている学校は三校に一校のみとなっていた。メディアが我々のセックスに関する考えに影響を及ぼすことを教えている学校も、同様に減少している。

思春期に関する授業も減少しており、思春期について教えている小学校は五校に一校となった。多くの若者にとって正式な性教育は、大学入学後のオリエンテーションで実施される、性暴力防止に関する簡単なセッション（何の効果もないことが示されているアプローチ）[7]のみに縮小されているのだ。

なぜこのようなことが起きているのか？　決して、国が保守的になっているからではない。実際、性的自己抑制は一般的に保守派に支持されている性教育のアプローチであるが、CDCによると、それについて教える学校も二〇〇〇年以降、急激に減少しているのだ。[8]

ガットマッハー研究所の科学者で、子どもの性教育を研究する全米有数の研究者の一人であるローラ・リンドバーグは、性教育が数学や読み書きに教育の焦点を絞る全国共通テストの犠牲になっており、休み時間、美術、音楽、社会の授業と同様に時間割から排除されているのではないかと考えている。おそらく、国の教育法を可決する連邦議会議員や、学校が実際に何を教えるかを定める州や地方自治体の当局者など、選出されたリーダーの多くは、学校における性教育を重要視していないのであろう。

しかし、子どもたちに体、セックス、同意、そして健全な人間関係について教育することを拒めば、我々は彼らを性的暴行の被害者、そして加害者へと仕立て上げることになる。

大学入学後に、その自由さとアルコールの組み合わせと、性的暴行に対する新たな警戒感から、息子が性行為に関するトラブルに巻き込まれるのではないかと心配する多くの母親や父親に話を聞いた。スタンフォード大学のゴミ置き場裏で、男子学生のブロック・ターナーが意識のない女性、シャネル・ミラーをレイプした事件など、相次ぐ注目度の高い性暴力事件が、息子を持つ不安な親たちの心に焼きついていたのだ。

大学生というものは紛れもなく危険な時期である。しかし、大学で少年たちにセックスについて教えるのでは、明らかに遅すぎる。その頃にはすでに、ディズニープリンセスやスーパーヒーロー、露出度の高い女性キャラを描いたビデオゲーム、ラブコメやオンラインポルノ、そして友人と交わす冗談などから、世の中に関する一八年分のメッセージを彼らは吸収してしまっているのだ。男女の関係性、体の見え方、性行為の進め方に関する彼らの考えはすでに確立されているであろう。そして、大学に入る頃には、阻止できたかもしれない厄介な行動パターンをすでに身につけている少年も一部にいるのだ。

ジョージア州にある三〇校もの大学の新入生男子一一〇〇人を対象とした最近の調査によると、一九・三%の学生が、誰かの意思に反して無理矢理キスをしたり、相手が望んでいない口内性交をしたり、暴力・強要・酩酊状態によって同意なく誰かに挿入をしたりなど、過去に何らかの性暴力行為を行ったことがあると認めている。[9] それはつまり、キャンパスに足を踏み入れる前から、約**五人に一人**の一〇代の少年が、高校時代に、互いの人生を変えてしまうような方法で他人の境界線を越えたことがあるということだ。「それは、たまに、ちらほらと起きていることではありません。これは性暴力の流行なのです」と、この研究を主導したジョージア州立大学の公衆衛生学の専門家ローラ・サラザールが語った。

この研究で提示された五人に一人という割合は極端な数ではない。読者数が限定される厳しい料金設定の学術雑誌の中にも、少年たちが高校を卒業するずっと前から、驚くほど高い割合で性的暴行やレイプを犯していることを示すその他の証拠が隠れている。頻度は低いものの、少女たちも同様だ。

アメリカ南東部のある大学では、八〇〇人の新入生男子のうち、二二％が過去に性暴力を犯し行ったことがあると回答した[10]。別の大学では一四％がそのように回答しており、そのうちの**五人に四人**が大学在学中に少なくとも一回以上、性暴力行為をしている[11]。

大学に進学しない少年たちを含む、より幅広い層だとどうだろうか？　一〇代の若者は一世代前に比べ、性行為をする確率は低くなっているものの、驚くほど多くの者が互いを傷つけたり、望んでいない、あるいははっきりと望んでいるか分からない状態で性行為に至っている。一〇代の頃に性的初体験を終えた若者のうち、それを「望んでいた」と回答したのは、女性の四一％だけで、男性では六二％であった[12]。一四歳から二一歳までの若者千人の全国サンプルによると、男性の一二％（女性の八％）が、性交を強要した経験、レイプを試みたか実行した経験、あるいは、その他の性的接触を強制した経験があると認めている[13]。一〇代前半による犯行率は低いが、一六歳になると急激に増加する。少年が初めて誰かを性的に暴行する可能性が最も高い時期は、まだ高校生のときなのだ。

不穏なデータポイントの連続には、心身ともに消耗させられる。しかし、これらの数字は警鐘を鳴らしていると見るべきだ。少年少女に対する性暴力の問題は、彼らが大学に入学する何年も前から始まっており、それに対処するための我々の取り組みも、何年も前から始めなければばならない。

それでも、二〇一九年時点で、公立校で性教育を義務づけている州は全米の二九州（およびワシントンDC）だけであった[14]。性教育が義務づけられている州でも、その焦点は男女の身体的部位やその機能、妊娠や病気を予防する方法など、主に生殖器のつくりや働きに当てられている。性教育が義務づけられている州のうち、同意や性的暴行、健全な人間関係に関する議論を含めることを求めているのは一一州（およびワシントンDC）だけであった[15]。

性教育は、被害に遭う危険性が最も高いLGBTQの子どもたちにとって特に不足している。半数以上もの州が性教育において、性的指向について言及することを義務づけていない。合わせて約一〇〇〇万人近くの子どもが学校に在籍している、テキサス、サウスカロライナ、アリゾナ、オクラホマ、ルイジアナ、アラバマ、ミシシッピの七つの州では、性教育において、同性愛を否定的に描写することを義務づけている[16]。アラバマ州の法律を例に挙げると、同性愛は「一般の人々に受け入れられるライフスタイルではなく、同性愛行為は州法の下では犯罪行為に当たる」ことを強調するように、教師に義務づけているのだ[17]。

民主党は一般的に共和党よりも性教育を支持しており、性自認などのトピックは、両党の陣営に火をつけかねない文化戦争に巻き込まれている[18]。しかし、メディアによって保守派と進歩派の戦いの場として性教育が取り上げられる一方で、世論調査では、広範な性教育の指導に関して議論する余地はないことが示されている。多くの親は、党派にかかわらず、学校は子どもに思春期、健全な人間関係、避妊、性的自己抑制、性感染症、そして性的指向について教えるべきだと考えているのだ[19]。

それならば、性教育を政治的なリトマス試験としてではなく、安全性の問題として捉えてはどうだろうか？　充実した健全な性生活は、セックス、体、境界線について学ぶことから始まる可能性があるということを考慮するのはどうだろうか？

セックスについての会話を始める方法

今のところ、息子と性について話すことは、ほとんどの場合、彼の許可なく誰も彼に触れる権利はないということ、そして、本人の許可なく彼も他人に触れる権利はないということを理解させることが目的となっている。なお、息子は、解剖学的に正しい性器の呼び方を知っており、誇らしげにそれらの単語を使用する。最近になって彼は、自分の姉には卵子があり、自分はいずれ精子を生成するということを学んだ。

しかし、幼児に「陰茎」や「外陰部」などの単語を教えるのは容易なことで、息子が成長するにつれ、そうした話し合いはより複雑となっていくことは分かっている。ある程度成長した息子を持つ親たちは、身体的な親密さや体に関して、どんな風に言ったとしても息子たちは後ずさっていくと、いつも冗談交じりに話す。「息子が私とセックスについて話したいと思うなんて、麻酔なしで歯の根管治療を受けたいと思うのと同じようなものですよ」と、一〇代の息子を持つセントルイス在住のある母親が言っていた。

しかし、親が息子たち（思春期の息子も含む）に与える影響は、彼らが思っている以上に大きいことを私は学んだ。メンタルヘルスからセックス、避妊、アルコール、薬物に至るまで、熱心に心を開いてコミュニケーションを取ることで、親は息子たちの人生に変化をもたらすことができる。これは、「青年から大人までの健康に関する全国的な長期調査」の何十年ものデータに基づいた膨大な研究によって裏付けられている。[20] 同調査では、二万人の男女を、彼らが一〇代だった一九九四年から現在に至るまでの二〇年以上にわたり、追跡してきた。

両親との親密さや学校との繋がりを感じることは、一〇代の少年たちを、感情的な健康問題や自殺願望、暴力的な行動、薬物乱用、そして早すぎる性的初体験など、我々が息子たちに避けてほしいと願う様々な障害から守るのに役立つ。[21]

「時々思うのは、子どもたちにとっては友人の言うことが全てで、親が何を思い、何を言っても彼らにとってはどうでもいいことなのだという考えに、親が陥っているということです。それは決して事実ではありません」。ノースカロライナ大学チャペルヒル校の発達心理学者で、大規模な調査プロジェクトの副ディレクターを務める、キャロリン・T・ハルパーンはこのように話した。「彼らは実際には聞いています。聞いていないフリをしているだけなのです」

子どもたちとセックスや性的健康について話すことは、特にポルノ視聴の影響を軽減することに役立つ場合がある。たとえば、ある研究チームによると、俳優がコンドームを使用していないことが多いポルノを頻繁に観る若者は、コンドームを使用せずに性交をする確率が高いことが分かっている。[22] しかし、同じようにポルノを頻繁に観る若者でも、親と避妊や性感染症について話している場合、結果は異なる。ポルノは強力なメッセージを届けるが、親はそれを打ち消すことができるのだ。

しかし、まずは親が、そのメッセージの内容を理解しなければならない。私が高校を卒業したのは一九九六年で、思春期の若者たちがプレイボーイ誌に掲載された裸の女性の写真に目を奪われ、ベッドの下にそれらの雑誌を隠しているような時代だった。私が一〇代の頃は、家の電話回線を経由してウェブに接続し、AOLインスタント・メッセンジャーで友人とチャットをしていた。高校時代に目撃した最も卑猥なものはSI誌の水着特集だったのではないだろうか。

今では、当たり前のように、子どもたちがインターネットやそれが提供する豊富な情報に、いつでもアクセスできるようになっている。そして、そこには想像できる限りの（そして、いくつかは想像を絶するような）カテゴリーの膨大なポルノ動画ライブラリが存在する。素人もの、ウェブカメラ、フェラチオ、ハードコア、3P、アナル、熟女、巨尻、巨乳、巨根、ボンデージ、ぶっかけ、レズビアン、輪姦、変態、アストゥマウス、二穴同時挿入など。しばらくオンラインポルノを閲覧しておらず改めて見る機会があれば、意図的に探さなくてもこれほど容易に乱暴なセックスに出くわすようになったことに驚くであろう。

二〇一〇年に発表されたよく引用される分析によると、人気ポルノ映画では、シーンの八八%で、主にスパンキング、イラマチオ、ビンタなどの暴力行為が描かれていた。[23] シーンの二八%では首を絞める行為が映されており、半分近くものシーンで相手を罵倒するなどの言葉の暴力が見られた。攻撃者のほとんどは男性で、攻撃対象の大多数は女性であった。そして、ほぼ全てのケースで、女性は虐待行為を楽しんでいるように見えたか、特に気にしていないように見えた。

研究者たちは、一部の少年が画面上で見たものから何らかの習慣を身につけてはいないかと懸念する理由を見出している。一七歳のある少年は、研究者たちに次のように語った。「たとえば、ポルノを観たら、男性のポルノスターを見たりして、あと時々、女性と一緒だったりするときに、彼らと全く同じように行動しようとするでしょう。だって、彼らはスターだから」[24]。また別の一七歳の少年は、素人もののポルノに触発され、彼女との性交中の様子を彼女の同意なく動画で録ったと言う。「彼女には『いや』と言う選択肢なんてないでしょう？」

たとえば、一人目の少年が巧みに動かなければならないとプレッシャーを感じていたことや、二人目の少年が見せたパートナーの気持ちや欲求に対する関心のなさなど、彼らがセックスについて学んできたことをポルノのせいにするのは容易である。しかし、一人ひとりが自らの体と性をコントロールする権利を持っており、セックスは誰かとするものであって、誰かにするものではないという、人を尊重することに関する基本的な教訓を少年たちに教え損ねた我々の失敗と、ポルノの影響とを分けて考えることは難しい（あるいは不可能かもしれない）。

コロンビア大学に勤める二人の教授、人類学者のジェニファー・ハーシュと社会学者のシェイマス・カーンは、これを「性的市民権《シティズンシップ》」と呼んでいる。それは、自分と他人の尊厳と性的自己決定を尊重する感覚を持つということであり、私が自分の子どもの成長とともに、彼らに教えていきたいと思っているものでもある。

ハーシュは、心理学者のクラウド・A・ミリンズと共に、コロンビア大学キャンパス内での性暴力に関する大規模な研究、ＳＨＩＦＴ（変革促進のための性的健康計画 the Sexual Health Initiative to

Foster Transformation）を主導した。[25] カーンはそのプロジェクトに携わった数多くの教員の一人である。プロジェクトには、一六〇〇人の学生を対象にした調査や、自らの性体験とそれに伴う感情を率直に語った一五〇人以上もの学生との綿密なインタビューや観察が含まれている。ハーシュとカーンは、その調査結果を二〇二〇年に著書『性的市民』（*Sexual Citizens*）にまとめて公開した。

大学に入学したての男子大学生の五人に一人が過去に性暴力行為をしたことがあることを発見したジョージア州の調査と同様に、ＳＨＩＦＴについて最も驚かされたのは、大学生活に関することではなく、中学や高校に関して明らかになったことである。コロンビア大学の学生のうち二〇％（五人に一人）が、キャンパスに足を踏み入れる前にすでに暴行を受けたことがあると回答している。[26] 性的被害の経験を持って大学に入学する者は、ほとんどが女性やジェンダーノンコンフォーミングの生徒であるが、無視できない数の男性（九％、約一〇人に一人の割合）も含まれているのだ。

ある女性は、ゲイの友人に自分と性交するよう迫り、その彼の反対を押し切って目的を達成したと、ＳＨＩＦＴチームに話した。[27] 別の女性は、ある晩の飲み会の後、年上の男子学生が彼女を部屋に連れ込み、彼女が嫌がるのを押し切ってズボンを脱がそうとしたことについて話した。[28]「大丈夫だよ」と彼は言ったそうだ。ある男性は、意識の混濁した泥酔状態の女性とセックスに至ったことについて話した。[29] この女性からソロリティ〔寮生活をする女子学生による社交団体〕のフォーマルパーティーに誘われた彼は、彼女とのセックスを当然のように期待していたという。これらの性的暴行は、反社会的行動傾向によって起こったのではなく、若者が自分の体へのアクセスを制御する自らの権利を理解していなかったことや、相手の権利を尊重していなかったこと（あるいはその両方）が原因であると、ハーシュとカーンは主張している。彼らには性的市民権の感覚が備わっていなかったのだ。

子どもたちに性的市民権の感覚を植え付けることに我々が集団として失敗してきたことが、ハーシュとカーンが『性的市民』で、「性的暴行は、個々の不届き者による問題というよりも、我々の社会がどのように組織化されているかということから予測可能な結果[30]」だと主張する原因の一つである。性的市民権の弱さは、自分には拒否権がないと考えたり、夜を気まずく終えるよりフェラチオを我慢した方がいいと思ったり、人間としてではなく性のはけ口として見ているパートナーに、丁重に断られた後も迫り続けたりするような状況を生み出す基盤となると彼らは言う。身体上の自主権という基本的価値観を子どもたちに教えなければ、我々は少年たちを加害者としても被害者としても性的暴行を経験するように仕立て上げることになるのだ。

多くの少年が、大人たちから得られるセックスに関する情報は、たくさんの注意事項と禁止事項ばかりだと感じている時代に、性的市民権は、彼らに希望を与えるポジティブな展望である。息子のために今、そして今後何をすべきかと考えたとき、私は彼の性的市民権を構築することが最優先事項だと考えている。息子が充実した安全な性生活を送るためには、それが私にできる最も基本的なものの一つなのだ。

そして、そのためには、セックスに関する全てのことをひとまとめにしたような重たい会話で終わらせるべきでない。その代わりに、私たち親は、セックスに関する価値観を共有し、子どもが何を考えているのかを尋ね、セックスや体について考えたり話したりすることを、普通のこととして扱うための機会を日常生活の中で探すべきだと、性教育者たちは語っている。

すでに息子の生活は、会話を始めるきっかけで溢れている。息子がトイレに行くとき、私たちは、彼のペニスは彼自身が触るためのものであり、親同伴の下で医者に診てもらう以外に誰にも触る権利はないと話す。彼が苛立って姉を突き飛ばしたり、姉が嫌がっているのにハグをし続けようとしたりするときは、夫と二人で、許可なく他人に触れてはいけないことを言い聞かせている。彼が格闘ごっこや取っ組み合いをするとき、私たちの助けを得て、彼は楽しむことと行きすぎたこととの境界線を学んでいる（と私は願っている）。

私は教育熱心になりすぎてしまうことがあるのを否定しない。息子はよく大声で、私にお団子にまとめた髪の毛を下ろしたり、サングラスや帽子を外したりするように要求することがある。「外して！」と彼は叫ぶ。「それ嫌い」。そういった場面で、幼児に対し、私の体や他人の体をどうこうする権利はあなたにはないと言い聞かせる必要はないかもしれない。それでも、私はそうしている。私は彼に他人との境界線に対処することに慣れてほしいからだ。

彼が成長するにつれ、こうした会話の機会は増えるばかりである。一〇代の少年たちは、インスタグラムで少女たちのお尻のセルフィー（「ベルフィー」）を見かけたり、ティーン・ヴォーグ誌の「アナルセックスガイド」を読んだり、Ｈｕｌｕのシリーズ番組『ＰＥＮ15』で中学生が自慰行為を知るところを見たり、生殖器や精液などを意味する卑猥な俗語が満載の音楽を聴いたりしている。彼らはまた、セックスと権力に関する話題が尽きることのないニュースを読んだり、聞いたり、見たりしているのだ。

若い成人の息子が二人いるシャンドラ・ホワイト＝カミングズは、日常的なメディアを話し合いの出発点として使用することで、息子たちから多くのことを学んでいると語った。『Law & Order 性犯罪特捜班』のあるエピソードが、そうした会話のきっかけの一つとなった。同番組では、二人の高校生の性的接触を中心に話が展開し、少女はレイプだったと主張し、少年は彼女が言葉で「いや」と言ったわけではないため同意があったと主張した。「私は番組を一時停止して尋ねました。『これについてどう思う？』と」とホワイト＝カミングズが言った。「ネズミが綿の上を歩く音が聞こえてくるほど、とても静かになりました」

ようやく二二歳の息子が口を開くと、誤った発言をすることで「叩きのめされたくない」と彼女に言った。彼女が促すと、最終的に彼は降参して話し始めた。男性がパートナーからのメッセージに対して、いつも注意を払っているわけではないが、女性だっていつもはっきりとしているわけではないと、彼は母親に話した。彼は、少年たちが相手の感情を読み取る力についてもう少し学び、不快感のサインを見逃さない責任を負う必要があると考えていた。しかし、少女たちも曖昧にならないようどうすべきかを知る必要があるとも考えていたのだ。この会話は、ホワイト＝カミングズに、息子が何を思い、何を懸念しているのかを学ぶ機会と、パートナーがどう感じているのかが分からない状況で彼がどのように対処すればよいのかについて話し合うきっかけとなった。「息子たちを育てていけばいくほど、話を聞くことがとても大切であることに気づかされることが増えます」と彼女は言っていた。

私の両親は、私と四人のきょうだいに、婚前交渉は許されないということ以外、セックスについて話してくれることはなかった。しかし、両親はその価値観を共有する以外にも、私たちに情報にアクセスできるようにしてくれていた。家中にフェミニストのガイド本『からだ・私たち自身』〔邦訳＝松香堂書店、一九八八年〕のコピーが置いてあり、そこから初めて、私は自分にクリトリスがあることを知った。それは、食卓でも、学校の保健の授業でも話題に出ることはなかった驚くべき事実だった。また両親は、私たちをユニテリアン・ユニヴァーサリズム教会〔思想・信仰を自由に探究することを特徴とするリベラルな宗教〕の信徒として育てた。中学三年生になると、日曜学校は一年間の男女共学の性教育クラスとなり、男女の体、人間関係、ポルノ、妊娠、避妊、快楽など、ほとんどのことを取り扱っていた。二八年経った今、私は日曜日に性教育が行われたその一年間の、特定の出来事や情報について（サッカーの試合のために、クラス全員がバナナにコンドームをつけるという授業を逃したことを除いては）何一つ覚えていない。ただ、気になったことはどんなことでも質問することができ、夫婦だった二人の教師は、いつも恥ずかしがらずに答えてくれたことを覚えている。

ここでこの話をしたのは、子どもたちに性的市民権を強く意識させるために、私たち親は必ずしも、セックスや性に関する細かい詳細について話し慣れている必要はないということを伝えたかったからだ。しかし、我々は息子たちのためにも、沈黙すること以上に何ができるのかを考え出さなければならない。

セクスティング――オフラインのエチケットをオンラインに適用する

専門家によると、セクスティング［性的なメッセージや画像のやり取り］は今では非常に一般的となっており、互いを尊重しつつ同意の上で行われる限りでは、一〇代の性発達において「新しく、普遍的となり得る」部分[31]であると言われている。では、オンライン上で誰かの性を尊重するとはどういうことなのだろうか？　今のところ多くの少年は、この質問への答えが分からないまま、その場その場で自らルールを作り上げている。

カリフォルニア州マリン郡にあるサン・ラファエル高校の空き教室で、高校四年生たちがペパロニピザを食べながら、ヌード写真を共有する際のエチケットについて話し合っていた。彼らは、クラスメイトのヌード写真を集めて、匿名のインスタグラムアカウントに投稿する人たちのことを小馬鹿にするように話した。ある女子生徒は、ヌード写真を転送したり再投稿したりすることは完全に悪意に満ちていると言い、それは「許されない行為だ」と断言した。

グループ内の男子生徒たちもそれに賛成した。しかし、そこから話し合いはより複雑なものへと変化した。彼らは、女の子からヌード写真を受信したとき、たとえそれが自分のためだけに送られたものであったとしても、友人には見せると話したのだ。そして、彼らの友人もまた、そのお返しをしていた。私は、本人の同意なく女の子の写真をオンライン上に投稿することと、同意なく別の少年と共有することがそんなに違うのかと少年たちに尋ねた。「すぐに出てくる答えとしては、ええ、全く違います」と、友人とヌード写真を共有していたことを認めた一人の少年が言った。「でも、実際にちゃんと考えると、そうでもないですね」

彼らの人生に、ヌード写真の送信、受信、転送について、何が正しくて、何が間違っているのかを相談できる大人は存在しただろうか？

「なんとなく自分たちで答えを見つけてきました。親とはそのことについて話さないと思います」と一人の少年が言った。

ある少女が次のように付け加えた。「親は仕組みをよく分かっていないからね」

ヌード写真を共有する仕組みを、我々は分かっていないかもしれないが、子どもたちに説明してもらうことはできる。そして、落ち着いて話を聞けば、子どもたちが指導を必要としている部分について聞き出せるかもしれない。少年たちが、実生活における敬意や相互の関係をオンラインでの交流にも反映できるようにすることが、そのうちの一つであることは確かだ。人が、実生活において自らの体を制御できるようにすべきであるならば、体の画像についても制御できなければならない。つまり、世界中の人に見せつけるためにオンラインに投稿したり、グループチャットに転送したり、自分のスマホに入っている画像を友人に見せたりなど、本人の同意なくヌード写真を他人と共有することは間違っているということだ。

それでも、一〇代の少年の三人に一人は、付き合っていない女の子にヌード写真を頼むことを問題のないこと（あるいは問題がないかよく分からない）と考えている。同意なき画像共有について調査した数少ない研究の報告によると、一般的に、若者の間では、八人に一人が同意なくセクスト［性的なメッセージや画像］を転送したことがあり、約一二人に一人が自らの画像を同意なく転送された経験があることが判明している。[32]

一〇代の少年の中には、女の子がセクシーな写真を投稿したり誰かと共有したりするのは、セックスをしたがっているからだと誤解している子もいる。ミシガン州立大学で人間開発学の教授を務めるメーガン・マースは、ヌード写真の共有に関するフォーカスグループの議論に参加した少年たちのこうした主張を耳にし、それこそが、オンラインでセクシーな画像を投稿する女の子が平均よりも性的暴行被害に遭う確率が高い理由の一つではないかと考えている。[33]

マースは、大人がはっきりと伝えるべきだと提言する。短いスカートを穿いた女の子はセックスをしたがっていると決めつけてはいけないように、ヌード写真を一枚（または三枚でも四枚でも）送った女の子が実際にセックスをしたがっていると決めつけてはいけない。セックスの誘いを断った女の子にしつこく迫ることが間違いであるように、ヌード写真の送信を断った女の子にしつこくねだるのも間違いである。恋人でもない女の子に現実で裸になってと頼むことが変態的で不気味なら、裸の写真を送ってと頼むことも、同様に変態的で不気味だと言えるだろう。実生活で他人にペニスをさらすことがいけないことなら、頼まれてもいないペニスの写真を送ることもしてはいけないことなのだ。

男の子がポルノなしで自慰行為を練習すべき理由

マースはもう一点、親にアドバイスしている。それは、息子たちにポルノなしでの自慰行為を勧めることだ。

この二〇年間でポルノの利用が増加するにつれ、アメリカ人の性交回数は減少しており、実在の人との交際を求めるよりポルノで自慰行為を済ませてしまう世代によって煽りを受けた「セックス不況」に対し、懸念の声が上がっている。[34] このセックス不況は、一八歳から三〇歳までの若い男性の間で最も顕著である。二〇〇八年から二〇一八年の間に、前年に一度も性交をしなかったと回答する男性の割合は三倍近くにまで増え、二八％となった。[35]

セックスの減少がどの程度までポルノに起因するかについては、これまでも、これからも大きな議論の対象である。人が実際にポルノ中毒になるかどうかについて、神経科学者とそれ以外の分野のポルノ研究者との意見は激しく対立している。ポルノ依存症は、米国精神医学会のバイブルである『DSM-5 精神疾患の診断・統計マニュアル』［邦訳＝二〇一四年、医学書院］には記載されていない。しかし、ポルノは明らかに有害な娯楽となることがある。そして、習慣としてはるかに健全にポルノを観ている青少年たちですら、ポルノで自慰行為をすることに慣れてしまって、生身の人間とセックスをする喜びを失ってしまうことがある。

ナッシュビル出身の三八歳のある男性は、退屈なデートを何度か繰り返すうちに、週に三、四回ポルノを使って自慰をする習慣が、他の人間との良質なセックスの妨げになっているのではないかと疑問を抱くようになり、ポルノの視聴をきっぱりやめたと話した。「ポルノが現実的ではないと頭では分かっていても、それは現実の行為で男性の感覚を鈍らせてしまうのです」と彼は言った。半年が経ち、セックスに対して再び心が躍るようになったと彼は言う。また、研究でも、この男性の経験は珍しいことではないことが示唆されている。五〇〇人近くの男子大学生を対象とした調査で、男性はポルノを観る回数が多いほど、興奮状態を保つためにますますポルノを必要とするようになり、現実での性的親密さをより一層楽しめなくなることが判明したのだ。[36]

それでもなお、性の探究を始めたばかりの少年たちは、興奮するためにポルノに依存する。マースは、大学一年生からこのことを確認しており、彼らは、ポルノなしで自慰行為をする方法を知らず、それが可能であることさえ知らないまま大学に入学しているのだ。若者の脳や性的関心に対するポルノの影響について学者たちが議論を続ける中、マースは、画面上の被写体で初めてのオーガズムを経験した若者は、絶頂に達するためにはそれらの映像が必要だと条件づけられるために、他人とのセックスよりもポルノを選ぶようになるのではないかと懸念するには十分な証拠があると考えている。

学期の初めに、マースは学生たちに、彼女の目標の一つは彼ら全員が昔ながらの方法でオーガズムを得られるようにすることだと伝えている。その方法とは、想像力と空想を快感への細心の注意と組み合わせることである。授業計画には記載されていないものの、「それはできて当たり前のスキル」だと彼女は言う。

マースによると、少年が大学に入る前に自らの性的関心を探究する中で、次のようなアドバイスを受けることが理想的だ。[37]まず、自分の心の中にある言葉、イメージ、音、アイデアで自慰行為を練習すること。見知らぬ人のツルツルな体のイメージから離れてみること。自分の体を知ること。自分が何に興奮するのかを探求すること。この時間が自分のためだけにある時間だと自覚して、自己中心的になればよいのだということ。そして、誰かと一緒にいるときは、自分の望むことを後回しにして、まずはお互いにとって何が気持ち良いのかを考えることだ。

性的快感をポルノなしで見つけるための後押しは、ポルノに対して不安や不快感を抱いている少年を安堵させるものかもしれない。私がジェイコブ・グリーンと出会ったとき、彼はまだ、ワシントンDCにあるジョージタウン・デイ私立高校の四年生だった。当時、彼がポルノを観る回数はその数年前よりも減っていた。学校で男子生徒が数十人集まり、男らしさ、セックス、性暴力について話すようになったからだ。彼は、ポルノを観ると、そこに秘められたメッセージや、よりあからさまなメッセージを分析するようになり、それらがあまり気分の良いものではないことに気づいたのである。

「ほとんどの男が、自分がどれほどうまく立ち回れているか、たとえば、十分に持続力はあるのか、ペニスは十分な大きさなのかなどを気にしていると思います」とジェイコブは言った。ポルノはそうした不安を煽るのだと、彼は言う。グループ内でポルノが有害であるという考えに抵抗していた少年たちですら、自分たちが魅力的だと思うものはポルノによって形づくられたものだと認めたのである。「想像力を働かせる方が、確実により良い選択であることが分かりました」と彼は言っていた。

「性的市民権」について学校で教える

私が出会ったほぼ全ての性暴力の専門家たちが、若者間のセクハラ行為や性的暴行に歯止めをかけ、子どもたち自らが、すべきだと思う性体験ではなく、心から望む性体験をできるようにするためには、K－12学校における性教育の改善が重要だと主張している。

性的市民権という概念を提唱したコロンビア大学教授のハーシュとカーンによると、人には性的計画、すなわち、地位や経験を求めたり子どもを望んだりなど、セックスをするための何らかの理由があるという。それは、親の価値観によって形づくられる場合もあるが、非常に個人的なものであり、他人が批判したり介入したりすることは許されない。同時に、ハーシュとカーンによると、子どもたちが確固とした性的市民権を身につけられるようにすることは、我々全員にとって有益である。そして、子どもたちにその理解を促すためには、早い段階での良質な性教育が必要である。

コロンビア大学の研究は、若者の被害者化を防ぐためにも性教育が役立つという考えをすでに支持している。ＳＨＩＦＴでは、包括的な性教育コースの一環で、セックスの誘いを断る方法を学んだ一〇代の若者は、大学で暴行される可能性が低いことが判明した。[38] 女性のうち、セックスの誘いを断る方法を学んだ者は、レイプされる可能性が半分であった。

しかし性教育で、若者が他人に性的危害を加えることを防ぐことはできるのだろうか？　もし、若者たちに個人的な境界線の設定と尊重について、早い段階で（理想的には幼稚園で、あるいはそれ以前に）教えることができれば、防ぐことができるとＳＨＩＦＴチームは主張している。[39]

幼稚園児のための「性教育」とはある意味、誤解を招く表現である。年齢的に遊園地のジェットコースターにも乗れないような小さな子どもが、いきなりコンドームの正しい使用方法を練習するのか、と。この言葉を聞いたときに抱く疑念はさておき、子どもたちが何を、いつ学ぶ必要があるのかに関する計画表とも言える、米国性教育基準について考えよう。[40] 様々な組織の連合によって二〇一二年に開発されたこれらの基準は、子どもたちが何を、いつ学ぶべきかについて広範に説明されている。ＳＨＩＦＴチームによると、この計画表が提示するアプローチには、すべきだと思う性行為ではなく、したいと思う性行為をする方法を、若者たちが理解できるようにするためのツールが提供されている。

小学二年生の終わり頃には、子どもたちは健全な友情を築くためには何が必要で、何がいじめや悪戯《いたずら》に該当するのかを理解できていなければならない。男子はどのように行動すべきかで、女子はどのように行動すべきかに関する自らの考えは、両親、友人、メディアによって形づくられていることを理解している必要がある。そして、男女の身体的構造を表す適切な用語を使用できなければならない。

ここで、解剖学的な用語を教えることの重要性について、少し余談である。専門家は、性器の適切な呼び方を理解し、それを使用することができる子どもは、性犯罪者に狙われにくいと考えている。体の部位について平然と話すことができる者を標的にすることに、ためらいが生じるからかもしれない。**おまた**の代わりに**膣**や**陰門**、**おちんちん**の代わりに**陰茎**や**睾丸**などの用語を理解している子どもは、痴漢に遭った場合に、何が起きたのかを明確に説明できる可能性が高く、性的虐待を防いだり報告したりする方法を理解している可能性が高いのだ。

米国性教育基準では、子どもたちが小学三年生になるまでに、個人的な境界線について理解していることが求められる。性教育者や性暴力の専門家は、子どもたちが健全な性的発達の道を進むために、これが最も重要な事柄の一つであると同意している。すなわち、触られたいかどうかを自分で決める権利があること、他人の自主権を尊重する責任があること、さらには、誰かに触られて不快に感じた場合にはどうすればよいかということも教えることだ。彼らが性的に活発になる、または性的に活発になることを夢見るはるか前から、性的市民権の基本について教えておくべきである。

　これらの教訓を、なぜ幼い子どもたちの教室でも教えなければならないのかについて、私は娘が幼稚園に通っていた頃に学んだ。ある日の午後遅く、延長保育中の娘を迎えに行くと、娘はある男の子に力強く抱擁され、身動きが取れなくなっていた。彼女は居心地が悪そうに、どうしたらいいか分からず、困っているように見えた。二人は私に気づき、男の子は娘からサッと離れ、娘は私の方に向かって勢いよく跳んできた。彼女は汗だくで、顔を真っ赤に染めていた。冬の学校はいつも暖かすぎる。私は娘と荷物をまとめ、廊下へ出て、身をかがめて彼女に尋ねた。「**あの男の子に抱きしめられたの？**」「うん」と俯《うつむ》きながら彼女は答えた。「**あなたは抱きしめられたかったの？**」「ううん、あの子がすごくきつく抱きしめてきたの」「**前にもあったの？**」「うん」

　私はその場で娘に対し、あなたの体はあなたのもので、それをどうするかはあなたが決めるのよと伝え、抱きしめられたくない場合や、触られたくない場合には、**いやだ**と言っていいのだと（言うべきなのだと）伝えた。そして、彼が言うことを聞かない場合は、先生に言いなさいとも教えた。

　それは以前にも話したことのある内容ばかりであったが、そのときは、もっと頻繁に話し合うべきだったと後悔した。目をそらす様子から娘が恥ずかしさを感じていたことが伝わった。私は娘に、なんとなく彼女自身の責任であるかのように感じさせてしまったのではないかと心配になった。私は校長に、その男の子（また全ての子ども）に対し、むやみに互いに触れないようにする責任について話をする人はいないかと尋ねた。

すると、すでに子どもたちにパーソナルスペースと同意について教える計画があると知り、私は驚き、そして喜んだ。娘の公立校では三歳と四歳の園児から始まり、二〇一九年までに、全てのクラスで全ての子どもが同意に関する授業を受けた。私はそのうちの一つを見学した。一五分から二〇分間、学校のカウンセラーが娘の教室のカーペットの上に子どもたちと輪になって座り、体は自分のもので他人は許可なく触ることはできないことに関して、話したり歌ったりした。誰かにハグやハイタッチをしたい？　してもいいか聞いてみよう。誰かが触ってもいいかを聞かずに君の体を、特に「水着で隠れるところ」を触った？　信頼できる大人に言おう。

それは完璧ではなかったものの、なかなかのものだった。そして、アメリカの多くの学校よりも、はるかに充実しており、はるかに早い段階で行われていた。

米国性教育基準に従えば、こうした教育が小さな子どもたちにとって日常となる。小学校高学年の子どもたちは、より直接的に、思春期や衛生管理、性的指向などを含む、セックスや性に関することを学ぶ。ジェンダーステレオタイプ、健全な人間関係を持つことの意味、また同意の定義についてより詳しく学び、レイプや性的暴行の定義、アルコールや薬物がセックスに関する決断に与える影響について新たに学習するのだ。

中学校では、性自認、性交、妊娠や感染症、性的自己抑制や避妊へと進んでいく。米国性教育基準は、直接的にポルノについて言及はしていないが、ジェンダーやセックスに関する自らの考えにメディアがもたらす影響を子どもたちは学ぶべきだと提案している。そして、男の子は常にセックスを追求すべきで、女の子は恥ずかしさから嫌がっているフリをしているだけというステレオタイプに異議を唱えるよう求めているのだ。

このようなことを中学校で学ぶのは早すぎるのではないか？　それどころか、遅すぎるかもしれない。この三〇年間で性行為をする一〇代の若者の数は減少しているにもかかわらず、かなりの割合で、少年たちは非常に若いうちに性的初体験を経験していることが分かっている。それは、ガットマッハー研究所とジョンズ・ホプキンス大学によると、法的に同意が可能な年齢のはるか前、一三歳以前なのである。[41]

彼らは二つの調査データを調べた。一つは、約二万人の高校生を対象としたアンケート調査で、もう一つは一五歳から一九歳までの約八千人の少年を対象にしたアンケート調査である。一つ目のアンケートでは八％、二つ目の（異性間性交についてのみの質問）アンケートでは四％の少年が、一三歳の誕生日を迎えるまでに初めての性交をしたと回答している。

これらの平均値は、地域や人種別に早期の性経験を見た場合には大きな差があることを覆い隠している。サンフランシスコに住む少年では五％であるのに対し、メンフィスでは二五％にまで上がる。黒人の少年や大学を卒業していない母親を持つ少年については、その割合はさらに高くなる。ミルウォーキー、サンフランシスコ、シカゴでは、黒人少年の四分の一以上が、一三歳になる前に性行為を経験している。「年上の女性や男性に犯される場合であれ、幼少期に男友達にレイプされる場合であれ、黒人少年への性的虐待の流行はほとんど、あるいは全く注目されていない」[42]と『俺たちは実にクール――黒人男性と男らしさ』（*We Real Cool: Black Men and Masculinity*, 2004）の著者であるベル・フックスは述べている。彼女は、若い黒人少年がセックスを経験しなければいけないという思い込みにいかに囚われているかを説明している。彼らには、自らの男らしさに疑問を抱くことなく、少女や女性からの性的な誘いを断る余地がほとんどないのである。そして、他の少年や男性に暴行されたり、レイプされたりしても、自らの回復のためにそのことを認める余地もほとんどない。

一三歳になる前（繰り返すが、彼らが法的に同意できる何年も前）に性行為を経験する少年の衝撃的な人数は、少年は常に性欲があるというようなジェンダーステレオタイプを子どもたちが認識し、それに抵抗するために早い段階で性教育を行う必要性があるということを強調している。ガットマッハー研究所とジョンズ・ホプキンス大学の調査では、早期の性経験を報告した少年の約一〇人に一人が、自らの初体験を望んでいなかったと回答し、約一〇人に四人は複雑な感情を抱いていると回答した。[43]一三歳未満で性交を経験した残りの少年たちは、自らの体験を「望んでいた」と回答しているが、これはもしかしたら、彼らが男らしさの証としてそれを望むべきだと考えていたからかもしれない。

現在入手可能な最新の全国データでは、二〇年前と比べて、中学一年生の少年は性的な誘いを断る方法について正式な指導を受けられていない傾向にあることが判明している。[44]

性的自己抑制教育の問題点

子どもたちに個人的な境界線に関して教え損ねるとどうなるのかを強調することで、#MeToo運動は、公立校における性教育を改善する動きを再び活気づけた。二〇一九年の前半には、政治的スペクトルに彩られた六つの州（青のメリーランド州やロードアイランド州から、紫のコロラド州、そして真っ赤なオクラホマ州に至るまで）が、同意、性的暴行、健全な人間関係をK-12の性教育基準に追加する法案を可決した[45]。

しかし、これらの法案が子どもたちの教室内での会話にとって、どのような意味を持つのかを知るには時期尚早である。

性教育者によると（常識とも言えることだが）、性的同意やコミュニケーションについて教える際、若者たちには断る権利だけでなく、承諾する権利もあるということを認める必要がある。性的に何をしたいのか、いつ、誰としたいのかは彼ら自身で決められるということを認める必要があるのだ。

しかしながら、この国では何年にもわたり、セックスに関する正しい選択は一つしかないと若者に教えてきた。それはすなわち、結婚するまでセックスをしないということである。

一九九〇年代以降[46]、性教育を行う際に性的自己抑制を強調することを義務づける法律が二八の州で制定されたことの後押しもあり、多くの学校での包括的なアプローチは性的自己抑制教育に取って代わられた。その証拠に、一九九五年には、一〇代の少年の八一%が避妊に関する正式な指導を受けていたのが、二〇一三年には、五五%にまで下がった[47]。この減少はアメリカの農村部地域で最も顕著に生じた。

性的自己抑制教育が若者の安全を保っているという有力な証拠はない[48]。何十もの研究の系統的レビューで、科学者たちは（CDCも含め[49]）、このアプローチが子どもたちの性体験を遅らせたり経験人数を減らしたりするという、性的自己抑制教育の支持者たちの主張を裏付ける証拠はないと繰り返し結論づけている。米国医師会、米国公衆衛生協会、米国小児科学会の全てが性的自己抑制教育に反対している。「研究では、異性と結婚するまで性的自己抑制のみを奨励するというプログラムは、効果がないことが決定的に証明されている[50]」と、米国小児科学会は二〇一六年に勧告した。

包括的性教育（避妊に関する情報も含むもの）を受けた一〇代の若者では、性行動、性的パートナー、避妊しない性行為、性感染症のどれも少ないことが判明している[51]。そして、性的自己抑制教育の支持者が主張するように、子どもにセックスに関する情報を与えることで、子どもたちが早くに性体験を経験するという証拠はどこにもない。結局のところ、若者にセックスについて教えることは、彼らを危険にさらすのではなく、彼らを守っているようだ。

より進歩的な性教育を推進する性的健康の専門家が、自らのアプローチは性暴力を抑制できると主張する場合、それは誇張されたものだと性的自己抑制教育の支持者たちは反論する。その主張を裏付ける決定的な証拠はないと彼らは言う。そして、それは間違いではない。ほとんどの性教育研究は、一〇代の若者が性行為を初めて経験する年齢や、性交時の避妊の有無などに対する性教育の影響に焦点が当てられている。幼稚園から始まる性教育によって、人のセクハラ行為や暴行を防げるという経験的証拠はない。

しかし、米国性教育基準の概要に記載されている指導（生殖器の教育だけにとどまらないもの）は、ジェンダーステレオタイプ、同意、健全な人間関係について少年たちがどのように考えるかを変革することが目的である。こうした変革には、少年たちが性暴力を犯すリスクを抑えるという目的も一部にある。そして、第8章でも説明する通り、他国ではこうした指導によって、女性やセックスに対する少年の態度や、彼らの行動を変えることに成功しているのだ。

新しい性教育——ポルノリテラシー

米国性教育会議では、他の会議と同様に、からし色のカーペットに灰褐色の壁に囲まれた、窓のないホテルの会議室に人が集まる。しかし、議題に含まれるトピックは、他の会議よりも興味深い傾向にある。ここ、ニュージャージー州ニューアークの空港にあるマリオットホテルで、二〇一九年四月、数十人の教育者たちが、若者に「ポルノリテラシー」について教えるためのワークショップに参加していた。

「本日はポルノについて議論する素晴らしい日です！」とジェス・アルダーが言った。彼女は、ボストンの一〇代の若者にポルノリテラシーの学習（そして友人に教える）機会を提供する、放課後のリーダーシップ・プログラムのディレクターを務めている。観客は小さく歓声を上げた。

これは最先端の性教育であり、ポルノについてかいつまんで密やかに話すのではなく、真っ向から取り上げるアプローチである。そして、多くのプログラムや活動家が行っているような、ポルノの有害さについて説くような講義はしない。その代わりにポルノリテラシーは、画面上で観るもの（すなわち、それは本物の性的接触ではなく、非現実的なシナリオとジェンダーステレオタイプに満ちた、金銭が発生するパフォーマンスだということ）について理解するために、若者たちに必要なツールを与えることを目的としている。ポルノについてどう考えるべきか、それを観るべきかどうかなどを指示するのではなく、若者たちに情報を与え、彼ら自身で判断しなければいけないと認識させることが目的だ。

「私たちはポルノがひどいものだと言ったりはしません」とアルダーは言った。「ポルノが素晴らしいものだとも言いません。私たちは若者と様々な研究結果を共有しているのです」

会場には様々な人がいた。看護師、中学校のカウンセラー、それにホームレスの子どもや児童養護施設の一〇代の若者にサービスを提供するソーシャルワーカー。大学の講師や予備校の保健講師。そして、一九七二年の教育改正法第九編（タイトルⅨ）の遵守の保証に携わる責任者。この連邦法は、学校で女子生徒がスポーツに参加できるよう義務づけたことで有名であるが、学校が性暴力にどのように対応すべきかについても規定されている。一〇代の若者と最前線で関わり合う彼らは、無料のオンラインポルノに容易にアクセスできてしまう若者たちの現実と、そのことについて話す能力や意欲がない大人たちとの間に大きなずれを感じていた。

彼らがここで学ぼうとしていたカリキュラムは、アルダーと、デートDV専門家のニコール・デイリー、そしてボストン大学の公衆衛生学者であるエミリー・ロスマンによって開発された。この三人は二つの大きな目標を立ててチームを組んだ。彼女たちは、一〇代の若者たちが生活の中で非常に一般的になりつつあるオンラインポルノを解釈するために、どのように手を差し伸べればよいのかを考えた。そして、一〇代の若者にとって魅力的な話題であるポルノを、少し学術的と感じられること（デートDV、同意や性的指向、身体イメージやジェンダーステレオタイプなど）について話すための手段として使用しようと考えたのであった。彼女たちはカリキュラムを作成し、ボストン在住の一五歳から二四歳までの若者に対して実施して、その影響を評価した。

セックスについて話すことが、子どもたちがセックスをする後押しになるわけではないように、ポルノについて話しても、子どもたちがそれを観始めるわけではないということをボストンのチームが明らかにしている。[52]しかし、このカリキュラムによって、若者が持つポルノの知識や考えには変化がもたらされた。彼らは、セックスについて正しく学ぶためにはポルノは好ましいものではなく、男性や女性の性に対する不健全な思い込みを助長すると考えるようになった。具体的には、プログラムの後、「誰もがセックス中に女の子を『エロい』や『淫乱』などと呼んでいる」、あるいは「セックス中に女の子が泣いたり、息苦しそうにしたり、喉を詰まらせたり、吐いたりすることを多くの人がセクシーだと思っている」などと考える若者は減ったのである。

この新しいアプローチとその有望な結果が、二〇一八年のニューヨーク・タイムズ紙の記事で世間に広まって以降、[53]それを作成した女性たちに、全米から教育者たちへの訓練の要望が殺到している。そこで二〇一九年の冬、彼女たちはニューヨーク市に出張し、十数校以上の私立校のスタッフに研修を実施した。参加者たちは指導を心待ちにする一方で、ポルノ教育を受け入れることとの広報リスクも認識していた。

「それは数による安心感でした。もし批判の声が上がっても、一校だけがおかしいとはならないので」とジーニー・クロウリーは言った。彼女は、マンハッタンやブロンクスにキャンパスを持つK−12の進学校、エシカル・カルチャー・フィールズトン校の技術ディレクターで、研修を企画した人物である。クロウリーによると、ポルノやセクスティングは、多くの子どもたちが正式に同意について学ぶ前の早い段階から彼らの生活に取り込まれており、学校はそれに対処するために救いの手を求めている。少年たちが迷惑なペニス画像を送ることは、ありふれた問題なのだ。「私たちは不意を突かれているのです」とクロウリーは言う。

「ポルノリテラシー」という概念はまだ新しく、目にしたものやセックスに至る方法に関する一〇代の少年少女の考え方を、その概念で形づくることはできるのか、またどのように形づくることができるのかについて十分な証拠は得られていない。しかし、メディアに込められたメッセージを批判的に考えるよう教えることは、摂食障害や未成年の飲酒・喫煙などの他の問題に対抗するのに有効であることが判明している。また、ポルノリテラシーを身につけることで、ポルノ視聴による悪影響を軽減できる可能性があるとも示唆されている。オランダに住む一〇代から二〇代の約二千人の若者を対象とした研究では、ポルノを観る頻度が高い若者ほど、女性を性的対象物としてしか見なくなる傾向が強いことが判明した。しかし、性的に露骨なメディアに関して学校で話し合ったと報告した若者については、ポルノによる影響が消えていた。[54]

教育者や若者と密接に関わり合う職業の人たち（そして、レーガン時代に開発された効果のない薬物防止プログラム、DARE[55]を経験したほぼ全てのX世代）によると、子どもたちに「ダメ」と言うだけでは何も効果はない。

好奇心旺盛な男子中学生は、親や教師がどんな障壁を設けようとも、巧妙にそれらを回避してしまう、とニューヨーク市の私立校でITディレクターを務めるジェニファー・ダヴェンポートは言う。ダヴェンポートによると、彼らは、性的に露骨な画像から彼らを守るはずのフィルタを巧妙にすり抜け、日本のポルノ、官能的な芸術作品、性交の仕方に関する特定のウィキページなどを探し当てる。

ボストンの三人が開発したポルノリテラシーのアプローチで、実際にポルノを観ることはない。九つのレッスンで構成されており、講義は少なめに、ディスカッションやアクティビティは多めに組み込まれている。若者たちは、ポルノ産業と人身売買との関連性、ポルノに込められたジェンダー、人種、権力に関するメッセージ、そして他人と共有できる性的でない親密さの多様性について学ぶ。また、誰もがある種の願望や性癖を持っているが、どのようなセックスでも譲れないのは、意欲的な双方の合意の上で行われるということだと学ぶ。

それから若者たちは、ポルノが一〇代の若者に与える影響に関する研究の概要を見るのだが、それらには不安を感じさせるものが多い。未成年のポルノ視聴は、若いうちから性行為を体験したり、コンドームを使用しなかったり、女性を性的対象物として見たり、ジェンダーステレオタイプを信じたり、レイプに関する誤った常識を信じたり、性的に暴力的となったりなど、母親を動揺させるようなあらゆる結果と関連している。[56] さらに、体だけの関係に興味を示したり、より多くの性的パートナーを持ったりすることにも繋がる。[57] ある研究では、決定的証拠はないものの、思春期の少年の学業成績とポルノとの間に関連性があることが明らかになった。他の変数を制御しても、少年のポルノ利用頻度が高いほど、半年後の成績が悪化していたのだ。[58]

暴力的なポルノは、独自の厄介なカテゴリーに属しているようだ。ある追跡調査では、暴力的なポルノを視聴した一〇歳から一五歳の若者は、視聴していない若者に比べ、性的に暴力的になる可能性がおよそ**六倍**高いことが判明した。[59] 暴力的でないポルノの視聴に関しては、同様の結果は見られなかった。二〇一九年に発表された、デートDVに関するより最近の研究では、暴力的なポルノを視聴する高校二年生は、視聴していない同級生に比べ、恋人を性的に虐待する可能性が三倍高いことが明らかとなった。[60]

しかし、ボストンのチームは、一〇代の若者との会話の中で、ポルノの影響に関する調査結果は完全に断定的なものではないことを強調している。二〇一九年に発表された調査では、ポルノ視聴と危険な性行動や性的欲求の間に関連性は見られず、それまでの研究結果を覆す結果となった。[61] また、一般的な考えでは、ポルノ視聴者は平凡なシーンから始め、興奮するために徐々に過激なハードコア・ポルノへと移行する傾向があるとされているが、一〇代の少年を二年間追跡した二〇一九年の別の調査で、そうとは限らないことが判明した。[62] さらに、一部の研究では、たとえばLGBTQの若者が自らの性を理解し、探究し、自らの欲望がおかしくも間違ってもいないことを学べるということなど、ポルノにもポジティブな役割を果たす場合があることを示唆している。[63]

つまり、子どもたちがポルノからセックスの仕方を学ぶのは好ましくはないが、一方で、ポルノは全ての性的悪行の根源ではないということだ。

近年、ますます多くの州（そして国レベルでは共和党）がポルノを「公衆衛生上の危機」だと宣言している。[64] 公衆衛生の観点からポルノリテラシーチームに関わるボストン大学教授のエミリー・ロスマンは、このことは情報を歪曲し、混乱を与えるものだと考えている。ポルノの利用は、我々がセックスや人間関係をどう扱うかを形づくる数多くの要因の一つに過ぎない。それに注目するあまり、幼少期の虐待、友人の影響、男らしさの規範、子どもたちが毎日目にする露骨なメディア（映画、音楽、ビデオゲーム、スナップチャットの投稿など）に込められたセックスに関するメッセージなど、性暴力の原因となっている他の全ての要因を除外することで、我々は何かを見失っているのだ。

ポルノに対し不安を抱いているのであれば、インターネットのフィルタ機能を設定したり、息子たちのウェブブラウザの履歴を確認したりすることができる。しかし、性的市民権、同意、そして女子と体の関係を持たなければならないという、少年がしばしば感じるプレッシャーについて話し合わなければ、息子たちにとって最も重要なこと、つまり、彼らの性的倫理観を育てるための指導や情報、そして支援を与えないことになる。

「もちろん、ポルノは星の数ほど多い様々な要因の一つかもしれません」とロスマンは言った。「しかし、性暴力を解決する方法として、それが最も大きな要因で、他の危険因子を蔑ろにしてまで、そこに最も資金と注意が払われるべきだという考えは健全ではありません」

小学五年生でポルノを観始めた高校四年生のコーリーは、若者が他の若者に健全な人間関係について教えるボストンのスタート・ストロング・プログラムで、ピアリーダー〔主に学生同士の取り組みにおいて他の学生を指導する学生〕として、ポルノリテラシー講義を受講した。講義は、放課後にボストン公衆衛生委員会にある何の変哲もない天井の低い部屋で行われ、彼はそこで初めて同意について学んだ。同意とは、パートナーが何を望み、何を望まないのかについて、決めつけるのではなく相手に尋ねることなのだと彼は知った。野球帽のつばの下から笑みを覗かせながら、童貞を捨てる前に講義を受けてよかったと話してくれた。

彼とピアリーダー仲間の一人であるジェシカに、ポルノリテラシーの講義が行われた教室を出て廊下の先にある、隙間風の入る事務室で話を聞いた。二人とも、このカリキュラムは、性行為において何が普通なのか、男女は行為中にどう見え、どう振る舞うべきかという考えをポルノがどのように形づくっているかを理解するために役立ったと話していた。彼らは、異性愛ポルノで、女性の欲望や快楽が男性のものと同じくらい重要に扱われ、同意の上で行われる性行為が描かれているのを見たことがなかった。

セックスは、しばしば描かれているような綺麗に振り付けられたダンスではなく、相手を知るための厄介で特別な方法であることを理解したと（自分は処女だと話していた）ジェシカは語った。「ポルノで描かれていないのは……二人の間では、セックスはお互いを知るための学習体験になるということです」と彼女は言った。「セックスについて話すことができないなら、セックスをする覚悟ができていないということです」

ジェシカとコーリーに別れを告げ、肌寒いボストンの夜へと外に出た後も、次の言葉が頭から離れなかった。**セックスについて話すことができないなら、セックスをする覚悟ができていないということ**。ジェシカは、私が息子（と娘）に理解してもらいたい最も重要なことの一つを、私が説明するよりうまく説明してくれた。コミュニケーションはセックスにおいて非常に重要なものである。パートナーに自分の望みを明確に、率直に、そして冷静に話すことができない、あるいはパートナーの望みを聞き入れて、尊重することができないのであれば、自分にはまだ覚悟ができていないということだ。それがポルノリテラシーの講義で学習できるならば、私はいつか自分の子どもたちを参加させたいと思う。

二〇一八年にニューヨーク・タイムズ紙がポルノリテラシーに関する記事を掲載したとき、ライターのマギー・ジョーンズは、それがあまりにも新しく、あまりにも非主流であるため「今すぐ公立校で受け入れられると楽観的に考える人は少ないであろう」と述べた。大多数の公立校においては間違いなくそうではあるが、全ての学校がそうだとは限らない。いくつかの学校では、子どもたちにポルノについて教えることは生徒たちの健康と安全を守ることに繋がると確信し、徐々に受け入れ始めている。他の学校も彼らを手本として見習うべきであり、ポルノについて話すことが政治的に難しいと考えている学区は、何も教えないことの代償を考えるべきである。

オハイオ州アセンズの養護教論であるモリー・ウェールズは、性的に活発な高校生の中には、膣内性交とは何か、それが妊娠や生殖とどう関連があるのかを明確に理解していない者がいることに気づき、学区の性教育の見直しと充実を行った。変更を加える過程で、ウェールズは同僚と共に、生徒たちとポルノについて話し始めることを、それも早い段階の中学一年生のうちに始めることを決断したのだ。

ウェールズは、教育委員会に新しいカリキュラムを提案し、ポルノリテラシーが提案の中に含まれていることを一生懸命に強調した。彼女は、後になって誰かが驚くようなことは避けたかったのだ。「私は次のように切り出しました。『まずは避けられている話題について話しましょうか。中学一年生にポルノについて話そうという私の提案が、どれほど居心地の悪いものかについて話しましょうよ』と」と彼女は言った。そして、「彼らはポルノにさらされています。誰もそれについて触れませんが、それは彼らのセックスに対する考え方を形成しています。我々は早急に介入しなければなりません」と続けたという。教育委員会は動じることなく、二〇一八年九月に、満場一致で積極的にそれらの変更を支持したのであった。

現在、アセンズの中学一年生は、セックスやジェンダーに関するメッセージがいかに頻繁に投げかけられているかや、それによって人間関係のあり方に対する我々の考え方がいかに形成されているかを教える授業の一環として、ポルノについて学んでいる。この授業で、生徒たちは人の体を物として見なすような広告や、強要や洗脳をロマンチックに見せる映像を見る。大ヒットの恋愛ドラマ映画『きみに読む物語』のあるシーンで、ライアン・ゴズリング演じるノアは、招かれもしないのに観覧車によじ登り、アリー役のレイチェル・マクアダムスを追いかける。彼女はすでに別の男性と観覧車に座っている。ノアは地上から数階ほどの高さにある観覧車に片手でぶら下がって彼女に交際を強要し、受け入れてくれなければ落ちると彼女を脅す。最終的に彼女は応じてしまうのだ（オンラインで映像を見てみたら分かるが、信じられないほど不気味である）。

この授業を作成したジェニファー・セイファートは、オハイオ州南東部の被害者支援福祉プログラムの事務局長を務めており、現在アセンズの学校でそれを教えている。彼女は生徒たちに、メディアを取り入れることは、食べ物を取り込むことと同じであると説明する。中学一年生にとっては分かりやすい明確なたとえだ。彼女と生徒たちは、お菓子と林檎とでは体にもたらす影響が異なることや、時々食べるお菓子の一つや二つで健康的な食生活が崩れることはないが、ジャンクフードを摂取し続けることは問題だといったことを話し合う。

授業がポルノの話になると、セイファートは、それは中学一年生が取り入れるメディアとしては不健全だと話す。生徒たちは、ポルノが非現実的な体や性行為を描いていることや、女性より男性の方に権力があるかのように描かれることが多いことについて議論する。そして、生徒たち一人ひとりが、ポルノと出くわした際にどうすればよいのか、誰に相談すればよいのかを事前に決められるように、計画を立てるのだ。

高校生の場合、セイファートは話題をオンラインポルノからセクスティングへと広げる。彼女が伝えたいことは、セクスティングが明確にひどいことだということではなく、生徒たちがそのリスクと、リスクを軽減する方法を理解すべきだということだ。たとえば、体の一部を写した画像を送る場合、顔は映さないようにすべきである。生徒たちが裸の写真を送るかどうか、あるいはそれを要求するかどうかという避けられない決断に迫られたとき、彼らが情報に基づいた安全な選択ができるようにしたいと彼女は考えている。

新しい性教育カリキュラムを紹介してから二年が経ったが、ウェールズ保護者からも生徒からも一切苦情を受けていない。それはおそらく、デリケートな話題を教えてくれることを、多くの保護者が喜んでいるからであろう。当時の教育委員会の副会長であったショーン・パーソンズに話を聞いた際、彼も同じことを言っていた。怒りのメールも、電話も、スーパーで鉢合わせた保護者から懸念の声を聞くことさえなかったという。彼は、当時もうすぐ小学五年生になるところだった自分の双子の子どもたちが、自分の学区で実施されている性教育を受けることを楽しみにしていると話していた。「そのことについて話し合わなければ、子どもたちは自らオンラインで検索し始めるでしょう」と彼は言った。

第4章　若者の心の形成――学校は子どもたちをいかに導き損ねているか

デトロイト。複数の障害を持つ五歳の幼稚園児が、ある日、あざだらけの乱れた格好で、精液のようなものにまみれてスクールバスを降りてきた。運転手は少年の母親に、その子と他の何人かの少年たちがバスの中で「おちんちんを吸っていた」と話し、母親は翌日、その事実を学区に報告した[1]。市の警察官は、他の二人の生徒が少年に暴行を加えたことを明らかにしたが、学校当局［アメリカでは多くの州で、小学校に五歳児対象の幼稚園が併設されている］は、連邦法で定められているにもかかわらず調査を行わず、少年が安全に学校に戻れるように計画を立てることもしなかった。

当然のことながら、母親は息子が学校に復帰することを拒否した。彼は悪夢で飛び起きるようになり、他の少年と一緒にいることを嫌がるようになっていた。学区がカウンセリングやその他のサービスを提供することはなかった。ようやく学区の職員が家族と連絡を取り、少年が別の学校に登校できるようになったのは、数ヵ月が過ぎてからのことだった。

母親の苦情を受けてデトロイトに派遣された公民権専門の弁護団によると、過去三年間に記録された、生徒による四五件もの性犯罪行為（および生徒による一二三件ものセクハラ行為）に学校当局が対応したという証拠が一切見つからなかった。当時、学区にはそうした苦情に対応するための方針さえなかった。[2]

インディアナ州ハモンド。公民権調査官が学校における性的不正行為の方針について調査した際、この学区にいる一万三千人の子どもたちがありのままに語った。セクハラは絶えず、ありふれており、誰も気にしていないようであった。生徒たちは学校で、日頃から痴漢行為だけでなく、言葉や口笛による冷やかし、性的に露骨なテキストメッセージやソーシャルメディアの投稿などを目にしていた。多くの生徒が、何が起きているのかをわざわざ大人に言おうとは思わなかったと話している。連邦捜査官は「彼らは教師や学校管理者が報告を真摯に受け止めるとは思っていない様子」だったと、教育長に宛てた手紙で述べていた。中学生たちは「尻叩きの金曜日」という、三年生の男子生徒が一年生の女子生徒のお尻を叩く伝統行事のことを説明した。誰もがそれについて知っていたが、大人たちが対応することはなかった。多くの生徒は、教育委員会がセクシュアルハラスメントに対する方針があることも、不適切な行為を目撃した場合にどうすればよいのかも知らなかった。誰からも教わらなかったからだ。[3]

シカゴ。ある少年が、廊下ですれ違った少女の首を絞め、床に押さえつけて、彼女の胸を掴むという事例があった。彼が罰せられることはなかった。別の事例で、ある少年はクラスメイトの男子生徒の睾丸を掴み、別のクラスメイトには自らのペニスをさらしていた。三つ目の事例では、ある少年が、一人の少女の持ち物を奪って校内の人気《ひとけ》のない場所へと逃げ込んだ。持ち物を取り返そうと追いかけてきた少女に、彼は性的暴行を加えた。彼は二日間の停学処分を受けたが、カウンセリングはされず、二ヵ月後には別の少女に同じことを繰り返した。[4]

シカゴ・トリビューン紙が二〇一八年に連載した手厳しい内容の調査報道記事と米国教育省の調査[6]によると、シカゴの公立校は長年にわたり、セクハラや暴行への適切な対応を完全に怠り、子どもを食い物にする教師から生徒を守る責任だけでなく、他の生徒からも守る責任も放棄していた。子どもたちは廊下やスクールバスの中で、また休み時間中や水飲み場で並んでいる間などに被害を受けていた。しかし、一九九九年からトリビューン紙の連載が終わるまでの約二〇年間、国内で三番目に大きなこの学校組織で、性暴力の苦情を管理したり取り仕切ったりするための人材が確保されることはなかった。そうした苦情の処理は「不適切かついい加減で、訓練を受けていない職員によって行われることが多く」、子どもたちが通うべき学校は安全な場所ではなかったと、教育省は結論付けた。[5]

二〇一九年九月、学校当局は、連邦政府からの数百万ドルの補助金を失うリスクを回避するため、方針や手続きを徹底的に見直すことに合意した。「この数年間で、アメリカ国民は、大学や大学キャンパス内における性暴力にますます気づくようになりました」と、教育省公民権局の次官補であるケネス・マーカスは記者に話した。[7]「この事件は、小学校や中学校でも問題が発生しているということへの警鐘になるかもしれません」

性暴力は、全国の学校で、あらゆるコミュニティで問題となっている。二〇一九年一一月時点で、連邦政府当局は、コロラド州カスター郡の田舎から起伏の激しいサングレ・デ・クリスト山脈の東端地域、ミシガン州グロッセポイント、そしてバージニア州フェアファックス郡の豊かな郊外に至るまで、遠く離れた多種多様な場所にあるK－12の学校におけるセクハラや性暴力に関する二五七件もの苦情を調査していた。

実際、権利や特権は、少年の性非行のリスクを高める可能性がある。二〇一九年に発表された調査では、一〇歳から一八歳までの少年の約一〇人に一人がセクハラ行為を行ったことがあると認めており、裕福なコミュニティの出身者は、階級の低い層が多い地域の出身者に比べて、その可能性がかなり高いことが判明している。[8]

過去一〇年間で、キャンパス内の活動家による運動や、二〇一一年にセクハラや暴行の苦情に対応するための新しいガイドラインを公表したオバマ政権の教育省からの圧力により、カレッジや大学では性暴力が厳しく取り締まられるようになった。

今や性的暴行防止プログラムは至る所に存在し、同意という言葉は常識となっている。また、性的不正行為を犯した生徒たちは、自らが受けた処分に対し法廷で反論し、性暴力を真摯に受け止めていることを連邦政府に示そうとした学校による不当な扱いだと主張している。これら全てが激しい論争を煽った。個室の中で二人の人間の間に起きたことを、本当に知ることができるのだろうか？　その判断を下す権限は誰にあるのだろうか？　適切な処分とは何なのか？　贖罪は可能なのか？

性的不正行為が子どもたちの間で日常的となっているにもかかわらず、K－12の学校では、こうした疑問の声は全く聞かれない。米国大学女性協会が二〇一〇－二〇一一年度に実施した最新の全国調査では、中高生の半数近くが学校でセクハラを受けていることが判明した[9]。調査では、望ましくない発言をされたり、望んでいないのに体を触られたり、迷惑で不本意なヌード写真を受信したり、性器を見せつけられたりした経験について若者たちに尋ねている。被害に遭ったと報告したのは女子の方が多かったが、多くの男子（四〇％）もハラスメントを受けたことがあると報告したのである。

これらの数字は不安にさせるものがある。しかしながら、中学校や高校では、大々的な反省はなされておらず、子どもたちが廊下、教室、食堂などで目撃したり体験したりしているセクハラ行為やデートＤＶに焦点を当てようとする全国的な取り組みも行われていない。問題の原因は、第３章で述べたような、性教育やその他の予防策の不足だけではない。多くのＫ－12の学校が、校内で生徒の身に起きている性暴力への対処法を全く分かっていないということも原因の一つである。

被害者や告発された生徒、学校を代表して問題のあらゆる側面に取り組む学者や弁護士によると、多くのＫ－12の学校には、性的不正行為の苦情に対応するための法的義務を理解したスタッフがいないという。中には、子どもがセクハラや暴行を訴えた場合に、**どう対応すべき**かを規定した方針すら存在しない学校もある。その結果、性的不正行為が一般化し、ほとんど報告されない（あるいは報告されたとしても、無関心、無視、完全な不信感で迎えられることが多い）ような学校に、親は子どもを送り出すことになるのだ。

「それは本当に未知の領域に踏み込むようなものです」と、学校のタイトルⅨ遵守のための支援を専門とするリスクマネジメント・コンサルタントのブレット・ソコロウが語った。ソコロウのクライアントの多くはカレッジや大学であるが、二〇％ほどはK-12の学校であるという。「認識の低さとコンプライアンス違反の度合いには、唖然とさせられます」

ミシガン州の弁護士であるカレン・トルシュコフスキーは、逆の立場で性暴力の被害者を代表しているが、この意見には同意する。彼女は以前、学校の階段で白昼堂々、男子生徒から性的暴行を受けた少女を弁護していた。その少女は、同意の有無に関係なく「みだらでわいせつな」行為をした学生を罰するという方針に基づき、一〇日間の停学処分を受けた。その事件では、最終的にランシング市の学区が一八万ドルを支払って和解した。しかし、被害に遭い、自らの権利を知らず、弁護士を雇う方法も分からない、あるいは雇う余裕がない学生は数えきれないほど大勢いる。

K-12の学校は「ほとんどの場合、タイトルⅨがどういうもので、何を要求しており、何をすることになっているのかについての認識がないのです」とトルシュコフスキーは言う。そのインタビューのとき、彼女は性暴力の被害者の弁護で、ミシガン州の二〇以上もの学区との交渉や訴訟の案件を抱えていた。「まともに対応できている学校は一つもありませんでした」と彼女は言った。

学校が対処に苦労している問題の中では、ストーカー行為やその他のデートDVもまた、驚くほど一般的である。疾病予防管理センターが高校生を対象に実施した二〇一七年の全国調査によると、過去一年間で女子の一一人に一人（男子の一五人に一人）が交際相手に殴られたり、交際相手が振り回した武器で傷つけられたり、あるいは交際相手から身体的虐待を受けたりしたことがあると回答している。[10] 女子の約九人に一人、男子の三六人に一人は、交際相手から性的虐待を受けたことがあると答えていた。CDCのデータでは、レズビアン、ゲイ、バイセクシュアルの生徒たちは、ストレートの生徒と比べると、被害に遭う可能性が約二倍近くも高いことが判明した。なお、トランスジェンダーの子どもたちについては、知られていることは少ないが、研究によると、彼らは被害に遭うリスクがさらに高い。[11]

交際相手の居場所を執拗に追跡し、友人から孤立させるなど、あらゆる嫉妬行為による言葉の暴力や心理的虐待に関する項目を含む他の全国調査では、問題がさらに広範にわたることが判明している。そして、ステレオタイプに反して、加害者は常に男子であるとは限らない。実際、これらの調査によると、女子は男子よりも交際相手に言葉の暴力や身体的虐待行為を行う可能性が高く、デートDVの加害者はしばしば被害者でもあることが示唆されている。

この種の虐待は、一〇代の若者の精神的・身体的健康に広範囲に影響を及ぼし、彼らが自殺を考える可能性や、大人になってから恋人によって再び虐待を受ける危険性を高める。[12] また、デートDVは、学業上の問題や成績の悪化に繋がっていることが判明している。[13] そして、デートDVが対処されないままになると、致命的な結果を引き起こすこととなるのだ。

二〇〇三年から二〇一六年の間に、交際相手あるいは元交際相手に殺害された一五〇人の一〇代の若者に関する調査によると、被害者の九〇%が少女で、その平均年齢は約一七歳であった。[14]

加害者の九〇％は少年や男性で、平均年齢は二〇歳であった。少女たちは、破局後や交際相手の嫉妬により殺害されることが最も多く、武器には銃器が使用されることが最も多かった。

しかし、一〇代の若者におけるデートＤＶについて、公衆衛生の専門家たちがいくら警鐘を鳴らしても、多くの学校はその対処を優先事項としていない。全米の高校の校長たちに、この問題に対処するための準備ができていないのだ[15]。ある研究では、校長のうち三分の二がデートＤＶに対処するための訓練を受けていないと答え、ほぼ同数が職員にそのような訓練を施したことがないと回答していた。四分の三の校長が、生徒間で発生したデートＤＶの報告への対処法を決めていないと答えた。

生徒たちの行動は、学校が不正行為にどのように対応するかによって、ある程度左右される。性暴力やデートＤＶに対し、Ｋ-12の学校が積極的に、生産的に、また法律に基づいて対応しない場合、彼らは被害者を守る機会を失うだけでなく、過ちを犯した若者にその過ちを認識させ、行動を改めさせる機会をも失うこととなる。

ウェルズリー女性センターの上級研究員で、Ｋ-12の性暴力に関する全米屈指の専門家の一人であるナン・スタインは、教師や学校管理者がセクハラ行為を見過ごすことで、そうした行為は大したことではなく、大人の注意を引くものではないと子どもたちに教えることになると、長年主張してきた。学校は、将来的なＤＶや性暴力の訓練場となっているのだ。「学校でのハラスメントは、多くの人が目撃する中で行われることが多い[16]」と、スタインは一九九五年に述べている。「セクハラ行為が公の場で行われ、それが罰せられない場合、それは時間の経過とともに、社会的規範の一部になる」。女子を「尻軽」や「ソット」〔「あそこのヤリマン」を意味する俗語〕などと呼び、そのことを罰せられず、止められもしない少年は、咎められることなく行動し続けられると学習する。それは、女子のお尻を触る少年にも、学校のトイレで女子をレイプする少年にも等しく当てはまる。そして、他の子どもたち（口汚い言葉を耳にしたり、痴漢行為を目撃したり、レイプについて知ったりする少年少女たち）は、それらの行為を容認できるものと考えるようになる。

教師や校長は目をそらしてはいけない。しかし、そうしてしまうのは、多くの場合、彼らにはどうしたらよいかが分からないからだ。教師になりたての頃、私は一年間、高校の教室で実習を行ったり、教育学の大学院レベルのコースを受講したりして過ごした。その際、教授や指導教員から、私が職業上直面するであろう問題として、セクシュアルハラスメントについて聞いた記憶はない。公立中学校でクラスを担任した一年目に性教育の授業をした際、私はほとんど生物の単元のように、生殖に関して教えた。その時間を使って、健全な人間関係を築く方法、同意、ハラスメント、望まない接触に対処する方法などについて教えるよう促す人は誰もいなかった。

ハーバード大学の「思いやりの常識化」プロジェクトは、子どものモラルや共感力の育成に教育者や親が果たす役割を研究し奨励するプロジェクトであるが、その監督を務める心理学者のリチャード・ワイズボードは、これこそが学校におけるセクハラを助長する主な原因だと考えている。すなわち、目撃した行為に立ち向かうことができない、あるいは立ち向かう気がない学校管理者や教師たちである。

「廊下を歩いていると、思いやりや尊重に関するポスターを目にします。そのポスターの真ん前に、少女にセクハラをしたり、『ビッチ』や『ヤリマン』などと呼んだりする少年がいて、その脇を素通りする教師たちがいるのです」と彼は言った。学校での研修を通して、ワイズボードは、異議を唱えるべき行為を見聞きした場合に、教師陣が適切に介入するために必要なスキルを持ち合わせていないことに気づいたと話した。彼らには、何を言ったらいいのか、どうすれば自らが標的とならずに行為を止めることができるのかが分からないのだ。しかし、これらのスキルは、自らの性を理解し始めたばかりの無防備な時期にいる子どもたちのために、安全な学校を作りたいのであれば、教師が持つべき重要なスキルである。

学校で性暴力を無視することの問題点

なぜK－12の学校は、大学と同じように性暴力に注意を払わないのか？　性的暴行被害に遭う子どもには、成人した若者のように自らを擁護する能力がないため、彼らの体験は世間の目から覆い隠されたままとなる可能性が高いのかもしれない。多くのK－12の公立校は、大学のように生徒数や卒業生からの寄付金を競っていないため、この問題にどのように対応しているかを示さなければいけないというプレッシャーを、同じように感じていないということも考えられる。もしかしたら、学校が資金不足でそれどころではないという可能性もある。

あるいは大人たちが、子どもや一〇代の若者における性的不正行為は避けられないものであり、学校が制御することを期待すべきではないとか、正直、大したことではないと考える傾向があるからかもしれない。

その見解は最高裁にまで及び、生徒間のセクハラ行為への対応を怠った場合に、学校はいつ、どのように責任を問われるのかを示した画期的な裁判において、判事たちの議論の形勢を決定づけた。

それは「デイヴィス対モンロー郡教育委員会」の裁判で、デイヴィスとはジョージア州の小さな町の小学校に通っていた一〇歳のラションダ・デイヴィスのことである。[17] 一九九二年の冬から五ヵ月間、彼女はクラスメイトの男子がちょっかいをかけてくるのをやめないと何度も教師たちに訴えていた。その男子は、彼女とセックスがしたい、胸を触りたいと彼女に言い続けていた。そして、実際に彼女の胸や股間をしきりに触ろうとした。廊下では、常に自分の体を彼女に擦り付けようとし、彼女の話によると、体育の授業で、ドアストッパーをズボンの中に入れ、勃起しているかのように見せかけて近づいてきたこともあったという。彼はほぼ毎日、彼女にセクハラ行為を行っていた。

学校でラションダの机はその男子の隣にあり、彼女が彼の行いについて苦情を出した後、教師が席の移動を許可したのは三ヵ月が過ぎてからだった。娘の苦情に対応しようとせず、少年を罰しようとしない学校側に不満を抱いたラションダの母親のオーレリアは、ついに警察に通報した。少年は性的暴行の罪を認め、ようやくラションダにちょっかいを出すのをやめた。しかし、そのときにはすでに、彼女の成績は落ちており、彼女は遺書をしたためていた。

彼女も少年もまだ小学五年生であった。ただの子どもでも、攻撃したり痛みを感じたりすることは十分にあり得る。

このハラスメントに対し、より迅速かつ直接的に対処しなかったことで、学区は、全ての生徒への指導を怠った。ラションダの苦難は明らかであった。しかし、明らかに彼の不正行為を容認していた学校から、少年はどのような教訓を得ただろうか？　そして、それを目撃したクラスメイトたちは何を学んだのだろうか？

ラションダの母親は、学区の怠慢に対し訴えを起こした。彼女は、学校関係者が、タイトルⅨで義務づけられている通りに、性差別から娘を守らなかったと主張した。この法令には、性的不正行為への言及はないが、教師から生徒へのセクハラ行為に適切に対処しなければ、学区はタイトルⅨに基づいて訴えられる可能性があることを、連邦裁判所はすでに明らかにしていた。そこで、ラションダの母親は、子どもから子どもへのハラスメント行為についてもタイトルⅨは保護するということ、そして対処を怠れば、学区は損害賠償を求めて訴えられる可能性があるということを、裁判所が認識するよう望んだのだ。「子どもが学校に行くことは義務づけられていますよね？」[18]と彼女はニューヨーク・タイムズ紙に話した。「では、そこにいる間、子どもたちは守られるべきだと思いませんか？」

この裁判は一九九九年一月に最高裁に持ち込まれた。その年の五月、五対四で判事はラションダと母親に味方した。生徒間のセクシュアルハラスメントに対処する法的義務を果たさなかった学区は、損害賠償を求めて訴えられる可能性が生まれたのだ。

法廷で中絶の権利や同性婚における浮動票を持つ人物として有名なケネディ判事は、長文で強烈な反対意見を述べた。多数派の意見は、読み書きや数学の基本を教えるという最も重要な仕事にかねてよりベストを尽くそうとしている資金難の学区に、訴訟の激流を解き放つことになるだろうと予言したのである。これは問題というよりも、一〇代の生活における「思春期にありふれた厄介事」の一つで、学区をそのような状況に追い込むのは馬鹿げていると彼は述べた。「教師から生徒への性的な申し入れは常に不適切です。一〇代の若者がクラスメイトに対して恋の申し入れをするのは（執拗で歓迎されていない場合でも）、思春期の避けられない部分なのです[19]」と彼は述べた。

思春期の避けられない部分。執拗で歓迎されていない場合でも。

二〇年経った今、現代のレンズを通して見ると、それは次のことを少し言葉を選んで言っているようなものだ。男子は男子でしかない。クラスメイトへの痴漢行為？ 繰り返されるセックスの要求？ 普通のことだ。避けられないよ！ 学校が対処すべきなんて思うものじゃない、と[20]。

多数派の中にも、ケネディ判事と同じ懸念を抱いている者もいたようだ。「全国で子どもたちはお互いにからかい合っていることでしょう。小さな男の子は小さな女の子をからかう、そしてそれは彼らの学生時代を通して起こり続けることです[21]」。口頭弁論の際に、デイヴィスの弁護士に向かってサンドラ・デイ・オコナー判事がこのように語った。「そのような事件の一つひとつが、今後何らかの訴訟に繋がるのでしょうか？」

多数派の意見をまとめ上げる際、オコナー判事は、被害者が学校に責任を問う際のハードルを高く設定した。原告が法廷で勝つためには、セクハラ行為が非常にひどいもので、学区側に多大な過失がなければならないとしたのだ。オコナー判事の言葉を借りると、ハラスメント行為は被害者の教育を妨げるほど「重度で、広範囲で、どう見ても不快」でなければならない。そして、原告は、学区がハラスメント行為に対し「意図的に無関心」であった、すなわち、学区が実施したことは「明らかに不当」であったことを証明する必要があるとされたのである。

　これらの制限は、被害者がタイトルⅨに基づく違反行為を法廷で証明することを難しくし、学区が生徒たちを保護するためにほとんど何も対応していなくても勝訴する余地を残していると、被害者の擁護者たちは言う。これによると、学区は正当な行動を取る必要はなく、**明らかに不当ではない**ように行動するという、よりハードルの低いことをこなせばよいだけになる。実際に、オコナー判事の見解により、タイトルⅨに基づく訴訟に直面した学区は、**何かをした**という事実を示すだけで、たとえその対応に何の効果がなかったとしても、勝訴できることが多くなっている。「本当に寛容な基準です」と、性暴力被害に遭ったK－12の生徒や大学生の弁護をした弁護士のキャリ・サイモンが述べた。「母親として、性暴力への正当な対応を学校に求めることができないのは不公平です」

　二〇二〇年五月に、トランプ政権は、セクシュアルハラスメントや性暴力の苦情への学校の対応を管理するために新たな規定を発表した。[22]この規定は、最高裁がデイヴィス対モンロー郡教委の裁判で、性暴力への対応を怠った学校に金銭的責任を求める親に対して定めた基準にすぐさま影響を及ぼすものではなかったが、学校が米国教育省から連邦資金を受け取るために求められていることを再定義するものとなった。また、法律が及ぶ範囲を一部拡張することで、デートDVや性暴力をセクハラの一種として明示した。しかし、最高裁の言葉を採用し、ハラスメント行為が極端（「重度で、広範囲で、どう見ても不快」）でない限り、学校が対応を義務づけられることはないとも述べている。その動きは、学校が見て見ぬふりをすることをますます容易にし、被害者たちが助けを得ることをより困難にするだろうと擁護者たちは警告した。

罰することの問題点

全米各地で、一〇代の活動家たちが社会的変革を求めて行進し、銃規制や気候変動対策だけでなく、学校が性暴力を真剣に受け止めるよう求めている。K-12の学校のカウンセラーやタイトルⅨのコーディネーターによると、少女たちは性的不正行為を報告することに対し、より積極的になりつつある。これらは、侮辱的な行為を根絶し、学校を安全に保つための前向きな動きである。

しかし、いくつかの事例証拠によると、一部の学校では、性的不正行為を見過ごすことから、最近まで普通と見なされていた行動で男子生徒を厳しく罰するという極端な措置へと移行しているようだ。それは決して生産的とは思えない。

一九八〇年代から一九九〇年代に、学校での不正行為に対する厳しい罰則（「ゼロトレランス」とも呼ばれる）が流行したことによって、停学率は急上昇した。しかし、研究者たちは、罰を与えることでより健全な文化を創造できる、あるいは停学処分や退学処分によって学校をより安全に保つことができるという証拠をほとんど見つけることができなかった。

その一方で、子どもを学校から追い出すことは、子どもの人生や将来の見通しに、劇的で長期的な影響を及ぼす可能性があることを示す多くの証拠が発見された。停学処分を受けた子どもは、高校を卒業する可能性が低く、少年司法制度にひっかかる可能性が高い。たった一度でも停学処分を受けた高校一年生は、卒業前に中退するリスクが二倍になる。[23] これは、トラブルに巻き込まれる一方の子どもが自らの運命に向かって突き進んで行く中で、たまたま停学処分を受けたからではない。社会経済階級、学業成績、不正行為の種類、若者の生き方と関連があるかもしれないその他の要因を制御することで、研究者たちは、停学自体が子どもたちの軌道を狂わせる要因になることを強く示したのであった。[24]

学校での厳しい取り締まりで矢面《やおもて》に立たされているのは誰だろうか？[25] それは男子生徒である。アメリカの学生人口のうち男子生徒が約半数を占めているが、停学処分を受ける生徒では七〇％近くになる。この不均衡な扱いは、早い場合には幼稚園の頃から始まり、非白人の少年や障害を持つ少年には一層顕著である。黒人の少年は白人の少年と比べると、停学処分を受ける確率が三倍以上にまで上る。[26] 研究者は、大人が黒人少年をより頻繁に罰するのは、黒人少年がより非行に走るからではなく、大人が彼らを問題児だと認識しているからだと主張している。このことについては、第6章で詳しく説明する。

厳しい処罰には効果がなく、特定の子どもに偏った影響を与えるという証拠が示され、過去一〇年間で、学校は生徒の不正行為に対処するためにより生産的な方法を探さなければならないという多大な圧力に直面した結果、停学率は低下してきた。停学処分を減らそうというプレッシャーは、国内の進歩主義的な地域で増大している。また、それらの地域は、学校における性暴力の取り締まりを強化しようというプレッシャーの高まりにも直面している。それらの地域にある学校がそうした圧力にどう対処するかはまだ分からないものの、一部の地域では、性的不正行為に対して、他の違反行為では拒否してきた強攻策を取り始めた学校があることが示唆されている。

性的暴行で告発された男子大学生の弁護で最も著名な弁護士の一人であるアンドリュー・ミルテンバーグは、平均して週に三回から四回、男子高校生の息子が性的不正行為の疑いをかけられたとして取り乱した親から電話がかかってくると話す。以前まで、一度に一人か二人の高校生の弁護を担当していたのが、この二年間で三〇人近くにまで増加したそうだ。

ミルテンバーグによると、クライアントの一人は、ある女の子のことを「あのシャツを着てるときの乳が最高」と書いたメッセージを友人に送ったとして、私立の学校を退学させられた。ミルテンバーグは、自分の娘についてそのようなことを男の子が書いていたらゾッとするであろうと認めた。しかし、長い間大人たちが容認し、それとなく許可さえしてきた一〇代の少年の行動に対し、このような厳しい処罰を与えることにまで納得はできないと彼は言う。

我々は、若者（特に少年）が越えてはいけない一線を理解できるようにするのに時間をかけないまま、何が適切で何が不適切であるかを再定義してしまったと彼は言う。「高校では確実に厳しい取り締まりが行われています」と彼は話した。「それは教えを説く瞬間となり得るのに、多くの高校はそのチャンスを逃しているのだと思います」

性的不正行為で告発された少年や男性の弁護を仕事とする弁護士から、このようなコメントを聞くのは驚きではない。しかし、性的不正行為の被害者を代表する弁護士や、学校における性暴力に警鐘を鳴らす他の人からも同じような感想を聞く。性的不正行為を無視することは明らかに問題である。しかし、低レベルの違反に対してまで即時に厳しい罰則を与えることは、必ずしも解決策とは言えない。

効果的にハラスメントに立ち向かえるように教師を訓練するハーバード大学の心理学者、リチャード・ワイズボードは、俯瞰的に見れば比較的軽度な違反行為のために厳しく罰せられ、恥ずかしい思いをした少年たちの話に心が痛んだと話した。結局のところ、それではより健全で安全な学校にはなっていかないのだ。「私はセクシュアルハラスメントと、それが少女たちに与える影響についてとても懸念しています」とワイズボードは語った。「また、少年が過大に罰せられる場合や、大袈裟なリアクションで少年やその両親がひどくおびえてしまう場合もあると思います。それは、本物のセクハラがどういうものかを非常に軽視しており、矮小化しているのです」

ジョン・ドウ2の場合

裁判所の書類上、ジョン・ドウ2［訴訟において使用される仮名］として知られている少年は、インドで生まれ、赤ん坊の頃に孤児院から養子に出され、ワシントンDC郊外にあるフェアファックス郡で育てられた。彼は、一六歳になる頃には、レイク・ブラドック・セカンダリー・スクール［初等教育を終えた一一歳から一八歳の子どもが通う学校］の少しオタクっぽい優等生としての地位を確立していた。学校の劇に出演し、ボート部にも所属していた彼は、クラスメイトからゲイっぽいと思われてからかわれることもあれば、宿題を手伝ってほしいと頼られることもあった[27]。

彼が高校生活で初めて、そして唯一トラブルに巻き込まれたのは二年生のときで、ボート部のチームメイト三人が学校管理者に、彼からセクハラをされたと訴えたのであった。彼の事件は、学校にセクハラを真剣に受け止めるようプレッシャーがかかっている時期に、男子生徒が悪さをした場合に何が起こるかという、重要で厄介な問題を浮き彫りにする。また、そもそもセクハラ行為を助長するような学校文化を変えるために、生徒をどこまで罰するべきなのかという疑問を強調してもいる。

ジョンがトラブルに巻き込まれたとき、彼の学校では、新しい臨時の校長が就任してまだ一週間しか経っていなかった。前の校長[28]は年度の途中で突然引退し、体育部長とアメフトのコーチは解任されていた。ニュース報道によると、バスケットボール部のコーチと彼の不適切な性的発言をめぐる女子生徒からの苦情に、学区の職員が対応を誤ったようだ[29]。そこで連邦公民権局が調査を始めていた。

そのような背景の中で、ジョンは副校長室に呼び出され、彼の不適切な行動に対する疑いが浮上していることが伝えられた。

「そんな爪でオナニーしたら怪我するよ」と、スペイン語の授業中に新しい付け爪を彼に見せた少女に、彼は言ったという。別の少女の話では、ボート部の練習中に、漕ぎ手の一人が別の子にタンポンを借りてもいいかと尋ねたとき、ジョンが次のように割り込んだそうだ。「使用済みじゃなければいいけどね」。そして次のように尋ねた。「女子ってなんでタンポンを入れるときオーガズムに達しないの？」

ジョンはこれらの下品な発言については認めたが、学校で当たり前のように使われている、ごく一般的な言葉を使ったことで、なぜ自分だけが呼び出されるのかが理解できないと話した[30]。彼がオナニーの冗談を初めて耳にしたのは、別の男子がチームの操舵手の女の子にその冗談を言ったときだった。ジョンはその子が「ツボにはまった」ように見えたため、自分も試してみようと思った。女の子に「ムッチリしている」と言ったり、他にも体についてコメントしたりしたと告発された彼は、他の男子生徒との間でだけだが、女の子たちのお尻について話したこともあると認めたのであった。彼はなぜそんなことをしたのか？　学校関係者による事実確認の際に、彼は「みんなやっていることだから[31]」と説明した。

少女たちは、ジョンからの不適切な身体的接触についても告発した。一人は、彼に胸を軽く触られ、腰に手を回されたと主張し、また別の少女は、ボートの練習で彼がトレーニングパンツの上から自分の股間を摑んでいたと主張した。彼はどちらも否定した。三人目の少女は、学校の図書館でふざけ合っていたときに、彼に股間を摑まれたと主張した。彼の話によると、それは誤解であり、互いに突っつき合っているうちに、バランスを崩した彼女が椅子ごと後ろ向きに倒れそうになったため、彼は誤って彼女の下腹部を触ってしまったのだという。

簡単な調査が行われた後、ジョンは一〇日間の停学処分を受けることとなった。そして、聴聞会の後、レイク・ブラドックから退学処分を受けた。聴聞官は彼が「重度の違反行為を繰り返し……女子学生に対する不適切で侮辱的な痴漢行為、また、女子学生に対するセクシュアルハラスメントを行った」[32]と結論づけたのだ。

彼は問題児のためのオルタナティブスクール［独自の柔軟な教育方法を持つ新方式の学校］に送られた。そこは「トラウマになる」「恐ろしい」場所だったと彼は説明する。[33]次の学期には、別の地域にある学校へ転校することとなった。彼の人生は修復不可能と思われる形で崩壊した。自殺すると言って脅すようになった彼から、両親は片時も目を離すことができなくなった。「定期的に自傷行為について考えます。家族にとっても、僕が消えた方が楽だと思うのです」[34]と彼は述べていた。

我々は皆、教室や廊下でのハラスメント、いじめ、痴漢行為などを教師や生徒が容認することのない文化を学校が築くことを望んでいる。我々は皆、学校に性的不正行為を真剣に捉えてほしいのだ。しかし、ジョンのケースのような厳しい罰則には安心できないと感じる人もいるだろう。それどころか、非常に不安に感じる人もいるかもしれない。少年たちに思いやりを持つよう言い聞かせる一方で、彼ら自身に思いやりを示すことを怠るのはいかがなものだろうか。

ジョンと家族は、大学に出願する前に内申書に記された汚点を消し去るため、連邦裁判所に学区を訴えることにした。彼の主張はいくつかの重要なポイントに要約された。まず、少女たちはジョンについて、いくつかの話をでっち上げた。それは、少女の一人に、ジョンのことを嫌っている兄弟がいたからだ。次に、学校の調査は偏っていて不完全なものであった。そして、ジョンがした発言は、完全にありふれたもので、レイク・ブラドックでは少年（や少女）たちが日常的に言っていたようなことだった。ジョンの弁護人は、学校が女子バスケットボールチームで起きたセクハラに対処しなかったとされる件で連邦政府の調査を受けていたことから、男子である彼がさらし者にされたのだと主張した。

学区側は、事実ではないと否定した。ジョンは卑猥な言葉を発し、女子生徒の下腹部を触ったことを認めたと学区側は法廷に伝え、学校管理者は校則違反を犯した彼を適切に処罰したと主張したのだ。

正直なところ、初めにジョンの事件に関する裁判所の書類を開いたとき、私は彼に同情することはないと考えていた。K－12の学校が一般的に準備不足で、セクハラ対応に意欲的ではないことを知っていたからだ。また、学校から追い出されたのであれば、ジョンはきっとそれ相応の何かをしたのだろうと信じ込んでいた。

しかし、何百ページもの書類に目を通し、木の壁に覆われた法廷の傍聴席につき、弁護人の申し立てを見守るジョンの姿を見た。そして、これらの問題がいかに複雑であるかに気づいたのだ。ジョンの事件を審理したのは、レオニー・M・ブリンケマ判事だった。彼女は、国家安全保障事件の多くを扱うバージニア州東部地区の連邦地方裁判所に、クリントン政権時代に任命された生真面目な人物だ。9・11のテロリストであるザカリアス・ムサウイの事件で裁判長を務め、ドナルド・トランプ大統領の悪名高い難民入国禁止令を阻止した連邦裁判官の一人である。

彼女はジョンの苦境に同情しているようだった。早い段階から、彼女は事件について「残念」で「心苦しい」と述べていた[35]。彼女は、ジョンが自らの過ちを高校の内申書記録という、大学に進学しにくくなるような形で背負わなくていいように、双方が何らかの合意に達することを願った。他の事件であれば、ジョンが違法にも適正手続きを拒否されたことを明らかにするのは容易であっただろうと彼女は述べた。しかし、学校規律に関する事件では、裁判の被告人より生徒に与えられる権利がはるかに少ないのだ。

学区による調査には不備があったと判事は述べた。[36]手続きを担当した学校管理者は、初めは三人の少女に事情聴取を行ったと話していたが、後の宣誓供述書の中では、事情聴取を行ったのは一人だけであったと話していた。そして、その少女は事情聴取を受けたことを否定したのである。学校関係者は、股を掴んだという疑惑のあった日、図書室に他に誰かいなかったかや、図書室の入室記録にジョンの署名があるかどうかも確認していなかった。

学区は全ての出来事について真相を解明したのだろうか？　おそらくしていないであろう。ブリンケマ判事は「調査プロセスには数多くの不備があったが、それは懲戒手続きの全ての段階で信用され、事態は悪化していった」と述べた。

しかし、最終的に彼女は学区に有利な判決を下した。ジョンは、自らが受けた扱いが自身のジェンダーによるものだということを証明できず、したがって学区側が法を犯したことを証明できなかった、と彼女は判断したのだ。

ジョンと家族は、第四巡回区控訴裁判所に上訴することを決断し、その間は私と話すことを拒否した。フェアファックス郡の学区も、この件に関する具体的な質問には回答しなかった。広報担当者が発表した声明では、学区は公正で公平な調査を行い、公正で公平な処分を下したと述べられていた。[37]ジョン・ドウ2の事件は「我々がハラスメント被害者を弁護し、保護していることを示すものだ」と学校組織は述べたのである。本書の印刷が始まろうとしていた頃、第四巡回区控訴裁判所はブリンケマ判事の判決を支持することを決定した。ジョンに懲戒処分を与えたことで、学校側は法律違反を犯したわけではないと判断されたのだ。

私はジョンの事件を二つのフィルターを通して見ている。一つは、いつか学校で下品な発言や痴漢行為の被害に遭うかもしれない女の子、私が命がけで守りたいと思っている娘の母親としてである。そして、いつか不公平で思慮に欠けているようにも思える学校から懲戒処分を受けるかもしれない男の子、私が命がけで守りたいと思っている息子の母親としてだ。私の二人の子どもにとって、学校が安全な場所であることを願う。

ジョン・ドウ2は、自分にかけられた疑惑のいくつかは虚偽であると主張していた。しかし仮に、身体的接触、タンポンや自慰行為に関する馬鹿げた下品な冗談、女性の体に関する発言などの、全ての疑惑が真実であったとしても、彼が受けた処罰はそれらの罪に見合うものだったのだろうか？　この事件の処理は、彼が何を間違え、なぜ人が傷ついたのかについて反省するのに役立っただろうか？　彼の学校はより安全な場所になったであろうか？　世界中の「ジョン」を追い出すことは、生徒にとって適切な安全性を作り出すために本当に必要なことなのだろうか？

ジョンがかつて所属していたレイク・ブラドックのボート部でボランティア活動をしている保護者によると、彼が処分を受ける原因となったいくつかの言動があったとされる場所では、部員の間で、男女共に、下品な発言や不適切な性的言動が驚くほど一般的だそうだ。ジョンが追い出された後も、それは変わらなかったという。

しかし、ジョンや彼の家族にとっては、精神的にも経済的にも打撃を与える事件となった。法廷書類によると、彼らは行政上および法律上の不服申し立てのために、三組の弁護士チームを雇い、そのうちの一つのチームから一七万六千ドルを請求されていた。[38] ジョンは、不安障害とうつ病と診断され、自傷念慮に苦しんでいた。

裁判記録には、ジョンの不正行為が苦情を出した少女たちにどのように影響したのかについて記載されておらず、彼の事件の全貌は完全には把握できない。しかし、何千ページにも及ぶ文書の中には、格好つけて周りに馴染もうとするあまり、愚かで無礼な言動を取ってしまったさえない子どもの姿が描かれていた。それは、訂正し、改めることができるような行動だったのではないだろうか。

停学処分の後、ジョンの両親は彼が同意や個人的な境界線について理解できるよう、セラピストを雇った。しかし、学区が行った懲戒手続きには、このような指導が行われる余地はなく、ジョンが退学になる前に、自分の行動がなぜ間違っていたのかを理解できるようにする試みもなかった。「きちんと時間を取って、ジョンにこれらの言動をやめるように話したり、クラスの女子ともっと分別を持って接する方法を教えたりした人は誰もいなかった[39]」と、彼の弁護士の一人が、オルタナティブスクールへの転校措置を撤回させるために教育委員会に対して行った申し立て（失敗に終わったが）の中で述べていた。

指導すべき瞬間はとっくに過ぎ去ってしまったのだ。ジョンは今、被害者は自分の言動について苦情を出した少女たちではなく、自分自身だと考えている。宣誓供述書の中で、彼は怒り、落ち込み、彼のことを不当に扱った学校関係者の行動に焦点を当てているように見て取れる。彼は、性的不正行為の疑いについてはきっぱりと否認し、「いくつかの子どもじみた発言」をしたことで「残りの人生が台無しにされる」[40]のは不公平であると述べた。

「ここで起きたことのおかげで僕は良い大学には入れないでしょう。それは不公平です」[41]と、自らの体験を振り返るよう求められた際に、ジョンは言った。「僕には良い大学に行く資格がある。……しっかりとした基盤も作り上げてきたし、ただ達成することだけを考えてきました。そして突然全てが目の前で崩れ落ちたのです」

ジョンの事件から、罰を与えることの意味について考えさせられるようになった。少年の非行を罰することとは、学校の安全を保つことでも、間違いを犯したことを認めさせることでも、傷つけた人の目を通して自らの行いを反省させることでもない。そして、性的不正行為を厳しく罰することは、問題を真剣に受け止め、それを防ぐために必要な措置を取り、それが容認されない文化を作ることと同じことではないのだ。学校がより深く持続的な措置を取らなければ、罰則はただ体裁を保つためだけのものとなってしまう。そして、変革を起こすために協力してくれるかもしれない少年たちを疎外し、逆効果となる場合があるのだ[42]。

別の手段の可能性――修復的司法

学校においても、社会全体においても、恐ろしく不可能に近い選択を迫られているように感じることがある。性暴力を厳しく罰し、それが許されないことだというメッセージを発信するのか。

それとも、罰することなく、性暴力は普通で、容認でき、大したことではないというメッセージを発信するのか。

しかし、それらは間違った選択かもしれない。もしかしたら他の手段が存在するのではないだろうか。それが、修復的司法だ。

ニュージーランドのマオリ族をはじめ、世界中の先住民族の伝統に根ざした修復的司法は、他人に危害を加えた人物にそのことを認めさせ、互いの関係を修復する方法について合意するものである。それはときに、修復的サークルと呼ばれる場で行われ、被害者と加害者、彼らに近い支援者、そして訓練された進行役が直接顔を合わせる。また、被害者が加害者に伝えたいことを書き、加害者がそれを読むという、手紙を用いた手法で行われる場合もある。

修復的司法は、他人を傷つけたと認めて責任を取る人は、従来の司法制度を利用する人よりも、自らの行動の影響を理解し、将来的に行動を改める可能性が高いという考えに基づいている。

性被害に対応するために修復的司法を用いるという発想は、長年物議を醸してきた。懐疑的な人は、それはレイプ犯を軽い罰で許してしまうようなものではないかと危惧する。また、危害を加えた人物と対面するよう被害者に求めるのは、賢明で公平なのかと疑念を抱く者もいる。しかし、修復的司法の提唱者たちは、性的なものも含む被害に対する総合的なアプローチを一歩引いて考え直し、少年たちを罰することではなく、少年たちにどのように責任を取らせ、どのように償わせるかに注目することで、被害者にとっても加害者にとってもより良い結果が得られるのではないかと主張している。[43] また、修復的司法の支持者たちによれば、刑事告訴よりも、性暴力被害者の多くが求めていること、すなわち、罪の認識、説明、謝罪、そして二度と他の誰かを同様に傷つけないという約束を得られる可能性がはるかに高いという。

これは革命的な発想である。従来の学校の規律制度（そして刑事司法制度や厳しい世論の批判的な声）は、誤った行いをした人に責任を否定し、説明責任を回避するよう促している。過ちを犯した少年の親も、特に性犯罪で有罪となった際の影響を考えて、息子に責任を否定するよう仕向けるかもしれない。しかし、少年が誰かを傷つけた場合、彼らが学習し、変わるためには、説明責任こそが彼にとって必要なことなのだ。それならば、学校の規律制度や刑事司法制度で、それをもっと促すように再設計するのはどうだろうか？

非行への対処法として、停学処分や逮捕ではなく、修復的司法に目を向ける学校は増えているが、その分野の専門家によると、性的不正行為に関する事件ではまだ稀である。熟練のスタッフを雇い、彼らが適切な仕事をするために必要な時間を与えるには、真の決意と資金が必要となる。多くの（もしかしたらほとんどの）学校にはそのような環境が整っていない。修復的司法を用いるカウンセラーによると、リソースの乏しさと、この一〇年間の停学処分低減のための学区へのプレッシャーの高まりが相まって、理論的には強力なツールである修復的司法のプロセスは歪められ、ただのチェック項目を満たす演習へと変えられてしまっている。非行は罰せられることも、完全に対処されることもなくなっているのだ。

全米に先駆けて修復的司法のアプローチをK－12学校に導入してきたカリフォルニア州のオークランド統一学区でさえ、性被害を伴うケースでは修復的司法を推奨していない。同学区の修復的司法プログラムのコーディネーターであるデイヴィッド・ユセムは、修復的司法がこれらのケースでも変化をもたらすことができると信じている一方で、成功のためには、相当な時間やスキルを持ち、配慮ができる進行役が必須であると話す。そのような熟練の案内人がいなければ、セクハラや暴行などによって自分を傷つけた人物と輪になって座ることで、傷を癒やすよりも増やす事態になりかねないと彼は言う。

しかし、学校にこのような活動を行うための準備ができていないにしても、それが不可能だというわけではない。ワシントンDCでは、性犯罪を含む何らかの犯罪で告発された一〇代の若者に、修復的司法のアプローチを用いる実験が進み始めている。七月のある猛暑の日、私は自転車に乗り、連邦議会議事堂から少し離れた、ダウンタウンにある巨大な市庁舎まで五キロほど走っていた。この実験の背後にいた弁護士のシーマ・ガジワニに会おうとしていたのだ。

ガジワニは、DCで最も支持されている検察官であるカール・ラシーン司法長官の下で働いていた。しかし、彼女は悪人逮捕に意気込む根っからの検察官というわけではなかった。それどころか、彼女は就職したての頃、公選弁護人として活動していた。そして今、彼女は四〇代前半にして、被害者にも加害者にも有益とは思えない、正義を損なうような検察文化を改革するための方法を模索していた。二〇一五年に、DCで最も問題のある学校の一つであるバルー高校で、修復的司法サークルを目にしたとき、彼女はその目標への道を見つけたように感じたそうだ。

そのことに、彼女は誰よりも驚いていた。彼女はかつて修復的司法に対し懐疑的であったこともあり、二〇一九年に、少年司法改革に取り組む擁護者に向けたスピーチで、自らを「最悪の批評家」と呼んだ。それに加え、次のように述べた。「私は修復的司法が実際にどういうものかを知らないまま、それが成功するはずがないと確信していました」

彼女が心変わりするきっかけとなった事件は、体の大きなある少年が自分よりはるかに小さい体格の少年を容赦なく、教室の中で殴りつけたというものであった。ガジワニは、子どもたちをただ逮捕して刑事司法制度へと送り込むであろう警察に連絡するのではなく、学校の職員が自分たちでより多くの規律問題に対処できるような方法を模索するために、その高校をかねてから訪問していた。事件が発生した数日後、修復的司法の進行役（バロー高校の職員訓練のために雇われていた外部の専門家）が、ガジワニに少年たちの話し合いを見学したいかと尋ねた。彼女は「はい」と答えた。

彼女が見守る中、殴られたことで白目にまだ血がにじんでいた小さい方の少年のダレンが、母親とおばと共にその場に着いた[44]。大きい方の少年のマリクは、母親とその婚約者と共に到着した。そして、それまで見たことがなかった光景を彼女は目にした。それは、何が起こったのかを根本から理解し、変化のための基礎を築くような九〇分間の会話であった。

少年たちには、それぞれ何が起こったかを話す機会が与えられた。マリクは極度の恥ずかしがり屋で、聞き取れないほど小さな声で話し始めた。彼の話によると、彼はダレンやその友人たちに長い間からかわれ、名前を馬鹿にされていたそうだ。ダレンの言葉数は少なかった。初めは相手の少年とその家族に対して怒りを露《あら》わにしていたダレンの母親は、その瞬間、親にしかできないような方法で自分の息子の非を認めたのであった。彼女はこの会の参加者に、息子はいつも笑いを取ろうとするようなお調子者で、他人を傷つけていることを理解できていなかったのだと説明した。

次にマリクの母親が話し始めた。彼女は、家計を維持するために二つの仕事を掛け持ちしていて、この事件が起きた日に仕事を休み、話し合いのために再び仕事を休んだこと、そして、少年たちの状況にストレスを感じていると話した。どちらの母親も、息子を暴力的に育てたことはないと参加者たちに伝えた。そして、双方の母親が泣きながら謝罪すると、少年たちも互いに謝罪したのであった。

ダレンのおばは、友人がまたマリクをからかおうとすることがあったらどう言うかを練習してほしいとダレンに伝えた。マリクの母親の婚約者は、この少年たちが怒りを発散できるように自分が通っているボクシングジムに連れて行くことを申し出た。お互いに争い合っていたかもしれない二つの家族はむしろ、より親しくなったのであった。

「それはまさに革命的でした」とガジワニは言った。彼女は、マリクが通常の刑事司法制度の中で裁かれた場合に、どうなっていたかを想像することができた。逮捕され、勾留され、公選弁護人（前職の彼女のような誰か）に無罪を主張するよう促される。無罪を主張することで、彼は責任を取る義務から解放され、おそらく自らの行いを認めて改心する絶好の機会を逃す。そして、最終的には学校に復学し、全員が怒りと復讐心に満ち溢れることになる。ガジワニは、一つの喧嘩がまた次の喧嘩へと繋がる様子をはっきりと思い浮かべることができた。しかし、あの喧嘩から三年が経つが、二人の少年は何度か一緒にボクシングジムに行き、それ以来喧嘩することは一度もなかったのだ。

ガジワニは、マリクとダレンの間に見たものについて、彼女の上司であるワシントンDCの司法長官に報告した。犯罪の真相に迫る新たな方法を模索していた彼は、二〇一六年から修復的司法の試験的プログラムを開始することを承認した。検察官は、特定の犯罪で少年たちを告発する代わりに、彼らを話し合いの場に送り込むことにしたのだ。対象の若者が修復的司法のプロセスを経て、被害者との合意を守ることができれば、彼らは起訴を免れることになる。

二〇一九年末までに、六人の常勤職員（およびガジワニ）が一二四件もの面談を進行したが、そのうち失敗したもの、すなわち、加害者が話し合いへの参加を拒否したり、合意事項を守れなかったりしたために事件が従来の起訴手続きに戻されたものは、八件だけであった。調査によると、面談の参加者のうち（加害者と被害者、およびその擁護者を含む）九四％が修復的司法を他者に勧めたいと答えている。

初めの頃、ガジワニのチームは、強盗や暴行などの軽度の犯罪のみを扱っていた。そして、銃器、交際相手による暴力、または性暴力と関連のある事件は一切扱わないというルールを設けていた。しかし、このプロセスを理解し、信頼するようになった検察官たちは、より重い事件も扱うことにした。私がガジワニと会う数ヵ月前には、彼女たちのチームは、セクハラや性的暴行事件を取り扱うことを決定したのであった。

司法省は、性暴力の深刻さを訴えるために、痴漢事件を中心に、軽度の暴行事件を多く立件していた。しかし、当時、少年犯罪の検察を監督していたクリスティーナ・ジョーンズは、軽度の事件を立件することで、多くの若い男性、特に非白人の若い男性が刑事司法制度の渦中へと吸い込まれ、より深刻な犯罪への道を歩むことになるのを懸念するようになった。そのような連鎖を引き起こすことなく、彼らに責任を取らせる方法を彼女は求めていた。彼女がガジワニに相談すると、ガジワニはいくつかの事件を受け持つことに同意した。それ以来、ガジワニのチームは、被害者が修復的司法を求めた場合に、レイプを含む、よりいっそう深刻な犯罪を扱う事件を引き受けるようになった。

ある事件では、ある少女に恋をした少年が告発された。この少年は、会話したり、好意を示したり、容姿を褒めたりするために、いつも彼女に近づこうとしていた。少女には彼に興味がないことを告げる勇気がなかったために、彼は二人の間に何かしらの関係が構築されているのだと信じ続けた。そして、隙あらば彼女を抱き寄せたり、腰から下へと手を滑り下ろそうと試みたりした。何も問題はないと彼は思っていたが、彼女は以前に性的暴行を受けた経験があり、彼の触り方にひどく侵害されていると感じていた。

「二人の頭の中では、何が起きているのかに関して全く別の物語が展開されていたのです」とガジワニは言った。

修復的面談の中で、お互いの主張を共有する機会が与えられ、それぞれの物語が明らかとなった。少女は少年と顔を合わせることを望まなかったため、面談には出席せず、代わりに手紙を書き、進行役がそれを読み上げた。そこには、自分がうつ状態にあることや、彼から触られた際にパニックに陥ったことが詳しく書かれていた。そして、彼女が少年に要求することとして、彼女に二度と話しかけないこと、彼女から距離を取ること、そして書面で謝罪してほしいという内容が書かれていた。彼はそれに同意した。

別の事件では、ある少年が少女の手を取り、自らのペニスを触らせようとした。修復過程でその少女は、彼の行動が自分にどのような影響を与えたか、彼に何を求めるかを手紙に綴った。彼女は、少年とは友達のままでいたいが、直接謝罪してほしいと考えていた。また、今回起こったことを、彼の友人に説明し、それが自分の責任であることを認めるよう求めた。

ガジワニによると、これらの面談やその他の数少ない性被害に関する面談の中で、少年たちはことごとく、自らの母親も（そして少女の母親やその場にいた他の女性たちも）性暴力の被害者であったことを学んでいる。少年たちは、女性たちが脆弱な気持ちでこの世を生きていることを知ったのだ。知人や愛する人が、暴行を受けたときの気持ちや、安全でないと感じることについて話しているのを聞くことで、彼らは自らの行動に対する考えを改めるようになるとガジワニは言う。彼らは自分のしたことを後悔し、改心したいと思うようになるのだ。

「私たちが扱った性的被害の事件は、これまで見た中でも、最も革命的でした」と彼女は話してくれた。「私が参加したどの面談でも、その子が――通常は男の子ですが――同じ過ちを繰り返すことはないと確信します。本当に若者たちの進路を修正しているかのように感じるのです」

修復的司法は、全ての犯罪、全ての被害者、また全ての加害者に適用できるものではない。訓練された進行役や、時間とリソースへの投資がなければ、機能しない。学校の中では、学校の外で行われるものほどうまくいかないこともあるかもしれない。しかし、セクハラや性的暴行、その他の危害を加える行為に対して少年に責任を取らせ、持続的で前向きな変革を起こそうとするこの面倒で苦しい取り組みの中で、この方法は、公正さと説明責任と、変革に最も近いもの、すなわち希望に最も近いものを提供すると私は考えている。

母親として、私は息子が他人を傷つけた場合にどういう処罰を受けるかを決めることはできない。しかし、彼の行動について、彼とどう話し合うかや、彼に責任を持つよう働きかけるかそれとも回避するよう促すかを決めることはできる。それは今、息子がおもちゃをめぐって幼稚園でクラスメイトを噛んだという報告に私がどう対応するのかから始まる。彼が成長し、人に危害を加える可能性が高まるにつれ、それはより複雑になるであろう。私の仕事は、彼が犯した過ちの結果から彼を守るのではなく、その過ちに対し彼がどのように責任を取れるのかを教えることだと忘れないようにしたい。

第5章　「同意」とは何か――アジズ・アンサリの告発者、グレースから学ぶ

二〇一八年一〇月、ホワイトハウスでトランプ大統領は記者団に対し、「アメリカの青年にとって、非常に恐ろしい時代」だと語った。クリスティン・ブラジー・フォードから性的暴行を告発されたブレット・カヴァノーは、憧れの役職を失う寸前にあり、トランプは、女性の主張がそのような力を持つアメリカでは、若い男性が安心できないと主張したのだ。彼の主張は、不満を持つ白人男性にアピールするために恐怖や分断を利用していると非難する批評家から、反感と嘲笑を買った。しかし、少年やその親、教師に話を聞くうちに、この点については、フォードを信じた人や自らを強固な反トランプ派であると考える人も含め、多くの人が大統領と同意見であることが分かった。

男の子をトラブルから遠ざけなければいけないという不安と、女の子を性的暴行から守らなければいけないという懸念は、若者に性的同意について教えなければという新たな焦りへと具体化している。全米各地の家庭や学校で、大人たちが、子どもや一〇代の若者に境界線を尊重することの重要性について、より率直な会話を始めているのだ。第3章で述べたように、これまでこうした会話がほとんど行われてこなかったことを考えると、喜ばしい展開である。しかし、現代の

若者が同意について学ぶ方法を知るために学校を訪問してみると、複雑な質問がその場しのぎの非常に簡略化されたスローガンに要約されているということが分かった。それは「**いや**」**はいやで、**「**いい**」**はいいということだ。**

保健の授業で、子どもたちはこれらのルールを説明したビデオを視聴する。学校によっては、警察官や検察官を招き、性的暴行の法的定義を講義してもらうところもある。どれほど酔っていれば、法的に同意できないと判断されるのか？　こうした質問やその他の質問が学校の集会で解説される。結局のところ、セックスについて話すより、法律について話した方が楽なのだ。

性的同意に対する法の支配的なアプローチには、それが暴行に繋がったり、不快で不本意な性体験に繋がったりする力学を無視しているという問題点がある。それは、女子とセックスをしなければならないと少年が感じる社会的プレッシャーを考慮に入れていないのだ。インディアナ州クロフォーズビルにある国内で数少ない男子大学の一つ、ウォバッシュ大学のジェンダー研究入門講義で、同意に関する議論が行われた際に、一人の学生がそのことについて端的に述べた。「僕たちが教わるのは、『いや』はいやということです」と彼は言った。「つまり、彼女に『いいよ』と言わせればいいということを少年たちに教えているのです」

彼女に『いいよ』と言わせる。

もちろん、プレッシャーをかけられて発せられた「いいよ」は、決して同意ではない。しかし、同意は女子が与えるもので、男子が得るものであるかのように話せば、物事は歪められてしまう。

ある極端な事例では、ある母親は高校四年生の息子に対し、セックスをするのであれば（してほしくはないが、するのであれば）、相手の女の子に書面で同意を得るように助言したそうだ。女の子がその場の雰囲気に流されて後で後悔し、親に告白しなくてはならなくなった際に、同意していなかったと主張する姿が容易に想像できるからだという。

その母親とは電話で話したため、表情を読み取ることができず、私は彼女が本気でそう言っているのだろうかと考えながら、しばらく黙り込んだ。確信が持てなかった私は、彼女に尋ねることにした。本気ですか？　本気で息子にセックスの同意を書面で得るべきだと考えているのですか、と。

「もし自分が大学に行こうとしている一八歳の少年だったらと考えると、ええ、もちろんそうです」

彼女の考えは珍しいものではなかった。ニューヨークで行われたハーヴェイ・ワインスタインの性的暴行裁判で、ワインスタインの性的接触は全て同意の上であったと主張した彼の弁護士は、ニューヨーク・タイムズ紙に対し、自分がこの時代の男性であれば、女性と何らかの性的接触をする前には、書面で同意を得て自分を守るだろうと語っていた[1]。同様の目的で、リーガルフリング（LegalFling）やコンセント・アムール（Consent Amour）などの名前で、両者にセックスする意思があるかを確認するための契約書を提供するスマホアプリも増えている[2]。

ある程度までならそれも理解できる。我々は皆、子どもたちを守りたいのだ。しかし、いろんな意味でこれは、少年とセックスについて話す方法としてはあまりにも無茶苦茶である。

二人の人間が何に納得し、何をする覚悟があるかについて、いつでも心変わりすることがあり得る場合に、建前上の契約書に署名させることには何の意味もない。息子たちに女性は信用できないと教えることはひねくれているし、残念なことである。また、完全に問題を見誤っているのではないだろうか。男の子が直面している最大の課題は、嘘つきな少女たちではなく、大人からの期待値の低さと指導不足なのだ。

セックスやコミュニケーションについてより深く話し合う代わりに、同意に関する決まり文句に頼ったり、話を聞くという責任を少年たちが理解しているかを確認する代わりに、意図が曖昧だったと少女たちを非難することに集中したりすることで、我々は息子たちを守り損ねている。安全で尊重し合える性生活を送るために必要なスキルや情報を彼らに与えないまま、我々は息子たちを危険にさらしているのだ。

カリフォルニア州サン・ラファエルのある高校四年生は、ルールは分かっていると話す。それは、彼の中に叩き込まれている。しかし、彼には、そのルールが現実世界でどう機能するのかが分からなかった。異性愛者の男性として、彼は女の子を誘うのは自分の役割だと感じていたが、誠実に好意を示すことと、不快に思われることとの境界線をどう見極めたらよいかで混乱していた。

「最近は人を口説くのがさらに難しくなっていると思いませんか?　誰かとデートしたい場合、付き合いたい場合、……何度も誘えば、粘り強さが評価されることもあります」と彼は言った。「でも、セクハラだと思われる場合もあります。だから難しいのです」

彼の言うことには共感する。同意についての考えは「男の子がしつこく言い寄り、女の子は乗らない素振りをする」という古くからある強力な語りと絡み合っている。この語りは少年たちに、真の男はセックスを勝ち取るもので、女の子の「いや」は「いいよ」の前兆でしかないと教え込み、そうした誤った常識によって、息子たちはパートナーに暴行を加えたり、嫌がることを強要したりするリスクを背負うこととなる。それはまた、少女たちに、男の子は常にセックスすることを望んでいるため同意を得る必要はないとも教え、その思い込みによって、息子たちが望まないセックスをするリスクが高まるのだ。

若者の中には、この語りに異議を唱えている者もいるが、いまだに多くの若者がそれを鵜呑みにしている。レイプ被害者のアビー・ホノルドは、定期的に中高生に講義を実施しているが、セックスが同意の上と見なされるのは両者が本当に望んでいる場合だけだと説明すると、愕然とする若者がいると話していた。彼らは、映画や音楽、そして両親から、セックスは男の子がしたがり、女の子が我慢して受け入れるものだと学んできた。女の子がセックスをしたがり、それを楽しみ、それで快楽を得ることもあるという考えに、彼らは驚愕するという。

「男の子たちからは『女の子はしたいと思うことがないじゃないか』というような反応を受けます。彼らの頭には、女の子は常に説得しなければいけないものだという考えが根付いているようです」

性的暴行で告発されないように息子たちを守りたいのであれば、我々は**「いや」はいやを意味するということ**以上に、セックスに対する男女間の考え方の違いに関する古臭い物語を取り壊すという、より困難な作業に取り組まなければいけない。女の子もセックスを楽しむことができるということ、そして男女に関係なく、人は口頭やボディーランゲージで伝えられた「いや」を初めから信じるべきだという明確なメッセージを少年たちに伝える必要がある。それを明確にせず、しつこく言い寄るのは利口なことなのか、気味が悪いことなのかを、息子たちが分からないままの状態で放置すれば、彼らはいずれ他人の境界線を踏み越えてしまうであろう。

ある人が相手との関係を次の段階へ進めたいと思っているかどうかを見極めようとする場面に注目することは、ある程度有用である。そうすることで、現実に、人はそのような気まずい瞬間にどのようにコミュニケーションを取ればよいかを少年たちに教えることができる（ネタバレ注意。デートの相手、好意を寄せている相手、少なからず不快な思いをさせたくないと思っている人に対して「いや！」と叫ぶ人はめったにいない）。しかし、その瞬間に至るまでの全ての過程や、その後に続く全ての出来事にも目を向ける必要がある。

息子たちは、アルコールによって判断力が鈍り、他人が実際よりもセックスに関心があるように錯覚してしまうことを理解しなければならない。彼らは、断られたときに潔く対処するための練習をし、相手からの「いや」を聞いて受け入れられるようにする必要がある。

そして、おそらく最も重要なことは、彼らが私たち親から、同意は簡単なことだと聞くことである[3]。結局のところ、息子たちが単に性的暴行を避ければよいというわけではない。彼らが、自身にとっても相手にとっても満足のできるセックスをすることが望ましいのではないだろうか。

しかし、現代のアメリカでは、多くの少年がそういったことをほとんど聞かされていないという現実が実に恐ろしい。

「いや」は必ずしも一つの方法で伝えられるわけではない

少年たちが、「いや」はいやを意味するということ以上に物事を考えられるようにするには、コメディアンで俳優のアジズ・アンサリの性的不正行為疑惑の話ほど最適な教材はないだろう。アンサリは強姦や物理的な力の行使で告発されたのではない。彼は暴力的ではない、もっとよくありそうなことで告発された。ある若い女性の「いや」という言葉を無視し続け、彼女に執拗に言い寄り、最終的にオーラルセックスをさせるまでに至ったのだ。二〇一八年一月に注目を浴びた記事で、彼女はそのときの出来事を、人間性を奪い取る強制的なものだったとし、性的暴行と表現した。

アンサリはショックを受けたと話した。彼の認識では、彼らに起こったことは「完全に同意の上」だったからだ。

近年語られている性的不正行為に関する話の中でも、この事件は息子を持つ親にとって最も不安を抱かせるものであった。私が話を聞いた親たちは、聞かずともこの事件について話し始め、正しい意図を持って行われた行為の失敗例だと話していた。女性がはっきりと意思表示をせず、自ら立ち上がらなかったことを男性のせいにしすぎている、と。ピンクのプッシーハット〔女性の権利を訴えて、トランプ大統領に抗議した団体の象徴〕をかぶって行進した進歩主義の母親たちでさえ、女性の主張を信じながらも、息子がアンサリの立場になった場合のことを想像し、これが男性や将来のセックスにとって何を意味するのかと葛藤していた。我々はこの事件から何を学ぶべきなのだろうか?

このことについて、アジズ・アンサリに話を聞ければよかったのだが、彼の広報担当者によりインタビューのリクエストは丁重に断られた。代わりに、二〇一九年に彼が公の場に戻るまでの道のりについて話したスタンドアップコメディ・ツアーを観るよう案内された[4]（これほど恥ずかしい出来事であっても、彼は引退に追い込まれるには至らなかったのだ）。ステージ上で一人、丸椅子に腰かけながら、静かな声でアンサリは話し始める。彼は、その出来事で屈辱と恐怖を感じたが、おかげで最終的にはより良い人間、より思いやりのある人間に成長することができたと語った。話の中心人物でもある女性についてはほとんど言及せず、女性の方もまた、二〇一八年の初めにネット上で炎上して以来、このことについて話していない。私は、彼女がその経験についてどのように思っていたのか、また、彼女は我々全員がそこからどのような教訓を得られると思うかを知りたいと考えた。

その女性を探し出すと、驚いたことに、彼女は話すことに前向きであった。彼女は、アンサリの行動を性的暴行と表現したことや、時には告発したこと自体を、二年もの間、何度も後悔しながら、自らが行った決断について思い悩んでいた。彼女は自らの経験やそこから学んだこと（その晩の出来事だけでなく、その余波も含めて学んだこと）を伝えることで、特に男の子を育てようとしている親たちのために何らかの形で役立つことを望んでいた。

「ある意味、私が始めてしまったこの話題に、何らかの形で、できる限り貢献することが重要だと考えています」と彼女は言った。

もともとベイブ・ネット（Babe.net）というサイトに掲載された彼女の話の概要は次の通りだ。[5]

二人はあるパーティーで知り合い、昔ながらのフィルムカメラ好きという共通の趣味をきっかけに意気投合した。彼女は大学を卒業したばかりで、当時二二歳だった。彼は三四歳の有名人で、自身のネットフリックスシリーズを持つスターとして知られていた。何度かメールを交わした後、彼からディナーに誘われ、彼女は心を躍らせた。二人はハドソン川に浮かぶボートの中にある素敵なレストランで食事をし、ロブスターロールとワインを注文した。

しかし、ディナーの後、彼のマンションに戻ると、彼は無遠慮に強引に彼女に迫り始め、彼女の興奮は不快感へと変わっていった。彼女が大理石のカウンターを褒めると、彼はそこに上るよう彼女に要求した。数分もしないうちに、互いの服を剝ぎ取ることに成功した彼は、コンドームを取りに行くと言った。彼女は彼に落ち着くよう求めた。

それでも彼は迫り続け、彼女にオーラルセックスをした後、彼女にも同じことを要求した。彼女の考えでは明らかに不快感を示している合図を、彼女は送り続けた。彼が自分のペニスに彼女の手をあてがおうとしたときも、彼女はそれを振り払った。彼女の話によると、彼はマンション内で彼女のことを追いかけまわし、繰り返し彼女の口内や膣内に指を突き入れたという。彼は繰り返し、どこを犯してほしいかと彼女に尋ね、そのつど彼女は難色を示した。「また今度ね」と彼女は言った。彼がそれは二度目のデートのお誘いかと彼女に尋ねると、「そうね」と彼女は答えた。彼女にもう一杯ワインを注げば、それは二度目のデートとして数えられるか、彼は知りたがった。

途中で彼女は部屋を退出して、戻るなり彼に、何かを強制されているように感じたくはないのだと話した。彼がソファで一緒に座ろうと誘ってきたため、彼女は彼が理解してくれたのだと思った。しかし、数分もしないうちに、彼は「後ろにもたれかかって、自分のペニスを指差した後、私にオーラルセックスを求めるような仕草をした」と、彼女はサイトで述べている。彼がまだ諦めていないことに驚き、その状況から抜け出す方法も分からず、彼女は要求に応じた。その後、彼は鏡の前に彼女を屈《かが》ませた。「どこを犯してほしい？」と、彼女の背中に自らの体を押し付けながら彼は尋ねた。「ここを犯してほしいの？」

実際、彼女は全くセックスする気分ではなかった。彼にオーラルセックスをしたいとも思っていなかった。彼女はその場を去り、泣きながら帰宅した。どれほど居心地が悪かったか、またどれほど侵害されたように感じたかを、彼にテキストメッセージで伝えると、彼は明らかに「その場の空気を読み間違えていた」[6]と謝罪した。

彼女がベイブの記者に自らの体験談を話すことに同意したのは、それから数ヵ月が経過した後のことだった。アンサリが自ら制作したネットフリックスシリーズ『マスター・オブ・ゼロ』の演技でゴールデングローブ賞を受賞した際に、タイムズアップ〔セクハラが容認されていた時代は終わったという意が込められている〕のピンバッジを着けているのを見て、彼女は嫌悪感を覚えた。そのピンバッジは、セクハラや暴行との闘いを支持する証であるはずが、彼女の目には、偽の共感とひどく偽善的な行為の証に見えた。彼女は、現代の恋愛に関する本も執筆している自称フェミニストのアジズ・アンサリが、彼自身が主張するような男ではないことを人々に知ってもらいたいと考えた。匿名性を保てるよう、彼女はグレースという仮名を使った。

記事は二〇一八年一月一三日の土曜日に、ネット上で公開された。その日、仕事が入っていたグレースは、電波が届かない地下室で誕生日会の撮影をしていた。四時間後にスマホを確認すると、彼女の世界は一変していた。あらゆる人が、彼女の振る舞い方やそれが意味することについて独自の見解を述べていた。彼女を擁護する人々の中には、彼女は性的不正行為に関する議論を、性犯罪者を通り越して、日常的な性的権利の獲得へと、必要な方向に進めてくれたと主張する者もいた。しかし、インターネット上の多くの人々は、彼女を非難した。ネット荒らしは、彼女の素性を突き止め、名前や画像を投稿した。最も厳しく非難したフェミニストたちは、彼女は自分に立ち去る勇気さえあれば避けられたであろう単なる悪質な性体験を、ハラハラするような形で物語ることで、#ＭｅＴｏｏ運動の価値を貶めていると責め立てた。

「あなたのしたことは本当に最低です」[7]と、テレビ司会者のアシュレイ・バンフィールドはグレースに宛てた辛辣な公開文書を放送中に読み上げて言った。「あなたは不愉快なデートをした。でも、帰らなかった。それは自業自得です」[8]。当時、ニューヨーク・タイムズ紙のコラムニストであったバリ・ワイスは、グレースが「女性に力を与えるための運動であるべきものを、女性の無力さの証へと」変えてしまったと非難した。ケイトリン・フラナガンはアトランティック誌で、どうやらタクシーの呼び方を知らなかった匿名の女性が起こした、アジズ・アンサリの職業抹殺計画だと批判した。[9]

グレースを支え、親しい関係を保ってきた彼女の両親でさえ、アンサリの誘いがそんなにも気分の悪いものだったなら、なぜ彼女はその不快感を解消するためにもっと行動しなかったのかと混乱した。父親は彼女に尋ねた。**なぜ帰ろうとしなかったの？**　彼は優しく質問したが、それでも彼女の胸は痛んだ。

グレースは自らの話に対する反感に動揺した。彼女は、自分の身に起きたことは、上司にレイプされたと告発する女性たちに起きたこととは違うとは理解していた。しかし、アンサリの行動は、彼女の言葉を借りれば「下劣」だと世間は認識するだろうという確信はあったのだ。そんな思いとは裏腹に、彼女のもとには、**彼女自身**が下劣であると書かれたメッセージが殺到した。男性の行動について彼女が提起したかった問題は、彼女自身の行動に対する批判の嵐でかき消されてしまった。「あんなに多くの人に『あなたは本当に間違っている』と言われた経験は、今までありませんでした」と彼女は言った。

二〇一九年の後半になっても、彼女はまだ深い羞恥心から抜け出そうとする途中だった。しかし、彼女はある結論にたどり着いた。それは、自らの身に起きたことを性的暴行と呼んだのは間違いだったということ。そして、彼のしたことを間違った行為であると指摘したのは間違いではなかったということだ。彼女はあの夜のことを振り返ってみて、あれ以上にはっきりと不快感を伝える方法は思いつかないと言う。アンサリは彼女の発していた信号を見逃していたのではない、と彼女は結論づけた。彼はただそれらを無視しただけなのだ。

グレースが自らの体験談から息子を持つ親に伝えたいことは、息子たちが曖昧な信号に気づくかどうかではなく、それらに注意を払うことを理解しているかどうかを気に留めるべきだということだ。一方、娘を持つ親には、娘たちが性的場面で不快感を感じた際に、礼儀正しくする義務はないと理解することがどれほど重要かを、自身の体験談を通して感じ取ってほしいと彼女は願っている。少女たちは、たとえ「愛想良く」なくても、勇気を出して本当の気持ちを伝えるべきなのだ。

ベイブの記事によると、グレースはアンサリの誘いを何度も断っている。彼女の抵抗は、夕食後に彼のマンションに到着して数分後、彼がコンドームを取りに行くと言ったときから始まった。「ちょっと待って。少しリラックスして、落ち着きましょうよ」と彼女は言った。

彼女は言葉以外の方法でも抵抗を示した。「私は、体を離したり、言葉を濁したりすることで、自分の感じていた居心地の悪さを示しました。所々で手を動かさずにいたのを覚えています」と、ベイブの記者であるケイティ・ウェイに彼女は語っている。「私は口を動かすのをやめ、態度も冷たくしていました」

丁寧に断りながらも彼女は抵抗を示していた。「また今度ね」と彼女が言うと、彼は「今度」と冗談交じりに言って、二杯目のワインを注いだ。

気を落ち着かせるために洗面所に避難し、彼に次のように言い放った際にも、抵抗を示していた。「強要されているように感じたくないの。あなたを嫌いになりそうだから。できれば、あなたのことは嫌いになりたくない」

ニューヨーク・タイムズ紙のコラムで、グレースが自分のために立ち上がらなかったことを批判したバリ・ワイスは、アジズ・アンサリの落ち度は「心を読める超能力者ではなかった」ことだけだと述べた。それはまるで、グレースが自らの気持ちを理解してもらえるほど十分に行動しなかったと言っているかのようである。しかし、著名なスターとして自分が暮らすこのニューヨークでキャリアを積もうとしている、自分より一回りも若い女性が、自分のマンションで不快感を感じていることを理解するために、彼が超能力者である必要はあったのだろうか？

そんなはずはない、とシャーリーン・センは言う。彼女は、オンタリオ州にあるウィンザー大学の心理学教授で、何十年にもわたり性暴力を研究してきた。「彼はただ、普通の人間のように、注意を払うということをすればよかっただけです」と彼女は言った。

研究者の中には、性暴力はミスコミュニケーションから生まれると主張する者もいる。男性はパートナーの性的関心を高く見積もりすぎる傾向があり、女性は本音を話すことに臆病になりすぎる傾向がある。センの研究は、この理論に反対する数多くの研究の一つである。男性は、性的パートナーの気持ちを読み取れないわけではない、とセンは主張する。彼らは女性と同様に、言語的あるいは非言語的な合図を使ったり、解釈したりすることができ、それらの合図を繰り返し無視する男性は、理解できないのではなく、聞く気がないことを示しているのだ。それはおそらく彼らが、性行為を始めなければならない、また始めたことを達成しなければならないというプレッシャーに駆られているからかもしれない。

センは、効果が唯一証明されているレイプ防止介入プログラムの一つを開発した。それは、大学生の女性を対象とした自己防衛とエンパワーメントのカリキュラムで、驚異的なことに、レイプ事件を五〇％まで減らすことに成功している。男子大学生を対象とした介入プログラムでこれほどまでの効果を示したものはない。息子たちは、明確なメッセージを聞く必要があり、聞かされるべきだと彼女は考えている。そのメッセージとはすなわち、性的接触において、相手が不快感を示した際は行動をやめ、不快感を示した相手が再開しようとするまでは待つべきだということだ。

センは、息子たち（と娘たち）に、完全に自己中心的で、自らの欲求だけを考えていられる行為もあることを明確にすべきだと話す。それを自慰行為と呼ぶ。けれども、他人との性行為は、非言語的な合図も含めて相手が伝えようとしていることに耳を傾け、思いやりを持つ必要がある、双方のギブアンドテイクの上に成り立つものだ。

そうした合図を読み取るスキルに関係なく、レイプや性的暴行の話題になると、少年や男性は、女性が口頭で拒否しない限り、意図を明確に示したことにはならないと主張する傾向がある。青少年の性的同意に関する考え方を調査した研究で、ある一〇代の若者が、ブラウン大学とロードアイランド病院の研究者に対し、「彼女が『いや』と言ったら、それは尊重しなきゃならない。そこでレイプかどうかという話になるんだ」[10]と語っていた。少年たちは「いや」という言葉を聞かない限り、同意しているものと解釈する。それは問題である。なぜなら、ブラウン大学のチームによると、少女たちは沈黙が時には同意を意味することもあると認めているものの、拒絶を意味する場合もあるとも話しているからだ。女の子がセックスを拒否する場合、男性の手を払い除けたり、不快感を表す表情を見せたりなど、しばしば非言語的に（グレースが初めにアンサリにしたように）その意思を示す。しかし多くの場合、少年たちはこのような断り方に応じない。

つまり、親としての我々の最も重要な役割は、性的パートナーが発する信号を解釈できるように、少年たちを訓練することではない。その能力には、彼らはすでに長けている。我々の仕事は、不快感や抵抗を示すかすかな信号は、「いや」と点滅するネオンの警告板と同じであり、それを無視すべきではないと教えることなのだ。そして、パートナーが何を求めているかが分からない場合は、先に進むべきではないと教えることである。相手が同意できないほど酔っているのかが分からない場合や、相手が少しでもはっきりしない態度を取った場合にも、先に進むべきではないのだ。

オーラルセックスは同意ではない

では、グレースがそんなにも嫌がっていたのであれば、なぜアンサリにオーラルセックスをしたのだろうか？　なぜもっと早くに彼のマンションから去らなかったのか？　彼女は、父親にこれらの質問をされた際、明確に答えることができなかった。しかし、あの晩の出来事を振り返ってみると、もっと早くに去らなかったのは、ショックを受け、混乱していたのに、そうすることは考えられなかったからだと彼女は言う。それは、アンサリが有名人で、彼女が刺激的で魅力的だと思う生活を送っていたからではない。彼女は、一般の男性（彼女いわく「ブルックリンの負け組」）とも同じような状況に陥っていたことがあったのだ。その男性たちに普段接するときよりも、アンサリに対しての方が率直にたくさん話ができたように彼女は感じた。それでも彼は、彼女の言っていることがまるで理解できないかのように振る舞い続けた。彼女にとってオーラルセックスは譲歩であり、その夜の流れを変えて性交を避けるための手段だった。それは同意の証ではなかったのだ。

少なくともオーラルセックスをしている間は、彼女はある程度、主導権を握ることができた。「彼に触られたくなかった」と彼女は話す。

彼女は、自分がどう行動していれば、批判する人たちは満足しただろうかと考えた。悲鳴を上げる？　叫び出す？　怒って立ち去る？　それは、バーで痴漢をしてきた見知らぬ人ではなく、つい先ほど食事をご馳走してくれた人への対応としては、極端で非現実的な選択肢のように思えた。「ディナーをご馳走してくれた人の部屋から突然立ち去るのはなかなかできません。それがどんな人であろうとね」と彼女は言った。「そういう状況で失礼なことはできません」

私はこの率直な告白を聞いて驚いた。夕食をご馳走してくれた男性にはある程度の優しさを持って接するべきだとか、女性が望んでいることや望んでいないことについてはっきりと意思表示をするのは失礼に当たるなどという考えは、初めは非常に古臭いもののように思えた。しかし、これは決して珍しいことではない。これこそ、多くの少女（そして多くの少年）が、成長するにつれて、親や友人、メディアなどから学んでいることなのだ。

第3章で述べたコロンビア大学の性暴力に関する調査、ＳＨＩＦＴの一部で、女子学生たちは研究者に、積極的同意という概念については完璧に理解していると話している。彼女たちは、同意には双方の了承が必要であることを**理解はしていた**が、実際には全く異なるルールに基づいて生活していた。アイビーリーグ［エリートを輩出する名門私立大学八校の総称］に進学するほどの才能や教養のあるこの若い女性たちには、実生活において、男性からの誘いをきっぱりと断ってよいのかどうかが分かっていなかったのだ。

断ることは「失礼に当たっていたでしょう」[11]と、ある若い女性は自らの性体験についてコロンビア大学のチームに話した。また、グレースのように、男性の部屋から脱出するためにオーラルセックスを行ったことがあると話す女性もいた。キスを交わし始めたものの、彼女にはセックスをする気はなく、オーラルセックスは、脱出への最も抵抗の少ない手段だった。「ただ終わらせたかった」と彼女は話していた。

若い男性もまた、パートナーに対し失礼がないようにするプレッシャーを感じている。第1章で登場した、女性からの不本意な誘いを断れなかった大学生が言っていたことを振り返ろう。「失礼なことはしたくはありません。変に思われたくもありません」

別の研究によると、多くの人は失礼になりたくないがために、自分の気持ちをやんわりと伝えようとする。心理学者が会話のパターンを分析した結果、人は遠回しな方法で、性的なものだけでなくあらゆる社会的な誘いを断っていることが判明した。[12]なぜなら、誰かに断りを入れるということは、いかなる状況でも気まずくて難しいからだ。人は誰しも、できる限り穏便にことを済ませようとしたり、相手のメンツを保とうとしたり、断るのは自分ではどうしようもできないことで、その人自身に問題があるからではないと感じさせようとしたりする。「ごめんなさい、試験勉強しないといけないから、今夜は泊まれないの」と言ったりするかもしれない。あるいは、後日、性交に至るかもしれない可能性を残すこともあるだろう。グレースが言ったように「今度ね」と。研究によると、男性も女性も、これらの言い訳を拒まれているという意味だと解釈することは可能だ。

つまり、居心地の悪い状況下で、自身のためにもっと力強く闘わなかったことを非難されたグレースであるが、彼女の行動は多くの点で、例外的というよりも、規則的だったと言える。子どもたち（特に女の子たち）は、自己主張よりも社会との調和を優先するように育てられている。我々は息子たちに、多くの人にとって「いや」と言うことがどれほど難しいことか、また、どちらか一方に権力が偏る不均衡な関係においては、それがより困難になるということを教えなければならない。

そして、性的接触において、自分が何を望み、何を望まないのかを明確にするのは決して失礼なことではないということを、息子や娘たちにもっとしっかりと教えていく必要がある。それは正しいことであり、何を望み、何を望まないのかについての明確なメッセージを執拗に無視するような人とは、付き合わない方がよいのだと。

このことを、現在二〇代半ばのグレースは学ぼうとしている。彼女は、アンサリの行動を自分の責任だとは思っていない。しかし、今後は、誰かに誤解や混乱があったと主張される余地を残したくないと考えている。もっと積極的に発言し、「いや」「今はやめましょう」「もう帰ります」など、言いづらいことを抵抗なく言えるようになることを彼女は決意したのであった。

彼女は日常生活の中でそれを練習しているところで、親密な場面で気まずくても正直でいることを、いずれもっと容易に、自然にできるようになりたいと思っている。彼女は、上司との会議で自分が優先すべきことを話すために口を挟んだり、病院の診察で質問したいことに全て答えてもらえるように説明を遮ったりするようにしている。「私はもっと発言するということを学んだところです」と彼女は言った。「自分の考えや気持ちを実際に口にすることに慣れてしまえば、何もかもが変わります。それは男性も女性も同じことです」

拒絶にうまく対処する方法を学ぶ

グレースは自らの体験談を公開しようと思ったとき、そこで何が起きると考えていたのだろうか？　何を望んでいたのだろうか？　私がこのことを尋ねると、彼女は少し皮肉っぽく笑った。「公開する前に、誰かにその質問をしてもらいたかったです」と彼女は言った。

彼女は、黙っていればよかったと非常に後悔したこともあった。しかし、自分の決断には良い面もあったのではないか、#ＭｅＴｏｏ運動を傷つけたのではなく、日常的でありふれた性的場面における許されない黙殺行為についても考慮するように、その活動範囲を広げたのではないかと密かに期待を抱くこともあった。アジズ・アンサリに対する自らの告発が、ハーヴェイ・ワインスタインの件とは対極に置かれていることに、彼女は気づいていた。彼女はそれでもよいと考えている。「あらゆる種類の暴行や虐待や問題について理解していなければ、私たちはそれをどうやって解決できるでしょうか？」と彼女は言った。

彼女は自身の経験が、特に自らを誠実だと自負している男たちが、過去の出会いを思い返し、相手の話をしっかり聞かなかったり無視したりした場面について考えるきっかけになるような、有意義なものになることを願っている。そして、性的暴行やレイプでなくても、性体験がいかに有害になり得るかについて、幼い少年やその両親がより明確に理解できるようになることを願っているのだ。

実際、アンサリとグレースの間で行われたごく普通のやり取りこそが、人々を非常に不安にさせ、その事件を忘れられないものにした。アトランティック誌で、医師のジェームス・ハンブリンは「ハーヴェイ・ワインスタインの行動はシンプルに非難できる」[13]と述べ、グレースの話の重要性について説明した。「大変なのはこれからで、人々を不快感と閉塞感の間に置くような、より一般的ではっきりとしない場面に、困難は待ち受けています。……こうした話こそ、人々は、特に男性は聞くべきなのです」

大多数の少年は、当然のことながら、レイプ犯ではないし、レイプ犯には育たないであろう。過去二〇年間に二万五千人以上の男子大学生を対象とした数十件の調査の結果、平均して六・五％の男子学生が、レイプの法的定義を満たす行為をしたことがあると認めていた。[14]多くの少年たちは、強引に誰かをレイプすることはないと分かっていながら、同意や性暴力に関する真剣な話し合いを、自分たちには関係のないものとして聞き流しているのだ。

しかし、多くの男性（平均して三分の一、[15]一部の研究ではそれ以上）は、同意のない愛撫（許可なく触れること）や、性的強要（口内・肛門・膣内性交のいずれかを迫ったり脅したりすること）などの、より広範囲にわたる攻撃的な性行動をしたことがあると認めている。性的不正行為がどれほど一般的であるか、どれほどありふれているかを考えると、「誠実な」男性、特に初めての性体験を経験しようとしている若い男性が、危害を加えないという考えを保ち続けるのはもっと困難なことである。

性的暴行研究の第一人者であるメアリー・コスの見解では、こうした男性にはセックスや性的コミュニケーションの経験が不足していることが多く、その問題は、不十分な性教育とオンラインポルノの普及によって悪化しているという。彼らは、初心者ドライバーが初めてハンドルを握ったときにするようなミスを犯しているのだ。つまり、誰かを傷つけるつもりはなかったが、自分のしていることが分かっていなかったという状況である。「自分のペニスの使い方を学び始めるとき、経験不足によるミスで他人を深く傷つけてしまうことがあるのです」とコスは語った。

同意とは女性に「いいよ」と言わせるだけではないということを、もっとうまく教えることができれば、多くの誠実な男性たちを加害者にならないよう守ることができるだろう。ウォバッシュ大学四年生のある青年は、高校時代の恋人に処女喪失を強要したことがあると話していた。最終的に彼女が諦めるまで何度もせがんだそうだ。「彼女が断るなんて考えもしませんでした」と彼は言った。「ただその子のことが本当に好きで、自分では覚悟ができているように感じていたのです」。彼は**彼女が**覚悟できているかどうかについては考えず、せがみ続けることが悪いことだと、当時は気づかなかった。結局、彼は物理的に何かを強要したわけではない。彼は彼女に「いいよ」と言わせることに成功した。彼が理解する限りでは、彼はルールに従っていたのだ。「後悔はしています」と彼は話してくれた。「彼女とセックスをしたという後悔ではなく、同じ気持ちではなかったのに、彼女にセックスをさせたという後悔です」

課題となるのは、トラブルに巻き込まれないように何をすべきかということを超えて、本当に自分とセックスしたいと思っている相手とだけセックスするために、何をすべきかを少年たちに考えさせることではないだろうか。

ハンナ・ストットランドは、この考えを基に男子大学生との話し合いの場を構成している。弁護士のストットランドは現在、「教育危機管理」のコンサルタントとして、性的不正行為で大学を退学となった多くの学生たちが、別の学校に復学できるように支援している。彼女はこれまでに、全国の何十人ものクライアントを支援してきたが、そのほとんどが中流階級の白人男性であった。

こうした若者のほとんどが、不当に告発され、不公平に処分を受けたと考えているが、彼女は、たとえ罰せられるべき犯罪を犯したと思っていなくても、誰かを傷つけたという事実と向き合わなければならないということを彼らに理解させようとしている。

彼女が若者たちに伝えていることは、他の大学に受け入れてもらいたいのであれば、自分が以前に起こしたことを二度と起こさないことを示す必要があるということだ。それはつまり、性的接触を通して、誰かに嫌悪感を抱かせた、あるいは軽視・侵害されたと感じさせたことを彼らは認識しなければならず、今後そうならないためにどのような手段を取るのかを説明しなければならないということである。「あなたはある人と何らかの肉体関係を持ちました。そして、その人はそのことを振り返って『うわっ、神様、二度と同じようなことが起こりませんように』と思っているのです」とストットランドは話す。

ストットランドは、クライアントがたとえ性的暴行を犯したと思っていなくても、親密な関係にあった相手に自分との行為で嫌な思いをさせたくはないということを彼らに認めさせようとしている。「あなたのベッドや男子寮の掃除用具入れから、誰かが『気持ち悪い！』と言いながら去っていかないようにするには、どうしますか？」と。

これは私が自分の息子に設定したい基準でもある。目標は、トラブルに巻き込まれないようにすることだけでなく、敬意と尊厳を持ってパートナーと接し、相手が「気持ち悪い」「利用された」「操られた」「侵害された」などと感じないようにすることなのだ。私は息子に、自分の役割は相手に「いいよ」と言わせることではなく、相手が何を望み、何を望まないのかを聞き入れることだと知ってほしい。そして、彼は相手の願いを受け止めなければならない。つまり、拒絶された場合にどのように対処すればよいかを学ばなければならないのだ。

こうした会話は、彼が一五歳になってから、あるいは一二歳になってから始めるものではない。私は今、彼が食事のたびにアップルソースを食べたいがために私を説得しようとしたり、姉に遊んでもらおうとしつこく付きまとったりする中で、すでに会話を始めている。「**望むものがいつも手に入るわけではないのよ**」と彼に伝えている。「**つらいよね、分かるよ**」。息子は泣き崩れるときもある。

正直に言うと、息子の落胆は彼だけがつらいというものではない。私もつらいのだ。娘の方に降参するよう説得したり、彼をなだめるよう言ったりしたくなるときもある。しかし、拒絶や落胆から息子を守ることは彼のためにならないと考え、私はその衝動を抑えている（立場が逆転して、弟が遊びたがらないことで娘が苛立っている場合も同じようにする）。息子が成長し、彼が感じる拒絶や失望感が大きくなるにつれ、彼を助けたいという私の気持ちも強くなるばかりであろう。それでも、そうした経験や感情から彼を守るのではなく、それを彼が乗り越えられるようにする強さが私自身にあることを願う。そして、彼がセックスについて考え始める頃には、彼が他人の「いや」を聞き入れて尊重できるように、十分な経験を積んでいることを願っている。

アルコールのせいにできること（とできないこと）

総合的に見て、大学キャンパス内で起きる性的暴行事件の半数がアルコールと関係している。[16] つまり、どちらか一方、もしくは双方が事前にアルコールを摂取していたということだ。長い間この統計は、被害者になることを避けるために、飲みすぎには注意するよう女の子たちに勧告する目的で使用されてきた。今こそ、若者（特に少年）にとって飲酒は他人に危害を加える危険性を高めるものだということを、もっとしっかり説明するべきではないだろうか。

飲酒は自制心、意思決定、知覚を混乱させ、親密になりたいと思っている相手の意思を正確に読み取る力を鈍らせる。酩酊状態の人は、研究者が「アルコール近視」と呼ぶ状態に陥る。[17] つまり、周りを把握する能力が、目の前の最も注意を引くものに焦点を絞るようになる。また、曖昧さを読み取ることや、自らの見解と一致しない情報を受け入れることも困難となる。女性とセックスをすることに集中して、その女性もセックスに乗り気だと思い込んでいる酔った男は、女性の抵抗や、興味の喪失、明確な拒絶でさえも無視しかねない。性的暴行とアルコールについて研究する全国屈指の研究者の一人であるアントニア・アビーは、「アルコールは見たいものを見せてくれる」と話す。

アルコールが脳に及ぼす薬理学的作用以外にも、社交の場でアルコールを摂取することが、男性の認識を変化させることがある。研究で、男性は飲酒している女性を、より性的に利用可能だと見なす傾向にあることが判明している。[18] これは、長きにわたりビールや酒類の会社が、露出度の高い女性やあからさまな胸の谷間、そして見えすいた性的表現を用いて製品を販売してきた文化では、驚くべきことではない。「一晩、あなたの辞書から『ノー』を取り除くのに最適なビール」。[19] 一九五〇年代からそのまま飛び出してきたかのようなこのキャッチコピーは、実際には二〇一五年にバドライトが発表したものである。

大学やコミュニティが性暴力に対処する際、アルコールが容易に手に入ることは一つの着眼点かもしれない。いくつかの研究では、酒屋の密集度とDVの発生率には関連性があることが示唆されている。[20] 男性の五人に一人が大学入学前に性暴力を振るった経験があることを明らかにした（第3章参照）、ジョージア大学教授であるローラ・サラザールによると、そうした暴力は、飲酒が許可されているキャンパスより、飲酒が禁止されているキャンパスの方が圧倒的に少ないという。彼女の発見は、ジョージア州内にある三〇校の大学で実施された性暴力に関する調査から得られているが、これらの大学キャンパスでの飲酒に関する方針は様々である。

しかし、アルコールに、性的権利の問題や性的市民権への意識の低さの問題の責任を押し付けることがないよう、我々は気をつけなければならない。アルコールが人を根本的に変えることはない。その代わりに、抑制された状態から人を解放してくれる。セックスでは常に優位でいなければならないと思っていたり、女性のプラトニックな笑顔はセックスがしたいという合図だと読み違えがちであったり、強制的なセックスは大したことではないと話す男たちといつも一緒にいたりすると、飲酒した際に、そうした本性が露わになる可能性が高いというだけだ。通常の攻撃性についても、基本的には同じことである。すなわち、飲酒が人をバーで乱闘を引き起こすような人物に変えるわけではないが、攻撃的な気質を持つ人は、数杯飲むことで、闘いたいという欲求が解き放たれてしまうかもしれない。

「アルコールは、なんとなくしてみたいと思っていたことをやりやすくしてくれます」とアビーは言う。「もともとやりたいと思っていることを後押しすることはあっても、もともとやりたくないことをやりたいと思わせることはありません」

ある研究では、男子大学生に、デートを終えて帰宅した男女の性的接触の様子が収録された六分半のオーディオテープを聞いてもらった[21]。男性は、女性を説得してセックスをしようとするが、しだいに高圧的となり、言葉による脅しや物理的な力を使って、最終的には女性をレイプしてしまう。

男子大学生たちは、テープを聞きながら、シナリオの中の男性が女性に対してプレッシャーをかけるのをやめるべきだと思った時点で停止ボタンを押すよう指示された。女性に対し、性的に攻撃的になったことがある男性は、そうではない男性に比べて停止するまでが長く、言葉による脅しが行われる場面までテープを流す可能性が**六倍**であった。カップルが飲酒をしていたことが伝えられると、性的に攻撃的な男性は停止ボタンを押すまでがより長くなったのに対し、攻撃的ではない男性は以前の結果と変わらないところでテープを停止していた。アルコールは、女性が男性の誘いを拒否するフリをしているだけだと解釈するための言い訳として使われているようだ。学者や活動家の中には、アルコールとセックスを組み合わせないように若者を説得するのは非現実的だと主張する者もいる。しかし、飲酒は、他人の境界線を侵害したり、自らの境界線を他人に侵害されたりするリスクを高めることを息子たちに理解させなければ、彼らを危険にさらすことになる。私は、暴行を受けたという人に何十人もインタビューしてきた。また、性的暴行で告発された若い男性が、大学の処分に異議を唱えて起こした何十件もの裁判の記録も読んできた。その中で最も厄介なケースは、泥酔していて相手に利用されたと両者が主張する場合である。こうしたケースで責任の所在はどうなるのかという複雑な問題を除いても、単純に息子にはこのような経験（誰もが不当に扱われていると思うような、記憶の曖昧な酔った状態でのセックス）をしてほしくない。

変化の兆し

飲み会やはしご酒は、すぐにはなくならないだろう。一夜限りの関係も同じだ。しかし、若い男性の中には、アルコールとカジュアルセックスを組み合わせないように気をつけている者もいることを知った。多くの者は、パートナーを意図せずに傷つけてしまうのではないかという誠実な不安がその動機となっている。また、性的境界線を侵すことへの寛容さが薄れてきたこの時代に、自らの身を守ることに関心を寄せている者もいるようだ。

ワシントンDCで働くある新卒の男性は、性的暴行に関する国民的な議論から、一九歳のときに同級生としたセックスを思い出したと話した。二人はそのとき酔っていて、彼女が同意できるほど正気だったのか、今となっては自信がないそうだ。また、彼女がその行為を振り返ったとき、実際に望んでしたことか、ただ我慢して行ったことか、どのように解釈するかは分からないと彼は語った。彼は、不安が押し寄せてくる明け方になると、彼女から暴行で告発されるのではないか、もしそうなったら何を言えばいいのか分からないという不安に悩まされていた。そして彼は、自分のためだけでなく、彼女を思って不安を感じることもあった。本当に彼女を傷つけるつもりはなかったと彼は言う。

彼は、そのようなリスクはもう背負いたくないと話す。親密な関係になるのは、よく知る人、信頼できる人、そして大切に思う人とだけと決めているそうだ。その理由の一つに、暴行容疑をかけられることから自分自身を守りたいということがある（彼は「一度の誤った判断が破滅に繋がる」と話していた）。しかし、それだけではない。彼はまた、セックスを特別な行為だと捉え、女性との意味のある感情的な繋がりの一部として、素面《しらふ》で行うものだと考えている。様々な調査研究や男性を研究する心理学者によると、多くの男性が恋愛関係において、より感情的な親密さを求めているという。もしかしたら、性的不正行為をめぐる文化的な激動の中で、彼らはそれをより大っぴらに認めることができるようになるかもしれない。

ロサンゼルスの高校のある英語教師の紹介で知り合った、アンヘル・デュランも同じようなことを言っていた。現在、北カリフォルニアのハンボルト州立大学の学生である彼は、一夜限りの関係の人や飲酒をしている人とのセックスはしないと決めている。それらはリスクが高すぎるからだ。彼はメキシコ系アメリカ人で、彼のような非白人の若い男性は、白人男性に比べて過ちを犯す余地がなく、慎重にならなければいけないというプレッシャーをより感じると言う。大学キャンパス内でレイプの疑いをかけられる男性の人種や民族性に関する包括的なデータはないが、人種バイアスによって、非白人の男性がキャンパス内の性的不正行為に関する調査や処分を受けるリスクが高まるのではないかと、一部の若者や教授は懸念している。[22]「そういうことをして、目が覚めたらレイプで告発されていたということになるより、そういうことをせずに、告発されることはないという確証を持てる方がいいと思っています」とアンヘルは話した。

最近のある晩のこと、彼の友人（以前に関係を持った女性）が酒に酔った状態で、寝る場所を探していると言い、彼の部屋を訪れた。彼女は彼と寄り添って寝たがったが、彼はそれを拒んだ。アンヘルは、彼女はきっとセックスをしたいのだと分かっていたが、彼女は同意を得るにはあまりにも酔いが回っているように見えた。彼は、自分は床で寝るからベッドを譲ると彼女に言った。しかし、彼のルームメイトが、それでもリスクが高いと言い、結局彼女には帰ってもらうことにしたそうだ。アンヘルは彼女を寮へと送り届けた。

アンヘルは、誰かとセックスをするには、その人物をよく知り、信頼できなければならないと話す。「人と話すとき、見知らぬ人と話し始めるとき、会話をしていくうちに、その人物が信頼できるかどうかが徐々に分かってきます。僕の場合、一日話しただけでは足りないのです」と彼は言った。「パーティーに行って、女の子をお持ち帰りするなんてできません。僕にはできません」

黒人男性が性的不正行為において冤罪《えんざい》をかけられてきたアメリカの長い歴史を考えると、女性との出会いの人種的側面を無視できないと、シカゴやワシントンDCの若い黒人男性は話す。たとえば、一九五五年にミシシッピ州で二一歳の白人女性の気を引こうとしたという虚偽の告発でリンチされた、当時一四歳のエメット・ティルや、二〇一六年に白人女性による虚偽のレイプ告発のせいで大学生活やスポーツ人生を狂わされたサクレッドハート大学の二人のアメフト選手、ダミール・ブラッドレーとマリク・セントヒレアなどが挙げられる[23]（彼女は後に、他の男性からの同情を買うために嘘をついたと認め、二〇一八年に、最後の二年に執行猶予が付いた懲役三年の判決が言い渡された[24]）。

シカゴ出身の二三歳、クリスチャン・シャンペインは、自分自身と自分が好意を寄せる女性を守るために、ある鉄則を設けていると話す。それは、彼女がセックスを望んでいるかどうか、同意できないほど酔っているかどうかで少しでも迷った際には、機会を改めるというものだ。「もし夜中の二時に誰かと一緒で、同意を得られているか分からない場合は……とりあえずいったん保留にして、朝になったらまた確認すればいい。そしたら自ずと答えは出てきます」と彼は言った。「今は男性であることが危険な時代ではありません。人を襲うような人間にとってのみ危険な時代なのです。なぜなら今は、そうした悪行を指摘する人たちがいるからです」

彼の話によると、彼は友人と共に、性的暴行の疑いをかけられそうな怪しい行為を女性としていないか、お互いに気をつけているそうだ。「僕たちには皆、未来があります。刑務所に入りたくはないでしょう。僕たちはコミュニティのために行動して、黒人の男がどのように認識されているかの物語を変えたいのです」と彼は語った。「悪評は避けたいものです」

繋がりを感じる人とだけ性行為をしたいという欲求や、同意を得られているかどうかに関する懸念から、一夜限りの関係を避けたり、飲酒した状態での性行為を控えたりすることを決断している男性がどれほどいるかは不明である。しかし、第3章で述べたように、アメリカの青年の性行為回数が減っていることは明らかだ。[25] そのことがポルノの普及や晩婚化に対する懸念の声を高める一方で、性行為の回数が減っているのは、より多くの人がより良い性体験（当事者全員が本当に望んでいる性体験）を得ようとしているからだとも考えられる。

これは、インディアナ大学で人間の性について教える性教育者のデビー・ハーベニックが、男子学生たちから感じ取っていることである。彼女は毎年、学生たちに性的自叙伝を書かせる。すると大抵は、慎重に関係を進めたいと話す男性は毎年数人しかいないはずが、二〇一八年以降は、ほぼ全ての男子が、本当に好きで関係を持つことが想像できる相手が見つかるまで、性交を先延ばしにしたいと説明していることに彼女は気づいた。すでに初体験を済ませていた男子学生は、次の性体験は本当に特別な人のために取っておきたいと話していた。彼らは、セックスに関する本音を友人たちには打ち明けていなかった。性的パートナーと感情的な繋がりを持ちたいという自分の願望はおかしいのではないかと懸念していたのだ。

「私は何度も何度も、彼らに同じような返答をしていることに気づきました。『多くの人があなたと同じように感じています。多くの人があなたのように意味のある繋がりを求めているのです』と」とハーベニックは話した。彼女は、この現象に関する正式な調査を開始したわけではないが、彼女が気づいた変化は、性的暴行の告発に対する懸念や、トランスジェンダーやノンバイナリーであると名乗り出る若者がいっそう増えている時代に、ジェンダー規範を批判的に考えられる自由度が高まっていることに起因しているのではないかと直感しているという。

もしかしたら、若い男性は、性的にどう振る舞うべきかという文化的な考えに抵抗し、実際にはどう振る舞いたいのかという自身の考えを発展させることに、ためらいがなくなってきているのかもしれない。私もハーベニックも、この見通しに勇気づけられている。それは、彼女が禁欲主義的な清教徒だからではなく、人々が自分の望む性体験を求めることは健全なことだからだ。「私がずっと聞いてきたこと、そしてデータを通して見てきたことは、ほとんどの人が繋がりや親密さを求めているということです」と彼女は言った。「私が素晴らしいと思うのは、人が望むことに向かって進んでいくときです」

第6章　人種差別、暴力、トラウマ――親しい関係が少年の心の支えになる

シカゴ南部にある公立中学校の小さな部屋に、中学二年生の少年一〇人が集まり、円になって座っていた。その少年たちは非白人、それもほとんどが黒人で、毎週行われるビカミング・ア・マン（BAM）集会に参加していたのであった。このプログラムは、市内の最も困窮した地域で成功した実績があり、集団療法とメンタリングを兼ねている。少年たちが私の方をチラチラ見る中、カウンセラーである二七歳のジャーヴィス・バークスが、BAMの六つの基本的価値観の一つである「女性の尊重」について話し始めた。

バークスは少年たち一人ひとりに、大切に思う女性と、その人が大切な理由を述べるよう求めた。彼らは順番に、母親や祖母、おばなどの人物を挙げていった。マルーン色の学校指定のシャツとグレーのパンツに身を包んだ少年たちは、何枚もの大きな黄色い用紙を取り出すバークスに目を向けていた。先週、彼らはこれらの用紙に、女性を表す形容詞（繊細、苛立ちやすい、噂好き、お節介）と男性を表す形容詞（危険、攻撃的、暴力的、強い）をリストアップした。バークスは、抑圧者になるか解放者になるかの選択を彼らが迫られるとき、その基本的な決断は、彼らが使用する言葉の選択から始まるということを話した。

「俺は、自分が愛し尊敬する女性が抑圧されるのを見てきた。俺には何もできなかったし、何もしなかった」とバークスは言った。彼はジーパンにTシャツ姿で、顎くらいの長さのドレッドヘアをしていた。「そして、俺自身もそんな人間だったんだ。俺も女性を抑圧したことがある。でも、そのままでいればいいということではないんだ。これからどうするのか、自らの誠実さを取り戻すことが重要となる」

これこそがBAMの特徴の一つである。すなわち、ここと同じような地域で育った若い男性が、意欲的にカウンセラーを務め、自らの失敗談や感情について率直に話すのだ。卒業生によると、それは皆が心を開くように促し、プログラムを成功へと導く固い絆を生み出している。確かに、このプログラムには効果があるようだ。BAMに参加することで、男子高校生の卒業率は一九%向上し、暴力行為による検挙率は驚異的なことに五〇%も減少した。[1] このプログラムの成果は、若い男性が人生の軌道を変えられるようにする方法を必死で考えている全国の都市で、関心を集めている。

この日、バーナム理数科学園で開催された集会では、少年たちの心を開くには、バークスが自身の弱さを示すだけでは不十分だった。この中学生たちは礼儀正しく、明らかに愛想が良かったが、ほとんど黙ったままであった。議題が気まずすぎたのか曖昧すぎたのか、あるいは、私が部屋にいたからか、バークスが始めようとしているジェンダーに関する会話は、宙に浮いたまま行き詰まっていた。

しかし、人種の話になると、少年たちは一気に活気づいた。私は彼らに、黒人の少年として、自分たちが人々にどのように見られていると思うかと尋ねた。ある少年は「高級住宅街に住んでいる人々は、黒人の少年は泥棒に育つと思っている」と話し、また別の少年は、女子の父親たちは、若い黒人男性は全員セックスのことしか考えていないと思い込んでいるようだと話した。背の低い眼鏡の少年は、シカゴ出身のエメット・ティルの話題を持ち出した。ティルがリンチされた理由は、黒人の少年は白人の少女に対して不適切な行動を取るという考えが白人には容易に浮かぶからだと彼は語った。「多くの人は今でも人種差別的です」と彼は言う。「その人たちは、黒人の少年がみんなそういうものだと思っているのです」

少年たちの「黒人らしさ」や「男らしさ」は、世間からの評価だけに影響を及ぼしているわけではなかった。彼らが自分自身をどう評価するかにも影響していたのだ。それは、BAMのもう一人のカウンセラーであるケネス・オアが、共通テストで黒人よりも白人の子どもの方が成績が良いと思われがちな理由について、彼らに尋ねた際に明らかとなった。「他の民族性や文化を持つ人たちは、自分よりも頭が良いと思う?」とオアは尋ねた。

「すみません」と、私の隣に座っていた黒人の少年が慎重に話し始めた。「人種差別をするわけではないのですが、白人の子たちは、本当によく話を聞いている気がします。黒人の子にはある種の行動パターンがあります。先生の言うことを聞かないのです」。柔らかそうな頬をしたベビーフェイスの彼は、前年に学校を退学になり、問題児のためのグループホームで過ごしたことがあることを後に明かしてくれた。今はうまくやっていると彼は言っていた。彼は自らの行動を制御することを学び、成績も向上し、将来はＦＢＩ捜査官になりたいそうだ。しかし、世間から与えられた、自らの人種が足かせになっているという考えに彼は縛られていた。「白人は、もっと大人びている」と、彼は当たり前のことのように言ったのだ。

テストの点数差を、自分たちの体や肌のせいではなく、周りの影響だと説明する少年もいた。ある少年は、聞き取れないくらい小さな声で、彼らの学校では古い教科書を使用しているけれど、白人の子どもたちが通う学校では、新しい教材を使っていると話した。別の少年は、常に暴力に脅かされているために、家に閉じこもることを強いられ、友人たちと外でバスケットボールをする代わりに、何時間もオンラインゲームをして遊んでいると話した。

この少年は、読解力や数学のテストにおいて白人の子どもの方が高得点を取ることに、何の疑問も抱いていなかった。「彼らは僕たちが育ったような地域で育っていないのです。僕たちと同じような経験もしていません。統計で高い結果になるのはそのためです」と彼は言った。「昨日、いとこの家のすぐ外で、一八発も発砲がありました。郊外ではこのような銃撃戦は起きないのでしょう」

人種、人種差別、そしてアメリカの黒人少年たち

私がバーナム学園で出会った少年たちは、自分たちがただの少年ではないことを理解していた。彼らは黒人の少年なのだ。そして、ただの黒人少年ではなく、貧しく治安の悪い地域出身の黒人少年である。そのアイデンティティが彼らの人生にもたらす影響は、そこから彼らが自分にはない力を認識できるほど明らかで、ジェンダーに関する議論とは違って、彼らにとって明確に差し迫ったものであった。
　それは確かにうなずける。黒人や非白人の少年たちは、声高に目立つようになってきた白人ナショナリストが広める露骨な人種差別や憎悪の高まりに、自分たちが直面していることを理解している。しかし、彼らはまた、より不明瞭だがよりはびこるあることにも直面している。それは、黒人ではない私たちが、ジョージ・フロイド、エリック・ガーナー、マイケル・ブラウン、ウォルター・スコット、フィランド・カスティール、一七歳のラクアン・マクドナルド少年、そして一二歳のタミル・ライス少年など、警察による一連の黒人少年・男性の殺害事件から学んだことである。この少年たちは、増加する潜在的バイアスの研究から我々が認識せざるを得なくなったことを、経験から理解している。[2] それはすなわち、黒人の男性は攻撃的で危険だという思い込みによって、彼らはある種の重荷を背負っているということだ。これらの思い込みは、私のような人が気づかずに行っているもので、パターンを認識してカテゴリーを作るという、脳の普遍的な機能を実行するうちに生まれている。[3]
　人種的平等を深く信じていても、黒人男性は脅威であり凶悪だというステレオタイプを連呼するニュース報道や、黒人の登場人物を不審者として描写するテレビや映画などによって、我々は黒人は白人より劣っているという数多くのメッセージにさらされている。[4] それらのメッセージにより、我々が日々の生活の中で、黒人の少年や男性をどのように見て、どのように扱うのかという考えが形づくられているのだ。
　この思い込みは、早ければ幼稚園の頃に始まり、黒人の子どもは白人の子どもに比べて、停学処分を受ける確率が三・六倍高くなる。[5] どうしてこれほどまでに差が出るのだろうか？ イェール大学の研究者は、この質問への答えを得るために、教師たちに幼稚園児を映した映像を見せ、「挑戦的な行動」の証拠を示すように指示した。映像の中の子どもたちは俳優で、挑戦的な行動は取っていなかったが、それを知らされていなかった教師たちは、白人よりも黒人の子どもを見る時間が長く、黒人の男の子により長い時間目を向けていたのだ。[6]

イェール大学の児童心理学教授であるウォルター・S・ギリアムは、教師が黒人の男の子を見ていたのは、彼らが問題を起こすであろうと想定していたからだと話す。我々は皆、目を向けていない場所より目を向けている場所にトラブルを発見するものだ。「潜在的なバイアスは黒人男性と警察の関係から始まるのではありません。黒人の幼稚園児とその教師の関係から、あるいはそれ以前から始まっているのです」とギリアムは話した。彼に話を聞いたのは、二〇一六年に、警察官による非武装の黒人男性の殺害に対する全国的な抗議が行われる中、私がワシントン・ポスト紙でこの研究について取り上げたときのことだった。「潜在的なバイアスは風のようなものです。それ自体は見えなくとも、その影響は確実に見ることができます」[7]

社会経済的な階級や家柄にかかわらず、黒人の少年は、自分たちが問題児であるという臆測に加え、無責任で暴力的、そして性欲旺盛だというステレオタイプにも悩まされている。ワシントンDCのジョージタウン・デイ校に通うモンテズ・マクニールにとって、それは自分の人種や体の大きさ（一九五センチの身長）がいかに誤解を招く恐れがあるかを常に意識しなければいけないということだ。「本当に、周りを警戒したり、自分の行動に注意を払ったりしない日はありません」。学校にある窓のない部屋で彼はこのように話した。彼は私と向かい合った椅子に、大きな体を屈めて座っていた。たとえば、パーカを着るかどうかを彼はよく考えなければならないし、年齢を重ねるにつれ、未成年が飲酒するようなパーティーやよく知らない女の子と二人きりになるような場所に行くことを控えるようになったという。「意図していなかったことについて非難されるような可能性は、少しも残したくありません」と彼は言った。「黒人男性が白人女性を、あるいはただ女性をレイプしたという冤罪事件を聞いたり、知ったりするだけで、自分の周りにいる女性への接し方や、どんな女性と仲良くなるべきかをより意識するようになりました」

　我々と同様に、黒人の少年もまた、黒人男性について思い浮かべるときには、専門家や知識人として活躍する人よりも、優れたプロスポーツ選手やヒップホップアーティストとして著名な人を想像する[8]。モンテズは、周りから自分がバスケットボール選手としてしか見られないことにうんざりしていた。「通りを歩く僕を見て、学識ある黒人の男性として、あるいは大学を目指す若い黒人として見てくれる人はいません」と彼は言った。「多くの人は、僕には他にも情熱を捧げているものがあるということを認識して理解しようという気がありません。僕が芸術家になったり、詩や物語を書いたりするところを人は想像できないのです。……この世の中では、僕は常に、僕に対する他人の意見によって仕立て上げられているのです」

　ジョージタウン・デイ校の学校管理者である彼の母親、マーロ・トーマスは、彼の黒人らしさや男らしさが、人々の彼に対する見方を形づくっていることを常に彼と話し合っているという。また、自分が彼と同じ年齢のときにレイプされ、それを乗り越えた経験についても彼に話している。シングルマザーである彼女は次のように語る。「それは、女である私が男である彼と心を通わせて、『私はあなたの母親として、健全な男らしさがどういうものかをあなたに教える必要がある』と言えるようになるための手段でした。それは遠くかけ離れたものではないということ、テレビの中だけで起きていることではないということを教えるための手段だったのです」。彼女は息子に、人種差別が彼の人生にどのような影響を与えるかを理解してほしいのと同時に、彼にとっては気づきにくいかもしれない、男性としての力や責任についても考えてほしいと願っている。

トラウマと暴力の関連性

黒人男性は圧倒的に高い確率で凶悪犯罪の被害者となっているにもかかわらず、黒人男性が危険だというステレオタイプが大きく広まる中で、同じように彼らを被害者として取り上げるような強力な物語は存在しない。[9] CDCの調査では、一五歳から三四歳までの黒人の少年や男性の場合、他のどの原因よりも、殺人で死亡する人の方が多いことが判明している。[10] 二〇一六年、一〇歳から二四歳の黒人の少年と男性のうち殺害された人の割合は、白人の少年と男性よりも約一五倍高かった。[11] その年、一七六八人の黒人の少年と男性が殺害されており、その九四%が銃器による殺人であった。

私がBAMで出会った少年たちはこの現実を理解しており、暴力的な地域に住む黒人少年として自分たちが直面するリスクを痛感していた。「誰とつるむかに気をつけなければなりません」

とある少年が言った。「周りにも注意を払わなければなりません。いつ何が起きるか分かりませんから」

安全な地域で育った私には、そうした不安を抱えることがどういうことなのか、想像もできない。それも毎日。どんなときでも。しかし、これは人種や階級に関係なく、非常に多くの子どもたちにとっての現実なのだ。このような不安は、暴力の絶えない地域に住んでいたり、貧困による不確実性や欠乏と闘っていたりすることで生じる。虐待的な家庭で、あるいは薬物やアルコールを乱用する親のもとで育てられた場合も同じである。加えて、人種差別の影響を経験することからも生じるのだ。

少年が健全な生活と強固な人間関係を築けるよう我々が手を差し伸べたいのであれば、こうした不安に目を向けなければならない。家庭内やコミュニティにおける暴力（彼らが目撃する暴力や、直接体験する暴力）から生じる、子どもたちの慢性的で有害なストレスは、彼らの脳の構造を変化させ、彼らの健康に長期的な影響を及ぼす。そして、彼らが自らの人生で暴力を振るうようになる可能性を高めている。

一九九〇年代後半に、ＣＤＣとカイザーパーマネンテ［米国最大の健康維持機構］による画期的な研究で、「ネグレクトまたは身体的・精神的・性的虐待を受けた」「男性が母親を脅したり暴行したりする様子を目撃した」「両親が別居あるいは離婚した」「家族の誰かが刑務所に入った」「家庭内で薬物乱用や精神疾患などの問題を抱えた人と接していた」など、一〇種類の幼少期の逆境についての調査が行われた。[12]

この研究によると、これらの「逆境的小児期体験」を経験するほど、人は心臓病、癌、薬物乱用などを含む健康被害に悩まされる可能性が高くなることが判明した[13]。危険を冒したり、より多くの人と性的な関係を持とうとしたり、性感染症に感染したりする傾向も強くなる。また、うつ病を発症し、自殺によって死亡する確率も高い。幼少期のストレスの蓄積は、文字通り、命を縮めるものなのだ。逆境的小児期体験を六つ経験している人は、一つも経験していない人と比べ、寿命が二〇年短いとされている。

なお、カイザー研究の初期に逆境的体験として用いられたリストは、子どもの不安要因を全て網羅しているわけではない。その研究の一〇年後に、早期発達に科学を応用するために活動する大学連合である「発達途上の子どもに関する国家科学評議会」により、コミュニティでの暴力、人種差別、貧困など、家庭外にある様々な逆境も同じく有害であることが認められた[14]。

小児科医のナディン・バーク・ハリスは、幼少期のトラウマを深刻な健康危機として取り上げることを推進してきた[15]。彼女はしばしば講演で、森の中を散歩中に熊に遭遇した場合、何が起きるかを想像するように求める。そうした場面では、心臓の鼓動は速くなり、息は浅くなり、闘ったり逃げたりするための準備として、体にはコルチゾールというホルモンが分泌される。慢性的なトラウマを経験する子どもは、本質的に、常に森の中で熊と遭遇している状態なのだ。

絶えずストレスに反応し、常に警戒態勢を保っている状態だと、子どもの体は疲れきってしまう。慢性的な過活動状態は免疫機能にも支障をきたす[16]。また、ホルモンや子どもの脳内構造、特に学習方法、記憶の貯蔵、衝動の制御、恐怖への対処法などを決定する部分に影響が及ぶ[17]。慢性的で有害なストレスで苦しむ子どもたちの体は、低度の脅威や障害に対しても強く反応するようになっているのだ。

長期的に見ると、これらの変化は、子どもの身体的な健康だけでなく、精神的な健康、学校での学習能力、また暴力傾向にも影響を及ぼす。幼少期に経験する逆境や暴力が多い少年ほど、成長するにつれ他人に暴力を振るう可能性が高くなる。[18] これには、性的暴力、親密なパートナーに対する暴力、身体的暴行なども含まれる。公共の場での銃乱射事件もまた、有害なストレスに起因している可能性がある。一九六六年以降の銃乱射事件の分析で、これらの銃撃事件を引き起こした男性（圧倒的に若い白人が多い）の大多数が、幼少期のトラウマを抱えていたことが判明した。[19] これらの科学的根拠によると、家庭やコミュニティの暴力を目撃したり体験したりすることから子どもたちを守ることで、性暴力を含む世界中の暴力は、ある程度防ぐことができると考えられる。[20]

少年たちに何が必要なのかを論じた解説記事は、#ＭeＴｏｏ運動の開始以降、数多く書かれ、その中でも、少年たちが男らしさに関する考え方を見直す必要があるという主張は多く見られる。一方で、少年たちを暴力から守るべきだという主張はなかなか見つからない。しかし、少年が幼少期に暴力を受けたり、目撃したり、それが普通であると信じたりすることが許されることで、彼ら自身の体だけではなく、彼らの性的パートナーや親密なパートナーの体までもが危険にさらされることになるのは明らかである。

重要なのは、有害なストレスが、必ずしも少年を不健康にしたり、彼らに暴力的な人生を歩ませたりするものではないということだ。それどころか、多くの人は大きな逆境を乗り越えて、問題なく生活している。なぜ一部の人が他の人と比べて、幼少期の逆境に対し抵抗力があるのかはまだ解明されていないが、思いやりのある大人と心の繋がりを感じることで、子どもたちはストレスによる悪影響から解放され、体を落ち着かせて回復するための手段や安全な場所を得られるということが分かっている。[21] 研究によると、逆境的体験の積み重ねが子どもの精神的・身体的健康に悪影響を及ぼす危険性を高めるのと同様に、家庭や学校でのポジティブな経験の積み重ねが、有害なストレスから子どもを守ることが示唆されている。[22] 良好な人間関係を多く持ち、帰属意識が高いほど、より良い結果が得られるのだ。

学校は、トラウマを抱えた子どもたちを支援する方法を学び始めているものの、メンタルヘルスサービスが不十分なことが多い。アメリカの公立高校の四分の三は、生徒たちに必要なサービスを提供するのに十分な資金がないという。[23]

逆境的小児期体験は、社会的にも人口統計的にも蔓延している。カイザーとCDCは、一九九〇年代に、カリフォルニア州に住む主に白人で高学歴の人々一万七千人を対象とした調査を実施した。その結果、調査対象者の三分の二が少なくとも一つの逆境的体験を経験し、一二・六%は四つ以上経験したことがあると報告した。[24] しかし、黒人の子どもは、白人の子ども以上に逆境的体験を積み重ねている。[25] それは、肌の色ではなく彼らを取り巻く社会的現実によるもので、歴史的に彼らの家族を経済的・教育的機会から遮断してきた差別や人種差別によって形づくられている。

マッカーサー基金の「天才賞」受賞者である医師のジョン・リッチは、暴力被害に遭った若い男性が立ち直れる方法をよりよく理解することを目的に、ボストンの青年たちを取材した。中には、争いに偶然巻き込まれた者もいれば、戦いから引き下がることでさらに狙われやすくなるような地域で生き抜くために、あえて好戦的な人生を歩んできた者もいた。

銃撃被害者である一七歳のジミーによると、彼のコミュニティで銃を発砲したり喧嘩をしたりする青年は、恐れられる男という評判を確立しようとしている。自らもそうしていたため、他の男たちは大抵手を出してくることはなかったとジミーは語った。誰もが彼の評判を知っていたのだ。リッチは著書『不運な巡り合わせ』(*Wrong Place, Wrong Time*, 2011)で次のように述べている。「暴力は彼の世界では、誰もが望む『大物になる』ということを達成するための手段で、ジミーはそれ以外の手段を見つけられなかった」[26]

ジミーをはじめ、リッチが取材した被害者たちは、長年抱えてきた幼少期のトラウマに加えて、負傷した際のトラウマとも闘っていた。しかし、彼らは、自らが抱える症状(落ち着きのなさや不眠症、逆上しやすい傾向など)を言い表すことができなかった。彼らの経験したトラウマは、男として、泣いたり弱さや脆弱性を見せたりするべきではないという社会的規範と相まって、特に有害なものになっているとリッチは考えた。彼らが抱ける感情は怒りのみに制限され、多くの場合その怒りは、街で出会う他の男性や家にいる恋人などの、他の者への攻撃的な行為でしか発散する場所がない。

リッチは、男性のトラウマを利用して、正当化できない暴力行為を正当化しようとしていると批判されることがあるという。しかし、彼が提示しているのは言い訳ではなく、暴力を根絶することがなぜ難しいのかという説明である。そして、その説明は、銃暴力被害に遭った青年が、新たな人生を歩めるようにするための取り組みを展開させるのに役立っている。現在、フィラデルフィアのドレクセル大学の教授であるリッチは、病院を退院する前の青年に手を差し伸べ、さらなる暴力のリスクを軽減するための取り組みである「ヒーリング・ハート・ピープル（傷ついた人々を癒やす）」の運営に携わっている。そこでは、青年たちがトラウマと向き合うためのセラピーや、住まい探し、職業訓練、アルコール・薬物依存の治療など、その他の必要な支援を受けて、より建設的な道を歩めるようにソーシャルワーカーがサポートしている。

「最終的に、自分たちの安全を確保したいのであれば、また、若い黒人男性に影響を及ぼしている激しい暴力を終わらせたいのであれば、我々は、彼ら自身、すなわちコミュニティを危険にさらしていると非難されてきた人たちの安全に注目しなければならない[27]」とリッチは著書で述べている。「我々の安全は彼らの安全にかかっているのだ」

「取り締まりで現状打破はできない」

二〇一五年末、オバマ政権の教育長官を退任したアーン・ダンカンは、うんざりするような政治家たちのいるワシントンではなく、彼にとっては故郷のようなシカゴ南部の聖サビナ・カトリック教会の地下室で、少人数の聴衆を前に退任演説を行った。そして、コモン・コアと呼ばれる数学・識字の教育基準や教員評価などの、彼の首都での七年間を象徴し、物議を醸すような教育問題についてではなく、在任中、彼にとって「最大の悩みの種」だったと語るアメリカにおける銃暴力の惨劇について語った[28]。

ダンカンは、オバマ政権の最初の六年間で一万六千人の子どもたちが射殺されたこと、連邦議会での膠着状態が意義ある銃規制法案を阻んでいること、そして、多数の警察官による黒人男性銃撃事件の余波により、警察官と彼らが守ると誓った人々との信頼関係が壊れていることについて、感情的に声を震わせながら語った。彼は、貧しく暴力的な地域に住む子どもたちの教育を改善するだけでなく、指導者や雇用を増やすことによって、それらの地域が全体的に生まれ変わるための新たな「ニューディール政策」［世界恐慌を克服するために行われた一連の経済政策］の必要性を主張したのである。

「仮に、今助けを必要とし、変化を必要としている全ての警察署を修復できれば、もしそれが可能なら、それは素晴らしいことだ[29]」とその日、ダンカンは言った。「しかし、多くの子どもたちが亡くなっているコミュニティを改善しなければ、また、多くの子どもたちが死亡したり、学校を退学したりしている根本的な原因を突き止めなければ、我々は勝利を宣言することはできない」

地元のシカゴに帰ると表明していたダンカンは、この演説をきっかけに、オバマ政権時代の同僚であったラーム・エマニュエルの後任として市長の座を狙っているのではないかとささやかれた。しかし、聖サビナ教会での演説の数ヵ月後、ダンカンは殺人事件の急増を目の当たりにする。七六九人が死亡した二〇一六年は、シカゴにとって、殺人による死者が近年で最も多い年となった。[30] そこで、シカゴ南部で母親が運営する放課後個人指導プログラムに携わった経験[31]のあるダンカンは、実際に引き金を引く可能性の高い青年のための安全策を生み出すことで、市の最も暴力的な地域を改革するという自らの使命に応えることを決意したのだ。彼はジョン・リッチと同様に、撃ったり撃たれたりした経験があるこの男性たちこそが、より安全なコミュニティを作り上げるための基盤となると考えていた。

ダンカンは、エマーソン・コレクティブ（アップル社の共同創設者である故スティーヴ・ジョブズの妻、ローレン・パウエル・ジョブズが代表を務めるカリフォルニア州の社会的影響力のある組織）の後援を受け、銃暴力の危険性が最も高い青年を新たな人生を歩むための支援の網に引き入れる役割を担う地域のパートナーを集めた。街で活動する活動家たちは、以前からこのようなアプローチを求めており、ダンカンはそれを実現するための人脈（と民間資金）を用意したのである。[32]「取り締まりで現状打破はできないし、逮捕をしても何も変わりません。我々は機会を提供しなければならないのです」。後にシカゴＣＲＥＤ（真の経済的運命の創造 Creating Real Economic Destiny）と呼ばれるようになったこの活動の開始を発表した二〇一六年に、ダンカンはこのように話してくれた。[33]「若い男女が、実際の仕事を得られるような本物のスキルを身につけるのを支援し、そのスキルを身につけるためにお金を支払うことができれば、彼らに薬物売買や暴力事件に巻き込まれないようにする動機を与えることができます」

数ヵ月後、私は再び彼に会いに、シカゴのダウンタウンにある彼の事務所に行った。そこで彼は、クック郡刑務所に収容されている青年たちと話し、彼らがなぜ薬物売買の道に進んだのか、そのビジネスから足を洗うためには何が必要かを尋ねたことについて話してくれた。「安定した職」だからと彼らは答えたそうだ。時給は一二ドルから一三ドル。彼らが薬物売買に手を染めたのは、特にそれがしたかったわけではなく、彼らの地元ではそれ以外の職が見当たらなかったからであった。彼らにとって、それは自分と家族を養うための最も明確な道を示してくれるものだったのだ。

シカゴCREDは、二〇一六年秋に始動し、三〇人の男性が有給で廃墟の解体作業を手伝いながら、職業訓練やセラピー、その他の支援を受けた。しかし、シカゴCREDがギャングメンバーの支援に焦点を絞り、彼らの苦悩の深さを知るにつれ、プログラムは進化してきた。シカゴCREDのサービス戦略担当ディレクターであるポール・ロビンソンによると、約三分の一はホームレスで、半数は高校を卒業していない。そして、ほぼ全員が心的外傷後ストレス障害に悩まされている。

「大前提は、彼らに仕事があれば、違法な経済活動に参加する必要がなくなり、それが彼らの安全に繋がるということでした。我々に分かったのは、彼らがどれほど多くのことを必要としているかでした」とロビンソンは語った。それは二〇一九年四月のある雨の日のことで、私たちは、クック郡刑務所二階の反響音の大きな誰もいない廊下で、ロビンソンが二年以上にわたり指導してきた二四歳の男性、ジャモン・リンチを待っていた。リンチは聴聞会に出廷することになっていたのだ。

ロビンソンによると、現在シカゴCREDでの男性たちの最初の仕事は、路上生活と決別するためのスキルを身につけることである。彼らは、給付金をもらいながら町の南側と西側にあるいくつかのコミュニティセンターの一つに週に五日滞在し、住まい探し、高校卒業資格取得プログラム、セラピーなどの支援を受ける。また、彼らには一対一のライフコーチが付くが、そのコーチたち自身もほとんどが暴力や投獄の経験者で、メンターやガイドとして彼らを導いている。

生活が安定し、ギャングとの関係を断ち切ることができれば、シカゴCREDはその男性に過渡的な仕事を紹介し、常に定時に出勤することなどのスキルを教えて強化する。整備業や建設業などの肉体労働が多いこれらの仕事の給料は、彼らが自ら仕事を得られるようになるまで、シカゴCREDが支払う。

理想としては、彼らがその過渡的な仕事に従事するのは数ヵ月間だけで、その後、合法的な経済社会の中で納税者としての新たな生活を始め、暴力的な地域で育つ彼ら自身の子どもや他の子どもたちにとっての模範となり、安定をもたらすような存在になることである。

常に理想通りとはいかなかったものの、シカゴCREDはますます多くの人生に変化をもたらしつつある。二〇一六年から二〇一九年の間に、同組織は三五〇人近くの若い男性を支援した。[34]五〇人以上が高校卒業資格を取得し、九七人が就職した。同組織はまた、バスケットボールトーナメントの運営や、シカゴに住む何千人もの若者のための夏季限定の仕事への資金援助を行い、さらには、市内で最も暴力的な一五の地区で、ギャングメンバーに手を差し伸べて紛争を鎮めることを目的とした、地区ごとの大規模な取り組みを調整する上で重要な役割を果たした。シカゴの殺人事件は、二〇一六年から二〇一七年の間で一五%減少し、二〇一七年から二〇一八年の間でさらに一五％、二〇一九年には一三％減少した[35]。

「数字は事実ですが、私はいつも確認するようにしています。学校で子どもたちと話をするたびに『もう安全だと思う？』と尋ねるのです。でも、誰もまだ安全だとは感じていないようです」と、二〇一九年末にダンカンは話していた。「数字は事実でも、私たちはまだ転換点には達していないようです」

シカゴＣＲＥＤが暴力の減少にどう関わっていたかは明確ではないが、ダンカンは、組織とそのパートナーは市の根本的な変革に向けて正しい道を進んでいると信じていると語った。ＣＯＶＩＤ－19のパンデミックで全てが変わる前、彼らは二〇二〇年に殺人件数を二〇％減少させるという目標を掲げていた。そのように減少すれば、半世紀以上もの間で初めて、シカゴの年間殺人件数が四〇〇件を下回ることになる。ダンカンは、市や州の当局者に、危険度の高い男性に税金を投入して暴力との闘いを支援するように求め、それが道徳的に正しい判断であるだけでなく、財政的にも責任ある判断だと主張した。ボストン・コンサルティング・グループによると、二〇一八年に銃暴力がシカゴ市にもたらした損害は、銃殺一件につき一五〇万ドル、殺人未遂に終わった銃撃一件につき九七万六千ドルの、合計約三五億ドルだと推定されている[36]。

しかし、暴力の絡んだ人生から男性を解放するには時間がかかる。失敗は不可欠である。また、愛情のような献身性も必要だ。それは、ポール・ロビンソンが指導したシカゴＣＲＥＤ初期の参加者の一人で、銃撃事件の被害者でもあるジャモン・リンチから私が学んだことである。私がジャモンに会ったのは、彼がプログラムに参加して二年半経った頃のことで、彼はまだＣＲＥＤ

の資金提供を受けて仕事をしており、自らが誇りに思えるような将来のために毎日働いていた。「人生でしてきたことの大半は後悔しているが、過去に戻ってそれらを取り消すことはできない」と、コーヒーを飲みながら彼は言った。「俺にできることは、ただ変わることだけなんだ」

「今でも毎日痛みと向き合っている」

ジャモンは五人きょうだいの真ん中に生まれ、子ども時代は決して楽なものではなかった。彼の父親は不在がちで、刑務所に入っていることもあれば、母親から距離を置かれていることもあった。ジャモンは母親とは馬が合わず、彼女がなぜ虐待的な男たちとばかり付き合うのかが理解できなかった。彼は、母親が彼氏に殴られる姿を見るのが嫌いだった。一度だけ、その彼氏の一人が母親の目を殴ったとき、ジャモンは兄と一緒にその男に立ち向かい、ジャモンは箒で、兄はモップでその男を叩きのめしたという。ジャモンは当時一一歳だった。

一三歳のとき、彼は、退屈しのぎに他の少年たちと共に、町の南側にあるゴルフコースに向かった。「俺たちはゴルフカートを三台盗み、一般道路を走っていた。そしたらオーナーに見つかって止められたんだ」と彼は話した。彼らは注意を受けたが、それに従わなかった。それどころか、再びゴルフカートを盗みに戻った。そのときには警察が待ち構えていて、ジャモンは逮捕された。「頑固な坊主たちだったよ」と、ジャモンは振り返る。

彼が初めて重罪に問われたのは一七歳のときだった。彼の話によると、彼は三人の友人と退屈しのぎになることを探していたそうだ。彼らは、ミシガン湖にあるかつてのカントリークラブで、当時、警察の馬が飼育されていたサウス・ショア文化センターの厩舎《きゅうしゃ》に忍び込んだ。ジャモンは、友人たちと消火器を盗み、南七一番通りに停車していた車に向かって手当たり次第に噴射したという。しかし、誰かが三〇頭のうち二七頭の馬を厩舎から逃がし、馬にも消火器を噴射した結果、一頭の馬に目の火傷を負わせてしまった[37]。ジャモンは馬を傷つけたことには関与していないと主張していた。彼は馬が怖くて近寄ることもできないそうだ。しかし、あの晩、その場にいたことについては認めた。彼は強盗と警察動物への虐待の罪[38]で起訴され、一五七日間の投獄生活を送った。学校はその同じ年に、喧嘩で退学となっていた。その後、復学することはなかった。

今、子ども時代を振り返ると、他人を完全に信用することができなかったとジャモンは話す。彼が一番身近に感じていた人物は、自分を薬物売買の道へと引き入れた、近所に住む年上の男性だった。「一ヵ月ほどやって辞めた」と彼は言った。「俺には向いてなかったから」

彼の唯一の親友は愛犬で、タイソンという名の白黒のピットブルだった。「あいつはいつもそばにいてくれた」とジャモンは語った。あるとき隣人が、タイソンを売ってほしいと頼んできた。ジャモンがそれを断ると、その隣人は、車で犬の頭を踏み潰し、轢《ひ》き殺した。

激怒したジャモンは、その男を探しに行った。

「嘘は言わない。俺はそいつと戦いたかった。そいつの顔面をボコボコにしてやりたかった」とジャモンは言った。しかし、飼い犬を殺した男を見つけることはできなかった。それどころか、彼は六発も銃弾を受けることになった。銃撃犯は、ギャングへの仲間入りを果たすために隣人の指示に従って行動したのではないかと彼は考えている。幼少期からたくさんの傷を負ってきたジャモンであったが、これは全く新しいものだった。三年経った後も、まだ痛みを抱えていた。腰から膝まで金属棒が埋め込まれており、背中や左脚に違和感があるため、彼は長時間座ることができない。身体的な問題以外にも、銃撃事件以来、彼は自分がとてつもなく無防備で、無力だと感じるようになった。夜も眠れず、眠れたときには悪夢にうなされる。「今でも毎日痛みと向き合っている」と彼は言った。

二〇一六年、シカゴCREDはジャモンに、廃墟の壁を解体する数ヵ月間の仕事を紹介した。彼はあまり乗り気ではなかったが、家でじっとしているよりはましだった。そして、面倒だと思いつつも、高校卒業資格を得るためにオンラインで勉強を始めた。CREDで彼のライフコーチを務めたポール・ロビンソンは、彼が途中で投げ出すことを許さなかった。「ポールは飢えたサメみたいだ。ポールからは逃げられない。絶対に見つかるんだ」と、半分笑みを浮かべながら彼は話した。「もしポールと中学のときに出会っていれば、俺は刑務所に入ることはなかっただろう。絶対に。彼は俺がより良い人間になるのを望んでいる。自分では気づかなかった自分の中にある何かを、彼は見てくれていたように思うんだ」

その日の会話や後日電話で話した内容の中で、ジャモンはロビンソンが自分の人生にもたらしてくれた変化について何度も語っていた。彼がロビンソンについて繰り返し述べた言葉は「献身的」だった。彼は毎日のようにロビンソンに電話し、ロビンソンはいつも応じた。家庭の問題であろうと、金銭トラブルであろうと、ひどい上司のことであろうと、ロビンソンは常に、彼が最新の課題について考え抜き、乗り越えられるように手を差し伸べた。「毎日が新しいことの連続で、毎日ポールに電話していた」とジャモンは話した。仕事にも、将来の希望にも、女性にも、何に対しても全力を捧げたことがなかった自分に、誰かが全力を捧げてくれているということに彼は感動しているようだった。

「俺がトラブルに巻き込まれないように、どんな方法を使っても手を差し伸べられるようにと、常に全力を捧げてくれたポールの姿こそ、俺がなりたい姿なんだ」と彼は語っていた。「俺もポジティブな模範になりたい」

シカゴCREDの青年たちとこのような絆を結ぼうとしている他の指導者やライフコーチの多くとは異なり、ロビンソンは、彼らと似たような地域や境遇で育ったわけではなかった。彼は、ボストンの西に位置するマサチューセッツ州ウェイランドという、なだらかな丘陵地帯で、緑豊かな芝生と環状の車寄せを持つ家々があるような裕福な町で育った。

一〇代の頃、ロビンソンはジャモンと同じように、軽率な判断でトラブルに巻き込まれたことがあったという。しかし、彼の「裕福な白人少年」としての地位が、ジャモンが直面したような結果（退学し、刑務所に入ること）から彼を守った。「私がいた環境は、はるかに寛容でした」と、現在三〇代後半のロビンソンは私に言った。「ジャモンには、私に与えられていたものが何もなかったのです。もし私が彼と同じような環境で育っていたら、どうなっていたか想像もつきません」

ジャモンのセラピストで、CREDの臨床サービス担当ディレクターであるドナルド・タイラーによると、ジャモンとロビンソンの関係は決して些細なものではないという。大人との親密で思いやりのある関係が、子どもを有害なストレスの影響から守ることができるのと同じように、蓄積されたトラウマを抱え、脅威を感じたときに逃げたり戦ったりするように体が条件づけられている大人たちにとっても、親密で思いやりのある関係は重要だとタイラーは話した。

「ここの若者たちは、恐れることも逃げることも許されない状況で育っていて、戦うという選択肢しか残されていないのです」とタイラーは言った。親しい友人や指導者は、話し相手になったり、心を落ち着かせて回復させてくれる逃げ場となったりと、別の選択肢を提供してくれる。しかし、暴力を振るう危険性が最も高い男性の多くは、両親との間に肝心の支えとなるような関係を築けていない。彼らの親もまた、人種差別、大量投獄、隔離、劣悪な教育、良質な医療の不足など、何世代にもわたる重圧に苦しんでいる。「彼らの家族を責めてはいません」とタイラーは言う。「彼らの家族は、何世代にもわたって、トラウマとストレスを抱えているのです」

シカゴCREDは、一三歳から一七歳までの若い世代とその保護者を対象とした取り組みに挑戦している。プログラムでは、セラピーやケースマネジメントが提供される。保護者の多くはシングルマザーや祖母で、彼女たちもまた、貧困な生活による慢性的なストレスなど、対処されたことのない自身のトラウマを抱えている。タイラーは、最終的にはこれこそが、暴力の連鎖を終わらせるために必要なことだと考えている。すなわち、個々の少年や男性だけでなく、彼らの家族全体を支援することで、親や保護者が子どもに安定した生活を与えるための手段を増やすことである。しかし、家族というものは複雑で、彼らを支援する方法を考え出すのも複雑なことだ。

いています」

「なかなか困難な仕事です」とタイラーは言う。「保護者たちは長きにわたり多くの問題を抱えています」

銃暴力と家庭内暴力（DV）の関連性

二〇一八年に、アーン・ダンカン、ポール・ロビンソン、ドナルド・タイラーをはじめとするシカゴCREDのメンバーは、銃暴力と闘うためには、家庭内暴力（DV）にも目を向ける必要があることを学んだ。

その教訓は痛切にも、二人のCRED卒業生の死によって伝えられた。一人は、長年波乱に満ちた関係にあった恋人に刺殺された[39]。彼女との間には二人の子どもがいたそうだ。もう一人はCREDの初期の参加者で、最初に正社員として就職することに成功した者のうちの一人であった。プログラムの言わばスター的存在であった彼は、警察の報告書によると、恋人を殺害した後、自殺した[40]。

後者の男性が起こした犯罪に、シカゴCREDのスタッフは愕然とした。彼は感じの良い明るい男性で、薬物やアルコールを乱用することもなく、失敗してもすぐに謝り、償いをするような人だった。

しかし、彼の死後、CRED在籍中に書いた自叙伝の中に、彼の暴力の根源が見つかった。それはスタッフたちが見逃してしまった警告だった。彼は、薬物依存の母親に捨てられ、路上で生き延び、薬物を売り、自殺まで考えた、悲惨でトラウマに満ちた幼少期について綴っていた。

「頭に銃口を向けて、全て終わらせようと思っていた」と彼は述べていた。彼はその後、今まで見たことのないような愛情を見せてくれた恋人によって救われた。「僕の心に空いた穴は愛に満ちている。それは全て君のおかげだ」

他人の人間関係について、その関係が悪化する理由や暴力的になる理由などを完全に理解することは不可能である。しかし、心理学者のタイラーも含め、この男性を知るCREDの人々は、彼が恋人に別れを切り出されて、逆上したのではないかと考えている。彼は再び捨てられることに耐えられなかったのではないかと考えるのだ。

CREDの青年たちが恋人への暴力に苦しんでいることが示されたのは、二〇一八年に発生した死亡事件が最初ではなかった。セラピストやライフコーチたちは、それが、彼らの人生における共通のテーマであることに気づいていた。彼らの多くは、幼少期にDVを目撃し、ネグレクトや身体的・性的虐待を受けているとタイラーは言う。彼らはその経験から、身近な女性に対しても暴力を振るうようになったのだ。

「外で暴力的な男性が、家では普通の健全な関係を築けているというのは、かなり甘い考えなのではないでしょうか」とダンカンは話す。「私はもう『家庭内暴力』という言葉も使いません。それはただ単に暴力です」

二〇一八年に起きた殺人事件をきっかけに、CREDは、青年たちには健全な人間関係と健全な男らしさに関する教育が必要だと判断した。現在、彼らはトレーニングの一環として、シカゴALSO（地域サービス組織連合）が主導するワークショップに参加している。この組織は長年にわたり、DVとコミュニティ内暴力との関連性の調査と理解に努めてきた。それは、路上での暴力を、個人間で繰り広げられるDVとは異なる問題として扱うことの多い世界では珍しいことである。同組織の分析によると、殺人や銃撃事件を含む町内の紛争の八件に一件は、交際関係に起因している[41]。

たとえば、ギャングに所属する青年が恋人を虐待していた場合、敵対するギャングに所属する彼女の父親やおじから報復を受ける可能性がある。また、あるギャングメンバーの子どもを産んだ女性が、その男性と別れた後、別のギャングの男性と付き合い始めるとしよう。すると、子どもの父親と子育てを協力し合おうとすれば、彼女は信用できない者として、銃暴力被害に遭う危険性が高まる。「人々は孤立して生きているわけではありません。全ては繋がっているのです」と、シカゴALSOの事務局長であるロリ・クラウダーが語った。

もちろん、DVは男性が女性に対して行うものだけではない。多くの場合、男性も被害者であり、暴力的な環境で育ち、争いや対立を暴力で解決することを学んできた彼女から虐待されることもある。ジャモンも、別れと復縁を繰り返していたある女性との関係について、同じように語っていた。彼の話によると、彼女は酒癖が悪く、酔うと暴力的な喧嘩をふっかける癖があった。彼らは頻繁に言い争っていたが、彼女に物理的な力を行使したのは、彼が怒りを制御する方法を学ぶ前の一度だけだったと言う。「昔、母親が殴られるのをよく見てたから、とても嫌な気持ちになったんだ」と彼は言った。

ジャモンの物語は単純ではなく、終わってもいない。彼は今も自身の物語を紡ぎ続け、自分がどんな人に、どのようになりたいのかを日々選択している。大きな変化は突然起こるわけではない。それは、たとえ好きな仕事ではなくても毎日出勤し、気が進まなくても毎週セラピーに通い、怒りに支配されるのではなく怒りを制御することを一瞬一瞬、意識的に選択することから始まるのだ。

ジャモンは、プルマン・シュガー社の工場で働いた後、非営利の自然保護団体で草むしりをするなど、様々な仕事を経験した。私が会いに行った際、彼は半年前から同じ建設会社に勤めていて、時給一二・五ドルを稼いでいた。それは彼の人生において、最も安定した雇用だった。ジャモンによると、彼が仕事を続けられたのは、銃撃事件後に持て余していた自分の怒りをどうやって制御すればよいかを、タイラーが教えてくれたからであった。「些細なことでは怒らなくなった」とジャモンは言う。「俺が正気を失わないように、彼が手伝ってくれたんだ」

タイラーと会うたびに、ジャモンは自らの怒りについて打ち明けていた。そのたびに、タイラーは同じ質問をした。「君にとって人生で最も大事なものは何？」。ジャモンの答えはいつも同じで、それは彼の子どもたちだった。彼は子どもたちにとって良き父親でありたいと思っており、そのような広い視野を保てるようにタイラーが働きかけたおかげで、彼は日常生活での不満や失望感に対処するための戦略を手に入れることができたのである。「もし自分が馬鹿なことをしてしまったら、人生で最も大切なものにどんな影響が及ぶだろうか？　今では、何に対してもそのように考えるようにしています」とジャモンは語った。

建設業の仕事は彼にとって苦痛だったが、ロビンソンの勧めで給料日ごとに貯金するようになってからは、子どもたちを養えるという感覚に満足していた。彼には、シカゴに住む恋人との間に二人の息子がおり、テキサスに住む別の女性との間に娘が一人いる。彼はその子どもたちの模範となるような存在になりたかったのだ。

このようにして、ジャモンは人生を立て直そうとしていた。しかし、彼は再び逮捕されることになった。撃たれた後、彼は再び撃たれないよう非常に警戒していた。標的になるまいと決心し、身の安全と安心のために銃を購入していた。その決断のために、CREDに参加して一年半が経った二〇一八年四月、彼は銃器の不法所持によって再び手錠をかけられた。[42]

怖かったのだと彼は話していた。なぜなら、背が高くて強い黒人男性であるということは、シカゴの最も過酷な地域では、逆に脆弱であるように感じるからだという。ジャモンを見かけた男性は、彼に襲われることを恐れて、自分の身を守るために銃を取り出す。誰もが恐怖に陥っており、その恐怖が地域全体を危険にさらしている。「俺は悪人面《づら》をしていると言われることが多くて、人から怖がられる。みんな、自分の力を見せつけないといけないと思っているんだ」と彼は語った。「ここでの生活は大変だ。男として生活するのは大変なことなんだ」

彼は一瞬黙り込み「息子の背が高くならないことを願う」と言った。それは、自らの体格が引き寄せる危険を考えてのことだった。「息子のことで警察からの電話は受けたくない」

私がジャモンと顔を合わせたとき、彼は、銃器不法所持の罪で一三ヵ月間の自宅監視に置かれ、仕事とセラピー以外は基本的に寝室だけに閉じこもっていた。彼は、刑務所に収監されるかどうかの裁判官の決定を待っているところだった。毎月、裁判所に出廷し、その都度、判決は延期された。

彼は、テレビを見たり、ビデオゲームをしたり、仕事に行ったり、ロビンソンに連絡を取ったりしていた。昔の生活による重荷を背負ったまま、彼は新たな人生に向けて努力を続けた。銃器不法所持で告発されたことで目が覚めたと彼は言う。もっとしっかりしなければならないことを彼は理解した。シカゴを離れてハワイで暮らすことを夢見ていたが、ミズーリ州に移住したいと考える方が現実的なように思えた。そこも十分に遠く、行ったことのない場所だった。「俺は一生成功できないと言う人がいる。俺が死ぬと考えている人もいる」と彼は話した。「俺は誰も想像できなかったような人間になりたいんだ」

私は、テーブルを挟んでジャモンの向かいに座り、彼が怪我の痛みを和らげるために立ち上がって体を伸ばしながら自らの人生を語るのを聞いて、彼が直面した巨大な障壁について考えた。貧困、暴力的で分断された地域、人種差別、また、前科があり教育も途中までしか受けていない黒人男性であるという事実。この国の経済は、彼のためにどのような居場所を確保してくれるだろうか？　私はタナハシ・コーツが「賠償請求訴訟」（"The Case for Reparations," 2014）の中で説明する歴史について思い出した[43]。黒人の奴隷化から始まり、人種差別的な法律や政策を何十年も続けてきた歴史は、アメリカの黒人から様々な機会を奪っただけでなく、彼らの富までも奪ったのだ。

ＣＲＥＤには、そうした障壁を取り除いたり、歴史を塗り替えたりすることはできない。どんなプログラムにもそれは不可能だ。これらは制度的な問題であり、それを解決するためには、学校やコミュニティ、労働者の賃金や福利厚生、困窮している家族への支援など、制度的な変革が必要となるだろう。しかし、CREDはジャモンを、銃弾と交わらない安全な道へと導いていた。そして、彼がポール・ロビンソンやドナルド・タイラーと築いた関係は、彼が直面する困難を乗り越えられるようにする手段を与えていた。

シカゴで私がジャモンと初めて会ってから七ヵ月後、サンクスギビング［一一月にある米国の祝日］の数日前に、ロビンソンから朗報が届いた。裁判官はジャモンに対し、収監は不要という判決を下したのである。彼は六〇九日間の電子監視と自宅待機で、すでに罪を償ったとされた。これでようやく、彼は前に進むことができたのだ。

「頼れる誰かがいる」

CREDの目的が、命を脅かすような習慣に陥った青年たちの人生を立て直すことなら、BAMの目的は、より早い段階で少年たちに関わり、彼らの成長に必要なツールを与えることである。

ジャモンは、大人になるまで自分の父親を知らなかった。BAMにいる多くの少年たちも、父親のいない人生を歩んできた。ある一二歳の少年は、父親に会ったことがなく、保護者であるおじが少年の不在の父親の写真を車に置いて、街の中をドライブするときにすぐに父親を見つけられるようにしていると話してくれた。別の一二歳の少年は、前年に父親が投獄されたことをBAMの誰にも話していないと言っていた。それはまだ秘密だという。「父親がいないことを考えると、子どもは不安定になります」と、その少年は言った。

アンソニー・ラミレズ＝ディ・ヴィットリオは、シカゴの少年たちと長年接してきた中での試行錯誤から、BAMのカリキュラムを作成した。ラミレズ＝ディ・ヴィットリオもまた、父親との虐待的な関係から母親と共に逃げ出して以降、ほとんど父親を知らずに育った。スケートボードが趣味の彼には、ホワイトソックスと近所に住む友人たち以上に大切なものはなかった。BAMは、父親の不在から感じた悲しみや怒りから回復するために、彼自身が実施した取り組みをモデルにして作られている。一九九〇年代の男性解放運動から生まれたこの取り組みは、同じ境遇の人々と集中的な会合に参加する中で、お互いの心の傷を掘り起こし、それに対処することに挑むことで成り立っていた。

「父親不在の悪循環を断つためにこの取り組みを始めました。それが私がここにいる理由です。それこそがこの世界における私のミッションなのです」とラミレズ＝ディ・ヴィットリオは言った。彼は、筋骨たくましい五〇代のメキシコ系イタリア人で、BAMの世界では「トニーD」や「BAMファーザー」などの愛称で親しまれている。彼は、私が街にいる間にシカゴで一番の店に連れて行くと言い張った。そして彼が育ったサウス・サイド地区ブリッジポートにある州間高速道路の高架橋のそばの「リコベネズ」というピザ屋で、胃もたれしそうなステーキカツサンドを食べながら、BAMの背景について話してくれた。

トニーDは、父親のいない少年たちが感じる心の穴を埋め、彼らがいつか良き父親になるために必要なスキルを教えるプログラムを設計する中で、青少年の暴力問題にも重大な影響を与えるプログラムを生み出していた。シカゴ大学の犯罪研究室が、厳格な研究法として確固たる基準となるランダム化比較試験を二件実施し、驚異的な結果が示された。BAMに参加した少年が凶悪犯罪で逮捕される割合は、ＢＡＭに参加していない少年の半分であることが判明したのだ。

ＢＡＭの成功には当時のオバマ大統領も注目した。二〇一三年にハイド・パーク学園のＢＡＭサークルに参加したオバマは、二〇一四年に、オバマ政権が非白人の青少年に力を与えるために発案したプロジェクト「マイ・ブラザーズ・キーパー」にＢＡＭがインスピレーションを与えたと述べたのだ。

このプログラムはまた、マイクロソフト社の創設者で慈善活動家であるビル・ゲイツにも注目された。[44]彼は、二〇一八年にサークルに参加した後、少年たちが互いに親密な関係を築き、多くの悲劇に直面しながらも怒りに対処する能力を持っていることに「感銘を受けた」と述べた。現在、ＢＡＭはシカゴにある一三〇校以上もの学校に導入されており、七千人以上もの生徒にサービスを提供している。また、ボストン、ロサンゼルス、シアトル郊外、そして大西洋を越えてロンドンにまで進出している。

トニーＤが故郷のために開発した方式が、別の場所でも通用するかどうかはまだ明らかではない。それは、シカゴでＢＡＭが機能している理由もまだ完全に明らかではないからということもある。

ＢＡＭカリキュラムの開発を始めた二〇〇一年当時、トニーＤは、プログラムの運営と成長を後押ししてきた非営利団体ユース・ガイダンスに所属し、学校で働いていた。何年もの間、彼はシカゴで唯一のＢＡＭカウンセラーだった。もともと、少年たちの履歴書作成支援に携わっていた彼だが、男性解放運動の後退により心に火がつき、それを生徒たちと共有したいと思うようになった。そこで、彼は履歴書を無視し、少年たちを集め、彼らが人生について語れるサークルを設けた。このサークルは、秘密が守られる中で少年たちが自らの苦悩を打ち明け、弱音を吐く練習をすることができる安全な場所となった。

「だからBAMは成功しているのではないでしょうか」と彼は言った。「我々は自分の優しさを受け入れます。それは女性らしいスキルとして受け入れられているのではありません。優しくあるということは、男らしいスキルでもあるのです」

集会の初めに行うチェックインで、少年たちは気になっていることを何でも共有する。次に、問題解決と協力が必要となるグループ活動が行われる。その後、お互いが課題に対してどのように向き合い、グループの成功をどう妨げたか、あるいは支えたかについてフィードバックを与え合う。話し合いは、誠実さ、説明責任、自己決定、目標設定、ポジティブな怒りの表現、女性の尊重の六つの基本的価値観に基づいて展開されている。

BAMのカウンセラーは、少年たちがどのような選択をすべきか、あるいはすべきでないかについて、あえて教えないようにしている。彼らはすでに、先生に従うべきだとか、宿題をするべきだとか、授業をサボったり、薬物に手を出したり、ギャングに入ったりするべきではないなどの小言を、何千回も聞かされているとトニーDは考えたのだ。そこで彼は、ソクラテス式のアプローチを採用し、少年たちに何ができていて何ができていないかを振り返ってもらうことにした。先生とトラブルになった原因は？　それはどういうことなのか？　喧嘩している理由は？　君はそういう人間なのか？　自分が本当になりたいと思う姿になれているのか？

少年たちは、日々の生活の中に隠れた痛みや葛藤を打ち明けることで、称賛を得る。「私はこう言います。『これこそ真の男のなせる業《わざ》だ。自分自身を見つめ直しているのだから』と」とトニーDは言う。

彼は、少年たちが自分のなりたいと思う姿にそぐわない選択をしたとき、心の中で違和感を感じられるような体内指針を作れるよう手助けしたいと考えていた。その違和感は、トニーDが高校時代に、ハイになるためにスプレー塗料を盗んだり、授業に出ずにスケートボードを乗り回したりしていたときに感じたものだ。そうした選択は、気分の良いものではなかった。違和感があった。その違和感があったからこそ、彼は最終的に方向転換することができたのだ。

「私が最も重要視しているのは、脆弱性や自己反省のスキルを身につけ、自分の心の奥深くに分け入ること、そして、これらの基本的な価値観を判断のバロメーターとすることです」と彼は言った。

ＢＡＭの影響を研究してきたシカゴ大学の研究者たちは、少年たちにどのような振る舞い方をすべきかを教える代わりに、少年たちが自らの考えを振り返るためのスキルを磨くことに重点を置いていることが、プログラムの成功に繋がっていると考えている。

このような反省は、チェックインの際に行われる。たとえば、ＢＡＭの仲間の一人を笑った少年がいた場合、カウンセラーはその少年に、笑うという決断をした際に自分の中で何が起こっていたのかを説明するよう促す。また、グループで行うゲームでも、カウンセラーは少年たちに、各々が取った決断の理由について振り返るよう求める。

これらの実践は、ノーベル賞を受賞した心理学者のダニエル・カーネマンが「遅い思考」と呼んだものを少年たちが身につけるのに役立つ[45]。我々は皆、特定の状況に対する自動的な反応を身につけ、世の中でより効率的に動けるようにするための近道を持っている。これを「速い思考」と呼ぶ。行動科学者のアヌジ・シャーによると、BAMは、少年たちが自らの選択肢を検討するための時間を取り、衝動的な反応を避けるのに役立っているそうだ。これは、行動規範が大きく異なる様々な環境を常に行き来している若者にとっては、特に有効なスキルである。街中では反撃することが理に適っているとしても、それは教室で静かにするよう注意する教師への反応として適切とは言えない。

BAMのアクティビティの一つに、少年たちが三〇秒間でパートナーからボールを手に入れるというものがある。ほぼ例外なく、少年たちは相手から無理矢理ボールを奪おうとする。フィードバックの際にカウンセラーから質問されると、少年たちは、力ずくでボールを奪わずとも、単純にボールを渡してと言えばよかったのだと気づく。「この演習は、プログラムの他の多くの演習と同様に、自分が置かれている状況をより慎重に考えるよう若者に教えるものだ[46]」とシャーらは述べる。

「遅い思考」の仮説を検証するため、研究者たちは、BAMに参加している少年たちと、参加していない少年たちに、争いの中で決断が迫られるようなゲームをさせた。BAMの生徒たちは決断までに八〇%長く時間をかけていた。文字通り、彼らは思考するのにより多くの時間をかけたのである。我々は、犯罪を犯す人が意図的に悪い選択をしていると思いがちである。そのため、犯罪防止策の多くは人々が違う選択をするよう説得することに焦点が当てられているとシャーは言う。しかし、それらの取り組みの多くは、失敗に終わっている。それはおそらく、人の選択は実際にはそれほど意図的ではないからであろう。BAMに関する研究では、時間をかけることで、人は自動的な衝動に支配されずに、建設的な判断ができるようになる可能性が示されている。「私たちが思っているほど、意図的ではないことが多いのです」とシャーは言った。「人は、あまり深く考えていないのかもしれません」

しかし、シャーの「遅い思考」とトニーDの基本的価値観が少年の人生を変えるために必要である一方で、少年たち自身は、時間と誠意のみで得られ、それゆえに規模を拡大することが難しいもう一つの要素があることを認めている。それは、人間関係である。

ハイド・パーク学園で三年間BAMのプログラムに参加した卒業生で、二〇一四年の「マイ・ブラザーズ・キーパー」の発表時に、ホワイトハウスでオバマ大統領を紹介したクリスチャン・シャンペインは、BAMの少年たちとカウンセラーの間には、他にはない兄弟愛がある、と話した。

クリスチャンによると、BAMに参加する少年や男性は、一人ひとりをきちんと見て、食事を十分に取れていなかったり、友人を銃撃で失って悲しんでいたりなど、一人ひとりが抱えている課題に、教師にはできないような方法で向き合ってくれるという。そしてそのことが、プログラムが尊ぶ価値観に沿って生きようとする責任感を生み出すのだ。

「自分の行動をより意識するようになります。頼れる誰かがいて、その人を失望させたくないと思うようになるのです」。オバマによる大統領図書館の建設予定地からほど近い、ジャクソン公園の北側にあるイタリアンレストランで、イカのフリットを分け合いながら、彼はこのように話した。「誰にも失望されたくなくて、努力する、本当に努力することを想像してみてください」

私が会ったとき二三歳だったクリスチャンは、ハイド・パーク学園の高校二年生のときに初めてサークルに参加し、衝撃を受けたという。彼は友人から、シカゴ・ブルズの試合チケットが無料で手に入るときがあると聞き、サークルに参加した。しかし、普段廊下ですれ違う屈強な男たちが、警戒心を解いてお互いに感情をさらけ出している様子を見て、この活動に夢中になっていった。

プログラムでは、成績だけでなく、女性関係についても責任を負うことを求められたと彼は言う。クリスチャンは、満面の笑みと縮れ毛の長い髪が印象的で、人を惹きつける力がある。女の子たちはいつも彼に好意を寄せてきたが、彼は健全な人間関係というものを理解していなかった。六人きょうだいの末っ子である彼は、父親を知らず、常に恋人に虐待されている母親のもとで育った。

彼が恋人を裏切って浮気をしていると打ち明けたとき、BAMの男たちは、彼女がそのような扱いを受ける理由はないと言った。彼女は尊重されるべきだと。「それについては僕は最低でした。彼女への接し方を間違っていた」とクリスチャンは話してくれた。「BAMの集会はあまりにも居心地が良くて、ついいろいろと喋ってしまうのです。そうすると、みんな理解してくれて、自分が間違っていた点や改善できる点について、夢中になって指摘してくれます。そうやって学んでいくのです」

彼が恋人に言葉の暴力を振るっていたことに気づいたのもBAMでだった。彼は、それが男らしい振る舞い方だと考えていたのだ。「言い争いになって、人に暴言を吐き散らすのは、怒りや苛立ちを発散する方法としては、あまり前向きではありません」と彼は言った。「BAMは、自分の感情について話すことを教えてくれました。誰かを罵るのではなく、その瞬間の気持ちを明確に表現する方法を教えてくれたのです」

ハイド・パーク学園を卒業した後、クリスチャンは、アトランタにある歴史的に黒人男子ばかりが通うモアハウス大学に入学した。彼は授業料の支払いにストレスを感じ、地元が恋しくなった。その上、生まれつきずっと悩まされてきた鎌状赤血球症の症状で入院することになった。BAMはクリスチャンのこれらの大きな問題を解決することはできなかった。しかし、彼は自らの苦悩について誰かに話したくなり、BAMの存在の大きさを改めて強く感じたのである。

モアハウスを中退し、シカゴに戻った彼は、少しの間ユース・ガイダンス（BAMを運営する非営利団体）で働いた後、ウェスタン・イリノイ大学に入学した。私が彼と会ったとき、彼は卒業までにあと数回分の講義が残っているだけだった。彼はBAMの担当カウンセラーであったマルショーン・ベーコンと今でも連絡を取り合っており、BAMサークルの代わりに日記を付けることで、自らの感情や課題と向き合うことを学んでいた。

クリスチャンについて話を聞くためにベーコンに連絡を取ると、彼は「青年が自らの回復力を見出す手助けをするのは、ある意味、芸術的なことです」と言った。「我々はこの青年たちの中にある光を見ています。我々はその輝きを見て、育てたいと考えるのです」

バーナムで出会った中学二年生たちもクリスチャンの意見に同意する。彼らの話によると、BAMの特別なところは、カウンセラーであるジャーヴィス・バークスと彼が作り上げた空間だった。その空間で少年たちは、からかわれることを気にせずに心の内を正直に明かすことができ、秘密が漏れることを恐れずに、困難でプライベートなことを話せるのだ。

バークスは父親のような存在だと、ある少年が何気なく話していた。彼はいつもそばでBAMの少年に手を差し伸べてくれるが、彼らが過ちを犯したときは、それを見逃すことはない。むしろ、彼は少年たちに多くのことを期待していて、それこそが父親のように感じさせるのだろう。

BAMやCREDは希望に満ちており、彼らとこのようなプログラムは、シカゴのみならず、全国の青少年が直面している問題の解決策になると信じたくなる。しかし、当然のことながらそうではない。プログラムを通じて少年と年上の指導者との間に築かれる関係や、そこで教えられるスキルは必要ではあるが、それだけでは不十分である。人種差別、経済的危機、資金不足で時に機能不全に陥る学校、コミュニティ内暴力、家族間での争いなど、多くの少年たちの人生を形づくる巨大で有害な力は、それだけでは消し去ることも覆すこともできないのだ。

COVID-19のパンデミックによって、シカゴではそれが痛切に感じられるようになった。新型コロナウイルスが蔓延し、経済が停滞する中、失業率は上昇し、暴力が急増した。

アーン・ダンカンとシカゴCREDは、二〇二〇年には殺人事件が二〇%減少することを願っていた。しかし、二〇二〇年の六月末時点では、銃撃事件が急増し、市は三二九件の殺人事件を記録していた。二〇一九年の同時期と比べ、三四％も増加していたのだ。
殺害された者の中には、あまりにも多くの子どもたちが含まれていた。その一人はBAMの生徒で、バーナム出身の少年だった。彼は、七月のある週末に撃たれた六四人の中の一人で、死亡した一一人のうちの一人だった。[47]
同じく七月に、クック郡刑務所にいたジャモン・リンチから電話がかかってきた。DVの容疑で逮捕され、勾留されたのである。彼は、（別れと復縁を繰り返していた）彼女に手を上げてはおらず、彼から十分に構ってもらえなかった彼女が、警察に話をでっち上げたのだと主張した。告訴は棄却されたものの、仮釈放中の遵守事項違反により勾留されたままだと彼は話していた。勾留状態がいつまで続くかは分からないそうだ。
ジャモンの彼女に何が起きたのかを尋ねたが、そのことについては話したくないと言われてしまった。ジャモンの指導者であるポール・ロビンソンは、彼女の職探しを手伝っていると言っていた。彼女が、ジャモンとの間に生まれた二人の幼い息子を養えるように、彼は自分にできることをしようと考えたのだ。

第7章　ハリーにサリーが必要な理由——男子校が時代遅れにならないために

デ・ラ・サール高校は、全国的に有名なアメリカンフットボール部を持つカトリックの男子校で、#ＭｅＴｏｏのハッシュタグが話題となる数ヵ月前に、何件かの性的暴行事件で注目されていた。二〇一六年、そして二〇一七年にも、デ・ラ・サールのアメフト選手二人が、通りの向かいにある姉妹校の女子生徒を二人レイプしたのである。少年たちは有罪判決を受けた。

サンフランシスコから北東に四八キロほどの所にある丘の上のその学校に、報道陣が押し寄せた。外にはテレビ局のバンが駐まり、授業に向かう生徒たちに記者たちが迫った。生徒と保護者、学校管理者は「有名なアメフトプログラムにレイプ問題《プロブレム》が」というネタに、マスコミがある種の喜びを感じているのではないかと疑った。デ・ラ・サール・スパルタンズは、一九九一年から二〇〇四年までの間に、アメリカの高校アメフト史上、最長の記録である一五一連勝を達成していた。その記録は、ＳＩ誌のページを飾り、記念として二〇一四年にはハリウッド映画『コーチ・ラドスール　無敵と呼ばれた男』が製作された。しかし、今となってはその伝説は汚され、デ・ラ・サールの少年たちからは、外部の人間がこの事件にある程度の満足感を得ているように見えた。

少年たちは攻撃されているように感じていた。まるで、連帯責任によって自分たち全員が有罪と見なされ、他校では起きたことのない事件であるかのように特別視されていると感じたのだ。「たった一つの悪い行いで僕たち全員を批判することはできない」と、二〇一九年に卒業したアメフト選手の一人、ガナー・ラスクは言った。

とはいえ、レイプ事件に対する世間の反応が少年たちの防衛意識やプライドを刺激する一方で、学校側は、少年たちが学んでいたセックス、ジェンダー、性的同意に関する授業の見直しと改善を余儀なくされた。「我々はこの問題をきっかけに、できる限りの変化を起こす必要がありました」と、社会科の教師で、アメフトの代表チームの主任コーチであるジャスティン・アランボーが語った。

ブレット・カヴァノーに対するクリスティン・ブラジー・フォードの告発によって、カヴァノーの母校であるジョージタウン私立男子校がメディアの注目を集めて以来、全米の男子校は、昔ながらのジェンダーステレオタイプを育んでいるのではないか、男性の権利を助長しているのではないか、少女や女性の基本的な人間性に対する少年たちの意識を麻痺させているのではないかという鋭い疑問に直面してきた。

全米で、男子校に通う子どもはごく一部に過ぎない。しかし、由緒ある男女別学の学校の卒業生の多くが、政治、ビジネス、そして市民社会において、権力のある地位に昇り詰めていることを考えると、男子校のあり方は私たち全員に関係していると言えるだろう。最高裁判所が良い例である。九人の判事のうち、六人が男性で、そのうちの四人は男子校の出身なのだ。[1]

カヴァノーの指名直後に浮上した男子校に対する疑問を受けて、多くの学校は、セックスや人間関係について教えるより良い方法を見出すために、より一層の労力を費やすことを余儀なくされた。そして同時に、一日中女子のいない空間で男子が学校にいることの意味は何なのかという根本的な疑問について（多くの学校では初めて）検証せざるを得なくなったのである。

「男女別学教育に焦点を当て、ジェンダーに注目しているこれらの学校が、自らジェンダーについて語らないのは、まさに最大の皮肉です」と、一五年以上、イエズス会の男子校に勤めたことのあるクリスティン・ロス・カリーは言った。ロス・カリーは、男子校で働く女性職員の経験に関する博士論文を書いている。カヴァノーの承認争いの翌年、ジェンダーや性差別の話し合い方に関する指導を求める男子校が増えたと彼女は言う。「これはもはや一部の人々だけが思い悩んでいることではありません」と彼女は言った。「皆がこのことに関心を寄せています」

実際、国際男子校連合が二〇一九年六月に、三三〇校以上の学校の管理者を対象に実施した機密調査によると、男子校の校長たちは「健全な男らしさの概念」を最も重要な課題として挙げている。[2]

ワシントンDCの四年生から一二年生［年齢としては日本の小学四年生から高校三年生にあたる］までが通う名門のセント・オールバンズ校では、生徒はブレザーとネクタイを着用し、その多くがアイビーリーグを目指す。同校の校長のジェイソン・ロビンソンは、男子校は今、存続の危機に直面していると考えている。生き残るためには、少年に男らしさをどのように教えるのかに関する国民的な議論を受け入れなければならないと言う。二人の娘を持ち、男女共学と男女別学の両方の学校で働いてきたロビンソンは、男子校は、男性に関する古臭い概念を強化するのではなく、むしろそれを削り取ることが十分に可能だと主張すべきだと考えている。「我々には人々のステレオタイプを打ち破る機会がある」と彼は言った。

しかし、少年や男子校に対するステレオタイプを打ち破るには、ロビンソンは、伝統が深く染み込んだ学校で真の変革をもたらすという難題をこなさなければならない。他の男子校や多くの男女共学校と同様、セント・オールバンズは、深く根付いた性差別と闘っている。

ロビンソンが校長に就任したのは二〇一八年夏のことだ。その直後に、カヴァノーの承認争いがワシントンのエリート男子校界を揺るがし、国家権力の中枢を目指す少年たちに男子校は何を教えているのかと、新たな注目が集まった。カヴァノーが卒業した一九八三年度のジョージタウン私立学校卒業アルバムに書かれた下品な言葉の数々が全国的な話題となる中、セント・オールバンズの卒業アルバムにも、性差別的な中傷や、セックスや少女の体への露骨な言及がなされていたというニュースが浮上した。[3]それはちょうど校長就任の三年前の出来事で、同じ年度に、セント・オールバンズの男子生徒による性的不正行為を記したグーグルドキュメントが、姉妹校に通う女生徒たちによって拡散された。[4]「まさに非難されるべきだ[5]」と当時ロビンソンは語っており、そのとき彼は尊敬と尊厳を守る文化を構築することを誓った。

数ヵ月後、ロビンソンは保護者に向けたスピーチで、男子校は男らしさに関するステレオタイプに挑むユニークな場所であると主張した。[6]彼は、ある高校生が年度初めのチャペル講演を実施したときのことを取り上げ、講演後、クラスメイトたちが握手やハグで少年を祝福し、誇らしさや友愛を無意識に示していたことについて語った。「大好きだよ」と彼らは言い、少年も友人たちの目を見て「俺もみんなが大好きだよ」と返したのだという。

ワシントン大聖堂の敷地内にあるゴシック様式のセント・オールバンズ校のキャンパスは、ハリー・ポッターのホグワーツ校を彷彿《ほうふつ》とさせる。その中にある木の壁に覆われた校長室でロビンソンは、男子校はアメリカの教育機関の中でも、男らしさと有害さを同一視せず、少年たちの感情的な部分も見て育て、演劇や歌唱などのような、男女共学の高校では男らしさに欠けると考えられている活動を意識的に追求するよう促す、数少ない教育機関であると説明した。

私が訪問したデ・ラ・サール高校をはじめとする他の男子校でも、同じ主張がされていた。彼らは男子校について、少年を称え、少年が男らしさに関する因習に異議を唱えられる空間を意図的に作り出す珍しい場所だと考えている。「彼らは男であることを愛し、問い直さなければならない」と、二〇〇九年にカリフォルニア州バークレーでイーストベイ男子学校を共同設立したジェイソン・ベイテンは言った。カリフォルニア大学バークレー校の近くにある教会で出会ったそこの生徒たちは、世間から強いられる枠組みについて気軽に話し、ステレオタイプや期待に逆らう自らの努力についても嬉しそうに語ってくれた。十数人の生徒に、将来、専業主夫として子育てをしたいかと尋ねたところ、ほぼ全員が手を挙げた。彼らは、学校が自分たちの少年としてのエネルギーを受け入れ、選択科目のレスリングや、電動工具や鍛冶場を備えた伝統的な工作授業などを提供するのと同時に、自分らしくいられる場所も用意してくれていると誇らしげに話してくれた。

「『男子は男子でしかない』という表現がありますよね？ ここでもその通りですが、それは、男子は何にでもなれるということです」と中学一年生の少年が話してくれた。「クリエイティブな人になることも、思いやりのある人になることもできる。日々の社会生活の中でステレオタイプに縛られる必要はないのです」

セントルイスにあるイエズス会の男子高校では、三年生たちがスマホを持たずに四日間を共に過ごした最近の合宿について語ってくれた。そこは、互いに抱き合い、涙を流し、「大好きだよ」と言い合える、安心できる空間だった。彼らは、それが自分たちの学校の素晴らしいところの一つだと話していた。仮面を脱ぎ捨て、無防備でも安全でいられる機会を与えてくれている、と。デ・ラ・サール校でもそうした合宿が伝統行事として行われている。それらを主催する学内教会のディレクターであるロジャー・ハセットに会いに行った際、彼はプライドTシャツ［LGBTQの誇りを支持する考えを示すTシャツ］を着ていた。カトリックの学校でそれを見るとは想像もしなかった。ハセットは、こうした合宿を通して、男は決して弱さを見せてはいけないという観念について、少年たちが考え、それに異議を唱えることができるようにしている。合宿では毎回、アルコール依存症から断酒に至るまでの自らの体験を話す。そして、合宿のたびに、彼は涙を流すそうだ。「あなたは僕が出会った中で最も感情豊かな人です。そんなあなたと出会えたことで、僕はより強い人間になれました」と、後にある少年は彼宛ての手紙に書いていた。「あなたを見ていると、泣きたいときや誰かを抱きしめたいとき、あるいは誰かに愛していると伝えたいとき、そう思うのは自分だけじゃないと思えるのです」

女子校を支持する者たちは長きにわたり、男子生徒がいないことで、女子生徒は堂々と強く、賢く、そしてより自分らしくいられると主張してきた。男子校でも同様に、女子生徒のいない独特な空間であるからこそ、格好悪くて許されないとされる自分の一面を知ることができるのだという主張がされている。

これらの学校の男子生徒に話を聞くうちに、私は、学校の目標が、男女混合の場でも彼らが完全に自分らしくいられるようにすること、そして性差別に抵抗するために必要なスキル、経験、理解を彼らに与えることになればと願うようになった。男子が男女別の空間でのみ無防備になるのではなく、女子に対しても気を緩めることができれば、それは大きな変化をもたらすのではないだろうか？　また、女子が完全にありのままの姿であるところや、完全な人間であることを少年たちが知ることができれば、それは彼らにとって力になるのではないだろうか？

国際男子校連合の事務局長であるデイヴィッド・アームストロングによると、校長たちは、女子生徒との日常的な関わりがないことが自分たちの学校の唯一の弱点だと考えるようになってきている。優れた男子校を運営する上で、男子生徒たちに大学やその後の人生に本当の意味での備えをさせるためには、女子と交流させる必要があることに、彼らは気づき始めているのだ。驚いたことに、アームストロングは声に出してこのことを認めた。男子校とはその名の通り、女子生徒のいない場所であり、それは入学希望者やその保護者への謳い文句でもある。そして今、彼らは自分たちの学校が必要としているものは、女子であると認識しているのだ。

セント・オールバンズ校で、ジェイソン・ロビンソンが新校長として優先すべきことの一つは、近隣にあるナショナル・カテドラル女子学校とより密接に連携を取り合い、生徒たちがパーティーやダンスパーティー以外でも女子と交流する機会を持てるようにすることだと話していた。一部の生徒もそれを望んでいた。カヴァノーの公聴会後の二〇一八年、セント・オールバンズの高校四年生のジャック・トンガーが、ナショナル・カテドラル校の生徒、イザベラ・ハウルと手を組み、性差別や性暴力と闘うための男女混合グループを結成した。赤髪の縮れ毛に控えめな性格のジャックは、セント・オールバンズの生徒から性的暴行を受けたという友人の話を聞いたことがきっかけだと話している。彼女の話を聞いたジャックは、性的暴行をより身近な問題として捉えるようになり、それをどうにかしたいと考えるようになった。「このようなことがここであってはならないと思いました。僕たちは、こんなことがもうここで起きないように、何としてでも阻止しなければなりません」と彼は言った。

彼が結成したグループは、女の子に対して一線を越えることなく好意を示すにはどうしたらよいのかという、少年たちが抱く切実な疑問や不安を共有できる場所となっていた。ある少年は女の子にキスしたことを話し、その子からキスは返ってきたけれど、その後、彼女が体を引き離したため、どうすればいいか分からなかったとグループに話した。彼は何か間違ったことをしたのだろうか？（イザベラは「私たちは彼に、『キスしてもいいかな？』みたいな感じでいいんだ、と伝えました」と言った。「私たちのモットーは、最後に間違って誰かを傷つけるより、少しばかりの気まずさを我慢してお願いする方がいいということです」）

また、このグループは少年たちが（何人かにとっては初めて）、女子であるとはどういうことかを考える場所となった。ジャックの友人で、二〇一九年度の卒業生の一人であるリアム・チョークは、女の子たちが、性暴力を避けながら、ふしだらに思われない程度に性的関心を示すというプレッシャーを乗り越えるために、どれほどの労力を使っているかを学んだという。「男子には考えたこともないようなことだ」と彼は言った。

私は、人類の残りの半分がどのように生き、どのように感じ、どのように世界を体験しているのかについて、少年たちが理解しようとしていることを嬉しく思った。しかし、男子校で性差別に対抗するための手段が、女子ともっと交流することであるならば、男子校は果たして必要なのだろうか？

「女子と関わる方法が分からない」──男女別学教育と社会的スキル

二〇〇六年にジョージ・W・ブッシュ政権の教育省が作成した新規則により、連邦法に抵触しない範囲で、公立学校区に、一部に男女別学クラスを設置したり、完全に男女別学の学校を開校したりする自由が与えられて以来、アメリカの男子校はかつての人気を取り戻してきた。その一方で、男子は女子に比べて学業において、特に読解力の面において後れを取っていることが明らかになり、「少年の危機」が懸念されるようになった。ニューヨーク・タイムズ紙によると、二〇〇四年から二〇一四年の間に、男女別学の公立校や教室の数は増加した。[7] これは、男子校の学校管理者が拠り所とする著書を執筆した、作家のマイケル・グリアンや医師のレナード・サックスを筆頭とする伝道師たちによって、男子とその脳は女子とは根本的に異なり、異なる教育法が必要だという考えが売り込まれたからである。また、全米のいくつかの大都市では、低所得の非白人の少年たちの将来をより良いものにするための戦略として、男子校は人気を博してきた。

アメリカの学校で、男子校や女子校を支持する声が上がる中で、アメリカ自由人権協会（ACLU）、フェミニスト・マジョリティ財団、そして男女別学教育の科学的根拠とされるものに異議を唱えたフェミニストの学者集団からは、激しい批判の声も上がった[8][9]。彼らは、男女を分けることには、子どもを人種別に分けるのと同様に、倫理性も、有効性も、必要性もなく、時代遅れなジェンダーステレオタイプを強化する学校を増やすだけだと主張した（ACLUは、二〇〇三年の「教師のための指導書」などのグリアンとサックスの著作について指摘する[10]。同著作でグリアンは、女子は「生物学的な理由で」数学に弱いと述べた。男子は一日に複数回分泌されるテストステロンによって空間認識力が高められるのに対し、女子のエストロゲンレベルは月に一度の月経時にしか上昇せず、それゆえに女子が数学などのテストで良い成績を残せるのは「月に数日間」だけだという[11]。また、女子が「高校での物理や微積分を習得できないことが多いのは、全てが黒板に書かれ、男子生徒や教師があまりに速く先に進んでいくためである」と述べた[12]）。

ジェンダーと教育をめぐる論争が注目を浴びる中、男女別学教育に関する研究の多くは、学業やキャリアへの影響に焦点を当ててきた。男女別学教育に対する激しい賛否両論の声がある一方、平均的な男女共学校の生徒と平均的な男女別学校の生徒の社会経済的・人口統計学的な違いを統制すると、男女に大した違いはないことが判明している[13]。

しかし、女子校や男子校に通うことは、異性に対する印象や異性との交友関係を含め、子どもの社会生活にどのような影響を与えるのだろうか？　それについては研究がまだ進んでおらず、学者たちは明確な答えを導き出せていない。二〇一二年に、ロンドン大学のイギリスの研究者グループは、次のようにまとめた。「この分野は、大した証拠がないまま、強い意見だけが飛び交っている」[14]

一般的には、男の子同士で日々を過ごすことで、女の子に対する接し方に影響が及ぶと考えられる。そして、それはいくつかの研究によって裏付けられている。二〇一八年に香港大学の心理学者グループは、男女別学の学校に通う高校生は男女混合の交友関係が少なく、男女混合の集団においてより不安を感じることを発見した。[15] こうした違いは、生徒たちが大学に進学した後も続いた。この結果から、男子校に通う少年は、職場や異性間交際における女性との繋がりを感じにくくなる可能性があると、研究の筆頭著者であるワン・アイビー・ウォンは言う。また、一九五八年に生まれたイギリスの子どもたちの人生経験を研究したロンドン大学の研究者によると、男子校を卒業した者たちは、男女共学の学校を卒業した者と比べて、中年期までに離婚する可能性が高いことが判明した。[16]

もちろん、男女別学の学校を卒業した者でも、十分に幸せな結婚生活を送り、男女混合の職場で生産的に働いている者もいる。しかし、一部の生徒や卒業生は、自らの経験によって、少女や女性を理解しようとする際にハンディを負っているように感じると話した。彼らは、女子と友達になるという考えが理解できないというのだ。それは、ビリー・クリステルが一九八九年のラブコメ映画『恋人たちの予感』（*When Harry Met Sally...*）で言ったように、「セックスがいつも邪魔をする」からである。

三〇代後半のある男性は、母親に無理矢理行かされた男子校に、はじめは抵抗を感じていたものの、しだいに学校が大好きになっていったと語ってくれた。一人っ子だった彼は、アメリカンフットボールを始めたことで友人ができ、自らの殻を破ることができた。しかし、思春期のほとんどを男子とだけ過ごしたことで、女子と交流することに「発達の遅れ」を感じていたと彼は言う。彼女を作ることはできたものの、女友達は全くいなかった。「どうやら私は、女子と付き合いたいと思うことなく、彼女たちと関わる方法が分からないようです」と彼は言った。

このように、卒業後に男女混合の大人社会で時間を過ごした後に、男子校での経験を見直し、男女別々の環境について異なる見解を持つようになる者は珍しくない。トロントにある由緒あるカトリック系男子校で、ホッケーのスター選手を輩出していることで有名なセント・マイケルズ・カレッジ出身のリアム・マザーは、そこで過ごした中学・高校時代を大切に思っている。彼は、スポーツは得意ではなかったが、やりがいのある授業、討論クラブ、生徒会、そして他の少年たちとの親密な交友関係が大好きだった。そこで彼は大いに成長した。しかし、二〇一三年に卒業し、モントリオールにある男女共学のマギル大学に進学した後、男子校で過ごした六年間に疑問を抱くようになった。

セント・マイケルズ校では、パーティーやダンスパーティーのときにしか女子を見かけることがなく、そこではセックスが目に見える形で期待されていた。教室や廊下では、男子が女子について、自らの考えや才能、関心事を持った一人の人間としてでなく、欲望の対象物として、下品な言葉で言い表すことが普通だった。男子が女子についてどう話すかが、彼らの女子についての考えをそのまま反映していた。そして、彼らが発した言葉や示した態度は、ほとんど指摘されることなく見逃されていたとリアムは言う。しかし、大学で、そうした言葉や考えが女性にとってどれほど傷つくものであるかを彼は実感した。「ちょっとした衝撃でした」と、彼は現在住んでいる北京のアパートからスカイプを通して話してくれた。

カヴァノーの公聴会をきっかけに、彼の不安は強まった。メディアが描くジョージタウン私立学校に関する不愉快なイメージは、セント・マイケルズとよく似ているとリアムは思ったのだ。そして、二〇一八年一一月、カヴァノーの指名承認公聴会が行われた二ヵ月後、ソーシャルメディアには気分が悪くなるような動画が投稿された。[17] そこに映っていたのは、セント・マイケルズの男子生徒たちがクラスメイトを押さえつけ、箒を使って少年に性的暴行を加える様子だった。その後、他の襲撃に関する報告も次々と浮上し、警察は合計八件の身体的・性的虐待の報告を受け、七人の生徒が刑事告発され、八人が退学処分になる事態となった。

学校関係者には、暴行が起きることは稀で、一部の悪い生徒が招いた結果であると主張する者もいた。一方で、腐った文化の表れだと述べる者もいた。卒業生でウルトラマラソン選手のジャン＝ポール・ベダールは、学校の選手の間の性的攻撃は数十年も前から行われていたと主張し、彼自身も一九八〇年代に同校に在籍中、アメフトをしていたときに経験したとカナダのメディアに語った。[18]

このようなことを目の当たりにしたことがなかったリアムにとって、これらの疑惑は恐ろしいものであったが、不思議と驚くようなことではなかった。セント・マイケルズで、一〇代の危なっかしい少年たちは、競争心が強く過剰に男性的で、大人による指導や監督がほとんどない環境に放り込まれていたのだ。それは『蝿の王』〔邦訳＝一九七三年、集英社〕を再現したようなものだったと彼は言う。彼はフェイスブックを通して、他の卒業生に対し、学校を反射的に擁護するのではなく、本当の意味で重大な変化を求める時期なのかもしれないということを考えるよう呼びかけた。[19] 暴行事件は、大人が少年たちの衝動に立ち向かおうとしなかったセント・マイケルズの「文化的な失敗」を反映していると彼は述べた。「男らしさを定義する概念は変化してきています。かつて社会は、男性が身体的に強く、冷静で、女性に対し優越的であることを求めてきました。しかし今では、共感力や知性の価値が増してきています。セント・マイケルズでは、生徒たちにどのような男らしさを教えているのでしょうか？」

私はリアムに、セント・マイケルズが変わることはできるのか、また、彼が見てきた問題を学校は清算することができるのかと尋ねた。彼は、この質問に、ずっと悩んでいたという。彼はセント・マイケルズで、他の少年に心を打ち明けることを学び、固い絆で結ばれた友情を育んできた。しかし、少年が自らの感情に正直であるために、男子しかいない空間は本当に必要なのだろうか？ リアムはそうは思わなかった。男子は女子がいる前でもありのままの自分でいることができ、男子と女子は一緒に最高レベルの学業に励むことができると考えたのだ。そうではないと主張することは、「変わろうとしないことへの言い訳のように感じる」と彼は言った。

彼は学校の責任者の中に、本当に文化的な変革を望んでいる者はいるのだろうかという疑問を抱いていた[20]。スキャンダルの最中に校長が辞職したとき、リアムは、新たな方向性を示すものとして、学校初の女性校長が就任することを願った。しかし、学校側が選んだのは、カトリック教育の分野で長いキャリアを持ち、体育主任も務めたことのある男性だった[21]。

学校側は変化を望んでいると公言していた。彼らは学校文化を調査するために独立した委員会を設け、その結果、いじめが五人に一人の生徒に影響を与えるほど蔓延していることが判明した[22]。委員会は、女性教員を増やし（教員のうち女性は二〇％しかいなかった）、「セント・マイケルズの男」であることの意味を再定義し、人種差別や同性愛嫌悪に対して、より直接的に立ち向かうことを提案した。男女共学化や、生徒に女子生徒との接触の機会を増やすことに関する議論はなされなかった。リアムには、これらの提案は必要なものではあるが、十分と言うには程遠いようにも感じられた。

「社会的に男子校の存在意義が分からなくなりました」と彼は言った。「特権意識や、なくすべき男らしさのイメージを育むことが、社会にとってプラスになるのでしょうか」

男子校の文化を変革する

理想的には、子どもたちを、性別に関係なく互いに本音で接することができるように育てたいものだ。しかし、我々の社会では、一〇代の若者たちが、異性に好印象を与えなければならないというプレッシャーに圧倒されてしまうことがある。男子校の欠点を考慮した上で、それでも、そういったプレッシャーから子どもを守りたくなる気持ちも理解できる。では、男子校の良い部分を残し、悪い部分を取り除くためには何が必要なのか？　すなわち、女性蔑視をなくして兄弟愛を育むにはどうしたらよいのだろうか？　少年たちの心を閉ざすのではなく開かせるような方法で、どうすればジェンダーや性暴力について教えることができるのだろうか？

デ・ラ・サール高校では、カヴァノーが指名される二年前の二〇一六年に、アメフト選手たちが犯した罪により、すでにこれらの問いに行き当たっていた。それ以来、学校の有力な指導者たちは男子生徒に、男であることに罪悪感を感じさせることなく、性暴力を防いだり、それに立ち向かったりする方法をどのように教えるかについて考えてきた。それは微妙な基準であり、彼らにもその方法を理解できているかどうかが分からないという。あらゆる方向から若者に対して向けられ、特に男子校に対して苛烈な、ジェンダー、暴力、性的同意に関する破壊的なメッセージに、教育で打ち勝つことができるのかは分からないそうだ。しかし、彼らは努力している。「ガイドブックはありません」とデ・ラ・サールの理事長であるマルク・デマルコは言った。「全ての答えを導き出せてはいませんが、何もせずにただ座っているわけにはいかないのです」

事件を起訴したコントラ・コスタ郡の地方検事であるジーン・スキリングの話によると、最初のレイプ事件は、デ・ラ・サールの人通りの少ない仮設教室の近くで起きた。問題の少年は、デ・ラ・サールのアメフト部に所属する高校一年生で、少女は、狭い二車線道路を挟んだ向かいにあるカロンデレット女子高校の生徒だった。

少年の弁護団は、二人が合意の上で性交に至ったと主張した。監視カメラ映像には、二人が一緒にいる姿が映っていたが、少女が拒絶しようとした証拠はないと彼らは主張した。スキリングは、映像が確かに曖昧であったことを認めた。しかし、証言台に立った少女は、合意の上ではなかったと証言した。少年は、物理的に押し退けようとした彼女の努力も含め、彼女の拒絶を無視したのだ。少年が証言台に立ったとき、スキリングは、彼女が抵抗してあがいていたにもかかわらず、なぜ合意の上だと思ったのかと彼に尋ねた。スキリングによると、彼は「処女はそういうものだ」と言ったそうだ。それは、法廷での衝撃的な瞬間だった。「私たちは皆、啞然としました」と彼女は言った。「あまりのショックに、適切に反論することもできませんでした」

彼が同意や、互いを尊重し合う合意の上での性交について学んでいなかったことは明らかだった。「彼の頭の中には『彼女は嫌がっている。父さんは、彼女がこういうことをしだしたらやめるべきだと言っていた。いったん手を止めて状況をよく見てみよう』というような、止める声がなかったのです」とスキリングが話した。「彼の世界には、自分を止めるものが何もなかったのです」

一四歳未満の子どもを性的に虐待したとして有罪判決を受け、性犯罪者として登録されたこの少年の父親は、息子に罪はないと考えていた[23]。「息子は背が高くて、色黒でハンサムで、デ・ラ・サールの選手だ。息子と関係を持ちたい女の子は大勢いる」と、イースト・ベイ・タイムズ紙に彼は語った。「若くて奔放な女の子は、気に入ったものを見つければ、それを手に入れようとするんだ[24]」

少女の主張を信じた裁判官は、この少年に対する強姦と強制的口内性交の疑いを事実と判断し、彼を性犯罪者のためのグループホームに送致した。

当時高校三年生だったニック・ブダールの話によると、生徒たちにはデ・ラ・サールの教職員から、レイプ事件のことを口外しないようにというメッセージが届いたそうだ。彼は、当事者の生徒二人のプライバシーを守る必要性は理解するが、それは誤ったメッセージを伝えるものだと考えていた。「男子校である以上、僕たちは少なからずこのことについて話し合う責任がありました」と彼は言った。「僕たちは、自分自身を（事件から）切り離すのに必死で、自分たちがそれに加担していたことに気づいていなかったのです」

ニックによると、デ・ラ・サールの学校関係者が動き始めたのは、その約一年後に二度目のレイプ事件が起きてからだった。別のアメフト選手が、ホームカミング［秋学期に卒業生を迎えて様々な行事を楽しむ伝統的なイベント］の後に開かれたパーティーで、カロンデレットの生徒を車内でレイプし、オーラルセックスを強要したとして告発されたのだ。少女は、自分が拒否する様子を、一〇秒間のスナップチャットファイルに何とか録音することができ、裁判でその音声が証拠として提出された。「いや、お願いだからやめて！」という彼女の声が、録音されたオーディオファイルから聞こえた。[25]

その少年もまた有罪判決を受けた。

「二度目の事件が起きたのは、絶望的でした」とデマルコ理事長が言った。「今どきの子どもには何が必要なのか、何かがおかしい、という感じでした」

最初の被害者の弁護士であるテリー・レオニによると、被害者の少女はデ・ラ・サールの多くの関係者から、嫌がらせを受けたり不信感を示されたりしたそうだ。レオニは、この少女が訴えたレイプ事件に対し、学校側がより迅速に対応しなかったことに不満を感じており、学校が意味のある変革を行えるのか懐疑的だった。「彼らは本当に、生徒たちに同意や性的暴行について教え、『男子は男子でしかない』という考え方を変えようとしているのでしょうか?」と彼女は言った。

二件目の事件の判決から一年後、デ・ラ・サール高校はこの危機への対応を見せるために、私を招き入れることにした。その理由は分からないが、その決断にはヘザー・アランボーが深く関わっているのではないかと思う。

顎先までの短い金髪のアランボーは、早口で、よく笑い、よく暴言を吐く。ニューヨーク大学で英語の博士号を取得しており、家父長制について話したがる傾向にあり、くだらないことに時間を割くのが嫌いな堂々たるフェミニストである。二〇一六年、最初のレイプ事件の数ヵ月前に、彼女はデ・ラ・サールで女性初の教務部長に就任した。彼女は、学校や生徒たちがメディアで語られていること以上の存在であると信じ、それを外部の人々にも見てほしいと考えていた。男子校が女性蔑視や性暴力にどのように対応できるかを、デ・ラ・サールで見出してもらえることを彼女は願っていたのだ。

彼女はまた、ベイエリアの出身で、カロンデレットの卒業生でもあった。デ・ラ・サールのアメフト代表チームの主任コーチを務めるジャスティン・アランボーは彼女の弟である。学校を部外者の立場からも関係者の立場からも見てきた彼女には、デ・ラ・サールでの変革の必要性は明白であり、周囲の人に、変革を促すのは軽蔑や非難ゆえではなく、愛情ゆえであるということを納得させることができる。つまり、彼女には、今取り組もうとしていることを実行するための独特な適性があるということだ。彼女なら、少年やその両親に、防衛心や保護意識、またデ・ラ・サールに対する誇りを捨てて、自身のためにも関わりを持つ少女たちのためにも、どのように変われるか、変わるべきなのかに気づかせることができるのだ。

ニック・ブダールが抱いた印象は正しいと彼女は語った。デ・ラ・サールは、最初のレイプ事件にはどう対応すればよいかが分からなかったのだ。しかし、初めの事件後の数ヵ月で、学校はこの危機に対処するための計画をまとめ、アランボーは、コーチや教師、生徒たちが性暴力を認識し、阻止するために介入できるような訓練の計画を含む、「尊重できる男らしさ」という取り組みを提案した。

男の子とどう話すか

男子が女子のいる世界で生きるための準備をすることに関して、デ・ラ・サール高校には、カロンデレット女子高校に近いという利点がある。生徒たちは高校課程の初めの二年間は男女別で分けられているが、三年目や四年目になると多くの授業を共有するようになる。多くの男子校の生徒とは異なり、デ・ラ・サールの生徒たちは、女子と肩を並べて共に学ぶという経験を積んでいるのだ。

多くの女子校と同様に、カロンデレットは、女子が興味を持つべきことやあるべき姿を制限するステレオタイプから彼女たちを解き放ち、擁護するように設計された学校であることをアピールしている。カロンデレットの生徒たちはデ・ラ・サールに対し、性暴力を防止するための負担を女子だけに背負わせることのないよう、男子生徒にもっと時間をかけて性暴力教育を行うよう促した。地元のデヴォン・ベル検事は、カロンデレットで性的同意に関する講演を行った際、近々、同じ講演をデ・ラ・サールでも行うと話し、生徒たちは歓声を上げた。少女たちは「こちらで行われている話し合いが、同じように向こうでも行われていることを知りたい」のだと、カロンデレットのカウンセラーであるサラ・アルパートは話していた。

デ・ラ・サールの教師で、レスリングコーチのマイク・アキノは、二件のレイプ事件が発生する以前から、またヘザー・アランボーが着任する以前から、性暴力について教えていた。彼の刑事司法の授業を受けていた二人の女子生徒が彼に、レイプ文化を認識し、それに異議を唱えることについて男子生徒に話すべきだと言ったことがあった。「私たちはよく、レイプや性的暴行を受けない方法について教わりますが、あなたたちはどんな話をしているのですか?」と彼女たちが言っていたことをアキノは思い起こす。「それを聞いて私は、確かに、良い質問だなと思ったのです」

この質問をきっかけに、アキノはデ・ラ・サールでジェンダー、男らしさ、性暴力について、もっと教育や会話の機会を増やすよう推し進めてきた。そして、これらの会話を組み立てるために役立つカリキュラムをインターネットで検索した結果、一九九〇年代初頭にノース・イースタン大学で開発され、大学やプロのスポーツチーム、軍隊で広く使われてきたMVP（暴力防止指導 Mentors in Violence Prevention）にたどり着いた。MVPは、ジェンダーに基づく暴力やいじめを防止するために第三者の役割に注目した、最も初期の、最も影響力のある取り組みの一つである。MVPのような第三者介入プログラムは、男性に加害者にならない方法を指導したり、女性に自らの身を守る方法を教えたりするのではなく、女性蔑視の発言からセクハラや暴行に至るまで、あらゆる問題行動を誰もが阻止できる（そして阻止するべきである）ことを聴衆に訴えかける。あなた自身は飲み会にいる不快なセクハラ男ではないとしても、ダンスフロアでそのような男のセクハラ行為に追い詰められた、明らかに居心地の悪そうな女の子を、あなたが救うことはできる。

アキノは、デ・ラ・サールの男子生徒と性暴力について話す機会を探し、MVPの教材を少しずつ授業で使用することにした。デ・ラ・サールに着任したアランボーは、少年たちにジェンダーと性暴力について教育するためのより包括的な方法を見つけようとした結果、アキノが始めた取り組みを継続することに決めた。

MVPを共同設立したジャクソン・カッツは、早口で熱血漢の元高校アメフトのスター選手で、大学の講演活動でも大人気の自称進歩主義的フェミニストである。彼は、二〇年前にノース・イースタン大学を辞めて独立してから、MVPの第三者アプローチに関するトレーニングやコンサルティングを提供している。彼の会社のクライアントには、プロのバスケットボールチームや野球チーム、アメフトチーム、そして海兵隊、陸軍、海軍、空軍などがある。

ジェンダーに基づく暴力は女性の問題として語られることが多いが、実際には男性の支配、権力、特権などの因習に関連した男性の問題なのだと、カッツは強いボストン訛りで主張した。「男性に何が起きているのでしょうか？　我々の社会の中で、また世界中で、なぜこんなにも多くの男性が女性をレイプしているのでしょうか？　なぜこんなにも多くの男性が他の男性をレイプするのでしょうか？」」。二百万人以上もの人が視聴したＴＥＤトークで、彼はこのように問いかけた。「共犯的沈黙を破り、互いに挑戦し合い、女性と共に立ち上がるためにも、度胸や勇気、強さや道徳的な誠実さを備えた男性がもっと必要なのです[26]」

ＭＶＰは、ジェンダー規範やステレオタイプに直接挑むものである。それはカッツの信念に基づき、男性のあり方を少年たちにどう教えるかを検証しないまま性暴力を防ぐことはできないし、女性を粗末に扱う原因となり得る、低俗で日常的な女性蔑視の言葉遣いや性差別的な冗談に立ち向かわなければ、性的暴行やレイプを止めることはできない、という考えの上に成り立っている。このようなアプローチに対し、男子高校生は「くだらない」と言わんばかりの表情を見せがちである。デ・ラ・サールの生徒たちは、ＭＶＰの内容を紹介するカッツの話を聞いた後、昼食をとりに教室を出て行き、カッツが自分たちを攻撃していると愚痴をこぼした。

「彼は最初から僕たちを非難していました」とデ・ラ・サールのある生徒が言った。

「男であることを攻撃されていると感じれば、心は閉ざすし、耳も貸さなくなりますよ」と別の生徒も言った。

「彼はすごく良いメッセージを持っていて、喋り方も上手でしたが、単に一〇五〇人の男子高校生の受け止め方が、とても防衛的だったのです」と三人目の生徒は言った。

カッツにとって、若い男性が自分のメッセージに抵抗することは想定内である。彼はそれを、白人が人種差別の議論で抱く防衛心にたとえる。「社会的に優位な立場にいる場合、自分が不公平や不平等の悪循環を助長していることを批判的に考えるよう誰かから意見されたら、多くの人が自己防衛に走るのは当たり前です」と彼は言った。しかし、世の中の役に立つ、強くて勇気のあるリーダーになりたいという少年たちの願望にMVPが訴えかけ、実際にこのような役立つことを実行するためのツールを彼らに与えることで、彼らの防衛心は克服できると彼は信じている。「一五歳の少年が、今レイプに関する冗談を言い放った友人に向かって『おい、お前、それは笑えないよ』と言います。その一五歳の少年はリーダーシップを発揮したことになります。虐待を目の当たりにしたとき、黙り込むよりも、声を上げるような男になる方が度胸がいるのです。男として認められるのに特別なことなんてないんですよ」と彼は言った。彼は、若い男性、特に白人の若い男性がポジティブな変化の一端をいかに担っており、また担うことができるかというビジョンを、進歩主義者やフェミニストが明確に示していないことを懸念している。

「多くの若い男性が耳にするのは、男であることに罪悪感を感じるべきだとか、白人であることに罪悪感を感じるべきだということです」とカッツは語った。男性であることに罪悪感を感じるべきだというメッセージではなく、性差別、同性愛差別、人種差別に気づき、それに異議を唱える責任を感じるべきだというメッセージを聞いてほしいと彼は考えている。

少年がジェンダー規範に疑問を抱けるよう手助けすることが、彼らの女性に対する態度や行動を変えることができるという証拠はいくつかある。また、MVPはいくつかの学校で成果を上げているが、その評価について大規模に厳密な調査がされたことはない。そのような調査を行うのに必要な、多額の助成金を得ることができなかったとカッツは言う。つまり、彼は、その有効性を示すランダム化比較試験データがないまま、MVPのアプローチは有効だと主張しているのだ。

広く普及しているグリーン・ドットと呼ばれる別の第三者介入プログラムは、実際にランダム化比較試験を通じて、性暴力の減少に効果があることが示されている（詳しくは第8章で）。しかし、グリーン・ドットは、MVPほど、若い男性にジェンダー規範や男らしさに関して深く質問したり、その答えを求めたりすることはない。アランボーは、MVPの有効性を示す科学的根拠の少なさを気に留めていなかった。彼女は、少年たちが彼ら自身のためにも、彼らが関わりを持つ少女や女性のためにも、自らの男らしさを見直せるようにすることがデ・ラ・サールの責任だと考えていた。また、性差別や性暴力を体系的で根深い問題として教えることもデ・ラ・サールの責任だと考えていた。そして彼女は、たとえ生徒たちが引いてしまったとしても、彼らにカッツの熱意を聞かせたかったのだ。「ジャクソンは挑戦的ですが、あえてその選択をしました」と彼女は言った。「私たちが本気で取り組んでいることを理解してもらうためにも、私はそれを望んだのです」

男子校に求めるもの

アランボーは、男らしさについて考え直したり、日々の女性差別的な言動に気づいて対処したりするように少年たちを説得するためには、まずは教師やコーチを訓練しなければいけないと考えた。私がデ・ラ・サールを訪れたとき、彼女は、十数人の教員が二人のMVPトレーナーによるワークショップに参加できるように、全員分の代行教員を手配していた。学校が教員にそのようなトレーニングを提供したのは三度目だった。彼らはコーヒーカップを手に、学校の図書室の円卓に集まっていた。

「『私が誰かをレイプするなんてあり得ない。だから自分には関係ない』と思っている人もいるでしょう」とラショングダ・コールマンは言った。彼女は、カッツの会社MVPストラテジーズでトレーナーとして働き、ペッパーダイン大学でタイトルⅨのコーディネーターを務めている。「でも、更衣室でそういう会話を耳にするかもしれない。画像が回されている校庭にいるかもしれない。我々のプログラムが伝えたいことは、それを聞いたときに、その人に何ができるのかということです」

コールマンは、教師たちに立ち上がるように言い、次の発言に賛成か、反対か、あるいはどちらとも言えないかによって、部屋の異なる場所へと移動するよう求めた。「同僚が虐待されている、または恋人を虐待していると知ったとしても、私には関係ない」。ほとんどが「反対」のゾーンへと集まった。「賛成」ゾーンには誰もおらず、何人かはその中間に留まった。

「問題なくはありませんが、どの時点で踏み込んで声を上げるべきなのでしょうか？　私にはよく分かりません」と一人の若い男性教員が言った。質問や話し合いを通じて、コールマンは、虐待が彼らにも**関係がある**ということ、そして、彼らがどのように対処するかは、その虐待や当事者についてどれほど知っているかによって決まるということを、彼らが理解できるように指導する。

このような現実のシナリオに基づくグループ討論こそがMVPの目玉となっている。ふざけているだけなら女の子をビッチ呼ばわりしていいのか？　数人の男友達と外の階段に座っているときに、ミニスカートを穿いた女の子に向かって彼らがヤジを飛ばし始めたら、自分はどうすべきだろうか？　参加するべきか？　やめろと言うべきなのか？　それとも、その場は黙ってやり過ごし、後で友人たちにやめてほしいと頼むべきだろうか？

MVPトレーニングをすでに受けたデ・ラ・サールのアメフト選手たちは、印象に残ったある演習のことを繰り返し話した。それは、性的暴行の被害に遭わないために、日々どのようなことをしているのかを、全員で共有するというものだった。当然ながら、男子たちは何一つ思い浮かばない中で、女子たちは長いリストをすらすらと読み上げた。

選手たちは、ただ単純に、男子と女子でどれほど違う生き方をしているかを考えたことがなかったのだ。「本当に衝撃でした」とガナー・ラスクは言った。「僕は帰ってから母に尋ねました。『母さんもそういうことをしているの？』と。そしたら母は『ええ、もちろん。歩いているときは鍵を手に持ってるし、いつも携帯電話を持っていることを確認する』と言っていました。……僕は自分の母親がそんなことをしているなんて、考えたこともありませんでした」

アランボーは二〇二〇年春から、デ・ラ・サールの二年生全員に、宗教の授業でMVPの訓練を受けさせることを計画した。それに伴い、スポーツコーチたちはプログラムの教えを強化するよう求められた。

最初のレイプ事件が発生したとき、息子がデ・ラ・サールの一年生だったというある母親は、第三者のアプローチを高く評価していた。「それは『あなた自身が嫌な奴でなくても、パーティーで不適切に振る舞う嫌な奴を指摘しなければ、悪い結果となったときに、あなたにもその責任がある』というもの」だと彼女は言った。彼女は「もし生徒たちが皆レイプ犯だと毎日言われながら通わなければいけないなら」[27]、息子を学校に通わせ続けることはなかったと話した。

アキノはこのプログラムをきっかけに、教室やスポーツチーム、教職員の間で行われている話し合いが、すぐにではなく時間がかかったとしても、少年たちが自らの性的関係を探求する中で、何かしらの変化をもたらすことを願っている。「この中に少しでも彼らの心に刺さるものがあることを信じたいです」と彼は言った。「彼らがその気になれば、我々が世界に求める理想の青年になれるようなやり方で、問題に取り組むことができると期待しています」

他人、特に自分の生活圏にいる人の行動を変えたり、それに異議を唱えたりしようと介入することは、居心地が悪く、時に素早い判断が求められることであり、そうした行動は大人も含め、誰にとっても大変なことである。それでも、デ・ラ・サールの教職員は、介入することを当たり前のことにしようとしている。私が学校を訪れた際に出会ったある少年は、すでにMVPトレーニングを受け、クラスメイトたちから聞こえてくる性差別的な発言を真剣に、そしておそらく心から非難していたが、友人が別の少年を「ヤリチン」と呼んだ際、彼はただ傍観していた。アメフトのアシスタントコーチであるテリー・エイドソンが、その少年が沈黙したことを注意した。「彼らの心の内から言葉を引きずり出す必要があるのです」とエイドソンは私に言った。「常に注意して聞き耳を立てておかないといけません。見逃すことがないようにしなければ」

最近、デ・ラ・サールの教職員の間では、「レイプ文化」や「有害な男らしさ」などの言葉が使用されるようになっているが、男らしさに関する学校の教えに誰もが完全に納得しているわけではない。「ワークショップは素晴らしいのですが、その意味を完全に理解するには、一年、二年、いや、三年はかかりそうです」と、MVPトレーニングを受けた後に、ある英語教師が言った。彼は、少年たちにジェンダーステレオタイプを乗り越えるよう促すことで、彼らの本質的な男らしさまで剝ぎ取られてしまうのではないかと懸念している。「一つの世代から必要以上に男らしさを奪うことになるのではないでしょうか？」

伝統と歴史を重んじる男子校を含め、いかなる教育機関にとっても、文化的変革は難しいものだ。また、ジェンダー規範や性差別的な言動を考え直すよう促すことは、男性だけが権力の最高位に立つことができるという信念を持つ学校では、さらに複雑で困難である。デ・ラ・サール高校の教員や生徒、そしてその他のカトリック系の男子校でも、教会により婚前交渉や自慰行為、同性同士の性行為が禁じられていることから、性や性的同意について率直に話すことは困難であると話していた。少年たちが性的な探求をしていることや、時には性交そのものをしていることを認めないなら、学校は同意や避妊、親密さ、尊敬や尊重に関する複雑な事柄について、どのように指導できるのだろうか？

多くの教員やコーチ、学校管理者は、自らの信仰の教えと生徒たちのニーズとの間で絶妙なバランスを取ろうとしている。そして、それは不可能ではないのかもしれない。「現実世界を少しくらいは受け入れなければなりません」と、アメフトのコーチであるジャスティン・アランボーは言った。「『セックスをしてはいけない』とは言えません。そうすれば話し合いは即座に終わってしまいます。私は彼らが我々に相談できるようにしたいのです」
しかし、複数の学校の教員や生徒の家族から私が学んだことは、個々の教師や学校管理者が限界に挑む覚悟があったとしても、信仰と惰性と伝統は全て、変化を妨げる厄介な障害になり得るということである。ＬＧＢＴＱの生徒たちは、ゲイ・ストレート同盟クラブ〔ＬＧＢＴＱに対する偏見の解消を目指す部活動〕の結成やダンスパーティーの相手に同性を選ぶことを禁止する校則によって、学校では自分たちがまともではないと感じているという。女性教員は、生徒たちから男性教員と異なる扱いを受けており、無意識の敬意を払われることが少なく、性的な冗談を言われることが多いと話していた。ある保護者は、息子の通う学校の校長に何度もメールし、学校文化、性的暴行、同意などの問題について生徒をどのように教育する予定なのかを尋ねたそうだ。彼女が返信をもらうことはなかった。

男子校が必ずしも有害なわけではないし、共学校が必ずしもその有害さを免れるわけでもない。しかし、女子生徒のいない男子校は、息子たちに男女混合の世界に向けてどのような準備をさせるべきかを、戦略的かつ意図的に考える必要がある。息子を男子校に通わせることを検討している親は、学校の謳い文句に慎重に耳を傾け、男の子がどういう存在で何になれるのかに関する古臭い因習を強化するのではなく、改革することを目的としているような学校を探すとよいだろう。また、男の子が完全に自分らしくいられる空間を作ること以上に、性差別に気づいて抵抗するという、より気まずい領域に彼らが足を踏み入れることを後押しするような学校が良いかもしれない。

もし、自分の息子に男子校への進学を検討することになったら、私はその学校の女性教員に彼女たちの経験について尋ねるつもりだ。また、ダンスパーティーや、パーティー以外の学業、リーダーシップ、奉仕活動、芸術、スポーツの分野で、男子生徒が女子生徒と交流する機会があるかどうかについて調べるだろう。そして、保護者からの問い合わせを待つことなく、ジェンダー、男らしさ、セックス、人間関係、同意についてどのような教育をしており、なぜそれらのレッスンが必要であるかを説明できる管理者のいる学校を探したいと思う。

第8章　少年たちの居場所――男の友情が新たな文化を作り上げる

ジュリアン・アヴェニラは、メリーランド州郊外にあるリチャード・モンゴメリー高校のアメフト部の一員として、毎日耳にする会話にうんざりしていた。彼は、チームメイトから恋人とのことを根掘り葉掘り聞かれるのが嫌だった。また、いつも自分だけが女性蔑視やセクハラの風潮に逆らい、抗っているという感覚にも嫌気がさしていた。

そこで、四年生に上がる前に、彼はアメフトコーチのジョシュ・クロッツにある提案を持ちかけた。彼はクロッツに、「コーチング・ボーイズ・イントゥ・メン」プログラムを実施してみてはどうかと尋ねたのだ。それは、高校のコーチたちが毎週一五分間、選手たちと敬意、性的同意、健全な人間関係について話すことを求めるプログラムである。

このプログラムが中高生の男子に多大な影響を与えることを示した厳密な研究結果によると、コーチング・ボーイズ・イントゥ・メンは、性暴力防止プログラムの中では珍しく、実際に行動を変えることに成功している。このプログラムに参加した少年は、そうでない少年に比べ、交際相手を身体的に、精神的に、あるいは性的に虐待する可能性が低いとされている。[1] また、虐待的な行為を目の当たりにした際に、ただ傍観したり、笑ったりするだけになる可能性も低いという。

二人の幼い娘を持つ英語教師のクロッツは、この新たな取り組みを試すことに意欲的だった。そして、ジュリアンの予想とは裏腹に、他の選手たちも興味を示したのである。その後の数ヵ月間、話し合いが展開するにつれ、少年たちはよりポジティブに、より注意深くなったと彼は言う。更衣室でセックスに関する武勇伝を自慢するような会話はほとんどなくなった。そして、選手たちの間にも変化が起きた。少人数のグループでデリケートな話題について話し合う時間は、彼らの間に新たな親密さを生み出したのである。上級生は下級生を無視せずに、話しかけるようになっていた。そして、負け続けていたチームは大きく成長し、数年ぶりにプレーオフに進出することとなったのだ。

「そのシーズンの間、チーム内で互いをより尊重し合っていることが見えて、結果的にとても良いアメフトシーズンとなったので、最高でした」と、現在メリーランド大学アメリカ研究学科四年生のジュリアンが、大学近くにあるショッピングセンターのスターバックスで語ってくれた。

コーチング・ボーイズ・イントゥ・メンは、コーチが自らの影響力を使って、ジェンダーステレオタイプに関する少年の考えを塗り替え、普通だと認識している言動を変えることができるという信念が基になっている。少年たちが普通だと思っていることを変えることができれば、正しいことをしようとする多くの少年にとって、正しい行動を取ることがより容易となる。そして、攻撃的あるいは暴力的な傾向がある他の少年は、間違った行動を取りにくくなるのだ。

研究者たちによると、中高生の男子が女子にセクハラ行為をするのは、他の男子と合わせるためであり、「男らしさ」に欠けることと他の男子をからかうことも、同じ理由からだと判明している。大学で選ぶ交友関係がその青年に、性的に攻撃的になることを促すこともあれば、そうした行動を止めるブレーキになることもある。[2]

本章では、男の子が自分自身や他の男の子、また女の子との間に強固で健全な関係を築けるようにするために仲間文化の力を利用するという、小規模ながら成長しつつある全国的な取り組みを説明する。少年の意識、信念、行動を形成する上で、親は紛れもなく重要な役割を果たすが、何が格好良くて、誰を仲間として認めるかを決める彼らのチームメイトやクラスメイト、上級生など、彼らの周囲にいる少年たちも同様に重要な役割を果たしている。男の子の育て方を見直すということは、息子たち一人ひとりをどう育てるかということ以上に、今までとは異なる少年時代をもたらすための総合的な空間作りを考えることである。

男の子は前頭前皮質の発達が遅いため、衝動を抑えることができず、その先天的な欠陥が性的不正行為を助長するという話が、しばしば親や教師によって繰り返し語られている。しかし当然のことながら、衝動を抑えることができる少年や、セクハラ行為をせず、性的に攻撃的でない少年も大勢いる。

テンプル大学の心理学教授で、何十年にもわたり思春期の若者とその脳の発達を研究してきたローレンス・スタインバーグによると、衝動を制御する男子の能力は、その子の交友関係に左右される部分がある。一〇代の男子の脳が成人男性や一〇代の女子のものと比べて、衝動に左右されやすいのは事実だとスタインバーグは言う。それは、彼らの発達中の脳が調節しようと奮闘しているからだけでなく、思春期（テストステロンが溢れ出てドーパミンがほとばしる時期）にあることが、興奮、快楽、報酬への強力な欲求を感じさせるからでもある。しかし、一〇代の脳、特に一〇代の男子の脳は、友人から得られる報酬に敏感であり、それゆえに、彼らの行動も友人からの影響を特に受けやすい。

ある研究で、スタインバーグのチームは、一〇代の若者と大人に、『チキン』というビデオゲームをプレイさせた。[3] ゲームの目標は、コースに沿ってできる限り遠くまで運転し、ポイントを獲得することである。参加者は、黄色信号で止まるのか（より遠くまで進めずポイントを稼ぐ機会を逃す）、それとも進むのか（事故に遭って積み上げてきたポイントを全て失うかもしれないリスクを負う）を決断しなければならない。一人でプレイした場合、一三歳から一六歳の子どもたちは、大人たちと同じように運転した。[4] しかし、友人の前でプレイした際には、二倍の確率でリスクを冒すことが判明した。仲間の存在が、運転手の危険な行動を促し、称賛し、衝動を抑える能力を損なっているように思われたのだ。

『ストップライト』というゲームを使った別の研究では、一八歳から一九歳の若者が、複数の交差点がある街の中をできる限り速く走るよう指示された。[5] これらの交差点で黄色信号にさしかかった若者は、とっさの判断でブレーキを踏むか、直進するかを決断しなければならないというゲームだ。この研究でもまた、一人でプレイしているときより、他の若者二人がいる前でプレイしているときの方が、安全策を取る傾向が低く、事故に遭うリスクを背負ってでも交差点を通り抜けようとする可能性が高いことが判明した。

セクハラ行為を笑ったり称賛したりする友人や仲間に囲まれているとき、大人の脳ほど抵抗する能力が備わっていない少年たちの脳には、強力な刺激が与えられる。ここで問うべきなのは、少年たちが優しさと思いやりを持てるような同調圧力を促すにはどうすればよいのかということだ。同意を得る文化をカッコいいと思わせるにはどうすればよいのか？　周囲に合わせたいという人間的な欲求を持つ少年たちが、より容易に正しい行動を取れるようにするには、どうすればよいのだろうか？　アメフトのコーチから、心理学者、疫学者に至るまで、多くの人々がこれらの問題に取り組んでいる。そして、まだまだやることは多いものの、彼らはその答えを見つけ始めている。

セクハラの本質

男子はなぜ女子に対し、無礼で威圧的なことを言ったり、お尻を叩いたり、胸を掴んだりするのだろうか？　実は、それらの行為に女子の存在は全く関係ない。セックスが関係しているというわけでもない。それらは、男子が他の男子に自らの価値を証明するための行為なのだ。

ウィル・パワーズは、ケンタッキー州南部のアパラチア地方にある保守的な小さな町で育った。そこでは、ストレートであること以外は許されなかった。二人の少年が日曜学校でプロレスごっこをしていたある日の出来事を、ウィルは思い返す。座り込んでいた少年のうちの一人がもう一人の体に腕を回している様子を見た日曜学校の教師が、次のように言い放ったのだ。「腕をどけなさい。お前はゲイか？」

ウィルに話を聞いたとき、彼は高校四年生で、カリフォルニア州の大学に進学する準備をしていた。彼は自らがゲイであることを受け入れたばかりで、まだ家族にもカミングアウトしていなかった。彼は長年、自らの性的指向と闘い、誰もが望むような人間、すなわちストレートになることを望んでいた。それを証明するために、そして自分自身を守るために、彼は多くの女の子と交際してきた。そして、ストレートではないという非難から自分の身を守るために、同性愛嫌悪的な虚勢を張り、憎しみに満ちた言葉を発することもあった。

「サッカーの練習前に、ベンチに座っていると、誰かが『お前ゲイなの?』って聞いてきたのです」とウィルは話した。「僕は愕然としました。それで、できるものならゲイを根絶やしにしてやるよと言いました。誰にも自分をそんな風に思ってほしくなかったからです」。別のサッカー部員(その少年がストレートではないことをウィルは知っていたが、カミングアウトはまだだった)は、ゲイの子どもが生まれたら、その子を吊るしてやると公言していた。

ウィルは、LGBTQの人々にとって、状況は昔より好転していることを理解している。同性愛は犯罪ではない。結婚平等法は国の法律である。それでも、自分のコミュニティが定義する、勝ち組に値する立派な少年に自分が当てはまらないことに気づくのは、非常に苦しいことだ。彼の故郷では、ジーンズの裾を折り返すことより、南部連合国旗を掲げる方が社会的に受け入れられていたという。「自分にはなれない、自分にはできない、自分には足りないと感じるものがまだまだたくさんある中で、状況が変わっているようにはあまり感じられません」と彼は言った。

これはウィルに限ったことではない。ストレートの少年を含む多くの少年が、周りに受け入れられるためには、自分がゲイではないこと、女性的でないことを証明しなければいけないと感じている。この衝動はとても強力で、本当は間違っていると分かっていても、そうした言動を取るように少年たちを追い込んでしまうほどである。

社会学者のC・J・パスコーは、一年半の間、カリフォルニア州の高校に潜入し、男子の女子や他の男子に対するセクハラ行為が、教師や学校管理者、生徒たちにより容認され日常生活の一部となっている様子を記録した。二〇〇七年に出版した著書『おい、ホモ野郎』(*Dude, You're a Fag*)の中で、パスコーは、リッキーという明らかにゲイと思われる少年に対する壮絶ないじめについて述べている。彼は、身を守るために石を持ち歩いていて、「クソホモ野郎」と呼ばれることには慣れたとパスコーに話した。[6] この嘲笑と暴力により、リッキーは最終的に退学に追い込まれた。

しかし、「ホモ」呼ばわりされていたのはリッキーだけではなかった。実際、感情や愛情を示したり、女の子っぽいと思われる特徴があったりする少年は皆、このような中傷を浴びていることにパスコーは気づいた。少年たちは、自分たちが男らしくないと判断した行動を同性愛嫌悪的な言葉で攻撃することで、自らの男らしさを証明しようとしていたのだ。常にお互いの行動を取り締まっている彼らは、自分自身も監視され、評価されていることを理解していた。「ゲイやホモと呼ぶことは、誰かを罵倒する際に使える最もひどい言葉だと思います。だってそれは、無価値だと言われているようなものだから」[7]と、ある少年はパスコーに話した。

自らの男らしさを常に証明しなければならないという少年たちの意識は、女子への接し方にも表れている。彼らは、他の少年たちに自らの（しばしば想像上の）性的武勇伝を自慢気に語ったり、皆のいる場で自分がストレートで男らしいことを示すために、廊下で女子にセクハラ行為をしたりする。ある少年はパスコーがいる前で、「激しくやりすぎて、終わったあと彼女、血を流してたよ」[8]と友人たちに語った。また、パスコーは、ある少年が女子の股間を突きながら「レイプされろ！　レイプされろ！」[9]と叫んでいる様子を目撃したという。昼食を取りに行こうとする少女の背中に、股間を押し当てる少年もいた。

私がインタビューした少年の多くはこうした行いの原動力に気づいており、それについてはっきりと言及した。彼らの日常生活では至って普通の同性愛嫌悪的な中傷は、実際には同性愛を非難するためのものではない。それは、個々の男らしさを証明するためのものなのだ。「ホモじゃ《ノー》ないよ《ホモ》」は、友人のことが大切で、友人として大好きだということを認める際に使う言葉である。また、性的武勇伝を披露したり、女子に痴漢やハラスメント行為をしたりするのは、誰かに好意を寄せているわけではなく、友人の前で態度を大きく見せ、見栄を張るためのものなのだ。

これは、私あるいはパスコーがただ感じたことではない。これは、いじめやセクハラに関する研究で全米屈指の心理学者であるドロシー・エスペラージが、何千人もの中学生の高校進学までの成長過程を追跡して集めたデータから見出したものである[10]。

セクハラを行う少年は、男らしさに関するステレオタイプ的な考えを取り入れがちであり、男が好きなのではないか、「男らしさ」が足りないのではないかという疑念から、自分を守ろうとしているのだとエスペラージは考えている。彼女の言葉を借りると、「手近なおっぱいを掴めば、ゲイ疑惑を払拭できる」。

彼女が長年かけて集めてきたデータが彼女の理論を裏付けている[11]。ステレオタイプ通りの抑圧的な男らしさを真に受ける少年は、他の少年と比べてセクハラ行為を行う危険性が高いのだ。

エスペラージは、長期にわたり少年たちを追跡調査した結果、「オカマ」「ゲイ」「ホモ」などの蔑称を使用していじめを行う中学生は、そうでない生徒と比べて、後に同級生に対して性的な発言をしたり、性的な噂を流したり、本人の同意なく性的な画像を他人と共有したり、性行為を強要したりなどのセクハラを行う可能性が高いことが分かった。また、このような少年は、成長するにつれ、交際相手に対し性的に高圧的な態度を取り、身体的な虐待をするようになる可能性が高いことも判明している[12]。彼女の研究によると、中学時代にいじめを行っていた者は、後に交際相手を身体的に虐待する可能性が**七倍**も高い[13]。

同性愛嫌悪は、自らの男らしさを証明するために、少年たちを性的に攻撃的になるよう駆り立てるだけではない。それは、女子が男子にセックスを強要するための武器にもなる。一〇代の若者に性暴力や同意についての講義を行っているワシントンDCの検察官、クリスティーナ・ジョーンズによると、男子が誘いを断るのはゲイである場合だけだと言う女子から、性行為を迫られたと話す少年は少なくないそうだ。「あなたの男らしさはあなた自身が決めることで、他の誰にも決められることではない」と、ジョーンズはこの少年たちに伝えている。世間がしばしば伝え忘れていること、すなわち、男子でも望まないセックスを強要されることがあり、それは女子の場合と同様に間違っているということを、彼女は彼らに伝えているのだ。「彼女に操られたり、噂を流されたりするという理由で行うセックスは、性的暴行に当たります」

コロンバイン高校の男子生徒二人がクラスメイトたちに向けて銃を乱射して以来、過去二〇年間で、数えきれないほど多くのいじめ防止プログラムがK-12の学校に登場した。襲撃犯の動機はいじめていた生徒への復讐心であったという当初の（そして後に不正確だと判明した）報道は、いじめを子どもの頃の通過儀礼としてではなく、深刻な学校の安全問題として見直そうとする全国的な運動へと繋がった[14]。しかし、エスペラージによると、いじめ防止活動の多くは、同性愛嫌悪のいじりや、ジェンダー規範とジェンダーに基づくハラスメントなどを明確に取り上げておらず、問題の大部分を無視してしまっている。

そして、効果的なプログラムでさえも、効果があるのは中学二年生までのようだ。中学三年生になる頃にはすでに手遅れで、子どもたちは自らの考えに固執するようになるらしく、防止プログラムにはほぼ、あるいは全く効果が見られなくなる[15]。

それは絶望的なことに思えるかもしれない。少年というものは、どこにいても密かなスケベ行為に笑みをこぼすものではないか？ 中学校という場所は同性愛嫌悪の巣窟なのだろう？ 更衣室は性差別的な会話や最近の武勇伝で溢れ返っているものではないのか？ そんなことはない。いくつかの学校コミュニティでは、大人たちが自らの時間と権限を使って、少女や女性も含む他者に対するセクハラや侮辱的な発言を決して容認しないようにしている。

ある高校三年生の少年は、バスケットボール部のチームメイトたちに、何人の女子と関係を持ったかを自慢したことがあると話していた。それは嘘であったが、彼は周りに溶け込もうと必死であり、一年生のときに通っていた男子校では、溶け込むということは性的武勇伝を大袈裟に話すことを意味していた。「誰かが『俺、三人とやったことある』と言ったとします。そうするとまた別の奴が『へえ、俺五人』なんて言うのです。そんな中、無言で座っていると、衝動に駆られるんです。『そうなんだ、俺は六人』なんて。実際は一人だけなのに。本当におかしな仕組みだと思います」と彼は言った。

当時、両親が離婚協議中だった彼は喪失感を抱いていた。それまで親友のように思っていた父親が、自分を身体的に虐待していたことや不倫をしていたという事実に、気持ちの折り合いを付けようとしていたのだ。「ただ受け入れられたくて、自分がイケてると感じたかったのですよ。僕は友達が欲しかったのです。ただ安らぎを求めていました」と彼は話した。「安らぎは得られなかったけど、そのとき、その瞬間には、気分が良くなりました。自分を受け入れてくれる人が何人かいると分かって、それであのような決断をしたんだと思います」

その後、彼はワシントンDCの男女共学校へ転校し、全く異なる文化を目の当たりにした。そこでは、男子が女子について前の学校のように話すことは、女子がいない場でも許されなかった。私がその学校を訪問した際、たまたま外のグラウンドでプロムポーズ［大掛かりな演出でプロム（卒業パーティー）へ誘う行為］が行われていた。一人の女子生徒が男子生徒をプロムに誘っていたのだ。それは、昔ながらの少年が少女を誘うというお決まりのパターンとは打って変わって、新鮮な光景だった。この学校では、周りと合わせることよりも、自分自身を見つけるプレッシャーの方が大きかった。ジェンダー、人種、性的指向に関するステレオタイプは、教室の中でも外でも、生徒たちの間で頻繁に話し合われた。そして、同性愛嫌悪的な中傷は、称賛ではなく非難を招くものだった。

この新しい学校で、彼はほっとすることができた。ここでは、自らの善悪に関する考えに反することなく、幸せに過ごすことができると彼は感じていた。「みんな、誰に対しても居心地の良さを感じていますと彼は言った。「自分らしくいられるのです」

これこそが、成長していく息子のために望むことである。社会的なペナルティを負うことなく、自分らしくいられること。私は、息子にも娘にもそれを願っている。

スポーツの力を活用する

高校のアメフトチームの文化的変革について、ジュリアン・アヴェニラから話を聞いた数ヵ月後、私は彼の母校を訪ねた。チームがコーチング・ボーイズ・イントゥ・メンを初めて導入してから五年経った後も、リチャード・モンゴメリー高校のチームロケッツは、一〇代の少年には何が普通で何が許容されるかを再定義するために、その取り組みを続けていた。

それは八月中旬、アメフトの練習日の初日で、風の強い、じめじめした夏の終わりを感じさせる一日だった。フィールドにはヤードラインが引かれたばかりで、校内では新学期の準備で学校管理者たちが忙しく動き回り、外は土砂降りの雨を予感させるような暗雲が立ち込めていた。

冷房の効いた講堂では、練習用の黒いジャージにサンダルを履いた何十人もの選手が、水筒をガブ飲みしたり、昼食の残りを平らげたりしながら、クロッツコーチの話に耳を傾けていた。クロッツは小柄な男性で、帽子の上にサングラスをかけ穏やかな笑みを浮かべていた。チームの目標は、ただ勝つことではなく、勝利と共に君たちが誠実な若者に成長することであると彼は話した。彼は選手たちに、フィールド上でプレーの上達のために彼らを後押しするのと同じように、チームメイト、家族、教師、そして友人への接し方について彼らが考えることを後押しすると誓った。

「君たちには考えることが求められる。……お互いを尊重するためには、尊重する文化を作るためには、何が正しいのだろうか？」とクロッツは話した。

選手たちは少人数のグループに分かれ、上級生たちは新入生たちに、過去数年間でこのプログラムで学んだことを説明した。私はガードとセンターの選手たちと共に座った。上級生たちは、馬鹿なことをする前に、まずは立ち止まって考えることを学んだと話した。また、誰かの不適切な行動に対して異議を唱えたい場合には、百人のアメフト選手の後ろ盾があるという安心感があると語った。下級生たちは静かにそれらの話を聞いていた。

「俺は積極的に変わろうとしている」と、高校四年生のダニエル・ベイエシーが言った。男子はいつも悪者であるかのように言われるが、ここでの話し合いのおかげで、自分たちは善を生み出す力になれると感じたと彼は話した。「俺たちはそのステレオタイプを打ち破り、次世代の男になろうとしているんだ」

次の日は、床が綺麗に磨き上げられた学校の空きダンススタジオで、私はクオーターバックとフルバックの選手たちと共に座って話を聞いた。ある上級生は、前年にチームの主力選手が「教わったことを全部忘れる」という選択をしたために、重要な試合に出場できなくなったことを全員に思い出させた。その選手は学校で、女子生徒のお尻を掴んだことにより、謹慎処分を受けたのだ。「そういう決断をすると、自分だけでなく、チーム全体に影響を与えることになるんだ」

とその上級生は言った。

このチームでコーチたちがセクハラは許されないことだと話していたのは、口先だけのことではなかった。彼らは本心から語りかけており、選手たちもそれを理解していた。

非営利団体「フューチャーズ・ウィズアウト・バイオレンス（暴力のない未来）」が生み出したコーチング・ボーイズ・イントゥ・メンのプログラムは、全米の約二〇の地域で様々な形で実施されている。たとえば、各高校の職員にトレーニングを提供しているサンフランシスコ統一学区では、一人の熱心なコーチが先導している。このプログラムは、時間もお金もあまりかからない。無料でダウンロード可能なレッスンガイドには、コーチが毎週一五分、一二週にわたり、チームと話し合う内容がまとめられている。コーチが少年たちに、性的武勇伝を披露するよう仕向けるプレッシャーや、女性に無礼な言動を取る人を見かけた際に介入する方法などについて考えさせ、フィールド上で役立つ攻撃性はフィールド外では不適切であることを認識させるものである。

クロッツは、コーチング・ボーイズ・イントゥ・メンが選手の間に、新しいポジティブな同調圧力を生み出していると話していた。彼によると、少年たちは、若い女性と適度な距離感を保ち、侮辱的な言葉を使わないよう、お互いにさりげなく「少年から男へ《ボーイズ・トゥ・メン》、だよ」と、半分皮肉を込めて小声で注意するそうだ。それは、説教をして恥ずかしい気持ちにさせるよりも手軽であった。「それによって、問題の男子は自らの行動や発言について少なからず考えさせられるのです」とクロッツは言った。

「ゲイっぽい」「ホモみたいなことするなよ」「女みたいなことやめろよ」などは、選手たちの口からほとんど聞かなくなったと彼は話していた。一方で、「プッシー」〔女性器や弱虫な男性を表す俗語〕は、子どもたちが聴く音楽や、より有名な例としてはドナルド・トランプ大統領が出演した番組『アクセス・ハリウッド』の録音テープなど、我々の文化の中ではどこにでも存在し、なかなかなくならない言葉である。「選手たちは大衆文化から、そして大統領から、コーチング・ボーイズ・イントゥ・メンに反するメッセージを受け取っています」とクロッツは語った。「我々が同じメッセージを一貫して強調することができれば、もっと効果が表れると思います」

誰もがこのような取り組みに意欲的なわけではない。バージニア州郊外のノーザン・ネック地区にある家庭内暴力対応機関の広報担当者によると、地元のコーチ一一名にコーチング・ボーイズ・イントゥ・メンの訓練をした結果、最終的に全員が、時間がかかりすぎるという理由で、選手たちにそれらのレッスンを実施しないことを決断したという。

もちろん、教師、コーチ、保護者が確保できる時間には限りがある。しかし、少年たちが虐待的に行動する可能性を低め、思いやりと敬意のある選択をする自信を彼らに与えるために、週に一度、たったの一五分間でコーチたちにできることがあるなら、そのための時間を確保するよう要求しない手はないだろう。

学校における「社会性と情動の学習」の可能性

少年たちが健全な人間関係を築けるようにすることとは、多くの場合、セックスとは全く関係のないことである。それは、自分の欲求と他人のニーズとのバランスを取ることや、失敗した際には責任を取ること、そして、感情に飲み込まれずにうまく受け流すことなど、人間として最も難解な部分を子どもたちが乗り越えられるようにすることなのだ。

長年取材してきた、ワシントンDCのモーリー小学校で四年生を受け持つ教師たちほど、これらのスキルを巧みに教えている者を見たことがない。青空が広がる風の強いある日の朝、生徒たちは、この秋からどの学校に通うかを決める抽選の結果を確認していた。公立学校選択制によって、小学四年生を終えた後は多くの子どもがバラバラに進学することになるこの街で、それは熱の入ったものだった。第一志望に当選したことにより興奮で震える生徒もいれば、失望して泣き崩れる子もいた。

上唇がひび割れた、そばかすのある少年は、外の空気を吸わなければならないほど動揺していた。校舎内に戻ってきた彼は、担任のヴァネッサ・ダケットに抱きつき、教室に入っていった。私が目撃したものは変化の証だとダケット先生は言った。その少年は数ヵ月前まで定期的に感情を溢れさせ、怒りを爆発させていたという。今では、そうした感情を認識し、対処できるようになっていた。

少年の話によると、彼に変化をもたらしたのは、先生たちがSEL（社会性と情動の学習）に力を入れたことだった。SELは、定義がなかなか難しい抽象的な教育用語の一つだと言われることがある。広範囲なプログラムが含まれるそれは、子どもの決断力や責任感を育み、感情を制御し、他人と関わり合い、問題解決のスキルを養うことが目的とされている。

しかし、モーリー小学校に通うこの少年にとって、それにはより具体的な意味があった。それは、九歳児として（そしてより広く、人間として）避けては通れない感情の嵐や対人関係のこじれた場面に対処するための、明確なスキルを身につけられたということだ。動揺したときに呼吸を整えるだけでなく、「ポジティブな独り言」を言ったり、友人に相談したりすることを学んだと彼は話してくれた。

「僕は感情をコントロールする方法を学びました」と彼は言った。

男の子に健全な人間関係を築かせたいのであれば、これは一つの手段かもしれない。すなわち、彼らの社会生活のほとんどを構成する学校で、自らの感情に名前をつけて対処する方法や、友人との間に発生する問題を解決する方法を教えるための時間と場所を設けること。他人がどのように感じ、何を必要としているかを生徒が考え、優しさや思いやりに対して真剣になることを学業と同じように求める教室文化を作ること。そして、自分の内面に対処しつつ社会生活を生き抜くためには練習が必要であるが、それは誰もが学ぶことができ、学ぶべきことであると、彼らが気づけるようにすることだ。

この二〇年間、公立学校は、全国共通テストにおける生徒の読解力や数学の成績に応じて評価と認可がなされていたため、これらの人間的スキルに焦点を当てることにほとんど関心を寄せてこなかった。二〇一五年に可決された新たな連邦教育法により、学校における成功の定義が広がり、カリキュラムに余裕ができた。同時に、社会的・感情的スキルを教えることは学業成績の向上にも繋がるという証拠が蓄積され、そうした教育が後押しされてきた。その結果、連邦政府の承認を得て、ＳＥＬはビル・アンド・メリンダ・ゲイツ財団、ロバート・ウッド・ジョンソン財団、そしてチャン・ザッカーバーグ・イニシアティブなどから資金援助を受けることとなった。

幼稚園児から高校生までの二七万人の子どもたちが参加した二〇〇以上ものプログラムを調査した結果、社会性と情動の学習には、感情認識力、問題解決力、判断力、共感力など、子どもたちの様々なスキルを向上させる可能性があることが分かった。[16] 学力への影響を測定した数少ない研究では、社会性と情動の学習は子どもたちの学習能力にも影響することが判明した。[17] 長期的に見ると、この教育を受けた子どもたちは、高校や大学を卒業する可能性が高く、妊娠したり、性感染症に感染したり、精神疾患を患ったりする可能性が低かったのだ。

CDCは、K–12学校における社会性と情動の学習を性暴力防止戦略の一つとして挙げており、いくつかのプログラムは、セクシュアルハラスメントに直接対処できる可能性を示している。[18]「セカンド・ステップ」は中学生のための社会性と情動学習プログラムであるが、このプログラムが試された二つの州のうちの一つでは、同性愛嫌悪的な中傷を五六%減らし、性暴力を三九%減らすことに成功した。[19]

この学習について懐疑的な人は、子どもたち、特に貧しい家庭の子どもたちの学力向上が大いに必要とされているときに、学校がソフトスキルに時間を費やすべきなのかと疑問視している。「情動学習は社会崩壊に繋がるだろう」[20]と、二〇一八年に右翼系雑誌のタウンホール誌で、保守的なハートランド研究所の職員であるテレサ・ミュールが意見記事の見出しとして述べていた。「SELは子どもたちに感じることを教えるが、考えることを教えていない」とミュールは書いている。「もちろん、感情自体は悪いものでも危険なものでもないが、善悪の感覚で和らげられなければ、そうなってしまうこともある。どうやら従来の公立校は、子どもたちに歴史や読み書き、足し算、引き算、掛け算などの有用なことを何一つ教えないと決め、代わりに心理療法士としての役割を担うことにしたようだ（しかも大して有能ではない）」

社会性と情動の学習は、学校のあらゆることと同様に、確かにうまくいかないこともある。これは、自分が若い頃に中学校で数学を教え、ジャーナリストとしてのキャリアのほとんどを教育の取材に費やしてきたことから分かる。しかし、小学四年生が人間関係や感情の嵐を乗り越えるために必要な語彙、経験、自信を身につけているモーリー小学校のように、非常に効果的に実施することもできるのだ。

先の少年によると、三年生の頃は小競り合いやいじめなどがあったそうだ。それらはひどいものだったが、誰も先生に言わなかったために、止まることはなかった。しかし、それも今ではすっかり変わった。四年生になって、教師たちが、勇気、一貫性、根気強さ、楽観性、回復力、柔軟性、そして共感力という七つのスキルを重点的に指導したことで、子どもたちは互いへの優しさを身につけたのだ。[21]

私は少年に七つのうちのどのスキルに取り組んでいるのかを尋ねた。

「楽観性。あと一貫性。でも、妹がうっとうしいから、楽観性の方が少し難しいかもしれない」と彼は話した。「妹がうっとうしくなくなるという希望を持つのが難しいからです」

人種的にも社会経済的にも多様な集団である彼とクラスメイトたちは、学業面に問題はない。彼らの算数や読解のテストの成績は、四年生になってから、下がるどころか上がっている。

私がダケットに出会ったのは二〇一四年で、ポスト紙のためにワシントンDCの学校を取材しているときのことだった。教師歴二〇年の彼女は、初めは社会性と情動の学習に懐疑的だったと話していた。曖昧で漠然としたもののように感じたそうだ。しかし、担任する四年生たちに「共感教育」を実施してみたことで、彼女の考えは変わった。それはカナダのプログラムで、赤ん坊を教室に連れてきて、子どもたちに自分自身や仲間の感情を認識し、対処する方法を教えるというものだ。研究によると、共感教育は、攻撃性やいじめを減らし、分かち合いや協力することを促進する効果がある。[22] 赤ん坊の訪問により、子どもたちにとって問題行動を起こしにくく、学習意欲が向上し、互いに優しくなれるような環境が作られたことに、ダケットは気づいたのである。

約五〇人の子どもを担任しているダケットと副担任のアビー・スパロウはそれ以来、社会性と情動の学習に力を入れている。当初、彼女たちは、学力向上とクラスの調和を図るための手段を探していた。しかし、彼女たちは自らの仕事にはもっと大きな意義があると認識するようになった。「これは、子どもたちが結婚生活や職場において、どのような人物になるかを形づくるものです」とダケットは言う。「深くて意味のある繋がりを持つべきだということを、彼らが学んでいることを願います」

ダケットとスパロウは、共感教育の一環として赤ん坊を教室に連れてくること以外に、年度の初めの二週間を、生徒たちに身につけさせたい七つのスキルを教えることに費やしている。そして、毎週金曜日の午前中には、社会性と情動の学習の時間が設けられ、小学生向けのセカンド・ステップや、七つのスキルのいずれかを発揮した生徒のための表彰式などが執り行われる。選ばれた生徒には、皆がうらやむ発泡スチロール製の王冠が贈られ、他の生徒たちの前で、何が評価されたのかについて、先生から長くて詳細な称賛の言葉が伝えられるのだ。

ダケットとスパロウは単独でこの取り組みを行っているわけではない。学校全体が、子どもたちの、特に学習能力を妨げるほどのトラウマを抱えた子どもの社会的・情動的なニーズに耳を傾けている。困難に直面している子どもは、担任以外の先生とペアを組み、週に一度、学習目標について話し合ったり、時にはただボードゲームで遊びながら話したりする。その目的は、信頼関係を築くことで、子どもたちの暴力的な行動傾向などの逆境からくる影響を緩和できる道を開くことである。

さらに、ダケットとスパロウは、毎年数人の子どもたち（多くの場合、家庭で必要以上の苦痛や困難を抱えた子どもたち）を選んで、ランチクラブに誘っている。選ばれた子どもたちは週に一度、先生と食事をし、月に一度、映画やアイススケート、美術館などに出かける。これもまた、子どもの生活の中にある有害なストレスから彼らを守れる関係を築くための方法の一つである。

訪問中に感じたのは、この二人の教師が選んだアプローチの強みは、事前に準備されたカリキュラム以上に、根気強くて心から慕われている彼女たちが、社会性と情動のスキルを算数や読み書きと同等に重要視しているという事実にあるということだ。彼女たちは、生徒たちに期待することを説明するための共通言語を生み出し、その期待を常に強調している。

「スパロウ先生とダケット先生にとって一番重要なことは、優しさ、思いやり、そして諦めないことです」。六月に、一人の生徒が三年生に向けて、次の学年で期待できることについてこのように語った。彼の五年生に進級したときの目標は、引き続き「人が感じていることを感じ取る」ことだと話していた。

癇癪を起こしたり、無礼な言動を取ったりした生徒は、自分が何をしたのか、そのときどのように感じたのか、どのように償うのか、また、今後どのように行動を改めるのかについて、反省文を書かなければならない。

「前はイライラしたときにどうすればいいのかが分からなくて、反省文をよく書いていました」と、ある少年が話してくれた。今では「いつも深呼吸をしています。そうするとすごく落ち着くんです。時には、その場を離れることもあります」と、彼は言った。彼が学んだのは怒りへの対処法だけではなかった。私が訪問したある日、彼は自分がとても悲しいことに気づき、そのことに対処するために、クラス全員の前で、スパロウに抱きしめてほしいと頼んだ。モーリー小学校の四年生にとって、男子も女子も感情的になったり慰めを求めたりすることは恥ずかしいことではないのだ。

クラスメイトや友人とどのように過ごすかを考えることは、恋人とどのように関係を築くかを考えることと大した違いはない。クラスでの話し合いは、セックスに関して話さずとも、自然と子どもたちが恋愛関係に対応できるよう備えるものになる。教室の壁には、これらの話し合いの成果物が飾られている。たとえば、同意がどのようなものか（うん！　オッケー！　いいね！　やってみよう！　など）、それがどのようなときに必要か（誰かを抱きしめるとき。何かを借りるとき。誰かを触るとき。誰かの食べ物を食べるとき。など）、同意したくないときに何を言うべきか（ダメ。やめて。いらない。また後で。それ好きじゃない。いやだ。など）が書かれた手書きのポスターが飾られていた。別のポスターには、気まずい状況への対処法が書かれており、相手に自分がどう感じたかを伝え、次回はどのように行動を改めてほしいかを伝える方法が書かれていた。

学年末近くに訪問した際には、ある少年が、四年生になって、失敗しても勇気を持ってそのことを認めるべきだということを学んだと話してくれた。「自分の間違いを認めないと、問題がさらに大きくなってしまう可能性があります」と彼は言った。別の少年は、自分勝手にならないための努力が自分には必要だと認めていた。さらに、他人からの助けを受け入れることを学んだと、学年の終わりに書いた少年もいる。「僕は学年の初めの頃、人から助けられることを望んでいませんでした」と彼は述べていた。「今では助けてもらうことが大好きになりました」

怒りを抑え、自分に責任を持たせ、自分本位の衝動に抵抗し、気まずい個人的な問題に対処し、必要なときに助けを求める。このようなスキルを教えることが「社会崩壊」に繋がるとは考えにくい。その一方で、男の子にとっても女の子にとっても、人間関係や人生を生き抜く上で、これらのスキルがどれほど役立つかは明らかである。

男子にもジェンダーがあることを教える

一九九四年に、約一八〇ヵ国から数千人もの代表者がカイロに集まり、地球と人々の健康と安全を脅かす世界的な人口爆発に対処するための会議が開かれた。この国際人口開発会議は、ジェンダー公正を求める世界的な闘いにとっての転機となった。[23] 人口増加を遅らせる鍵は、教育、経済、性と生殖に関する健康の分野で女性に力を与えることであると、世界が初めて認識したのである。そして、女性のエンパワーメントは、育児や女性への暴力などに関して、男性たちが自らの思想や行動を変えていく責任を負わなければ、達成することはできなかった。

それ以来、学者、資金提供者、そして国際開発機関は、ジェンダー規範を作り替えることへの注目を高め、男性が男らしさに関する硬直した考えに異議を唱えられるようにすること、すなわち「マンボックス」の壁を打ち破れるようにすることで、ジェンダー公正への支持は高まり、女性に対する暴力を減らすことができるという証拠をかき集めてきた[24]。南アフリカやカナダで実施されている、従来のジェンダー規範を疑問視する姿勢が基盤となった性の健康施策や暴力防止策は、少年や男性の女性に対する態度を変え、さらには交際相手に対する加害行為やデートＤＶを減らすことができることが示されている[25]。また、男らしさの規範に挑むことに注目するプログラムは、ＨＩＶ感染のリスクを軽減するなど、男性の健康を向上させる可能性があるという証拠もある[26]。

このように、少年たちの男らしさに関する概念を広げることで、ジェンダーの不平等に立ち向かおうとするこれらの取り組みは、公衆衛生学では「ジェンダー変革」と呼ばれている。この分野の専門家によると、ジェンダー変革プログラムは、世界的にはより一般的な戦略になりつつある中、米国ではほとんど普及していなかった。現在、それは（わずかながら）変わりつつある。米国で少年対象の取り組みを専門とする組織は、ここ数年で、そのサービスへの関心の急激な高まりを感じており、それは困難な話し合いを乗り越えるための助けを求める声が次々に上がってきているためではないかと示唆されている。

「今の仕事の需要に追いつけない」とマット・セオドレスは言う。彼が事務局長を務める「メイン・ボーイズ・トゥ・メン」では、職員を中学校へ派遣し、少年を相手にジェンダーステレオタイプ、思いやり、健全な人間関係、性的同意に関するレッスンを進めている。同組織は、少年たちの考えや態度がまだ変わりやすい思春期に、彼らに手を差し伸べることが重要だと考えている。それは、性暴力に対抗するためだけでなく、自分自身の感情や他人との繋がりを保つための力を少年たちに与えるためである。

二七歳の進行役、ライアン・ターディフは、一三歳（現在彼が仕事で相手にしている子どもたちと同じ年齢）のとき、虐待的な家庭から児童福祉局の職員によって一時的に保護されたことを話してくれた。「はっきりと覚えているのは、よく自分を他の子たちと比べて、ただ諦めてばかりいたことです。スポーツなんてうまくなるわけないのだから、スポーツなんてクソくらえ、スポーツを好きな奴らもみんなクソくらえ。自分のことだけやって、他のことは気にするもんか。みんなどうでもいいってことを、何としてでも証明してやる。四年間、このような態度で過ごしていました」と彼は言った。「そうなる前に子どもたちを見つけてあげることが非常に重要なのです。生徒たちが互いに向き合い、繋がりを持つための機会を増やすことができれば、彼らにとって、より良い結果が得られるでしょう。そうすれば、誰も気にかけてくれないと心を閉ざしたり、誰のことも気にしていないと示す必要性を感じたりすることも減ります。多くの場合、彼らは心から気にしているのです」

世界各地で行われているこうした取り組みの評価では、変化は長期的に持続するのか、また少年の態度だけでなく行動にも影響を与えるのかについて測定されていないことが多いため、その効果については、まだまだ多くの証拠が必要である[27]。しかし、公衆衛生の専門家の間では、こうした取り組みは有望な手段だと考えられている。米国政府も、男性の健康を向上し、女性に対する暴力を減らすためには、男らしさの規範に立ち向かわなければならないという考えを推進している。

「多くの社会で、少年たちは暴力こそが自らの男らしさを示し、『真の男』であることを証明する手段だと学びながら育っている。そして、それは多くの場合、彼らの身近にいる女性や少女だけでなく、彼ら自身の多大な犠牲の上で成り立っている[28]」と、二〇一五年の米国国際開発庁の報告書で述べられている。「男性の性自認に対する、代替的だが文化的に説得力のあるポジティブなビジョンを男性に与えることは、男性が暴力を拒否し、よりジェンダー公正に則った男らしさを身につけるための取り組みに有効であることが証明されている[29]」

使用されている言葉は学術的でつまらないが、それは間違いなく、少年たちに男性の定義として何を教えるのかを見直すための呼びかけである。

ブラジル、ポルトガル、コンゴ民主共和国、ワシントンDCに事務所を構える非営利団体のプロムンドは、男性と少年を巻き込んでジェンダー公正を推進する分野で、世界のトップに立っている。同団体は、アメリカの青少年のために活動してきたが、二〇一六年のトランプ大統領選出の影響で、政治的な風向きが変わったことにより、難局に直面した。

プロムンドは、二〇年近く前にブラジルで、男らしさに関する少年の考えを広げるためのプログラムを導入した。「プログラムH」(Hは男性を意味するポルトガル語の**homens**とスペイン語の**hombres**から来ている)と呼ばれるカリキュラムは、プロムンドの創設者で最高経営責任者でもあるゲリー・バーカーが、ブラジルのスラム街に住む若者たちを対象に実施したグループインタビューから生まれたものだった。

バーカーによると、彼が話を聞いた男性の多くは、ひどくあからさまな性差別主義者であった。しかし、中には性差別に抵抗し、それは間違っていると声を上げる男性たちもいた。バーカーが最も興味深いと思ったのは、このような男性たちだった。彼らは、性差別に悩みながらも声を上げる勇気を出せない大多数の男性たちを代弁しているとバーカーは考えた。この男性たちの人生で、ジェンダーに関して優勢な考えを疑問視するきっかけは何だったのだろうか? また、女性や少女(とても幼い少女でさえも)を性的対象として話す若い男性たちに向かって、彼らが異議を唱えることができたのはなぜだったのか?

男性たちにインタビューしていくうちに、彼らにはいくつかの共通点があることをバーカーは発見した。彼らには、ジェンダー規範に異議を唱える家族がいたのだ。また、彼らの生活の周りには、ジェンダーの現状について考えたり話したりできる、何らかの社会集団があった。そして、彼らは、従来の男らしさの規範に従うことに伴う代償を、それらに従う男性たち(多くの場合、父親)によって苦しめられてきたことから、理解していたのだ。

プログラムHでは、このような状況を作り出すために、男性や女性がどのように振る舞うべきかを規定する不文律や、それが男女双方にとっていかに有害であるかについて、少年たちが考えられる場を提供している。そして、人種や階級の問題に着目しながら、少年たちに権力の偏りに気づくことを教えたり、全ての男性、女性、少年、少女に身体上の自主権があり、セックスや妊娠に対する自己決定権があることを強調したりしている。これらの取り組みにはどうやら効果があるようだ。

ブラジル、メキシコ、インド、バルカン半島諸国などの八ヵ国で実施されたこのプログラムの影響を調査した結果、ジェンダー平等や女性への暴力に対する参加者の態度に変化が見られた[30]。少年たち自身も、コンドーム使用率の向上（インド、バルカン諸国、ブラジル）、交際相手に対する暴力の減少（エチオピア、チリ、ブラジル）、性感染症の症状の減少（メキシコ）など、自らの行動の変化について報告していた。このような結果を受けて、プログラムHは、国連、世界保健機関、ユニセフなどの主要な国際開発機関の後押しにより各国の学校やコミュニティに広がり、少年たちを巻き込んでジェンダー不平等を解消する効果的な方法だと考えられるようになった。

二〇一五年に、プロムンドは米国政府から五年間で数百万ドルの助成金を獲得し、このプログラムによって、主に非白人の若い男性の間で一〇代の妊娠や性暴力を減らすことができるかを検証した。マンフッド2・0と呼ばれるこの一三時間のカリキュラムは、ピッツバーグ、ニューヨーク、ワシントンDCを含む、いくつかの都市で小規模に検証されている[31]。

エイドリアン・エラーブは、ワシントンにある公立のE・L・ハインズ・チャータースクールで、高校三年生のときにこのプログラムを体験した。マンフッド2・0のリーダーは、非営利団体のラテンアメリカン・ユースセンターから派遣された二人の非白人の青年で、エイドリアンによると、彼らは特別なものを生み出していた。それは、彼やクラスメイトたちが、秘密を漏らされるという心配をせずに、自由に話すことができる空間だった。「他の男たちと一緒に座って、男に期待されていることや、自分が本当は何がしたいのかについて話すことができたのは最高だった」と彼は言った。

エイドリアンは、性的同意についてしっかりと理解し（「いいよと言われない限り、何もしません」と話していた）、LGBTQの人々や同性愛についても新たな理解を得て、プログラムを終了したと話した。現在は高校を卒業し、ワシントン市警の士官候補生訓練プログラムに参加する予定の彼は、今では男性にも感情があることを知り、それを見せることは悪いことではないと分かってきたという。「泣くことは悪いことではありません。だって、泣くことで、自分には感情があり、実際に何かを感じられるのだと知ることができるので」と彼は語った。「自分が大丈夫じゃないと言ってもいいのです」

政治のおかげで、マンフッド2・0が実際に効果的であるかどうかを断言するのは難しい状況だ。

その効果を検証するためにプロムンドが頼りにしていた助成金は、保健福祉省の一〇代の妊娠防止プログラムから支給されていた。このプログラムは、オバマ政権が、性的自己抑制教育から有効性が証明されたアプローチへと連邦政府資金を移行させるために発足したものだ。公衆衛生の専門家たちはそれを科学を支持する動きだと捉えたが、一部の保守的な指導者たちは、それを税金の無駄遣いだと考え、一〇代の若者にセックスを促すようなプログラムだと反論した。

そして二〇一七年、トランプ政権は突如、プロムンドをはじめとする八〇の団体への妊娠防止対策資金を打ち切ることを発表した。[32] 保健福祉省の関係者はCNNに対し、以前の資金提供の結果を検証した結果、「これらのプログラムがポジティブな影響を与えているという証拠は非常に乏しい[33]」と語った。

この動きがあったのは、トランプが性的自己抑制教育の主唱者を保健福祉省の幹部に任命した直後のことで、助成金の受給者たちを驚かせた。[34] 数十もの団体を代表して集団訴訟が起こされ、資金提供を突如打ち切るという判断は違法だと訴えた。二〇一八年六月に連邦判事もこれに同意し、正当な理由なく資金提供を取り下げることは、保健福祉省独自の規定に違反していると結論づけた。[35]

プロムンドは二〇一八年九月に、それとは別に独自の訴訟を起こし、最終的に失われた資金の一部を回収することに成功した。しかし、資金の打ち切りや今後の不確実性によって、同団体は、ワシントンDCでのプログラムを縮小し、当初想定していた広範で綿密な研究の実施を諦めざるを得なくなった。その他の資金提供により継続された、ピッツバーグの少年たちへの影響の研究だけを見ても、様々な結果が得られている。[36] マンフッド2・0に参加した少年の間で、性暴力やデートDVが減少していたのだ。しかし、ジェンダーとは全く関係のない職業技能訓練コースを受講した対照群の少年たちの間でも減少していた。両グループ共に、ジェンダー公正に対する態度にもわずかな改善が見られたが、マンフッド2・0の参加者の方が、虐待的な行動の認識において、より大きな進歩を遂げていた。

ピッツバーグ小児病院で思春期の健康を専門とし、市のマンフッド2・0プログラムを評価した医師のエリザベス・ミラーは、両グループの間になぜそれほど大きな差が見られなかったのかは分からないと話した。もしかしたら、職業技能コースでは、未来の雇用主を失望させるようなデジタル・フットプリント［インターネット利用時に残る記録の総称］を残さないようオンラインでの言動に注意すること、といった議論が行われたからかもしれない（実際、職業技能コースに参加した少年は、オンライン上で性虐待的な行動を取る可能性が低くなっていた）。あるいは、調査期間中に加速した#MeToo運動により、全ての少年がセクハラや性暴力に関する会話や考えに触れるようになっていたからかもしれない。いずれにしても、今回の結果は、少年たちの態度や行動は変えられるということを示しており、先行きは明るいと感じると彼女は言う。「私たちが目にしているのは、この取り組みは何らかの動きを生んでいるということです」

公衆衛生学の第一人者であるミラーは、性暴力を防止するための先駆的な取り組みを実施してきた世界各地の国々にならい、アメリカでも、硬直した男らしさの定義に従わなければならないというプレッシャーがあることを少年たちが理解し、変えていけるようにすべきだと主張している。人が暴力的な傾向を身につけるかどうかには、特に虐待経験や家庭の機能不全など、幼少期の経験が大きな役割を果たしていると彼女は理解している。そして、公衆衛生の専門家は、これらの問題に対処する方法を探し続けなければならないと考えている。しかし、根深いDVの悪循環を断ち切るには、困難で長期的なプロジェクトが必要となる。また、少年のジェンダー規範を変えることにも焦点を当てなければ、我々は意味のある変革を起こす機会を逃すだろうと彼女は言う。

「私は研究者としてこれまで臆することなく、有害な男らしさに立ち向かうことに全力を注いできたと胸を張って言えます」と彼女は言った。「それは少年にとっても少女にとっても、私たちの社会にとっても有害であり、それを裏付ける証拠もたくさんあるのです」

変革をもたらす力があることを少年たちに気づかせる

第7章で、暴力防止指導（MVP）について説明した。それは活動家のジャクソン・カッツが開発した、性暴力を認識し、それを止めるために介入する方法を教えるアプローチである。MVPは、ジェンダー規範やステレオタイプに直接立ち向かうという意味で、ジェンダー変革的である。それは、少年に教える男らしさを見直さなければ、性暴力を止めることはできず、女性蔑視や同性愛嫌悪的な発言や冗談、そして日常的な性差別や憎しみと闘わなければ、セクハラやレイプを防ぐことはできないというカッツの信念に基づいている。

このように考えているのはカッツだけではない。他の多くの活動家や学者たちもまた、性暴力の問題と闘うためには、ジェンダー規範や同性愛嫌悪を認識し、それに立ち向かうことを人々に教える社会正義的なアプローチが必要であると考えている。[37] しかし、ジェンダーに関して一切触れない別のアプローチもある。それは、少年や男性に、自らの男らしさを分析させたり、体系的な女性蔑視と闘わせたり、性差別的な冗談に笑うことをやめさせたりするものではない。そのアプローチが求めることは、彼らがただ、少女や女性と共にレイプや性的暴行が起こりそうになったときにその兆候を捉え、全力で止めることだ。

このアプローチを使った最も有名なプログラムの一つが、グリーン・ドットである。このプログラムを生み出した心理学者のドロシー・エドワーズは、自称「急進的なフェミニストのレズビアン」で、仕事を始めて間もない頃に、「要約すれば、男性にはレイプしないように、女性にはレイプされないようにと言うような」レイプ防止教育に携わっていた。一〇年経って、彼女は何も変わっていないことに気づいた。大学キャンパス内での性暴力は依然として蔓延しており、多くの男性は暴行と闘う運動に参加しないだけでなく、そこから疎外されていることが見えてきた。彼らは、自分たちがまるでレイプを容認しているかのように、ひどい場合には自らがレイプ犯であるかのように扱われることにうんざりしていたのだ。

エドワーズは、自身や他のレイプ防止教育者が男性に対して講義するときの話し方に問題があり、男性が防衛意識を持つのはもっともだと考えた。男性を味方につける別の方法を模索する中で、彼女はグリーン・ドットを考案した。それは、男性を不快にさせるような「地雷」用語や概念が取り除かれた第三者介入プログラムである。

グリーン・ドットの訓練では、「ジェンダーに基づく暴力」に関する話し合いは一切なく、代わりに「権力に基づく個人的な暴力」と呼ばれる。「性的同意」についての言及もない。ジェンダーステレオタイプに関する指導や、マンボックスやウーマンボックスという概念もなく、我々が発する冗談、音楽、メディアなどが、いかに「レイプ文化」を存続させているのかに関する講義もない。青少年に、自分が何者で、どうあるべきかについて自らの文化から学んできたことを学び直すよう求めるには、あまりにも情報量が多く、あまりにも時間が足りないとエドワーズは言う。多くの学校や大学で暴力防止のために割り当てられた時間が少ない中ではなおさらだ。「すでに防衛本能剥き出しで、やる気のなさそうな人がいるとしましょう。そんな人がたったの一時間で、自分の男らしさなんかを分析することにすぐに応じると思いますか？」。ワシントンDCの外側、バージニア州北部にある自動車修理工場や建設資材倉庫の間にひっそりと構えた事務所で、彼女はこのように語った。

それよりも、レイプ防止の取り組みは、誰もが賛同できることから始めるべきだとエドワーズは考えている。それはすなわち、レイプは悪いことであり、我々は皆それを阻止するべきだということだ。「MVPのようなプログラムや、男らしさについて深掘りするようなプログラム……それらは決して悪いものではありません。良いものです。問題は、準備ができているかどうか、誰がその話を聞く準備ができているかということです。仮に、あまりにも強く、性急に誰かに迫られたとしたら、受け入れる準備ができていなければ、人は心を閉ざしてしまうでしょう。そして、心を閉ざすだけでなく、自分の主張に固執してしまうようになるでしょう」

彼女の娘は一〇代の頃に、二人の傍観者がいる前で暴行を受けた。もし、彼らが暴行を防ぐために介入してくれれば、彼らが女性やレイプ、娘の過失に対してどんな考えを持っていようと、彼女は彼らに感謝していただろう。「彼らが娘の自業自得だと考えていたとしても気にはならなかったでしょう。娘の安全を確保した後に、彼らが家に帰って性差別的な冗談を言い合ったり、ポルノを観たり、暴力的なビデオゲームで遊んだりしていても気にしません」とエドワーズは言った。男性の男らしさについて説教したいという衝動を抑えることで、より多くの男性に暴力を防いでもらえるのであればそれでよいと彼女は考えていたのだ。「あなたが求めているものは正しさですか？」と彼女は言った。「それとも有効性ですか？」

グリーン・ドットは、性的暴行やデートＤＶの兆候に注意を払い、暴行を未然に防ぐ方法を考え出すことを若者に教えている。加害者と直接対決することが気まずい場合や危険な場合、誰かに助けを求めて責任を委ねたり、その状況を妨害するための細工を施したりしてもよいのだと、グリーン・ドットでは教えている。

エドワーズがグリーン・ドットを考案した当時、勤務していたケンタッキー大学のある学生が、フラタニティの仲間がパーティー中に酔った女の子を二階に連れて行こうとする様子を目撃したとき、その仲間に車がレッカー移動されているぞと嘘をついたと彼女に話した。その男が車を確認しに行ったおかげで、女の子の友人たちは、彼女を逃がす時間を稼げたのである。この目撃者は、当然のことながら家父長制を打ち砕いたわけではない。しかし、彼はレイプ事件を未然に防いだと言えるのではないだろうか。そして、エドワーズにとっては、それで十分なのだ。

彼女は、多くの男性にとってこれはより大きな進歩に向けた第一歩だと考えてもいる。暴行を防ぐために介入できる男性は、自らを女性の味方だと考えるようになり、さりげない女性蔑視的な言動にも立ち向かう可能性が高くなる。性差別的な冗談で笑うことや、ポルノを観ることはやめられなくても、善を促進する力になれないわけではないのだ。

「私は今までずっとこの問題に没頭し、また関心を寄せてきましたが、それでも性差別的な冗談で笑うことはあります。……私自身も、すごく面白いと思えば、性差別的な冗談を言ってしまうこともあるでしょう」と彼女は言った。それをしないようにと少年たちの前で講義するのは、偽善的で非現実的なことだと彼女は話した。

ジャクソン・カッツをはじめとする他の性暴力防止の提唱者たちにとって、グリーン・ドットのようなプログラムはひどく苛立ちを覚えさせるものである。それは、そもそも暴力を助長し維持している社会的規範があるという事実を覆い隠しながら、暴力と闘おうとするものだと彼らは考えている。オバマ政権が、キャンパス内の性暴力と闘うための戦略として、グリーン・ドットのジェンダーニュートラルな手法を反映した「イッツ・オン・アス（我々にかかっている）」を発表したとき、一部の暴行被害者や活動家たちは呆れ果てた。

「キャンペーンで紹介されているコツ、たとえば、パーティーで加害者から友人を遠ざけることなどは、個々の事例で個々の女性をレイプ犯から救うことはできても、そのレイプ犯がバーにいる別の女性を狙うことを止めることはできない」[38]。二〇一四年に「Feministing」というブログでこのように語ったのは、全国的な学生団体「ノウ・ユアⅨ（タイトルⅨについて知ろう）」の共同設立者であるダナ・ボルジャーである。彼女は次のように続ける。

それは、問題を個々に分離した管理しやすいもののように見せ、世界がどのように機能するのか、誰が権力を持ち、誰が持たないのかに関する既存の構造にうまく収まるような、その場しのぎの解決策を提示しているだけである。たとえば、女友達をバーで守るよう男性に協力を求めるが、彼ら自身の権力と特権、そして彼らが常にそれとなく暴力を成立させている方法について認識させることはしない。「イッツ・オン・アス」が非常に魅力的に感じられる理由は、現状を打破する必要がないからである。

カッツは、特定のプログラムに限らず、ジェンダーニュートラルな手法を手厳しく批判する。「私は、男らしさや女らしさに関する文化的イデオロギーについて話すことこそが、問題の核心に触れることだと思います。これらは補足ではないのです」と彼は語った。「ジェンダーについて触れようとしない人は、男性が真実を抱えきれないと思い込んでいるのです。……男性がそうした議論をうまく処理できないというのは事実に反している。男性は事実と向き合うことができます。現実を受け入れましょう。我々の文化には女性蔑視や性差別が深く根付いている。少年や男性は、周りからそれを空気のように吸収しているのです。彼らはどの時点でこのことを意識し、どのようにそれに対抗し、自分たちが信じているという公正さや正義に向かってどのように取り組むのでしょうか?」

しかし、グリーン・ドットは性暴力の分野には珍しいものを持っている。それは、このプログラムが実際に性暴力を減少させることを示唆する、長年の厳密な評価から得られた豊富なデータである。

CDCから数百万ドルの資金援助を受け、研究者たちは、ケンタッキー州の二六の高校から五年間にわたってデータを収集した[39]。そのうち半数の高校はグリーン・ドットを導入し、あとの半数は導入しなかった。真の文化的変革は時間がかかるものである。最初の二年間は、どちらのグループの学校でも性暴力の発生率はほぼ同じであった。しかし、三年目、四年目になると、その差は開いた。グリーン・ドットが導入された学校に通う子どもたちについては、性交渉の強要、性交渉の身体的な強制、アルコールや薬物の影響下の性交渉、セクハラ、デートDVなど、性暴力行為の報告が著しく減っていた。また、加害率は三年目には一七%、四年目には二一%減少していることが判明した。それは件数で言えば、グリーン・ドットが導入された学校では数百件にも上る性暴力事件が発生しなかったことを意味する。

しかし、ジェンダー規範や同性愛嫌悪に関する議論を省くことには代償があるようだ。同研究チームは、グリーン・ドットが性的マイノリティの少年少女よりも、ストレートの少年少女に対してより効果的であることを見出し、同性愛嫌悪やそこからくるいじめを軽減するための指導もプログラムに取り入れるべきだと提案した[40]。

エドワーズは今、多様な属性を持つ人々と協力して、もともと中流階級の白人女性のグループが考案したこのプログラムが、非白人の生徒やLGBTQの若者にとってより適切で効果的となるように設計し直しているそうだ。ジェンダーや男らしさを認識することなくそれができるかについては、現時点ではまだ分からない。

少年が少年を導く

高校卒業前、あるクラスメイトが童貞のまま大学に進学することに屈辱を感じると告白していたことを、今でも鮮明に覚えている。彼の告白に私は驚いた。

それは私の理解の範疇を超えていた。彼がセックスをしたことがあるかどうかなんて、大学の人たちはどうやって知るのだろうか？　なぜそんなことを気にするのだろうか？

二〇年以上経った今、私は以前より彼の気持ちが理解できる。自分の性体験の有無や回数、種類などを他の男子全員が知っていて、それらの経験によって、一〇代の生活におけるカーストが決定づけられる。そんな世界で生きることの意味について、少年たちは根気強く説明してくれた。「誰かと言い争いになった場合、簡単に相手を貶められる言葉は『ああ、お前まだ童貞なんだ』です。それは本当に由々しき発言なんです」と、カリフォルニア州のある高校四年生は言った。他人に自分のペニスを挿入した経験があるかどうかを、他の男子がどうやって知ることができるのかが分からず、私は説明を求めた。「それは常に話題に上がっていますよ」と別の少年が言った。「誰が何をしているのか、みんな常に把握している」。童貞は最底辺に位置し、たくさんの女子と関係を持つ男子は他の誰よりも高く位置づけられる。決まった彼女がいる少年はどこに位置づけられるのかと尋ねてみたところ、彼らは呆気に取られた様子で見つめ返してきた。どうやら、そのような少年はあまりいないらしい。

メイン州では、ある若者集団が、男子高校生たちがいつも体の関係を持った女子の数を意味する「ボディカウント」の話をしていることを嘆いていた。彼らが事実を言っているかどうかは誰にも分からない。そこは問題ではないのだ。そうした話を聞くことで、どの少年も、自分も性的に活発になって、たくさんのパートナーを欲しがるべきなのだと思い込む。当然のことだが、全ての少年がたくさんのパートナーを欲しているとは限らない。

メイン州で話を聞いた一人の少年は、高校では「ボディカウント」が話題に上ることはなかったが、大学でそういう会話に直面するのが怖いと話していた。彼は、そのプレッシャーが自分にどのように影響するのかを心配していた。「僕は若い男として、そのようなことが当たり前となっている大学に行くかもしれない、そして突然それが自分の一部になってしまうかもしれないことを恐れているのです」と彼は言った。「何が言いたいかというと、僕は大学一年生になります。そのようなことに巻き込まれないと断言できるほどの余裕はあるのでしょうか？　それが少し怖いですね」

ワシントンＤＣの高校四年生、ジェイコブ・グリーンは、二年生のときからセックスをすべきだというプレッシャーを感じていたという。しかし、彼はその覚悟がまだ自分にはないとも感じていた。「周りと馴染むためには性的に活発にならなきゃいけないんだと感じていました。そうなりたくはなかったし、自分のメンタルヘルスにも良くないとは分かっていましたけど」と彼は言った。

これまで、少年たちは、自らが直面するプレッシャーやステレオタイプについて話し合う場所がほとんどない世界で生きてきた。そうしたことについて話し合う場がなければ、少年たちは、自身がそれらのプレッシャーやステレオタイプを受け入れていなくても、周りの人々は確実にそれを受け入れているのだと信じやすくなる。そして、多くの少年がセックスを求めて、たくさん経験しているものなのだと信じてしまう。そのようにして彼らは、集団の規範だと認識するものに従おうと自身の行動を変化させていくのである。

実際にセックスをしていない子がどれほどいるか、またセックスをする覚悟があるかどうかさえ分からない子がどれほどいるかを少年たちが理解するようになれば、彼らは同調圧力に流されることなく、自分で選択する力を身につけられるかもしれない。少年のあり方やあるべき姿に関する他のあらゆる考えも同様である。そうした考えは、誰もが認識してはいるが実際にそのように考えている人はほとんどいない、戯画化されたものだということに、少年たちが気づくことができれば、その戯画化された考えは、それほど強力ではなくなるであろう。

これは、一九八〇年代に心理学者のアラン・バーコウィッツが提唱した「社会規範アプローチ」[41]と呼ばれるものの基本理論である。我々が社会集団の中で普通だと思っていることと、実際に普通であることとの間にはギャップがあり、そのギャップに焦点を当てることができれば、人々がより健康的な意思決定を行えるようになるというものだ。たとえば、複数の研究で、大学生は他の学生たちが実際よりも盛んにパーティーや飲み会に明け暮れていると考えており、そのような誤解がある場合は、通常よりも飲酒量が増えることが判明している。また、男性には、自分以外の男性は自分が気にしているほど女性蔑視の発言を気にしていないと考える傾向がある。[42]そうした発言には他の男性も同じように不快感を覚えるということを彼らに示すことができれば、それらに対し彼らが介入する可能性が高くなることを示す証拠もいくつかある。

少年たちに、男らしさ、セックス、同意、ポルノについて話し合える場を提供し、他の少年はこう考えているに違いないという**思い込み**と、他の少年が**実際に**考えていることとの間にはギャップがあることを発見する機会を与えることができれば、彼らは自らの直感と、自分がどうあるべきかという世間からのメッセージとの間でストレスを感じることが少なくなるかもしれない。

少年向けの暴力防止プログラムの多くがこの理論に基づいている。しかし、大人たち（男性も女性も）が少年を前にして「ステレオタイプを振り払って新たな男らしさを受け入れるときだ」と語るのと、少年たちが自分たちの間でその話題を持ち出すのとでは、大きな違いがある。彼らが生み出す会話は、批判的というより模索的に感じられ、自己防衛ではなく自己省察のきっかけとなるだろう。また、そのような会話を主導する男性が多くの社会関係資本［信頼関係や社会的ネットワーク］を持っている場合には、さらに強力となる。

アレックス・トンプソンもそのような男性の一人である。ハンサムでサッカー兼ラクロスの人気選手である彼は、ジョージタウン・デイ校の四年生のときに、セクハラや暴行における男性の役割について男子生徒が話せるグループを共同設立した。

同校の生徒であったジェイコブ・グリーンがこのグループに初めて参加したとき、他の参加者を見て嬉しさと驚きを感じたという。彼は当初、改心した者たちが互いを説教するような、少人数のグループを想像していた。しかし、実際には、サッカー部やラクロス部の大半を含む数十人の大きなグループとなっていたのだ。「普段こうした話し合いに参加しないような奴らが、なんでここにいるんだろう、と思いましたよ」

彼らが参加した理由は、多くの青年が#ＭｅＴｏｏ運動に反発し、その運動による身の危険を感じているときに、トンプソンとそのアスリート仲間である共同創設者がこのグループを、そこに参加することが格好良く思える、あるいは少なくとも許容できるものにしたからである。二人がグループを始めるきっかけとなったのは、ジョージタウン・デイ校で開催された性的同意に関するサミットで、このとき他の高校から何百人もの生徒と教職員が集まったが、そのほとんどが女性だった。「九割以上が男性から始まる、男性の問題であるにもかかわらず、参加した二百人以上の人のうち、男性はたったの一〇人だけでした」とアレックスは話した。「この種の教育的なワークショップで、男性参加者が五％以下では意味がありません」

ボーイズ・リーディング・ボーイズという名のこのグループは、毎月数回集まり、現在大学生のアレックスの言葉を借りると、「本質的なことについてたくさん」話し合える場を少年たちに提供している。第三者として介入することの意味だけでなく、直接介入するにはあまりにも気まずかったり、難しかったりした場合の選択肢は何か。同意に関する決まり事だけでなく、実生活においてそれがどのように機能するのか。学校のダンスパーティーで、女の子が一緒に踊りたいと思っているかどうかをどのように判断できるのか。二歳年下の女の子と関係を持ってもよいものなのか、それともその力関係はおかしすぎるだろうか、といったことだ。

彼らは、ステレオタイプ的な「良い男」や「真の男」の定義や、物事を理解しようとしている少年にとってそれらの理想がいかに矛盾した、混乱を招くものであるかについて話し合っている。

また、メディアで強制的な性行為がいかにロマンチックに描かれているか、ポルノが現実と違っていかに同意や前戯を省いているか、女の子が好むことや男性の見え方・振る舞い方に関する考えにいかに影響を与えているかなどについても話し合う。

ボーイズ・リーディング・ボーイズは、ジョージタウン・デイ校の全生徒から受け入れられているわけではない。学校のフェミニスト集団は、女性を参加させることも、女性の話に耳を傾けることもなしに、男子は本当に進歩できると思っているのかと彼らを非難している。「自己満足的な感じで、そこにいるだけで『いい男』認定され、もう努力する必要はないと言っているようなものです」と、フェミニスト集団のあるメンバーが言った。

少年たちは、この男だけの空間を守ろうとしており、安心して質問をしたり、言っていいのか分からないことを発言したりするために必要な場なのだと主張している。「このような会話は難しいものです。でも、男だらけの空間だからこそ、間違えてもいいし、無防備に『あ、間違えた』なんて言っても、誰かに非難されたり、『君はなんてひどい奴なんだ』などと言われたりすることを恐れなくて済むのです」とジェイコブは語った。「実際にそういうことがあったと言っているわけではありません。ただ、そういうことに対する恐れがあるのです」

設立以来、ボーイズ・リーディング・ボーイズは、ワシントンDCの他の私立学校にも広まってきた。そんな中、アレックス・トンプソンは、男らしさ、セックス、性暴力について少年同士で話し合うことに関して、自らが学んだことをノースカロライナ大学チャペルヒル校のフラタニティに取り入れようとしている。彼は、新入生のための性暴力に関する仲間教育プログラムを運営しており、同じ考えを持つ他の男子学生数人と協力して、キャンパス内の複数のフラタニティ組織のリーダーたち、すなわち、学生の間で現在権力を握っており、卒業後も影響ある立場に君臨するであろう若者たちに、その教育を広めようとしているのだ。

彼は、賛同してくれている男性だけでなく、性的暴行の話を聞くと呆れた表情を浮かべる男性も含む、全ての人に理解してもらうためには何が必要なのかを必死で考えてきた。

「高校のときは、『俺は誰もレイプしないし、なんでこんなこと聞かなきゃいけないんだ。過剰な批判にはうんざりだ』みたいなことを何度か耳にしました。でも、チャペルヒルではそれがもっと頻繁に聞こえてくるのです」と彼は言った。若い男性の心からの賛同は、新入生がただクリックして進んでいくだけのオンライントレーニング講座では得られない、とアレックスは言う。それは、互いに率直に話し合えるほど心を許した学生同士の話し合いから得られるのだ。

アレックスによると、彼の所属するフラタニティでは、話し合いから政治的要素を取り除き、リベラルな学生も保守派の学生も、グループの一員だと感じられるように取り組んでいる。また、性暴力を気にかけるべき理由として、大切に思う姉妹や母親が被害者にならないようにという言い回しを彼は避けてきたそうだ。それは使い古されているし、見当違いだと彼は言う。

彼は別の見解を持っている。少年や若い男性がこういうことを気にかけ、他の人が傷つかないように介入すべき理由は、それが正しく、誇らしいことであるからだ。少年たちの多くは道徳的な人間である。彼ら自身も自らを善人だと考えている。正しいツールとサポートを与えられれば、彼らは善を**成す**ことも可能なのだ。

エピローグ

息子はほぼ毎日、午前五時半頃に目を覚ます。その日最初の鼻をすする音、喜びと絶望に満ちた叫び声がして、そして最後に、「ママ、ママ」と呼ぶ声が聞こえてくる。それを合図に、私は眠りから目覚める。私は息子とその姉の共用の子ども部屋へと忍び込み、息子が抱きかかえている動物のぬいぐるみごと彼を抱き上げ、もう少しまともな時間になるまで、暖かくて心地良い私のベッドで眠るよう、彼を連れて戻る。

先日のある朝、息子はキツネとゾウを抱いていた。夫が浅い眠りについているベッドには戻らずに、私たちは一階のリビングルームへと移動した。小さいオレンジ色のソファに腰をおろし、フリースの毛布をかけて、玄関先の小さなクリスマスイルミネーションが真っ暗な空を背景にチカチカ光っているのを眺めた。空は徐々に青色から青あざのような色へと変化し、最終的には夜明けの薄暗い灰色へと変わっていった。

私の方へ顔を向けた息子に、私は「**ガス、愛してる！**」と言った。

彼は小さな両手で私の顔を包み、目を細めて笑った。

もうすぐ二歳半になる彼は、まだ幼すぎて、自分らしくあること以外のあり方など知ることもできない。彼は、自分が何を欲していて何を考えているかについて、無意識的で、非常に正直である。

しかし、彼はまた、世界がどのように機能しているのかについて、すなわち自身が男の子であること、男の子には従わなければならないある種のルールがあり、自分にとって何が大切か、どう行動すべきか、どんな人になるべきかに関する憶測がついて回るということなどを、理解しつつもあるのだ。

息子と共に過ごす朝の静かな時間に、私は、その新たな理解が彼にとって何を意味するのか、それによって彼がどのような男性に育つのだろうかと考える。

私が何より恐れているのは、彼が自分を偽ることを学習してしまうことだ。娘に対しても同じ恐れを抱いているが、その大枠は異なる。娘に懸念していることは、彼女が、好感を持てる優しい人にならなければならない、また、美しくなければ価値がないと世間から教わることだ。ガスに関しては、タフで性に貪欲でなければならないとか、常にいろんな意味でたくましくなければならないということを学んでしまうのではないかと心配している。彼が世の中を渡って行くために、様々な人（女子や他の男子、そして自分自身）と心から繋がることで感じられる大きな喜びや激しい痛みなどの、人間が持つあらゆる感情を感じないための鎧《よろい》をまとってしまうのではないかと不安に思う。そして、彼が自らの性別のせいで、時には人から最悪の事態を想定されることもあるかもしれないという懸念を抱いている。彼が孤独になるのではないかと気がかりである。

しかし、この一年間、息子と娘から離れて本書に取り組んだ日々の中で、私の抱いていた不安は、多くの希望と結びついた。今、この瞬間に男の子を育てていることを、私は幸運に思う。

現代の少年たちは、私の世代では教わらなかったことを学んでいる。それはすなわち、誰もが、触られたいかどうかを自分で決めることができるということだ。全米の大勢の子どもたちが、親や教師から、彼らの体は彼ら自身のものだということを繰り返し聞きながら育っている。そう、それはつまり、息子は昔の世代では考えられないような形で、自らの性行動に責任を負うことを社会から求められていることを意味する。しかし、私はそれが悪いことだとは思わない。

私は、性暴力に関して高まりつつある懸念が真の変化をもたらしてくれることを願っている。その変化とはすなわち、息子たちはより良い性教育を早期に受け、ポルノや同意、拒絶に対処する方法について率直に話し合う必要があると認識することだ。そして、より多くの人が、少年に対する思い込みを疑問視し、男らしさをどう教えるかに関する古風な考えに反発するようになった今、息子たちがどんな人になりたいかや、どんな人生を歩みたいかを探究するための自由があることを願う。

女の子たちは長きにわたり、男の子っぽく振る舞うことを許され、促されることさえあったが、一方で、男の子が女の子っぽく振る舞うことで受けてきたペナルティについて、ようやく考え直され始めている。より多くの親、教師、コーチたちが、娘たちに伝えようとしているメッセージを息子たちにも伝えるべきだと気づき始めているのだ。**あなたは何にだってなれるし、どんな夢でも追いかけられる、**と。バスケットボール、市バス、レッカー車が好きなのと同じように、お姉ちゃんのピンクのお下がりを着たり、ワンダーウーマンのコスプレをしたりすることに喜びを感じてもいい。女の子っぽく振る舞ってもいいのだ。なぜなら、私たちが「女の子っぽい」と言うとき、それは本当の意味で完全な人間であるということ、強さと弱さ、怒りと思いやり、笑いと涙、仕事と家庭を全て兼ね備えることができるということを意味するからである。

本書を半分ほど執筆し終えた頃に、私は昔の友人とコーヒーを飲みに行った。彼には、本書ですでに述べたことについて話した。娘が生まれたとき、彼女が女性であることに関する古臭いステレオタイプに縛られなくていいように、彼女をどう育てればいいのかは私の中ではっきりとしていたこと。息子のときは、同じような直感が一切なかったこと。そして、娘には、強くて怖いものなどないと宣言するように教えたが、息子には何を教えればいいのか見当もつかなかったことなどを。

その友人は、古家をリフォームする作家であり、大自然の中でウルトラマラソンを走る、二人の娘を持つ父親であり、妻と一緒に全国を転々としてきた夫でもある。この夫婦は、仕事や生活を捨ててまで、互いの夢や願望を支えてきた。彼はハンサムで、自信に満ちていて、思慮深く、ときに弱気である。いろんな意味で彼は、私が息子にこうなってほしいと思う理想像そのものだ。彼は、幼い頃から母親に「あなたは強くて優しい」と言われ続けて育ったそうだ。それは、彼に対する母親の口癖で、心に残っていると彼は言う。彼は今、自分はそのような人物だと考えている。そして、彼は実際にそのような人物なのである。

そこで、私はこの言葉を友人から、あるいは彼の母親から借りることにした。私は今、息子にも同じように「**あなたは強くて優しい**」と伝え、息子自身にもそう主張するよう促している。男の子は強く、女の子は優しくあるべきだと言われているのであれば、彼には、どちらにでもなれることを、そして「男らしさ」や「女らしさ」の境界線は私たち自身が引いたものであり、私たち自身の手で消すことができることを知ってほしい。

娘にも同じように、成功するためには、女性と従来関連づけられてきた資質を否定する必要はないということを知っていてほしい。私は彼女に、強くて怖いもの知らずであるようにと言い聞かせるのをやめた。誰しも、時には恐れを抱くことがあり、息子と同様に彼女も恐れを知らない振る舞いをする義務はないのだ。私は、二人には強くて優しい人であってほしい。野心的で親切な人。自信があり、思いやりがある人。そして、勇敢で思慮深い人であってほしいのだ。

このような考えを持つのは私が初めてではない。四〇年前、物議を醸した先駆的フェミニストの心理学者、サンドラ・ベムは、新たなジェンダー理論を打ち出し、ジェンダーは片側に男性的な資質、反対側に女性的な資質があるような単純な連続体ではないと主張した。むしろ、男らしさと女らしさは互いに独立して、別の次元に存在するものだと彼女は述べた。つまり、典型的なアメフト選手のように、非常に男らしく、ほとんど女らしくない人がいる一方で、逆に、非常に女らしく、ほとんど男らしくない人もいる。しかし、それは、どちらか一方の資質が多ければ、もう一方の資質が必ず少なくなるというものではない。人は同時に多くの「男性的な」特徴と「女性的な」特徴を持ち合わせることができる。ベムはこれらの人々を「アンドロジナス」〔心理的に男女両性の特徴を持つ者」と呼んだ。

アンドロジナスな人は、リスクを冒すことが好きな野心的なリーダーであると同時に、思いやりのある感情豊かな人であるかもしれない。このような人は、単純に世の中で遭遇するあらゆることに対応できるツールをより多く持ち合わせており、社会学者によると、そうした特徴が自尊心から結婚生活の満足度に至るまで、多くの面で彼らに強みを与えていることが分かっている。彼らはより柔軟で、より適応力があり、より創造的な傾向がある。

きわめて強度で生産的な精神的集中状態を言い表す、「フロー」という用語を生み出した心理学者のミハイ・チクセントミハイは、芸術、科学、ビジネス、政治に大きく貢献する、卓越した創造性を持つ九一人へのインタビューをもとに、一九九六年に本を執筆した。それらの人々の中には、詩人のデニーズ・レヴァトフ、天文学者のヴェラ・ルービン、音楽家のラヴィ・シャンカール、そしてポリオワクチンを開発した科学者のジョナス・ソークなどがいる。彼らは、従来のジェンダーの境界線を横断する強力な資質を示す傾向にある、とチクセントミハイは述べている。「男らしさ・女らしさに関するテストが若者に対して行われるたびに、幾度となく、創造的で才能ある女子の方がそうでない女子より優位でタフであり、創造的な男子はそうでない男子より感性が豊かで攻撃性が低いとされてきた[1]」

最終的にフェミニストの学者の間では、両性具有という概念への関心は薄れていった。男女の境界を曖昧にしようとしていたベムであるが、彼女の考えは実際には、人間行動は単純に「人間的」だということではなく、本質的に「男性的」か「女性的」のどちらかに定義することができるものだという考えを強化するとフェミニストたちは主張した。[2] 後にベムもそれに同意した。

しかし、私はまだこの概念が有用であると考えている。我々はいまだに、男の子はどうあるべきで、女の子はどうあるべきかという話をしており、喋れるようになる前にそれらは心に刻まれる。サンドラ・ベムは、彼女自身の人生や二人の子どものためにも、そうした話を書き換えようと取り組んできた。彼女は回顧録『型破りな家族』（*An Unconventional Family*, 1998）の中で、自分の息子と娘にジェンダーや性のステレオタイプに対する「予防接種」をしようと努力したことを述べている。[3] 彼女と夫は、女性が従来担ってきた、子どもに関するあらゆる決断を下す役割を「当番制」にした。[4] 彼女たちは、どちらの子どもにもトラックや人形で遊ばせ、ピンクやブルーの服を着せた。少年はいつも冒険に出かけ、少女は留守番をするという本のメッセージを打ち消すために、ベムが修正液とマーカーを使ってキャラクターの性別を入れ替えることもあった。そして、子どもたちが成長するにつれ、彼女は、ジェンダーステレオタイプが彼らを取り巻く世界の中でどのように現れ、どのように世界を形づくっているのかを、より直接的に話すようにした。

回顧録の執筆にあたり、彼女は息子のジェレミーにインタビューしている。彼は、数学者としての才能を持ち、文学や言語学にも関心を持ち、彼が言うところの「人生の内面的で細々したことに関する感情的に激しい議論」[5] を好む青年に育っていた。母親は、彼をどのように育てるのが正解だったと思うかと尋ねた。

「もし全てやり直すとしたら、型にはまった願望も、型にはまらない願望と同じように、あってもいいんだということを、もっと明確にしてくれた方がいいとアドバイスするよ」[6] と彼は言った。

男性が女性にセックスを迫ってきたという歴史を理解しており、自分はそうなりたくないと思っていたからこそ、ときに自分から女性に言い寄ることが困難なこともあったと彼は言う。しかし総合的には、母親が取ったアプローチに感謝していると彼は話した。

「僕は完全な人間になれる[7]」と彼は母親に話す。「結局のところ、そういうことなんだ」

訳者あとがき

近年ニュースで報道されている性的暴行事件、それらは長年口をつぐんできた女性たちが勇気を振り絞り、ようやく口を開いたことで判明したものばかりです。容疑をかけられた男性の中には、同意の上だったと主張する者もいます。それが苦し紛れの言い訳なのか、本当にそうだと思っていたのかは定かではないものの、息子を持つ母親たちにとって、これほどまでに居心地の悪い報道はないでしょう。

しかし、性的暴行被害に遭うのは必ずしも女性だけではないということが本書を通して明らかにされています。男性は、性的暴行事件の加害者にも被害者にもなる可能性があるのです。性的暴行と聞くと、自然と女性の被害者を思い浮かべる人が多いのではないでしょうか。しかし、男性が被害に遭うケースは決して少なくありません。アメリカでは、男性の六人に一人が幼少期に、四人に一人が生涯のうちに、性暴力の被害に遭っているという調査結果もあります。正直、私自身も本書に携わるまでは、著者と同じように、、男の子が性暴力の被害に遭うことは考えもしませんでした。

今までは女の子を守るために男の子を教育する必要があると考えられていましたが、彼ら自身のためにも、男の子の育て方を見直さなければならないと著者は語っています。しかし、本書を通して、著者は男の子の育て方を教えようとしているわけではありません。男の子としてこの世で生きることはどういうことなのか、そんな中で我々には何ができるのかを考えるきっかけになってほしいと彼女は考えています。

アメリカでは、箒を意味する英語の「ブルーム（broom）」を動名詞にした「ブルーミング（brooming）」という行為が男子学生の間で密かに流行しています。第1章でも紹介されているように、それは箒などの道具を使って肛門を犯す行為で、特にアメフト部などの運動部内で行われているようです。このブルーミングという行為は、ネットフリックスのオリジナル・ドラマシリーズ『13の理由』のあるエピソードでも取り上げられています。あることをきっかけに運動部員の反感を買った一人の少年が、三人の少年たちにより暴行されるというシーンです。その少年はトイレで手を洗っていると、突然運動部の三人に囲まれ、プレーシーズンがキャンセルされたことを責め立てられます。彼は落ち着いた口調で謝罪をするものの、怒りに満ちた運動部員の一人に頭部を摑まれ、鏡や洗面台に打ちつけられます。そして、そのまま個室へと引きずられ、便器に頭を押し込まれた後、二人の少年に押さえつけられながら、もう一人の少年によって壁に立てかけられていたモップの柄の部分を肛門へと押し入れられるのです。目をそらしたくなるほど痛ましく過激なシーンですが、本書に携わる前であれば、私はそれをただのフィクションとして脳内で処理していたことでしょう。しかし、本書でも紹介されているように、実際に現実でも似たようなことが起きているのです。

性暴力の被害に遭うことは、男性にとって、女性とはまた別の苦しみがあります。男性は「男らしくあらねば」という一種の呪縛によって、誰かに助けを求めたり、自らの身に起きたことを性的暴行と認識したりすることが困難となっているのが現状です。実際にブルーミングの被害に遭った少年の中には、重傷を負って病院に運ばれるまで事件について口を開かない者もいます。

また、性暴力の被害に遭った男性は、自らの葛藤以外に、周りの反応にも苦しめられることがあります。男性の場合、女性被害者のように、本当は同意の上だったのではないか、気を持たせるようなことをしたのではないかと責められることはないでしょう。その代わりに「大袈裟に騒ぎすぎではないか」などと真剣に取り扱ってもらえないことがあるのです。このような反応から、自らの苦しみを隠し通そうとする男性も少なくありません。

私は今でも、学生時代に同級生の男の子が痴漢に遭ったと話していたときのことを覚えています。女子がそうした話をする場合、大抵は「気持ち悪かった」「怖かった」など、朝から満員電車で最悪の事態に陥ったことについて愚痴をこぼしたくて打ち明ける子がほとんどでした。しかし、ある男の子が「俺も痴漢されたことあるよ」と打ち明けたとき、それは女子の話とは打って変わって、ある種の武勇伝を語っているかのようでした。彼はある日、満員電車に乗っていたら、大人の女性に突然股間の辺りを触られたと言うのです。痴漢被害について憂鬱そうに話す女子たちとは違って、彼は笑い話を提供しているかのように、明るくその体験について話していました。

今となっては、彼がその出来事について本当はどう思っていたのかは分かりません。もしかしたら、女子たちと同じように、気持ち悪くて怖いと思っていたけれど、世間から押し付けられた男らしくあるべきだというプレッシャーから、本音を言えなかったのかもしれません。あるいは、男性は常に性欲があるという誤った常識を植え付けられたことから、それを許されない行為としてではなく、男として喜ぶべき出来事なのだと思い込んでいたのかもしれません。いずれにしても、男の子が痴漢被害に遭ったことをこのような形でしか打ち明けられないことに対して、当時の私には感じられなかった違和感を私たちは感じ始めるべきなのではないでしょうか。

この同級生の話を聞いたのはもう十年以上も前のことで、現在は当時よりも、男性の性暴力被害に関する話題を耳にする機会が増えてきているように思います。NHKでは、ホームページ上で、二〇二〇年三月に男性の性被害に関する記事が投稿されていたり、二〇二一年六月の『クローズアップ現代+《プラス》』の放送で男性の性被害の実態が調査されたりしています。また、昨今のLGBTQ運動の影響からか、メディアではジェンダーレス男子といった言葉もよく耳にするようになりました。一昔前の世代では考えられないような格好をした男性も街で見かけます。これらは男性に対する世間の認識が徐々に変わりつつある証拠でしょう。

しかし、その一方で、まだまだ男性のあるべき姿、すなわち「マンボックス」という狭い枠組みが男性たちを縛り付けているのも事実です。『クローズアップ現代+』で行われたアンケート調査によると、性被害に遭った二六〇人の男性のうち、六五・四%が誰にも相談しなかったと回答しています。その理由の中には、相談することは男らしくないからと回答した人もいました。また、相談という形ではなく、ネタや笑い話として周りに打ち明ける男性も少なくないようです。

友人に打ち明けたことのある男性の中には、「うらやましい」や「ラッキーじゃん」などの言葉が返ってきたと言う人もいます。痴漢被害に遭った私の同級生も、記憶している限りでは、周りから同じような反応を受けていました。

なお、性暴力被害を訴えることができなかったり、そうした行為を見過ごしてしまったりすると、新たな被害者を生んでしまう恐れがあります。人は、性暴力などの逆境体験を経験するほど、他人に暴力を振るう可能性が高くなることが分かっています。暴力を振るう加害者が、元々は暴力を受けた経験のある被害者だったという例も少なくありません。前述したネットフリックスのドラマの中の少年もまた、ブルーミング被害に遭った後、学校で開かれているダンスパーティーに何挺もの銃を持って乗り込もうとします。彼は、自分の身に起きたことを誰にも話すことができず、銃撃事件を引き起こしそうになるのです。

本書でも語られている通り、逆境体験を経験する全ての人が暴力的となるわけではありません。暴力行為を促す有害なストレスには、良好な人間関係が有効なのです。幸いにも、ドラマの中の少年には、彼のことを止めてくれる同級生の少年がいました。ドラマの主人公でもあるその同級生は、自ら性暴力の被害に遭うことはなくとも、近しい友人たちを取り巻く多くの暴力行為について知り、同じように心に傷を負っています。この主人公は、自分も傷ついて人を傷つけようとしたこと、それで何も変わらなかったこと、そして自暴自棄になっている少年に死んでほしくないということを必死に訴えかけます。主人公の心からの訴えにより、銃を持った少年はひとまずその場を離れ、事件は未然に防がれます。

性暴力を含むあらゆる暴力的な行為を防ぐためには、男性が自らの感情について話したり、相手の気持ちを確認したり、性的ではない親密な人間関係を築いたりすることができる環境づくりが不可欠となります。残念ながら日本では、日常的に「女性らしさ」「男性らしさ」が意識的にも無意識的にも求められており、ジェンダーバイアスがいまだに根強く残る、理想的とは程遠い社会となっています。近年は、女性の権利拡大が進み、女性が強くあることが昔と比べてポジティブに受け止められていますが、男性の場合、強くあることは当たり前とされ、自らの感情をさらけ出したり、弱さを見せたりすることはまだまだ許されにくいようです。

「男の子なんだから泣かないの」。誰しもこのようなセリフを一度は聞いたことがあるでしょう。私たちは誰かに教えられたわけでもなく、男子は強くてタフであるべきだと刷り込まれているのです。このように社会から押し付けられた「男らしさ」は、男の子の精神的健康を脅かすだけでなく、彼らの可能性さえも奪っています。少年たちを被害者にも加害者にもしないために、本書がより健康的な文化を作り上げるきっかけになることを願います。

山岡希美

lobal.org/wp-content/uploads/2015/01/Program-HMD-Toolkit-for-Action.pdf.

31 Promundo-US and University of Pittsburgh Medical Center, Manhood 2.0: A Curriculum Promoting a Gender-Equitable Future of Manhood, Washington, D.C., and Pittsburgh, 2018, https://promundoglobal.org/resources/manhood-2-0-curriculum/?lang=english.

32 Elizabeth Chuck, "Trump Administration Abruptly Cuts Funding to Teen Pregnancy Prevention Programs," NBC News, August 25, 2017, https://www.nbc news.com/news/us-news/trump-administration-abruptly-cuts-funding-teen-pregnancy-prevention-programs-n795321.

33 Jacqueline Howard, "Why the Trump Administration Is Cutting Teen Pregnancy Prevention Funding," CNN, August 17, 2017, https://www.cnn.com/2017/08/17/health/teen-pregnancy-prevention-programs-funding/index.html.

34 David Crary, "Advocate of Abstinence-Only Sex Education Gets High HHS Post," Associated Press, June 7, 2017, https://apnews.com/5d547535a37948ec9578eb4562 db1b06/Advocate-of-abstinence-only-sex-education-gets-high-HHS-post.

35 Jennifer Hansler, "HHS Loses Another Court Battle over Teen Pregnancy Prevention Grant Funding," CNN, June 4, 2018, https://www.cnn.com/2018/06/02/politics/hhs-teen-pregnancy-program-dc-district-court /index.html.

36 エリザベス・ミラーとの私信。2019 年 7 月 3 日。

37 Elizabeth Miller, "Reclaiming Gender and Power in Sexual Violence Prevention in Adolescence," *Violence Against Women* 24, no. 15 (2018): 1785–93, https://doi.org/10.1177/1077801217753323.

38 Dana Bolger, "It's on Us to Go Beyond 'It's on Us,'" 2014, http://feministing.com/2014/09/22/its-on-us-to-go-beyond-its-on-us/.

39 Ann L. Coker et al., "RCT Testing Bystander Effectiveness to Reduce Violence," *American Journal of Preventive Medicine* 52, no. 5 (2017): 566–78, https://doi.org/10.1016/j.amepre.2017.01.020.

40 Ann L. Coker et al., "Bystander Program Effectiveness to Reduce Violence and Violence Acceptance Within Sexual Minority Male and Female High School Students Using a Cluster Rct," *Prevention Science* 21, no. 3 (January 2020): 434–44, https://doi.org/10.1007/s11121-019-01073-7.

41 Alan Berkowitz, "An Overview of the Social Norms Approach," in Linda C. Lederman and Lea P. Stewart, eds., *Changing the Culture of College Drinking: A Socially Situated Prevention Campaign* (New York: Hampton Press, 2004). http://www.alanberkowitz.com/articles/social%20norms%20 approach-short.pdf.

42 Alan D. Berkowitz, "Fostering Healthy Norms to Prevent Violence and Abuse: The Social Norms Approach," in *The Prevention of Sexual Violence: A Practitioner's Sourcebook*, ed. Keith Kaufman (Holyoke: NEARI Press, 2010), 147–172.

エピローグ

1 Mihaly Csikszentmihalyi, *Creativity: Flow and the Psychology of Discovery and Invention* (New York: Harper Perennial, 2013), 70. この言葉を最初に目にしたサイト、Brainpickingsに感謝する。Maria Popova, "Why 'Psychological Androgyny' Is Essential for Creativity," Brainpickings, 2014, https://www.brainpickings.org/2014/11/07/psychological-androginy-creativity-csikszentmihalyi/.

2 Bernice Lott, "A Feminist Critique of Androgyny: Toward the Elimination of Gender Attributions for Learned Behavior," in Clara Mayo and Nancy M. Henley, eds., *Gender and Nonverbal Behavior* (New York: Springer, 1981), 171–80.

3 Sandra Lipsitz Bem, *An Unconventional Family* (New Haven, CT: Yale University Press, 1998), 125.

4 同上。95.

5 同上。181.

6 同上。189.

7 同上。190.

https://www.ncjrs.gov/pdffiles1/nij/grants/246830.pdf.
13 Dorothy L. Espelage, Sabina Low, Carolyn Anderson, and Lisa De La Rue, "Relation between Bully & Teen Dating Violence Perpetration across Early to Late Adolescence," 2013, https://www.apa.org/news/press/releases/2013/08/bully-dating.pdf.
14 Dave Cullen, *Columbine* (New York: Twelve, 2009).
15 David Scott Yeager, Carlton J. Fong, Hae Yeon Lee, and Dorothy L. Espelage, "Declines in Efficacy of Anti-Bullying Programs Among Older Adolescents: Theory and a Three-Level Meta-Analysis," *Journal of Applied Developmental Psychology* 37 (March 2015): 36–51, https://doi.org/10.1016/j.appdev.2014.11.005. http://www.sciencedirect.com/science/article/pii/S0193397314001385.
16 Joseph A. Durlak et al., "The Impact of Enhancing Students' Social and Emotional Learning: A Meta-Analysis of School-Based Universal Interventions," *Child Development* 82, no. 1 (January 2011): 405–32, https://doi.org/10.1111/j.1467-8624.2010.01564.x.
17 Rebecca D. Taylor, Eva Oberle, Joseph A. Durlak, and Roger P. Weissberg, "Promoting Positive Youth Development through School-Based Social and Emotional Learning Interventions: A Meta-Analysis of Follow-up Effects," *Child Development* 88, no. 4 (July 2017): 1156–71, https://doi.org/10.1111/cdev.12864.
18 Kathleen C. Basile et al., "Stop SV: A Technical Package to Prevent Sexual Violence," 2016, https://www.cdc.gov/violenceprevention/pdf/sv-prevention-technical-package.pdf.
19 Dorothy L. Espelage, Sabina Low, Joshua R. Polanin, and Eric C. Brown, "Clinical Trial of Second Step© Middle-School Program: Impact on Aggression & Victimization," *Journal of Applied Developmental Psychology* 37 (March–April 2015): 52–63, https://doi.org/10.1016/j.appdev.2014.11.007.
20 Teresa Mull, "Emotional Learning Will Be the Downfall of Society," *Townhall*, March 10, 2018, https://townhall.com/columnists/teresamull/2018/03/10/emotional-learning-will-be-the-downfall-of-society-n2458912.
21 このうち 5 つのスキル（共感力、楽観性、根気強さ、回復力、柔軟性）は、ある著書に由来し、そこでは「スタンス」と呼ばれる。Kristine Mraz and Christine Hertz, *A Mindset for Learning: Teaching the Traits of Joyful, Independent Growth* (Portsmouth, NH: Heinemann, 2015). ダケットとスパロウはこのアプローチを導入し、彼女たちのクラスでは 2 つのスタンスを追加している。それが勇気と一貫性である。
22 Kimberly A. Schonert-Reichl, Veronica Smith, Anat Zaidman-Zait, and Clyde Hertzman, "Promoting Children's Prosocial Behaviors in School: Impact of the 'Roots of Empathy' Program on the Social and Emotional Competence of School-Aged Children," *School Mental Health* 4, no. 1 (March 2012): 1–21, https://doi.org/10.1007/s12310-011-9064-7.
23 Shari L. Dworkin, Paul J. Fleming, and Christopher J. Colvin, "The Promises and Limitations of Gender-Transformative Health Programming with Men: Critical Reflections from the Field," *Culture, Health & Sexuality* 17, no. 2 (May 2015): 128–43, https://doi.org/10.1080/13691058.2015.1035751.
24 Shari L. Dworkin, Sarah Treves-Kagan, and Sheri A. Lippman, "Gender-Transformative Interventions to Reduce HIV Risks and Violence with Heterosexually-Active Men: A Review of the Global Evidence," *AIDS and Behavior* 17, no. 9 (November 2013): 2845–63, https://doi.org/10.1007/s10461-013-0565-2.
25 Rachel Jewkes, Michael Flood, and James Lang, "From Work with Men and Boys to Changes of Social Norms and Reduction of Inequities in Gender Relations: A Conceptual Shift in Prevention of Violence Against Women and Girls," *The Lancet* 385, no. 9977 (November 2014): 1580–89, https://doi.org/10.1016/S0140-6736(14)61683-4.
26 Dworkin, Treves-Kagan, and Lippman, "Gender-Transformative Interventions to Reduce HIV Risks and Violence with Heterosexually-Active Men: A Review of the Global Evidence," 2845–63.
27 同上。
28 "Working with Men and Boys to End Violence Against Women and Girls: Approaches, Challenges, and Lessons," U.S. Agency for International Development, 2015, https://www.usaid.gov/sites/default/files/documents/1865/Men_VAW_re port_Feb2015_Final.pdf, 10. 米国国際開発庁は 2018 年にも報告書を発行している。そこでは、従来の男らしさに挑戦することでジェンダー平等を推進しようとする「ジェンダー変革」プログラムが、男性の間で安全なセックスと家族計画に対する支持を高めることに成功したと述べられている："Essential Considerations for Engaging Men and Boys for Improved Family Planning Outcomes," U.S. Agency for International Development, 2018, https://www.usaid.gov/sites/default/files/documents/1864/Engaging-men-boys-family -planning-508.pdf.
29 同上。6.
30 "Program H|M|D: A Toolkit for Action/ Engaging Youth to Achieve Gender Equity," Promundo, Instituto PAPAI, Salud y Género and ECOS, Rio de Janeiro, Brazil, and Washington, D.C., 2013, 72–77, https://promundog-

Assault," *The Mercury News*, September 12, 2018, https://www.mercurynews.com/2018/09/11/verdict-in-de-la-salle-football-player-rape-case/.

26 Jackson Katz, "Violence Against Women—It's a Men's Issue," TEDxFiDiWomen, November 2012, https://www.ted.com/talks/jackson_katz_violence_against_women_it_s_a_men_s_issue?language=en#t-1043825.

27 大学キャンパスで第三者介入プログラムが人気を博している理由の一つは、それが好ましいからである。誰もレイプ犯として扱われたくはないのだ。また、大学キャンパスでそれが人気を博しているもう一つの理由は、それが義務づけられているからである。2013 年、連邦議会は「女性に対する暴力防止法」の改正案を可決し、性的暴行やデート DV を防止するために、同意の定義や「第三者介入のための安全でポジティブな選択肢」などを、全生徒と全職員に指導することを義務づけた。

第三者介入プログラムには重大な限界がある。たとえ効果があったとしても、それは攻撃的な人の周りの状況を変えることで効果を得るもので、攻撃性自体を減少させることはない。研究者によれば、性的暴行の 80% 以上が、介入できる第三者のいない密室で行われているとの推定もあることを考えると、これは問題である。また、現実社会における第三者の介入については分かっていることが少ない。ジョージア州立大学で性暴力を研究しているドミニク・パロットによると、第三者介入の利点について謳っている研究ではいずれも、第三者も酔っていることが多いという事実が考慮されていない。性的暴行を受けた経験のある女性は、暴行時に周りにいた人々は、多くの場合、飲酒していたことを調査で報告している。実験室でのシミュレーションで、酔っている男性は性的虐待を止めるために介入する可能性がはるかに低いことをパロットは見出した。「第三者の介入を促すことを目的としたプログラムは、人が飲酒している状態でも効果があるのかどうかを我々は解明しなければならない」とパロットは言った。「我々はまだ何も知らないのです」 Michelle Haikalis, Ruschelle M. Leone, Dominic J. Parrott, and David DiLillo, "Sexual Assault Survivor Reports of Missed Bystander Opportunities: The Role of Alcohol, Sexual Objectification, and Relational Factors," *Violence Against Women* 24, no. 10 (July 2018): 1232–54. https:// doi.org/10.1177/1077801218781941. Ruschelle M. Leone and Dominic J. Parrott, "Acute Alcohol Intoxication Inhibits Bystander Intervention Behavior for Sexual Aggression Among Men with High Intent to Help," *Alcoholism: Clinical and Experimental Research* 43, no. 1 (January 2019): 170–79, https://doi.org/10.1111/acer.13920.

第 8 章　少年たちの居場所 —— 男の友情が新たな文化を作り上げる

1 このプログラムの有効性は高校生の間で初めて確認された。Elizabeth Miller et al., "One-Year Follow-up of a Coach-Delivered Dating Violence Prevention Program: A Cluster Randomized Controlled Trial," *American Journal of Preventive Medicine* 45, no. 1 (2013): 108–12, https://doi.org/10.1016/j.amepre.2013.03.007.

2020 年、同じ研究者エリザベス・ミラー率いるチームは、このプログラムが男子中学生にも有効であることを示した研究を発表した。Elizabeth Miller et al., "An Athletic Coach–Delivered Middle School Gender Violence Prevention Program: A Cluster Randomized Clinical Trial," *JAMA Pediatrics* 174, no. 3 (January 2020): 241–49, https://doi.org/10.1001/jamapediatrics.2019.5217.

2 Kevin M. Swartout, "The Company They Keep: How Peer Networks Influence Male Sexual Aggression," *Psychology of Violence* 3, no. 2 (2013): 157.

3 Margo Gardner and Laurence Steinberg, "Peer Influence on Risk Taking, Risk Preference, and Risky Decision Making in Adolescence and Adulthood: An Experimental Study," *Developmental Psychology* 41, no. 4 (2005): 625, https://doi.org/10.1037/0012-1649.41.4.625.

4 Steinberg's research along these lines is summarized in Dustin Albert, Jason Chein, and Laurence Steinberg, "The Teenage Brain: Peer Influences on Adolescent Decision Making," *Current Directions in Psychological Science* 22, no. 2 (2013): 114–20, https://doi.org/10.1177/0963721412471347.

5 同上。

6 C. J. Pascoe, *Dude, You're a Fag: Masculinity and Sexuality in High School* (Berkeley, CA: University of California Press, 2012), Kindle edition, 67.

7 同上。55.

8 同上。103.

9 同上。100.

10 Dorothy L. Espelage et al., "Longitudinal Examination of the Bullying-Sexual Violence Pathway Across Early to Late Adolescence: Implicating Homophobic Name-Calling," *Journal of Youth and Adolescence* 47, no. 9 (2018): 1880–93, https://doi.org/10.1007/s10964-018-0827-4.

11 Dorothy L. Espelage et al., "The Bully-Sexual Violence Pathway Theory Among Early Adolescents: Moderating Role of Traditional Masculinity, Social Dominance, and Dismissiveness of Sexual Harassment," manuscript in preparation.

12 Dorothy L. Espelage, Sabina K. Low, Carolyn Anderson, and Lisa De La Ru, "Bullying, Sexual, and Dating Violence Trajectories from Early to Late Adolescence," 2014,

July 13, 2020, https://abc7chicago.com/chicago-shooting-shootings-this-weekend-violence-how-many-shot-in/6314582/.

第7章　ハリーにサリーが必要な理由 —— 男子校が時代遅れにならないために

1 Corey Mitchell, "The Supreme Court Justices Are All Ivy Law Grads, but What About High School?," *Education Week*, July 12, 2018, https://www.edweek.org/ew/articles/2018/07/12/the-supreme-court-justices-are-all-ivy.html.
2 *2019 IBSC Member Survey*, MMG Education, 2019, p. 95.
3 Nick Anderson, "Sexist Slurs and Coded Insults: St. Albans School 2015 Yearbook Stirred Outrage," *Washington Post*, October 3, 2018, https://www.washingtonpost.com/local/education/sexist-slurs-and-coded-insults-st-albans-school-2015-yearbook-stirred-outrage/2018/10/03/39c788d0-c4ab-11e8-b1ed-1d2d65b86d0c_story.html# comments-wrapper.
4 Nick Anderson, "Accounts of 'Unwanted Sexual Advances' and Other Incidents Roil Two Private Schools," *Washington Post*, December 22, 2014, https://www.washingtonpost.com/local/education/accounts-of-unwanted-sexual-advances-and-other-incidents-roil-two-private-schools/2014/12/22/9f7e786e-89f9-11e4-a085-34e9b9f09a58_story.html?itid=lk_inline_manual_28.
5 同上。
6 Jason Robinson, "Boys' Schools: Beginning a New Conversation. Remarks from the St. Albans Annual Parent Dinner," International Boys School Coalition, January 23, 2019, https://www.theibsc.org/news/ideas/new-conversation.
7 Motoko Rich, "Old Tactic Gets New Use: Public Schools Separate Girls and Boys," *New York Times*, November 13, 2014, https://www.nytimes.com/2014/12/01/education/single-sex-education-public-schools-separate-boys-and-girls.html?module=inline.
8 Diane F. Halpern et al., "The Pseudoscience of Single-Sex Schooling," *Science* 333, no. 6050 (2011): 1706, https://doi.org/10.1126/science.1205031.
9 "Education Equality," Feminist Majority Foundation, http://www.feminist.org/education/SexSegregation.asp.
10 "Sex-Segregated Schools: Separate and Unequal," American Civil Liberties Union, https://www.aclu.org/sex-segregated-schools-separate-and-unequal.
11 Michael Gurian and Arlette C. Ballew. *The Boys and Girls Learn Differently Action Guide for Teachers* (San Francisco: Jossey-Bass, 2003), 100.
12 同上。100.
13 Erin Pahlke, Janet Shibley Hyde, and Carlie M. Allison, "The Effects of Single-Sex Compared with Coeducational Schooling on Students' Performance and Attitudes: A Meta-Analysis," *Psychological Bulletin* 140, no. 4 (2014): 1042–72, https://doi.org/http://dx.doi.org/10.1037/a0035740.
14 Alice Sullivan, Heather Joshi, and Diana Leonard, "Single-Sex and Co-Educational Secondary Schooling: What Are the Social and Family Outcomes, in the Short and Longer Term?," *Longitudinal and Life Course Studies* 3, no. 1 (2011): 21, https://doi.org/10.14301/llcs .v3i1.148.
15 Wang Ivy Wong, Sylvia Yun Shi, and Zhansheng Chen, "Students from Single-Sex Schools Are More Gender-Salient and More Anxious in Mixed-Gender Situations: Results from High School and College Samples," *PLOS ONE* 13, no. 12 (2018), https://doi.org/https://doi.org/10.1371/journal.pone.0208707.
16 Sullivan et al., "Single-Sex and Co-Educational Secondary Schooling."
17 "St Michaels: Alleged Gang Sex Assault Shocks Canada," BBC News, November 19, 2018, https://www.bbc.com/news/world-us-canada-46268978.
18 Rachael D'Amore, "Former St. Michael's Student Says He Endured 'Sexualized Initiation' in the 1980s," CTV News Toronto, November 16, 2018, https://toronto.ctvnews.ca/former-st-michael-s-student-says-he-endured-sexualized-initiation-in-the-1980s-1.4180752.
19 Liam Mather, Facebook, November 21, 2018, https://www.facebook.com/liam.mather/posts/10160860014090411.
20 セント・マイケルズの関係者は、私のインタビューの要請に応じてくれなかった。
21 "St. Michael's College School Appoints New Principal," news release, 2019, https://www.stmichaelscollegeschool.com/stories/~board/stories/post/st-michaels-college-school-appoints-new-principal.
22 St. Michael's College School Independent Respect and Culture Review Committee, August 2019, https://smcs-respectandculture.com/wp-content/uploads/2019/08/Final-Report-of-the-Independent-Respect-and-Culture-Review-Committee.pdf.
23 Matthias Gafni, "De La Salle Sex Assault Case: Suspect's Father, a Registered Sex Offender, Defends Son," *East Bay Times*, December 1, 2016, https://www.eastbaytimes.com/2016/12/01/victim-of-alleged-de-la-salle-sex-assault-speaks-out/.
24 同上。
25 Matthias Gafni, "Former De La Salle Football Player Guilty of Raping Carondelet Student; Victim Recorded

of Death in Adults."

25 Kameron J. Sheats et al., "Violence-Related Disparities Experienced by Black Youth and Young Adults: Opportunities for Prevention," *American Journal of Preventive Medicine* 55, no. 4 (August 2018): 462–69, https://doi.org/10.1016/j.amepre.2018.05.017.

26 John Rich, *Wrong Place, Wrong Time: Trauma and Violence in the Lives of Young Black Men* (Baltimore: Johns Hopkins University Press, 2011), 57.

27 同上。201.

28 Emma Brown, "Arne Duncan Calls for Addressing Gun Violence in Final Speech as Education Secretary," *Washington Post*, December 30, 2015, https://www.washingtonpost.com/local/education/arne-duncan-calls-for-addressing-gun-violence-in-final-speech-as-education-secretary/2015/12/30/de05521c-ada5-11e5-b711-1998289ffcea_story.html.

29 Juan Perez Jr., "Arne Duncan Calls for Changes to Police Training," *Chicago Tribune*, December 30, 2015, https://www.chicagotribune.com/news/ct-arne-duncan-chicago-violence-speech-met-20151231-story.html.

30 "Chicago Police Department Annual Report 2017," Chicago Police Department, 2017, 13, https://home.chicagopolice.org/wp-content/uploads/2019/03/Chicago-Police-Department- Annual-Report-2017.pdf.

31 KK Ottesen, "Arne Duncan on Effecting Change for Kids and Gun Violence: 'We Lack the Courage,'" *Washington Post*, December 11, 2018, https://www.washingtonpost.com/lifestyle/magazine/arne-duncan-on-effecting-change-for-kids-and-gun-violence-we-lack-the-courage/2018/12/07/70fc9606-e6b6-11e8-b8dc-66cca409c180_story.html.

32 Fran Spielman, "Lightfoot Names Two More $165k-a-Year Deputy Mayors for Public Safety, Infrastructure," *Chicago Sun-Times*, June 25, 2019, https://chicago.suntimes.com/city-hall/2019/6/25/18758640/lightfoot-deputy-mayors-public-safety-infrastructure-susan-lee-anne-sheahan.

33 Emma Brown, "Arne Duncan Will Focus on Improving Opportunities for Chicago Youth," *Washington Post*, March 17, 2016, https://www.washingtonpost.com/news/education/wp/2016/03/17/arne-duncan-says-he-will-focus-on-improving-opportunities-for-chicago-youth/.

34 この段落にあるデータはCREDの内部資料より入手。"Reducing Gun Violence in Chicago: Update on the Citywide Response by Private Funders," July 2019.

35 Annual Report 2017, Chicago Police Department, https://home.chicagopolice.org/wp-content/uploads/2019/03/Chicago-Police-Department-Annual-Report-2017.pdf; CPD End-of-Year Crime Statistics: 2018, Chicago Police Department, December 31, 2018, https://home.chicagopolice.org/cpd-end-of-year-crime-statistics-2018/; Eric Levenson and Jason Hanna, "Chicago's Homicide Rate Decreases for the Third Straight Year," CNN, December 31, 2019, https://www.cnn.com/2019/12/31/us/chicago-murders-drop-2019/index.html.

36 CRED, "Reducing Gun Violence in Chicago."

37 Rosemary R. Sobol, "Two Chicago Police Horses Injured During Break-in at Stable," *Chicago Tribune*, September 17, 2012, https://www.chicagotribune.com/news/ct-xpm-2012-09-17-chi-2-chicago-police-horses-injured-during-break-in-at-stables -20120917-story.html.

38 クック郡刑事裁判所の記録より。

39 David Struett, "Man Stabbed to Death in Roseland Fight," *Chicago Sun-Times*, October 21, 2018, https://chicago.suntimes.com/news/fatal-roseland-stabbing/.

40 公文書の公開請求により入手したメリルビル警察署の報告書より。

41 "Why Relationships Matter for In-Risk Men: Identifying and Responding to Intersections between Intimate Partner Conflict and Community Violence," Alliance of Local Service Organizations, 2014, http://also-chicago.org/also_site/wp-content/uploads/2015/08/Why-Relationships-Matter-for-In-Risk-Men_042014.pdf.

42 クック郡刑事裁判所の記録より。

43 Ta-Nehisi Coates, "The Case for Reparations," *The Atlantic*, June 2014, https://www.theatlantic.com/magazine/archive/2014/06/the-case-for-reparations/361631/.

44 2019年、ゲイツはBAMの生徒と過ごしたときのことをインスタグラムに綴っている。「一般的な10代の不満(先生に不当に扱われた、ビデオゲームで死に続けているなど)について話す少年もいたが、悲惨な話を打ち明ける者もいた。ある少年は家族が刑務所に収監されたばかりであった。また別の少年は、撃たれた友人のことを話していた。この若者たちが、私よりずっと早くに、自らの怒りに対処することに取り組んでいるのを見て、感動した。彼らの互いを尊重し合う姿勢や、彼ら自身が許容していた親密さの度合いには、感銘を受けた。そこで私は考えたのだ。世界中の教室がこうあるべきだと」https://www.instagram.com/p/BuO0dBXgf7j/?utm_source=ig_share_sheet &igshid=1liwwary0imol.

45 Daniel Kahneman, *Thinking, Fast and Slow* (New York: Farrar, Straus and Giroux, 2011).

46 Heller et al., "Thinking, Fast and Slow?"

47 Craig Wall and Diane Pathieu, "Chicago Shootings: 64 Shot, 11 Fatally in Weekend Violence," ABC 7 Chicago,

docs/2013-14-first-look.pdf.

6 Emma Brown, "Yale Study Suggests Racial Bias among Preschool Teachers," *Washington Post*, September 27, 2016, https://www.washingtonpost.com/news/education/wp/2016/09/27/yale-study-suggests-racial-bias-among-preschool-teachers/.

7 同上。

8 "Social Science Literature Review: Media Representations and Impact on the Lives of Black Men and Boys," The Opportunity Agenda, 2011, https://www.racialequitytools.org/resourcefiles/Media-Impact-onLives-of-Black-Men-and-Boys-OppAgenda.pdf.

9 Alexander Weiss and Steven M. Chermak, "The News Value of African-American Victims: An Examination of the Media's Presentation of Homicide," *Journal of Crime and Justice* 21, no. 2 (1998): 71–88, https://doi.org/10.1080/0735648X.1998.9721601.

10 "Leading Causes of Death by Age Group, Black Males, United States, 2015," Centers for Disease Control and Prevention, 2015, https://www.cdc.gov/healthequity/lcod/men/2015/black/index.htm.

11 "National Violent Death Reporting System," Centers for Disease Control and Prevention, https://wisqars.cdc.gov:8443/nvdrs/nvdrsDisplay.jsp.

12 Vincent J. Felitti et al., "Relationship of Childhood Abuse and Household Dysfunction to Many of the Leading Causes of Death in Adults: The Adverse Childhood Experiences (ACE) Study," *American Journal of Preventive Medicine* 14, no. 4 (1998): 245–58, https:// doi.org/10.1016/S0749-3797(98)00017-8.

13 同上。

14 "A Guide to Toxic Stress," Center for the Developing Child, Harvard University, https://developingchild.harvard.edu/resources/aces-and-toxic-stress-frequently-asked-questions/.

15 Nadine Burke Harris, "Adverse Childhood Experiences: The Role of Philanthropy: 2014 Grantmakers in Health Annual Meeting on Health Philanthropy Plenary Address," Grantmakers in Health, 2014, https://www.gih.org/files/FileDownloads/2014_Annual_Meeting_Plenary_BurkeHarris.pdf.

16 "Excessive Stress Disrupts the Architecture of the Developing Brain: Working Paper 3, Updated Edition, National Scientific Council on the Developing Child, 2005/2014, https://developingchild.harvard.edu/wp-content/uploads/2005/05/Stress_Disrupts_Architecture_Developing _Brain-1.pdf.

17 Jack P. Shonkoff et al., "The Life-long Effects of Early Childhood Adversity and Toxic Stress," *Pediatrics* 129, no. 1 (2012): e232, https://doi.org/10.1542/peds.2011-2663.

18 Charles L. Whitfield, Robert F. Anda, Shanta R. Dube, and Vincent J. Felitti, "Violent Childhood Experiences and the Risk of Intimate Partner Violence in Adults: Assessment in a Large Health Maintenance Organization," *Journal of Interpersonal Violence* 18, no. 2 (February 2003): 166–85, https://doi.org/10.1177/0886260502238733. 以下も参照。Natalie Wilkins et al., "Connecting the Dots: An Overview of the Links among Multiple Forms of Violence," Centers for Disease Control and Prevention, Prevention Institute, 2014, 8–9, https://www.cdc.gov/violenceprevention/pdf/connecting_the_dots -a.pdf.

19 Jillian Peterson and James Densley, "We Have Studied Every Mass Shooting Since 1966. Here's What We've Learned About the Shooters," *Los Angeles Times*, August 4, 2019, https://www.latimes.com/opinion/story/2019-08-04/el-paso-dayton-gilroy-mass-shooters-data.

20 「ギャングによる暴力はいじめに繋がり、校内での暴力に繋がり、親密なパートナーへの暴力に繋がり、児童虐待に繋がり、高齢者虐待に繋がる。全ては繋がっている」と、若者の暴力を公衆衛生上の問題として扱う取り組みを主導してきた医師のデボラ・プロスロー＝スティスが2011年に述べている。Deborah Prothrow-Stith, "Preventing Violence in the Next Decade: Five Lessons for the Movement," Remarks from the CDC's Striving to Reduce Youth Violence Everywhere (STRYVE), 2011, https://www.preventioninstitute.org/sites/default/files/publications/Preventing%20Violence%20in%20the%20Next%20Decade%20Five%20Lessons.pdf.

21 Joy D. Osofsky, "The Impact of Violence on Children," *Future of Children* 9, no. 3 (1999): 33–49, https://doi.org/10.2307/1602780.

22 Christina Bethell et al., "Positive Childhood Experiences and Adult Mental and Relational Health in a Statewide Sample: Associations Across Adverse Childhood Experiences Levels," *JAMA Pediatrics* 173, no. 11 (2019): e193007, https://doi.org/10.1001/jamapediatrics.2019.3007.

23 Rachel Hansen and Melissa Diliberti, "Explore Data on Mental Health Services in K–12 Public Schools for Mental Health Awareness Month," *NCES Blog*, National Center for Education Statistics, May 30, 2018, https://nces.ed.gov/blogs/nces/post/explore-data-on-mental-health-services-in-k-12-public-schools-for-mental-health-awareness-month.

24 Felitti et al., "Relationship of Childhood Abuse and Household Dysfunction to Many of the Leading Causes

Atlantic, January 14, 2018.

10 Mary Kirtley Righi, Katherine W. Bogen, Caroline Kuo, and Lindsay M. Orchowski, "A Qualitative Analysis of Beliefs About Sexual Consent among High School Students," *Journal of Interpersonal Violence* (EPub April 2019): 0886260519842855, https://doi.org/10.1177/0886260519842855.

11 この調査は、第4章で詳説したコロンビア大学の性的暴力に関するSHIFT調査の一環として行われた。Jennifer S. Hirsch, Shamus R. Khan, Alexander Wamboldt, and Claude A. Mellins," Social Dimensions of Sexual Consent Among Cisgender Heterosexual College Students: Insights from Ethnographic Research," *Journal of Adolescent Health* 64, no. 1 (2019): 26–35, https://doi.org/10.1016/j.jadohealth.2018.06.011.

12 Celia Kitzinger and Hannah Frith, "Just Say No? The Use of Conversation Analysis in Developing a Feminist Perspective on Sexual Refusal," *Discourse & Society* 10, no. 3 (July 1999): 293–316, https://doi.org/10.1177/0957926599010003002.

13 James Hamblin, "This Is Not a Sex Panic," *The Atlantic*, January 17, 2018, https://www.theatlantic.com/entertainment/archive/2018/01/this-is-not-a-sex-panic/550547/.

14 RaeAnn E. Anderson et al., "The Frequency of Sexual Perpetration in College Men: A Systematic Review of Reported Prevalence Rates from 2000 to 2017," *Trauma, Violence, & Abuse* (EPub July 2019): 1524838019860619, https://doi .org/10.1177/1524838019860619. 大学に在籍していない若い男性を対象とした調査では、同様に高い性的攻撃性を示し、レイプを犯したと考える男性の割合は同様に低いことが分かっている。Antonia Abbey and Pam McAuslan, "A Longitudinal Examination of Male College Students' Perpetration of Sexual Assault," *Journal of Consulting and Clinical Psychology* 72, no. 5 (2004): 747.

15 同上。

16 Antonia Abbey, "Alcohol-Related Sexual Assault on College Campuses: A Continuing Problem," in *Addressing Violence Against Women on College Campuses*, ed. Catherine Kaukinen, Michelle Hughes Miller, and Ráchael A. Powers (Philadelphia: Temple University Press, 2017), 78–94.

17 アントニア・アビーとのインタビューより。以下も参照。Abbey, "Alcohol-Related Sexual Assault on College Campuses: A Continuing Problem."

18 Abbey, "Alcohol-Related Sexual Assault on College Campuses: A Continuing Problem."

19 同上。

20 Lynne Peeples, "Liquor Store Density Linked to Domestic Violence," *Reuters*, December 17, 2010, https://www.reuters.com/article/us-liquor-violence/liquor-store-density-linked-to-domestic-violence-idUSTRE6BG5E520101217.

21 Jeffrey A. Bernat, Karen S. Calhoun, and Stephanie Stolp, "Sexually Aggressive Men's Responses to a Date Rape Analogue: Alcohol as a Disinhibiting Cue," *Journal of Sex Research* 35, no. 4 (1998/11/01 1998): 341–48, https://doi.org/10.1080/ 00224499809551952.

22 Emily Yoffe, "The Question of Race in Campus Sexual-Assault Cases," *The Atlantic*, September 11, 2017, www.theatlantic.com/education/archive/2017/09/the-question-of-race-in-campus-sexual-assault-cases/539361/.

23 Daniel Tepfer, "Suits Claim Shu Violated Contract in False Rape Case," *Connecticut Post*, October 30, 2018, https://www.ctpost.com/local/article/Suits-claim-SHU-violated-contract-in-false-rape-13349201.php.

24 Daniel Tepfer, "Yovino Sentenced to 1 Year in False Rape Case," *Connecticut Post*, August 24, 2018, https://www.ctpost.com/news/article/Yovino-sentenced-to-1-year-in-false-rape-case-13177363.php.

25 Ingraham, "The Share of Americans Not Having Sex Has Reached a Record High."

第6章　人種差別、暴力、トラウマ —— 親しい関係が少年の心の支えになる

1 Sara B. Heller et al., "Thinking, Fast and Slow? Some Field Experiments to Reduce Crime and Drop-out in Chicago," NBER Working Paper 21178, National Bureau of Economic Research, Cambridge, MA, 2015, https://doi.org/10.3386/w21178. http://www.nber.org/papers/w21178.

2 Cheryl Staats, "State of the Science: Implicit Bias Review 2013," Kirwan Institute for the Study of Race and Ethnicity, Ohio State University, 2013, http://www.kirwaninstitute.osu.edu/reports/2013/03_2013_SOTS-Implicit_Bias.pdf.

3 同上。

4 Michael Oshiro and Pamela Valera, "Framing Physicality and Public Safety: A Study of Michael Brown and Darren Wilson," in *Inequality, Crime, and Health Among African American Males*, Research in Race and Ethnic Relations, Vol. 20, ed. Marino A. Bruce and Darnell F. Hawkins (Bingley, UK: Emerald Publishing Limited, 2018), 207–28.

5 "2013–2014 Civil Rights Data Collection: A First Look," U.S. Department of Education Office for Civil Rights, 2016, https://www2.ed.gov/about/offices/list/ocr/

それらの事件は、我々がハラスメントの被害者を擁護し、保護していることを示すものであり、今後もそうしていくつもりである。

我々はいじめやセクシュアルハラスメントに関して、教職員に定期的にトレーニングを実施している。

また、教育長は、我々の学校や学校制度において、いじめやセクシュアルハラスメントは容認されないという明確なメッセージを組織全体に送っている。

38 弁護士による先取特権の通知、文書69。

39 フェアファックス郡教育委員会に宛てたアマンダ・デュフェド弁護士の手紙、2018年3月29日。学校組織の略式判決申立書に添付されたもの。835.

40 ジョン・ドウ2の宣言。3.

41 ジョン・ドウ2の宣誓供述書。1244.

42 ある10代の少年は、学校でのセクハラ行為を不当に非難され、罰せられたことが、4chanやRedditなどのオンライン上の過激派の思想に一時的に巻き込まれるなどの一連の出来事が起こるきっかけとなった。Anonymous, "What Happened after My 13-Year-Old Son Joined the Alt-Right," *Washingtonian*, May 5, 2019, https://www.washingtonian.com/2019/05/05/what-happened-after-my-13-year-old-son-joined-the-alt-right/.

43 Kathleen Daly, "Restorative Justice and Sexual Assault: An Archival Study of Court and Conference Cases," *British Journal of Criminology* 46, no. 2 (2005): 334–56, https://doi.org/10.1093/bjc /azi071.

Kathleen Daly, "A Tale of Two Studies: Restorative Justice from a Victim's Perspective," in *New Directions in Restorative Justice: Issues, Practice, Evaluation*, ed. Elizabeth Elliott and Robert M. Gordon (Cullompton, UK: Willan, 2005), 11, https://research-repository.griffith.edu.au/bitstream/handle/10072/165/kdaly_part2_paper7.pdf?sequence=2.

オーストラリアのブリスベンにあるグリフィス大学のダリ教授は、修復的面談の選択肢が設けられている南オーストラリアで、400件もの少年性暴力事件の結果を調査した。法廷に送られた事件は、面談に送られた事件より解決までに2倍の時間がかかり、その上、法廷で性犯罪の有罪判決が下されたのは51%だけであった。つまり、法廷に送られた事件のうち半数の加害者が何の罰則も受けることなく、被害者の半数は自らが耐え忍んだ出来事を受け入れられることなく終わったのだ。最も重度の犯罪であるレイプは、有罪判決を受ける可能性が最も低かった。

一方、全ての面談は加害者の罪の告白から始まっていた。そして、全ての面談で、被害者の意見を取り入れ、被害を何らかの形で修復するための合意事項が取り決められていた。面談は裁判に比べ、被害者への謝罪と加害者に対する接近禁止令が下される可能性が高かった。そして、重要なのは、面談では、加害者に対し、カウンセリングを要求する可能性が高かったことである。

我々は法廷を、重度の犯罪を罰する力がある場所だと考えている。しかし、ダリが調べた、裁判で有罪判決が下った116件の事件の中で、拘留刑が科されたのはたったの20%で、そのうちの3件を除いては、執行猶予がついていた。被害者にとっては、司法制度が正義をもたらしているとは到底言えない状況であった。

44 ダレンとマリクは仮名である。

第5章 「同意」とは何か —— アジズ・アンサリの告発者、グレースから学ぶ

1 *The Daily*, podcast audio, "The Woman Defending Harvey Weinstein," February 7, 2020, https://www.nytimes.com/2020/02/07/podcasts/the-daily/weinstein-trial.html.

2 Edward C. Baig, "Does 'Yes' Mean 'Yes?' Can You Give Consent to Have Sex to an App?," *USA Today*, September 26, 2018, https:// www.usatoday.com/story/tech/columnist/baig/2018/09/26/proof-yes-means-yes-sexual-consent-apps-let-users-agree-have-sex/1420208002/.

3 性教育者のシャフィア・ザルームは、本書のためのインタビューでこのことを強調していた。若者が性生活をどのように送るかに関して、我々が期待することは、同意を理想ではなく、現実として捉えられることだ。ザルームは、子どもとセックスについて話すための指針を求める親に向けた本を執筆している。Shafia Zaloom, *Sex, Teens and Everything in Between: The New and Necessary Conversations Today's Teenagers Need to Have About Consent, Sexual Harassment, Healthy Relationships, Love and More* (Naperville, Illinois: Sourcebooks, 2019).

4 アンサリの公の場での発言は、彼の2019年のコメディツアーを記録したネットフリックスの番組「Aziz Ansari Right Now」から入手したものである。

5 話の概要と引用は以下から入手。Katie Way, "I Went on a Date with Aziz Ansari. It Turned into the Worst Night of My Life," Babe.net, January 13, 2018, https://babe.net/2018/01/13/aziz-ansari-28355.

6 同上。

7 バンフィールドは、CNNが運営するケーブルニュース局HLNの自身の番組「Crime & Justice」で、2018年1月16日の放送回にこの手紙を読み上げた。https://www.cnn.com/videos/us/2018/01/16/open-letter-to-aziz-ansari-sexual-assault-accuser-banfield.hln.

8 Bari Weiss, "Aziz Ansari Is Guilty. Of Not Being a Mind Reader," *New York Times*, January 15, 2018, https://www.nytimes.com/2018/01/15/opinion/aziz-ansari-babe-sexual-harassment.html.

9 Caitlin Flanagan, "The Humiliation of Aziz Ansari," *The*

Review 65, no. 2 (1995): 145–63.

17 ラションダの主張とこの事件に関する記述は、最高裁判所の記録より引用。Davis v. Monroe County Board of Education, 526 U.S. 629 (1999).

18 David Firestone,“ When a Tormented Child Cried Stop,” *New York Times*, May 25, 1999, https://archive.nytimes.com/www.nytimes.com/library/politics/scotus/articles/052599harass-mom.html.

19 これらはケネディの反対意見から引用したものである。

20 最高裁の広報室を通じて、私はケネディ判事にこの反対意見について、また現在はどう考えているのかについて話す気はないかと尋ねた。彼は断った。

21 口頭弁論の音声は以下より入手可能。“Davis v. Monroe County Board of Education,” https://www.oyez.org/cases/1998/97-843.

22 Erica L. Green, “Devos's Rules Bolster Rights of Students Accused of Sexual Misconduct,” *New York Times*, May 6, 2020, https://www.nytimes.com/2020/05/06/us/politics/campus-sexual-misconduct-betsy-devos.html.

23 Robert Balfanz, Vaughan Byrnes, and Joanna Hornig Fox, “Sent Home and Put Off Track: The Antecedents, Disproportionalities, and Consequences of Being Suspended in the Ninth Grade,” *Journal of Applied Research on Children: Informing Policy for Children at Risk* 5, no. 2 (2014): 17–30, https://digitalcommons.library.tmc.edu/childrenatrisk/vol5/iss2/13.

24 Russell J. Skiba, Mariella I. Arredondo, and Natasha T. Williams, “More Than a Metaphor: The Contribution of Exclusionary Discipline to a School-to-Prison Pipeline,” *Equity & Excellence in Education* 47, no. 4 (2014): 546–64, https://doi.org/10.1080/10665684.2014.958965.

25 この段落にある情報は、連邦政府の公民権データを分析したものである。“K–12 Education: Discipline Disparities for Black Students, Boys, and Students with Disabilities,” U.S. Government Accountability Office, 2018, https://www.gao.gov/assets/700/690828.pdf.

26 連邦政府の公民権データによると、2013 ～ 2014 年に停学処分を受けた黒人の少年は 18%だったのに対し、白人の少年は 5.2% だった。同上。

27 バージニア州東部地区の米国地方裁判所に提出された「ジョン・ドウ 2 対フェアファックス郡教育委員会」(John Doe 2 v. Fairfax County School Board) 訴訟における学生 B の宣誓供述書。この宣誓供述書は 2019 年 4 月 19 日に、教育委員会の略式判決の申し立てに対するジョン・ドウ 2 の異議申し立ての別紙 10 として提出された。23–24, 37.

28 Peggy Fox, “Feds Investigating Virginia School after Sex Harassment Complaints against Coach,” WUSA9, January 4, 2018, https://www.wusa9.com/article/news/local/virginia/feds-investigating-virginia-school-after-sex-harassment-complaints-against-coach/504918719. “Lake Braddock Principal Retiring Following Federal Investigation into Sex Harassment by Coach,” WUSA9, February 2, 2018, https://www.wusa9.com/article/news/local/virginia/lake-braddock-principal-retiring-following-federal-investigation-into-sex-harassment-by-coach/65-513958354.

29 Jacob Bogage, “At Lake Braddock, Sexual Harassment Accusations, Personnel Changes and Lingering Resentment,” *The Washington Post*, June 29, 2017, https://www.washingtonpost.com/sports/highschools/at-lake-braddock-sexual-harassment-accusations-personnel-changes-and-lingering-resentment/2017/06/29/59a3d00e-5536-11e7-a204-ad706461fa4f_story.html.

30「ジョン・ドウ 2 対フェアファックス郡教育委員会」(John Doe 2 v. Fairfax County School Board) 訴訟におけるジョン・ドウ 2 の申し立て。バージニア州東部地区の米国地方裁判所に提出。

31 学区の聴聞官に対するジョン・ドウ 2 の聴聞記録より。フェアファックス郡教育委員会の略式判決の申し立てに添付されたもの。121.

32 ジョン・ドウ 2 の両親に宛てた聴聞官の手紙、2018 年 3 月 23 日。フェアファックス郡教育委員会の略式判決の申し立てに添付されたもの。180.

33 ジョン・ドウ 2 の宣誓供述書、被告の略式判決に対する申し立ての一部。1243.

34 ジョン・ドウ 2 の宣言。3.

35 2018 年 9 月 7 日の聴聞記録、文書 22。3.

36 2019 年 5 月 29 日のレオニー・ブリンケマ判事による被告の略式判決の申し立てを認める覚書の意見。文書 145。

37 フェアファックス公立校（FCPS）の声明。全文は以下の通り。

FCPS では、ジェンダーにかかわらず、被害者と被疑者の権利を守るために、公正で公平な調査を実施している。処分もまた、公正で公平な方法で行われている。処分の厳しさはジェンダーに基づくものではない。

FCPS は、タイトル IX のコーディネーターを任命し、全従業員のためのタイトル IX トレーニングを強化した。我々は、タイトル IX の方針や規則の全面的な見直しを仕上げている。

教育委員会は、報告義務に関する文言を含む「学生の権利と責任」の改訂版と、傍観者意識や介入トレーニングを含む高校の保健カリキュラムの修正を承認した。

最近抗弁した 2 件のタイトル IX 関連の事件では、女子生徒にセクシュアルハラスメントを行った男子生徒に対し、適切に停学処分と転校手続きが行われた。

いずれの事件でも、FCPS は略式判決を勝ち取った。

年にもわたり取材してきたタイラー・キングケードが 2019 年 4 月に初めて公開した、多くの OCR 文書のうちの一つである。キングケードは、情報公開法の請求で、数十通もの調査結果・解決の OCR 書簡を入手し、オンライン教育サイト「The 74 Million」でその調査結果を公開しただけでなく、その基となる文書を誰もが読めるように掲載したことで、真の公共サービスを行った。https://docs.google.com/spreadsheets/d/1qB5ORjooRtn-wMG-POz0TWJIqj-M7Bu13ZSziEzmTpkI/edit#gid=0.

この記述は以下より入手。Letter to Kristen M. Howard of Detroit Public Schools, U.S. Education Department Office for Civil Rights, 2018, https://www2.ed.gov/about/offices/list/ocr/docs/investigations/more/15161041-a.pdf. キングケードはまた、情報公開法で入手した文書から学んだことについてまとめた記事で、デトロイトの事件を説明している。Tyler Kingkade, "Exclusive: New Documents Show the Trump Administration Has Confronted Dozens of School Districts Across the Country for Mishandling Sexual Assault Cases," The 74 Million, April 24, 2019, https://www.the74million.org/article/exclusive-new-documents-show -the-trump-administration-has-confronted-dozens-of-school-districts-across-the-country-for-mishandling-sexual-assault-cases/.

2 このような「不幸な事件」が起きたのは、デトロイトの公立校が臨時の管理者によって運営されていたときで、その管理者は財務管理を重視し、生徒たちのニーズを満たさないまま放置していたと、学校組織の広報担当者がメールで伝えてくれた。現在は、地方選挙によって選出された教育委員会により、性的不正行為への対処方針が採択され、苦情に対応するための新たな部署が設けられている。

3 Letter to Dr. Walter Watkins, Superintendent of Schools in Hammond, Indiana, U.S. Department of Education Office for Civil Rights, 2017, https://www2.ed.gov/about/offices/list/ocr/docs/investigations/more/05155001-a.pdf. この手紙は、タイラー・キングケードによって公開された OCR 文書のうちの一つである。

4 この段落で述べる事件は、米国教育省がシカゴの公立校における性暴力についての調査の後、調査結果を伝える書簡の中で説明されたものである。Letter to Dr. Janice K. Jackson, Chief Executive Officer of Chicago Public Schools: U.S. Department of Education Office for Civil Rights, 2019, https://www2.ed.gov/about/offices/list/ocr/docs/investigations/more/05151178-a.pdf.

5 David Jackson, Jennifer Smith Richards, Gary Marx, and Juan Perez Jr., "Special Report: Chicago Public Schools Fails to Protect Students from Rape and Sexual Abuse," *Chicago Tribune*, June 1, 2018, https://www.chicagotribune.com/investigations/ct-chicago-public-schools-sexual-abuse-story.html. 連載記事は全てオンラインで入手可能。http://graphics.chicagotribune.com/chicago-public-schools-sexual-abuse/gaddy.

6 前述した調査結果の書簡を参照。

7 Erica L. Green, "Chicago Public Schools Ordered to Toughen Sexual Misconduct Policies," *New York Times*, September 12, 2019, https://www.nytimes.com/2019/09/12/us/politics/chicago-schools-sexual-misconduct.html.

8 Elizabeth A. Mumford, Nnenna Okeke, and Emily Rothman, "Young Men's Attitudes and Neighborhood Risk Factors for Sexual Harassment Perpetration in the United States," *Journal of Community Health* 45 (2020): 245–51, https://doi.org/10.1007/s10900-019-00 738-2.

9 "Crossing the Line: Sexual Harassment at School," American Association of University Women, 2011, https://www.aauw.org/files/2013/02/Crossing-the-Line-Sexual-Harassment-at-School.pdf.

10 Laura Kann, Tim McManus, and William A. Harris, "Youth Risk Behavior Surveillance—United States, 2017," Centers for Disease Control and Prevention, 2018, https://www.cdc.gov/healthyyouth/data/yrbs/pdf/2017/ss6708.pdf.

11 Meredith Dank, Pamela Lachman, Janine M Zweig, and Jennifer Yahner, "Dating Violence Experiences of Lesbian, Gay, Bisexual, and Transgender Youth," *Journal of Youth and Adolescence* 43, no. 5 (2014): 846–57, https://doi.org/10.1007/s10964-013-9975-8.

12 Deinera Exner-Cortens, John Eckenrode, and Emily Rothman, "Longitudinal Associations Between Teen Dating Violence Victimization and Adverse Health Outcomes," *Pediatrics* 131, no. 1 (2013): 71–78, https://doi.org/10.1542/peds.2012-1029.

13 Victoria L. Banyard and Charlotte Cross, "Consequences of Teen Dating Violence: Understanding Intervening Variables in Ecological Context," *Violence Against Women* 14, no. 9 (September 2008): 998–1013, https://doi.org/10.1177/1077801208322058.

14 Avanti Adhia et al., "Intimate Partner Homicide of Adolescents," *JAMA Pediatrics* 173, no. 6 (2019): 571–77, https://doi.org/10.1001/jamapediatrics.2019.0621.

15 Jagdish Khubchandani et al., "Preventing and Responding to Teen Dating Violence: A National Study of School Principals' Perspectives and Practices," *Violence and Gender* 4, no. 4 (December 2017): 144–51, https://doi.org/10.1089/vio.2017.0043.

16 Nan Stein, "Sexual Harassment in School: The Public Performance of Gendered Violence," *Harvard Educational*

https://doi.org/10.1007/s11199-006-9176-y.

より多くの性的パートナーを持つことについては、Kyler R. Rasmussen and Alex Bierman, "Risk or Release?: Porn Use Trajectories and the Accumulation of Sexual Partners," *Social Currents* 5, no. 6 (2018): 566–82, https://doi.org/10.1177/2329496518780929.

レイプに関する誤った常識を信じることについては、John D. Foubert, Matthew W. Brosi, and R. Sean Bannon, "Pornography Viewing Among Fraternity Men: Effects on Bystander Intervention, Rape Myth Acceptance and Behavioral Intent to Commit Sexual Assault," *Sexual Addiction & Compulsivity* 18, no. 4 (2011/10/01 2011): 212–31, https://doi.org/10.1080/10720162.2011.625552.

以下も参照。Rita C. Seabrook, L. Monique Ward, and Soraya Giaccardi, "Less Than Human? Media Use, Objectification of Women, and Men's Acceptance of Sexual Aggression," *Psychology of Violence* 9, no. 5 (2019): 536–45.

57 Peter and Valkenburg, "Adolescents' Exposure to a Sexualized Media Environment and Their Notions of Women as Sex Objects"; Rasmussen and Bierman, "Risk or Release?"

58 Ine Beyens, Laura Vandenbosch, and Steven Eggermont, "Early Adolescent Boys' Exposure to Internet Pornography: Relationships to Pubertal Timing, Sensation Seeking, and Academic Performance," *Journal of Early Adolescence* 35, no. 8 (2015): 1045–68, https://doi.org/10.1177/0272431614548069.

しかし、この問題に関する研究は曖昧である。クロアチアの 10 代の若者を対象とした最近の研究では、ポルノと学業の関連性は見られなかったものの、少年たちがソーシャルメディアを利用する時間が長いほど成績が悪化したことが判明した。Sandra Ševic, Jasmina Mehulić, and Aleksandar Štulhofer, "Is Pornography a Risk for Adolescent Academic Achievement? Findings from Two Longitudinal Studies of Male Adolescents," *European Journal of Developmental Psychology* 17, no. 2 (2020): 275–292, https://doi.org/10.1080/17405629.2019.15 88104.

59 Michele L. Ybarra et al., "X- Rated Material and Perpetration of Sexually Aggressive Behavior among Children and Adolescents: Is There a Link?," *Aggressive Behavior* 37, no. 1 (2011): 1–18, https://doi.org/10.1002/ab.20367.

60 この少年たちは自らが性的・身体的デート DV の被害者になる可能性も 2 倍高いことが判明した。これらの結果は、ポルノが虐待の原因だと示すものではないが、少年たちの男らしさに関する考え、レイプの誤った常識に関する考え、薬物乱用や学校での停学·退学経験などのその他の関連のある要因を制御しても、強い関連性が見られた。暴力的なポルノの影響は、女の子よりも男の子の方に顕著に表れた。Whitney L. Rostad et al., "The Association Between Exposure to Violent Pornography and Teen Dating Violence in Grade 10 High School Students," *Archives of Sexual Behavior* 48, no. 7 (October 2019): 2137–47, https://doi.org/10.1007/s10508-019-1435-4.

61 Goran Milas, Paul Wright, and Aleksandar Štulhofer, "Longitudinal Assessment of the Association Between Pornography Use and Sexual Satisfaction in Adolescence," *Journal of Sex Research* 57, no. 1 (2020): 16-28, https://doi.org/10.1080/0022 4499.2019.1607817. Goran Koletić, Taylor Kohut, and Aleksandar Štulhofer, "Associations Between Adolescents' Use of Sexually Explicit Material and Risky Sexual Behavior: A Longitudinal Assessment," *PLOS ONE* 14, no. 6 (2019): e0218962. https://doi.org/10.1371/journal.pone.0218962.

ポルノ視聴と性的満足度の低下には関連性があることを明らかにした、オランダの 10 代の若者を対象とした研究については、Jochen Peter and Patti M. Valkenburg, "Adolescents' Exposure to Sexually Explicit Internet Material and Sexual Satisfaction: A Longitudinal Study," *Human Communication Research* 35, no. 2 (April 2009): 171–94, https://doi.org/10.1111/j.1468-2958.2009.01343.x.

ポルノ視聴とより多くの性的パートナーを持つこととの関連性に関する、カナダの 10 代の若者を対象とした研究は、前述したものと同様。Rasmussen and Bierman, "Risk or Release?"

62 Ivan Landripet, Vesna Buško, and Aleksandar Štulhofer, "Testing the Content Progression Thesis: A Longitudinal Assessment of Pornography Use and Preference for Coercive and Violent Content among Male Adolescents," *Social Science Research* 81 (July 2019): 32–41, https://doi.org/10.1016/j.ssresearch.2019.03.003.

63 本研究の研究者たちにある大学生は、ポルノは「自分に対する混乱を和らげてくれた」と話した。Mark McCormack and Liam Wignall, "Enjoyment, Exploration and Education: Understanding the Consumption of Pornography Among Young Men with Non-Exclusive Sexual Orientations," *Sociology* 51, no. 5 (2017): 975–91, https://doi.org/10.1177/0038038516629909.

64 Lindsay Whitehurst and Jonathan J. Cooper, "A Growing Number of States Call Porn a Public Health Crisis," *Associated Press*, May 9, 2019, https://www.apnews.com/9c91cfd28a7b461b87948f36117a432e.

第 4 章　若者の心の形成 —— 学校は子どもたちをいかに導き損ねているか

1 この手紙は、K-12 の生徒と大学生における性暴力を何

40 "National Sexuality Education Standards: Core Content and Skills, K–12," a special publication of the *Journal of School Health, Future of Sex Education Initiative*, 2012, http://www.futureofsexeducation.org/documents/josh-fose-standards-web.pdf.
41 Laura D. Lindberg, Isaac Maddow-Zimet, and Arik V. Marcell, "Prevalence of Sexual Initiation before Age 13 Years Among Male Adolescents and Young Adults in the United States," *JAMA Pediatrics* 173, no. 6 (2019): 553–60, https://doi.org/10.1001/jamapediatrics.2019.0458.
42 bell hooks, *We Real Cool: Black Men and Masculinity* (New York: Routledge, 2004), 76.
43 同上。
44 The National Survey of Family Growth—S Listing, National Center for Health Statistics, https://www.cdc.gov/nchs/nsfg/key_statistics/s.htm#sexeducation.
45 Catherine Brown and Abby Quirk, "Momentum Is Building to Modernize Sex Education," Center for American Progress, 2019, https://www.americanprogress.org/issues/education-k-12/reports/2019/05/29/469886/momentum-building-modernize-sex-education/.
46 "State Laws and Policies: Sex and HIV Education," Guttmacher Institute, updated September 1, 2019, https://www.guttmacher.org/state-policy/explore/sex-and-hiv-education.
47 Lindberg, Maddow-Zimet, and Boonstra, "Changes in Adolescents' Receipt of Sex Education, 2006–2013"; John S. Santelli et al., "Abstinence-Only-Until-Marriage: An Updated Review of U.S. Policies and Programs and Their Impact," *Journal of Adolescent Health* 61, no. 3 (2017): 273–80, https://doi.org/10.1016/j.jadohealth.2017.05.031. Results from the school health policies and practices Study 2014, Centers for Disease Control and Prevention, 2015, https://www.cdc.gov/healthyyouth/data/shpps/pdf/shpps-508-final_101315.pdf.
48 Santelli et al., "Abstinence-Only-Until-Marriage: An Updated Review of U.S. Policies and Programs and Their Impact"; John Santelli et al., "Abstinence and Abstinence-Only Education: A Review of U.S. Policies and Programs," *Journal of Adolescent Health* 38, no. 1 (January 2006): 72–81, https://doi.org/https://doi.org/10.1016/j.jado health.2005.10.006.
49 Helen B. Chin et al., "The Effectiveness of Group-Based Comprehensive Risk-Reduction and Abstinence Education Interventions to Prevent or Reduce the Risk of Adolescent Pregnancy, Human Immunodeficiency Virus, and Sexually Transmitted Infections: Two Systematic Reviews for the Guide to Community Preventive Services," *American Journal of Preventive Medicine* 42, no. 3 (March 2012): 272–94, https://doi.org/10.1016/j.amepre.2011.11.006.
50 Cora C. Breuner and Gerri Mattson, "Sexuality Education for Children and Adolescents," *Pediatrics* 138, no. 2 (2016): e20161348, https://doi.org/10.1542/peds.2016-1348.
51 Chin et al., "The Effectiveness of Group-Based Comprehensive Risk-Reduction and Abstinence Education Interventions."
52 この段落にある知見は以下より入手。Emily F. Rothman et al., "A Pornography Literacy Class for Youth: Results of a Feasibility and Efficacy Pilot Study," *American Journal of Sexuality Education* 13, no. 1 (February 2018): 1–17, https://doi.org/10.1080/15546128.2018.1437100.
53 Maggie Jones, "What Teenagers Are Learning from Online Porn," *New York Times Magazine*, February 7, 2018, https:// www.nytimes.com/2018/02/07/magazine/teenagers-learning-online-porn-literacy-sex-education.html.
54 Laura Vandenbosch and Johanna M. F. van Oosten, "The Relationship Between Online Pornography and the Sexual Objectification of Women: The Attenuating Role of Porn Literacy Education," *Journal of Communication* 67, no. 6 (December 2017): 1015–36, https://doi.org/10.1111/jcom.12341.
55 Christopher Ingraham, "A Brief History of Dare, the Anti-Drug Program Jeff Sessions Wants to Revive," *Washington Post*, July 12, 2017, https://www.washingtonpost.com/news/wonk/wp/2017/07/12/a-brief-history-of-d-a-r-e-the-anti-drug-program-jeff-sessions-wants-to-revive/.
56 若年期からの性体験については、以下を参照。Laura Vandenbosch and Steven Eggermont, "Sexually Explicit Websites and Sexual Initiation: Reciprocal Relationships and the Moderating Role of Pubertal Status," *Journal of Research on Adolescence* 23, no. 4 (2013): 621–34, https://doi .org/10.1111/jora.12008.

コンドームの不使用（ポルノを観る少年はコンドームを使用する確率が低かった）については、Marie-Thérèse Luder et al., "Associations Between Online Pornography and Sexual Behavior Among Adolescents: Myth or Reality?," *Archives of Sexual Behavior* 40, no. 5 (October 2011): 1027–35, https://doi.org/10.1007/s10508-010-9714-0.

女性を性的対象物と見なし、ジェンダーステレオタイプを信じることについては、Jochen Peter and Patti M. Valkenburg, "Adolescents' Exposure to a Sexualized Media Environment and Their Notions of Women as Sex Objects," *Sex Roles* 56, no. 5 (March 2007): 381–95,

48 (2019): 893–910, https://doi.org/10.1007/s10508-018-1380-7.

以下も参照。https://www.cpc.unc.edu/projects/addhealth/publications.

21 Michael D. Resnick et al., "Protecting Adolescents from Harm: Findings from the National Longitudinal Study on Adolescent Health," *JAMA* 278, no. 10 (1997): 823–32, https://doi.org/10.1001/jama.1997.03550100049038. Michael D. Resnick, Marjorie Ireland, and Iris Borowsky, "Youth Violence Perpetration: What Protects? What Predicts? Findings from the National Longitudinal Study of Adolescent Health," *Journal of Health Economics* 35 (2004): 424–33, https://doi.org/10.1016/j.jadohealth.2004.01.011.

22 Paul J. Wright, Debby Herbenick, and Bryant Paul, "Adolescent Condom Use, Parent-Adolescent Sexual Health Communication, and Pornography: Findings from a U.S. Probability Sample," *Health Communication* (August 2019): 1–7, https://doi.org/10.1080/10410236.2019.1652392.

23 Ana J. Bridges, Robert Wosnitzer, Erica Scharrer, Chyng Sun, and Rachael Liberman, "Aggression and Sexual Behavior in Best-Selling Pornography Videos: A Content Analysis Update," *Violence Against Women* 16, no. 10 (2010): 1065–85. https://doi.org/10.1177/1077801210382866. Full text at https://pdfs.semanticscholar.org/db43/7a7a4a975603690bd-5921286c7831b487d10.pdf.

24 Emily F. Rothman, Courtney Kaczmarsky, Nina Burke, Emily Jansen, and Allyson Baughman, " 'Without Porn . . . I Wouldn't Know Half the Things I Know Now': A Qualitative Study of Pornography Use among a Sample of Urban, Low-Income, Black and Hispanic Youth," *Journal of Sex Research* 52, no. 7 (2015): 736–46, https://doi.org/10.1080/00224499.2014.960908.

25 Jennifer S. Hirsch and Claude A. Mellins, "Sexual Health Initiative to Foster Transformation (SHIFT): Final Report," 2019, https://sexualrespect.columbia.edu/files/sri/content/shift_final_report_4-11-19_1.pdf.

26 大学進学前の被害率については、以下にも記載されている。Hirsch and Mellins, "Sexual Health Initiative to Foster Transformation (SHIFT): Final Report." 引用元は、John S. Santelli et al., "Does Sex Education Before College Protect Students from Sexual Assault in College?," *PLOS ONE* 13, no. 11 (2018): e0205951, https://doi.org/10.1371/journal.pone.0205951.

27 Jennifer S. Hirsch and Shamus Khan, *Sexual Citizens: A Landmark Study of Sex, Power, and Assault on Campus* (New York: W. W. Norton & Company, 2020), 46–52.

28 同上。6–7.

29 同上。152–57.

30 同上。xiii.

31 Eli Rosenberg, "One in Four Teens Are Sexting, a New Study Shows. Relax, Researchers Say, It's Mostly Normal," *Washington Post*, February 27, 2018, https://www.washing tonpost.com/news/the-switch/wp/2018/02/27/a-new-study-shows-one-in-four-teens-are-sexting-relax-experts-say-its-mostly-normal/.

32 Sheri Madigan et al., "Prevalence of Multiple Forms of Sexting Behavior among Youth: A Systematic Review and Meta-Analysis," *JAMA Pediatrics* 172, no. 4 (2018): 327–35, https://doi.org/10.1001/jamapediatrics.2017.5314. https://www.ncbi.nlm.nih.gov/pmc/articles/PMC5875316/.

33 Megan K. Maas, Bethany C. Bray, and Jennie G. Noll, "Online Sexual Experiences Predict Subsequent Sexual Health and Victimization Outcomes among Female Adolescents: A Latent Class Analysis," *Journal of Youth and Adolescence* 48, no. 5 (May 01 2019): 837–49, https://doi.org/10.1007/s10964-019-00995-3.

34 Kate Julian, "Why Are Young People Having So Little Sex?," *The Atlantic*, December 2018, https://www.theatlantic.com/magazine/archive/2018/12/the-sex-recession/573949/.

35 Christopher Ingraham, "The Share of Americans Not Having Sex Has Reached a Record High," *Washington Post*, March 29, 2019, https://www.washingtonpost.com/business/2019/03/29/share-americans-not -having-sex-has-reached-record-high/.

36 Chyng Sun, Ana Bridges, Jennifer A. Johnson, and Matthew B. Ezzell, "Pornography and the Male Sexual Script: An Analysis of Consumption and Sexual Relations," *Archives of Sexual Behavior* 45, no. 4 (2016/05/01 2016): 983–94, https://doi.org/10.1007/s10508-014-0391-2.

37 マースは自身のブログで、子どもたちとポルノについてどのように話すかについて述べている。彼女はまた、ダウンロード可能な電子書籍も執筆している。Megan Maas, "Preparing for the Porn Talk: 1 of 3," *Dr. Megan Maas*, 2014, http://www.meganmaas.com/blog/preparing-for-the-porn-talk-part-1-of-3.

38 Santelli et al., "Does Sex Education Before College Protect Students from Sexual Assault in College?," e0205951.

39 Madeline Schneider and Jennifer S. Hirsch, "Comprehensive Sexuality Education as a Primary Prevention Strategy for Sexual Violence Perpetration," *Trauma, Violence, & Abuse* 21, no. 3 (EPub May 2, 2020): 439–55, doi:10.1177/1524838018772855.

7 Sarah DeGue et al., "A Systematic Review of Primary Prevention Strategies for Sexual Violence Perpetration," *Aggression and Violent Behavior* 19, no. 4 (July–August 2014): 346–62, https://doi.org/https://doi.org/10.1016/j.avb.2014.05.004.

8 CDCの広報担当者によると、性的自己抑制教育を行っている学校の数は2000年から2014年の間で20%減少した。

9 Laura F. Salazar et al., "Precollege Sexual Violence Perpetration and Associated Risk and Protective Factors among Male College Freshmen in Georgia," *Journal of Adolescent Health: Official Publication of the Society for Adolescent Medicine* 62, no. 3 (2018): S51–57, https://doi.org/10.1016/j.jadohealth.2017.09.028.

10 Jacquelyn W. White and Paige Hall Smith, "Sexual Assault Perpetration and Reperpetration: From Adolescence to Young Adulthood," *Criminal Justice and Behavior* 31, no. 2 (2004): 182–202.

11 Heidi M. Zinzow and Martie Thompson, "A Longitudinal Study of Risk Factors for Repeated Sexual Coercion and Assault in US College Men," *Archives of Sexual Behavior* 44, no. 1 (2015): 213–22.

12 10代の性体験のうち、どれほどの数が「望んで」行われているのかに関しては、以下を参照。Gladys Martinez, Casey E. Copen, and Joyce C. Abma, "Teenagers in the United States: Sexual Activity, Contraceptive Use, and Childbearing, 2006–2010 National Survey of Family Growth," National Center for Health Statistics, 2011, 31, https://www.cdc.gov/nchs/data/series/sr_23/sr23_031.pdf.

13 Michele L. Ybarra and Kimberly J. Mitchell, "Prevalence Rates of Male and Female Sexual Violence Perpetrators in a National Sample of Adolescents," *JAMA Pediatrics* 167, no. 12 (2013): 1125–34, https://doi.org/10.1001/jamapediatrics.2013.2629.

14 この数字（そして、医学的に正確な性教育を義務づけている13の州と性的指向に関する指導を義務づけている州の統計）は、性と生殖の健康と権利を研究し、擁護しているガットマッハー研究所によって収集された、州の法律や政策に関するデータに基づいている。"State Laws and Policies: Sex and HIV Education," Guttmacher Institute, updated September 1, 2019, https://www.guttmacher.org/state-policy/explore/sex-and-hiv-education.

15 Sarah Shapiro and Catherine Brown, "Sex Education Standards Across the States," Center for American Progress, updated May 10, 2019, accessed September 27, 2019.

16 "Laws That Prohibit the 'Promotion of Homosexuality': Impacts and Implications (Research Brief)," GLSEN, 2018, https://www.glsen.org/sites/default/files/2019-10/GLSEN-Research-Laws-that-Prohibit-Promotion-of-Homosexuality-Implications.pdf.

17 Jonece Starr Dunigan, "How Alabama's Current Sex Ed Law Harms LGBTQ Youth," Al.com, May 15, 2019, https://www.al.com/news/2019/05/how-alabamas-current-sex-ed-law-harms-lgbtq-youth.html.

18 Leslie Kantor and Nicole Levitz, "Parents' Views on Sex Education in Schools: How Much Do Democrats and Republicans Agree?," *PLOS ONE* 12, no. 7 (2017): e0180250, https://doi.org/10.1371/journal.pone.0180250.

19 同上。

20 アド・ヘルスデータを使った93件の研究を体系的にレビューした結果、親と10代の子どもとの関係性の強さにより、様々な健康成果を予測することができることが判明した。両親と温かい親密な関係を築いている若者は、うつ病を発症したり、自殺願望を持ったり、薬物乱用の問題を抱えたりすることが少なく、自尊心が高く、後に性的に健全な判断を下す可能性が高いという。Andrew C. Pool and Carol A. Ford, "Longitudinal Associations Between Parent-Teen Relationship Quality and Adult Health Outcomes: A Review of Add Health Data," paper presented at the Psychological Well-Being: International Transcultural Perspectives, Washington, D.C., 2019, https://www.jahonline.org/article/S1054-139X(18)30693-1/fulltext.

アド・ヘルスデータを用いた個人的な研究プロジェクトの例：親とより強力な関係を築いている10代の若者は、自尊心が高く、強力な親密関係を築く可能性が高い。Matthew D. Johnson and Nancy L. Galambos, "Paths to Intimate Relationship Quality from Parent-Adolescent Relations and Mental Health," *Journal of Marriage and Family* 76, no. 1 (January 2014): 145–60, https://doi.org/10.1111/jomf.12074. 親との繋がりが薄い若者は、メンタルヘルスにおいて満たされていないニーズを抱えている可能性が高い。Kelly A. Williams and Mimi V. Chapman, "Unmet Health and Mental Health Need Among Adolescents: The Roles of Sexual Minority Status and Child-Parent Connectedness," *American Journal of Orthopsychiatry* 82, no. 4 (2012): 473, doi:10.1111/j.1939-0025.2012.01182.x. 10代の若者は、親との繋がりが強い場合や、親が宗教的な理由やその他の理由で10代の性行為を認めていない場合、長期的に見て、性的パートナーの数が少ない傾向にある。Emily Cheshire, Christine E. Kaestle, and Yasuo Miyazaki, "The Influence of Parent and Parent-Adolescent Relationship Characteristics on Sexual Trajectories into Adulthood," *Archives of Sexual Behavior*

にしかなかったものには、パステル調の人形や美容・コスメに関連したものが多かった。2019年6月に同社のウェブサイトを確認すると、「男の子向け」や「女の子向け」のどちらのカテゴリーをクリックしても、買い物客は全く同じおもちゃのリストが見られるようになっていた。Carol J. Auster and Claire S. Mansbach, "The Gender Marketing of Toys: An Analysis of Color and Type of Toy on the Disney Store Website," *Sex Roles* 67 (June 2012): 375–88, https://doi.org/10.1007/s11199-012-0177-8.

77 Baby Alive, https://babyalive.hasbro.com/en-us.

78 Alexandra Jardine, "Hasbro's 'Baby Alive' Ad Encourages Boys to Play with Dolls Too," *AdAge*, April 24, 2019, https://adage.com/creativity/work/hasbro-we-can-all-take-care/2166141.

79 Eliana Dockterman, "'A Doll for Everyone': Meet Mattel's Gender-Neutral Doll," *Time*, September 25, 2019, https://time.com/5684822/mattel-gender-neutral-doll/.

80 同上。

81 Minyvonne Burke, "Dwyane Wade Says Trans Daughter Zaya Knew Gender Identity Since She Was 3 Years Old," NBC News, February 19, 2020, https://www.nbcnews.com/feature/nbc-out/dwyane-wade-says-trans-daughter-zaya-knew-gender-identity-she-n1138196.

82 All the Smoke, Podcast audio, "D-Wade! Dwyane Wade Talks Big Three, Retirement and Family!" December 19, 2019.

83 Ramin Setoodeh, "NBA Star Dwyane Wade on Supporting His Son's Attendance at Miami Pride," *Variety*, June 18, 2019, https://variety.com/2019/biz/news/dwyane-wade-miami-pride-1203246328/.

84 私はこのグループやファゲルの授業をいくつか見学した。この少年グループについては、アンドリュー・レイナーがニューヨーク・タイムズ紙で初めて報じた。Andrew Reiner, "Boy Talk: Breaking Masculine Stereotypes," *New York Times*, October 24, 2018, https://www.nytimes.com/2018/10/24/well/family/boy-talk-breaking-masculine-stereotypes.html.

85「男らしさについて主に語られていること」という表現は、メン・キャン・ストップ・レイプのウェブサイトに掲載されていたパンフレットより引用。https://mcsr.org/men-of-strength-most-club.

86 C. Brian Smith, "A Masculinity Camp for Boys That Starts at 8," *MEL Magazine*, 2017, https://melmagazine.com/en-us/story/a-masculinity-camp-for-boys-that-starts-at-age-8.

第3章 性教育の危機 —— セックスの話をしないことが子どもにとって危険なわけ

1 Richard Weissbourd, Trisha Ross Anderson, Alison Cashin, and Joe McIntyre, "The Talk: How Adults Can Promote Young People's Healthy Relationships and Prevent Misogyny and Sexual Harassment," Making Caring Common Project, Harvard Graduate School of Education, https://static1.squarespace.com/static/5b7c56e255b02c683659fe43/t/5bd51a0324a69425bd079b59/1540692500558/mcc_the_talk_final.pdf.

2 Laura Duberstein Lindberg, Isaac Maddow-Zimet, and Heather Boonstra, "Changes in Adolescents' Receipt of Sex Education, 2006–2013," *Journal of Adolescent Health: Official Publication of the Society for Adolescent Medicine* 58, no. 6 (2016): 621–27, https://doi.org/10.1016/j.jadohealth.2016.02.004.

3 "The State of Gender Equality for U.S. Adolescents," Plan International USA, 2018, https://www.planusa.org/docs/state-of-gender-equality-2018.pdf.

4 Debby Herbenick et al., "Diverse Sexual Behaviors and Pornography Use: Findings from a Nationally Representative Probability Survey of Americans Aged 18 to 60 Years," *Journal of Sexual Medicine* 17, no. 4 (April 2020), https://doi.org/https://doi.org/10.1016/j.jsxm.2020.01.013.

5 後述するガットマッハー研究所の専門家であるローラ・リンドバーグへのインタビューで、CDCのデータをより詳しく見るよう促された。Rafael Heller, "Trends in Adolescent Sexual Behavior, Health, and Education: A Conversation with Laura Lindberg," *Phi Delta Kappan* 100, no. 2 (2018): 35–39, https://www.kappanonline.org/heller-laura-lindberg-trends-adolescent-sexual -behavior-health-education-interview/. 2000年度のCDCの学校保健政策と実践に関する完全なデータセットは以下のサイトを参照。Laura Kann, Nancy D. Brener, and Diane D. Allensworth, "Health Education: Results from the School Health Policies and Programs Study 2000," *Journal of School Health* 71, no. 7 (October 2009): 266–78, https://doi.org/10.1111/j.1746-1561.2001.tb03504.x. 2014年度については以下を参照。"Results from the School Health Policies and Practices Study 2014," Centers for Disease Control and Prevention, 2015, https://www.cdc.gov/healthyyouth/data/shpps/pdf/SHPPS-508-final_101315.pdf, 21.

6 この段落にあるデータは、私の要求に応じて、CDCの広報担当者より提供されたもの。CDCは以前、2000年から2014年の学校保健政策と実践研究に関するデータを、年次で研究結果を比較することが不可能になるような方法で公表していた。

Done," *Washington Post*, August 26, 2019, https://www.washingtonpost.com/entertainment/tv/lara-spencer-apologizes-for-ridiculing-prince-george-and-ballet-but-the-damage-has-been-done/2019/08/26/989ed7d2-c798-11e9-8067-196d9f17af68_story.html.

59 Emily W. Kane, " 'No Way My Boys Are Going to Be Like That!': Parents' Responses to Children's Gender Nonconformity," *Gender and Society* 20, no. 2 (2006): 149–76, http://www.jstor.org/stable/27640879. Emily W. Kane, *The Gender Trap: Parents and the Pitfalls of Raising Boys and Girls* (New York: New York University Press, 2012) も参照。

60 Kane, " 'No Way,'" 166.

61 同上。163.

62 Michael Schulman, "EJ Johnson Is 'Not Just Some Other Rich Girl,'" *New York Times*, September 2, 2017, https://www.nytimes.com/2017/09/02/style/ej-johnson-rich-kids-of-beverly-hills.html.

63 "Boy Wonder," https://boy-wonder.com.

64 これらのコメントは、市場調査会社であるドーズ社の「ボーイワンダー」に関する投稿に対して寄せられたものである。Facebook, April 19, 2019, https://www.facebook.com/Dose/posts/2292046570889868?comment_tracking=%7B%22tn%22%3A%22O%22%7D.

65 幼少期に経験・目撃した家庭内暴力や家庭の機能不全は、将来的にあらゆる種類の暴力を振るうことと関連性があるとする数多くの研究がある。逆境的小児期体験が増えるごとに、思春期における対人間の暴力や自傷行為の危険性が 35 ～ 144%増加する。Naomi N. Duke, Sandra L. Pettingell, Barbara J. McMorris, and Iris W. Borowsky, "Adolescent Violence Perpetration: Associations with Multiple Types of Adverse Childhood Experiences," *Pediatrics* 125, no. 4 (2010): e778–86, https://doi.org/10.1542/peds.2009-0597, https://pediatrics.aappublications.org/content/pediatrics/125/4/e778.full.pdf. ネグレクトや身体的・性的虐待を受けた子どもは、若年期から、もしくは親密なパートナーに対して暴力を振るうようになる可能性が高い。Xiangming Fang and Phaedra S. Corso, "Child Maltreatment, Youth Violence, and Intimate Partner Violence: Developmental Relationships," *American Journal of Preventive Medicine* 33, no. 4 (2007): 281–90, https://doi.org/10.1016/j.amepre.2007.06.003. 幼少期や思春期に暴力を経験することで、親密なパートナーに対し暴力を振るう（あるいは親密なパートナーからの暴力を受ける）危険性が高まる。Anu Manchikanti Gómez, "Testing the Cycle of Violence Hypothesis: Child Abuse and Adolescent Dating Violence as Predictors of Intimate Partner Violence in Young Adulthood," *Youth & Society* 43, no. 1 (2011/03/01 2010): 171–92, https://doi.org/10.1177/0044118X09358313.

66 Elizabeth A. Mumford, Weiwei Liu, and Bruce G. Taylor, "Parenting Profiles and Adolescent Dating Relationship Abuse: Attitudes and Experiences," *Journal of Youth and Adolescence* 45, no. 5 (February 2016): 959–72, https://doi.org/10.1007/s10964-016-0448-8.

67 Megan Fulcher, Lisa M. Dinella, and Erica S. Weisgram, "Constructing a Feminist Reorganization of the Heterosexual Breadwinner/ Caregiver Family Model: College Students' Plans for Their Own Future Families," *Sex Roles* 73, no. 3 (August 2015): 174–86, https://doi.org/10.1007/s11199 -015-0487-8.

68 同上。

69 Megan Fulcher, Erin L. Sutfin, and Charlotte J. Patterson, "Individual Differences in Gender Development: Associations with Parental Sexual Orientation, Attitudes, and Division of Labor," *Sex Roles* 58, no. 5 (March 2008): 330–41, https://doi.org/10.1007/s11199-007-9348-4.

70 Fulcher, Dinella, and Weisgram. "Constructing a Feminist Reorganization," p.184.

71 Curtis M. Wong, "50 Percent of Millennials Believe Gender Is a Spectrum, Fusion's Massive Millennial Poll Finds," *HuffPost*, February 5, 2015, https:// www.huffpost.com/entry/fusion-millennial-poll-gender_n_6624200.

72 Bianca D. M. Wilson et al., "Characteristics and Mental Health of Gender Nonconforming Adolescents in California," Williams Institute at UCLA School of Law and UCLA Center for Health Policy Research, December 2017, https://williamsinstitute.law.ucla.edu/publications/gnc-youth-ca/.

73 Joanna Pepin and David Cotter, "Trending Toward Traditionalism? Changes in Youths' Gender Ideology," Council on Contemporary Families, March 30, 2017, https://contemporaryfamilies.org/2-pepin-cotter-traditionalism/.

74 Elizabeth Sweet, "Toys Are More Divided by Gender Now Than They Were 50 Years Ago," *The Atlantic*, December 9, 2014, https://www.theatlantic.com/business/archive/2014/12/toys-are-more-divided -by-gender-now-than-they-were-50-years-ago/383556/.

75 Elissa Strauss, "Why Girls Can Be Boyish but Boys Can't Be Girlish," CNN, April 12, 2018, https://www.cnn.com/2018/04/12/health/boys-girls-gender-norms-parenting-strauss/index.html.

76 2012 年時点で、ディズニー社のウェブサイトではジェンダー別におもちゃが分類されていた。男の子向けのカテゴリーにしかなかったものには、はっきりとした色合いのアクション玩具や武器が多く、女の子向けのカテゴリー

35 たとえば、以下を参照。Peg Tyre, *The Trouble with Boys: A Surprising Report Card on Our Sons, Their Problems at School, and What Parents and Educators Must Do* (New York: Crown, 2008).

36 Francesca Muntoni, Jenny Wagner, and Jan Retelsdorf, "Beware of Stereotypes: Are Classmates' Stereotypes Associated with Students' Reading Outcomes?," *Child Development*, February 2020, https://srcd.onlinelibrary.wiley.com/doi/full/10.1111/cdev.13359.

37 本調査は、ジェンダー公正と暴力防止の推進に男性や少年を巻き込むことを提唱してきた世界的なリーダーである非営利団体、プロムンドの米国法人が、男性用デオドラント「アックス」のメーカーであるユニリーバ社と協力して実施したものである。Brian Heilman, Gary Barker, and Alexander Harrison, "The Man Box: A Study on Being a Young Man in the US, UK, and Mexico," 2017, rev. December 15, 2018, Promundo-US and Unilever, https://promundoglobal.org/resources/man-box-study-young-man-us-uk-mexico/.

38 Heilman, Barker, and Harrison, "The Man Box."

39 たとえば以下を参照。"Sexual Violence: Risk and Protective Factors," Centers for Disease Control and Prevention, accessed September 27, 2019, http://www.cdc.gov/ViolencePrevention/sexualviolence/riskprotectivefactors.html, and Rachel M. Smith, Dominic J. Parrott, Kevin M. Swartout, and Andra Teten Tharp, "Deconstructing Hegemonic Masculinity: The Roles of Antifemininity, Subordination to Women, and Sexual Dominance in Men's Perpetration of Sexual Aggression," *Psychology of Men & Masculinities* 16, no. 2 (2015): 160–69, https://doi.org/10.1037/a0035956. https://www.ncbi.nlm.nih.gov/pubmed/29950930.

40 Smith, Parrott, Swartout, and Tharp, "Deconstructing Hegemonic Masculinity."

41 Ronald Levant, Linda Hirsch, Elizabeth Celentano, and Tracy Cozza, "The Male Role: An Investigation of Contemporary Norms," *Journal of Mental Health Counseling* 14 (1992): 325–37; Ronald F. Levant et al., "Evaluation of the Factor Structure and Construct Validity of Scores on the Male Role Norms Inventory—Revised (MRNI-R)," *Psychology of Men & Masculinities* 11, no. 1 (2010): 32, table 1.

42 ジョージア州立大学教授・対人暴力研究センターディレクターであるドミニク・J・パロットの、2020 年 8 月 1 日の著者への E メールより。

43 Heilman, Barker, and Harrison, "The Man Box."

44 Tyler Reny, "Masculine Norms and Infectious Disease: The Case of COVID-19," *Politics & Gender*, 2020, 1–23, doi:10.1017/S1743923X20000380.

45 Rachel E. Morgan and Barbara A. Oudekerk, "Criminal Victimization, 2018," Bureau of Justice Statistics, U.S. Department of Justice, 2019, https://www.bjs.gov/content/pub/pdf/cv18.pdf.

46 アルツハイマー病で死亡する可能性は女性の方が高く、脳卒中や高血圧で死亡する可能性に男女差は見られない。Will H. Courtenay, *Dying to Be Men: Psychosocial, Environmental and Biobehavioral Directions in Promoting the Health of Men and Boys*, Routledge Series on Counseling and Psychotherapy with Boys and Men, vol. 10 (New York: Routledge, 2011), 4.

47 同上。

48 Global Health Observatory data repository: life expectancy and healthy life expectancy, data by country, World Health Organization, http://apps.who.int/gho/data/view.main.SDG 2016LEXREGv?lang=en.

49 Elizabeth Arias and Jiaquan Xu, "National Vital Statistics Reports: United States Life Tables," 2017, National Center for Health Statistics, 2019, https://www.cdc.gov/nchs/data/nvsr/nvsr68/nvsr68_07-508.pdf.

50 Holly B. Shakya et al., "Adolescent Gender Norms and Adult Health Outcomes in the USA: A Prospective Cohort Study," *The Lancet Child & Adolescent Health* 3, no. 8 (2019): 529–38, https://doi.org/10.1016 /S2352-4642(19)30160-9.

51 Joel Y. Wong et al., "Meta-Analyses of the Relationship between Conformity to Masculine Norms and Mental Health-Related Outcomes," *Journal of Counseling Psychology* 64, no. 1 (2017): 80–93, http://dx.doi.org/10.1037/cou0000176.

52 Courtenay, *Dying to Be Men*, 36–37.

53 Judy Y. Chu, *When Boys Become Boys: Development, Relationships and Masculinity* (New York: New York University Press, 2014), 131.

54 同上。133.

55 Michael D. Resnick et al., "Protecting Adolescents from Harm: Findings from the National Longitudinal Study on Adolescent Health," *JAMA* 278, no. 10 (1997): 823–32, https://doi.org/10.1001/jama.1997.03550100049038.

56 ウィリアムは仮名である。

57 これは、1969 年に米国上院小委員会で米国公共テレビ放送局を支持すると証言した際に、フレッド・ロジャースが自分の番組のエンディングでどう語りかけているかについて説明したときのものである。PBS は 2019 年 11 月 22 日に『MetroFocus』という番組のエピソードの一部として、その映像を公開した。https://www.pbs.org/video/mister-rogers-goes-washington-ycjrnx/.

58 Sarah L. Kaufman, "Lara Spencer Apologizes for Ridiculing Prince George and Ballet, but the Damage Has Been

chosomaticmedicine/Fulltext/1993/09000/Testosterone_and_pubertal_development_as.7.aspx.

15 Carolyn Tucker Halpern et al., "Testosterone and Religiosity as Predictors of Sexual Attitudes and Activity Among Adolescent Males: A Biosocial Model," *Journal of Biosocial Science* 26, no. 2 (1994): 217–34, https://doi.org/10.1017/S0021932000021258.

16 Lise Eliot, *Pink Brain, Blue Brain: How Small Differences Grow into Troublesome Gaps—and What We Can Do About It* (New York: Houghton Mifflin Harcourt, 2009), 35–37, Kindle Edition. CAH の少女に関する研究は以下の書籍でも説明されている：Blakemore, Berenbaum, and Liben, *Gender Development*, 152–53.

17 たとえば、ケンブリッジ大学の著名な精神病理学の教授、サイモン・バロン=コーエンによる 2003 年の以下の著書を参照。Simon Baron-Cohen, *The Essential Difference: The Truth About the Male and Female Brain* (New York: Basic Books, 2003).

18 Lise Eliot, "Sex/Gender Differences in the Brain and Their Relationship to Behavior," in *Cambridge International Handbook on Psychology of Women*, ed. Fanny M. Cheung and Diane F. Halpern (Cambridge: Cambridge University Press, 2020), 63–80.

19 Eliot, *Pink Brain, Blue Brain*, 252.

20 Jeffrey Z. Rubin, Frank J. Provenzano, and Zella Luria, "The Eye of the Beholder: Parents' Views on Sex of Newborns," *American Journal of Orthopsychiatry* 44, no. 4 (1974): 512–19, http://dx.doi.org/10.1111/j.1939-0025.1974.tb00905.x.

21 Beverly I. Fagot, "The Influence of Sex of Child on Parental Reactions to Toddler Children," *Child Development* 49, no. 2 (1978): 459–65, https://doi.org/10.2307/1128711. http://www.jstor.org/stable/1128711.

22 本研究は以下の著書で取り上げられている。Eliot, *Pink Brain, Blue Brain*. Blakemore, Berenbaum, and Liben, *Gender Development*. Mondschein, Adolph, and Tamis-LeMonda, "Gender Bias in Mothers' Expectations About Infant Crawling."

23 Tara M. Chaplin, Pamela M. Cole, and Carolyn Zahn-Waxler, "Parental Socialization of Emotion Expression: Gender Differences and Relations to Child Adjustment," *Emotion* 5, no. 1 (2005): 80–88, https://doi.org/10.1037/1528-3542.5.1.80.

24 Hildy Ross, Caroline Tesla, Brenda Kenyon, and Susan Lollis, "Maternal Intervention in Toddler Peer Conflict : The Socialization of Principles of Justice," *Developmental Psychology* 26, no. 6 (1990): 994–1003.

25 Michael A. Messner, Max A. Greenberg, and Tal Peretz, *Some Men: Feminist Allies and the Movement to End Violence Against Women* (New York: Oxford University Press, 2015), 71.

26 American Psychological Association, "APA Guidelines for Psychological Practice with Boys and Men," Boys and Men Guidelines Group, August 2018, http://www.apa.org/about/policy/psychological-practice-boys-men-guidelines.pdf.

27 ルヴァンは、電話で話した後、このメールのコピーを送ってくれた。後に、彼は自らの著書でメールを公開している。Ronald F. Levant and Shana Pryor, *The Tough Standard: The Hard Truths About Masculinity and Violence* (New York: Oxford University Press, 2020).

28 Gillette, "We Believe: The Best Men Can Be," 2019, https://www.youtube.com/watch?v=koPmuEyP3a0.

29 Piers Morgan (@piersmorgan), "I've used @Gillette razors my entire adult life but this absurd virtue-signalling PC guff may drive me away to a company less eager to fuel the current pathetic global assault on masculinity. Let boys be damn boys. Let men be damn men," Twitter, January 14, 2019, https://twitter.com/piersmorgan/status/1084891133757587456?lang=en.

30 "What's in Store: Moving Away from Gender-Based Signs," news release, 2015, https://corporate.target.com/article/2015/08/gender-based-signs-corporate.

31 Target, "Sonos makes a picnic pop. Turn it up and even the bugs will be boppin'," Facebook, August 8, 2016, https://www.facebook.com/target/photos/a.127542808119/10153593329408120.

32 Kimberly Parker, Juliana Menasce Horowitz, and Renee Stepler, "On Gender Differences, No Consensus on Nature vs. Nurture," Pew Research Center, December 5, 2017, https://www.pewsocialtrends.org/2017/12/05/on-gender-differences-no-consensus-on-nature-vs-nurture/. 少年期に関するアメリカ人の考えは、しばしば党派によって分かれている。共和党は男女の違いを生物学的であると主張する傾向が強く、民主党は社会化によるものだと主張する傾向が強い。

33 全国の小学 4 年生と中学 3 年生を対象に、1 年おきに実施される全米学力調査より。David Reilly, David L. Neumann, and Glenda Andrews, "Gender Differences in Reading and Writing Achievement: Evidence from the National Assessment of Educational Progress (NAEP)," *American Psychologist* 74, no. 4 (2019): 445–58, https://doi.org/10.1037/amp00 00356.

34 Joel McFarland et al., "The Condition of Education 2019. NCES 2019-144," National Center for Education Statistics, 2019, https://nces.ed.gov/pubs2019/2019144.pdf, xxxv, 147.

lence," Centers for Disease Control and Prevention and Prevention Institute, July 2014, https://www.cdc.gov/violenceprevention/pdf/connecting_the_dots-a.pdf, 9.

73 R. Kelly, *Soulacoaster: The Diary of Me* (New York: SmileyBooks, 2012), 32–33.

74 Chris Heath, "The Confessions of R. Kelly," *GQ*, January 2016, https://www.gq.com/story/r-kelly-confessions.

75 ブラッドは仮名である。

76 報告書には、主に男性被害者との面談の内容が詳述されているが、ブラッドからセクハラ行為を受けたと主張する何人かの女子生徒から得た情報も含まれている。彼女たちによると、裸の写真を送らなければ自殺すると彼に脅されたという。

77 Nate Carlisle, "Three Teens Accused of Sexually Abusing Other Gunnison Valley High School Students Convicted," *Salt Lake Tribune*, Jan. 17, 2019, https://www.sltrib.com/news/education/2019/01/17/teens-accused-sexually/.

78 ロバートは彼の息子の匿名性を守るための仮名である。

79 少年法の総則より。Utah Code Title 78a, Chapter 6, Part 1, https://le.utah.gov/xcode/Title78A/Chapter6/78A-6-S114.html?v=C78A-6-S114_2020051220200701.

80 Michael Locklear, "Mom Details Son's Sexual Abuse at Gunnison Football Practice; 8 More Victims Report Abuse," KUTV, October 1, 2018, https://kutv.com/news/local/mom-says-her-freshman-sons-report-sparked-gunnison-valley-hs-sex-assault-investigation.

81 米国連邦地方裁判所に提出された書類より。District of Utah in Misty Cox v. South Sanpete School District et al. Case No. 4:18-cv-00070-DN-PK, Document 64.

第２章　少年はいずれ男性になる――生まれ・育ち・少年期を再考する

1 Tara M. Chaplin, Pamela M. Cole, and Carolyn Zahn-Waxler, "Parental Socialization of Emotion Expression: Gender Differences and Relations to Child Adjustment," *Emotion* 5, no. 1 (2005): 80–88, https://doi.org/10.1037/1528-3542.5.1.80.

2 Ana Aznar and Harriet R. Tenenbaum, "Gender and Age Differences in Parent–Child Emotion Talk," *British Journal of Developmental Psychology* 33, no. 1 (2015): 148–55, https://doi.org/10.1111/bjdp.12069.

3 Emily R. Mondschein, Karen E. Adolph, and Catherine S. Tamis-LeMonda, "Gender Bias in Mothers' Expectations About Infant Crawling," *Journal of Experimental Child Psychology* 77, no. 4 (December 2000): 304–16, http://www.sciencedirect.com/science/article/pii/S0022096500925979.

4 May Long Halim, Diane N. Ruble, and Catherine S. Tamis-LeMonda, "Four-Year-Olds' Beliefs About How Others Regard Males and Females," *British Journal of Developmental Psychology* 31, no. 1 (March 2013): 128–35, https://doi.org/10.1111/j.2044-835X.2012.02084.x.

5 L. Monique Ward and Jennifer Stevens Aubrey, "Watching Gender: How Stereotypes in Movies and on TV Impact Kids' Development," Common Sense, 2017, https://www.commonsensemedia.org/sites/default/files/uploads/pdfs/2017_commonsense_watchinggender_fullreport_0620.pdf.

6 Brigid Schulte, "Effects of Child Abuse Can Last a Lifetime: Watch the 'Still Face' Experiment to See Why," *Washington Post*, September 16, 2013, https://www.washingtonpost.com/blogs/she-the-people/wp/2013/09/16/affects-of-child-abuse-can-last-a-life time-watch-the-still-face-experiment-to-see-why/.

7 Niobe Way et al., "'It Might Be Nice to Be a Girl...Then You Wouldn't Have to Be Emotionless': Boys' Resistance to Norms of Masculinity During Adolescence," *Psychology of Men & Masculinities* 15, no. 3 (2014): 241–52, https://doi.org/10.1037/a0037262.

8 M. Katherine Weinberg, Edward Z. Tronick, Jeffrey F. Cohn, and Karen L. Olson, "Gender Differences in Emotional Expressivity and Self-Regulation During Early Infancy," *Developmental Psychology* 35, no. 1 (1999): 175–88, https://doi.org/10.1037/0012-1649.35.1.175.

9 Judith E. Owen Blakemore, Sheri A. Berenbaum, and Lynn S. Liben, *Gender Development* (New York: Taylor & Francis Group, 2009), 125.

10 Brenda K. Todd, John A. Barry, and Sara A. O. Thommessen, "Preferences for 'Gender-Typed' Toys in Boys and Girls Aged 9 to 32 Months," *Infant and Child Development* 26, no. 3 (2017): e1986, https://doi.org/10.1002/icd.1986.

11 Sheri A. Berenbaum and Melissa Hines, "Early Androgens Are Related to Childhood Sex-Typed Toy Preferences," *Psychological Science* 3, no. 3 (May 1992): 203–6, https://doi.org/10.1111/j.1467-9280.1992.tb00028.x.

12 Blakemore, Berenbaum, and Liben, *Gender Development*, 158.

13 Vickie Pasterski et al., "Increased Aggression and Activity Level in 3- to 11-Year-Old Girls with Congenital Adrenal Hyperplasia (CAH)," *Hormones and Behavior* 52, no. 3 (2007): 368–74, https://doi.org/10.1016/j.yhbeh.2007.05.015.

14 Carolyn T. Halpern et al., "Testosterone and Pubertal Development as Predictors of Sexual Activity: A Panel Analysis of Adolescent Males," *Psychosomatic Medicine* 55, no. 5 (1993): 436–47, https://journals.lww.com/psy-

57 大学キャンパスでの性暴力に関する初の全国調査で、衝撃的な頻度でレイプと性的暴行が起きていることが判明した。この調査は、全国的にデートレイプという概念を広め、キャンパス内でのレイプに関する議論にも変化をもたらした。しかし、この調査では、女性には男性から被害を受けたことについて、男性には女性に被害を与えたことについてしか尋ねていない。つまり、同性間の性暴力、女性の加害者、男性の被害者については発見されなかった。Mary P. Koss, Christine A. Gidycz, and N. M. Wisniewski, "The Scope of Rape: Incidence and Prevalence of Sexual Aggression and Victimization in a National Sample of Higher Education Students," *Journal of Consulting and Clinical Psychology* 55, no. 2 (1987): 162–70, doi:10.1037/0022-006x.55.2.162/. Full text available at https://pdfs.semanticscholar.org/45ff/86fabeffa72408deb2ba6fc298e6c332adf2.pdf?_ga=2.35477409.1254083838.1590431837-386207941.1590431837.

58 Jessica A. Turchik, "Sexual Victimization Among Male College Students: Assault Severity, Sexual Functioning, and Health Risk Behaviors," *Psychology of Men & Masculinities* 13, no. 3 (2012): 243–55, https://doi.org/10.1037/a0024605.

59 John Porretto, "Rapist Preys on Men in Suburban Houston," *Associated Press*, December 27, 2006, https://www.foxnews.com/printer_friendly_wires/2006Dec27/0,4675,MaleRapes,00.html. このAP通信の記事について、私は以下で取り上げられていたバージョンを参照している。Lara Stemple and Ilan H. Meyer, "The Sexual Victimization of Men in America: New Data Challenge Old Assumptions," *American Journal of Public Health* 104, no. 6 (2014): E19–26.

60 Bill Maher (@billmaher), "Michael Cohen famously said 'I'd take a bullet for Donald Trump.' Well, now that he's looking at prison time, we'll see if he's willing to take a dick," Twitter, April 21, 2018.

61 Lisa Gotell and Emily Dutton, "Sexual Violence in the 'Manosphere': Antifeminist Men's Rights Discourses on Rape," *International Journal for Crime, Justice and Social Democracy* 5, no. 2 (2016): 65–80, https://doi.org/10.5204/ijcjsd.v5i2.310.

62 本投稿はサイトから削除されているが、インターネットアーカイブの「ウェイバック・マシン」より入手可能である。Paul Elam, "The Fembots Are Already Bent out of Shape," *A Voice for Men*, June 28, 2011, https://web.archive.org/web/20170207052110/https://www.avoiceformen.com/mens-rights/activism/the-fembots-are-already-bent-out-of-shape/.

63 Hannah Wallen, "Feminists Define Rape to Exclude Male Victims," *A Voice for Men*, July 18, 2013, https://www.avoiceformen.com/feminism/feminist-lies-feminism/double-standard-rapeib/.

64 "Judge Sentences Ex-Tampa Day School Principal to 10 Years for Sex Assault," *Tampa Bay Times*, April 30, 2015, https://www.tampabay.com/news/courts/criminal/judge-sentences-ex-principal-to-10-years-for-sex-assault/2227724/?outputType=amp%3FoutputType%3Damp%3FoutputType%3Damp%3FoutputType%3Damp%3FoutputType%3Damp%3FoutputType%3Damp?outputType=amp.

65 Chris Francescani, "The Rise and Fall of Kevin Spacey: A Timeline of Sexual Assault Allegations," ABC News, June 3, 2019, https://abcnews.go.com/US/rise-fall-kevin-spacey-timeline-sexual-assault-allegations / story?id=63420983.

66 Alex French and Maximillian Potter, "'Nobody Is Going to Believe You,'" *The Atlantic*, March 2019, https://www.theatlantic.com/magazine/archive/2019/03/bryan-singers-accusers-speak-out/580462/.

67 Associated Press, "Lawyer in Ohio State Abuse Scandal Says Number of Accusers Has Surpassed 300," *New York Times*, August 23, 2019, https://www.nytimes.com/2019/08/23/sports/ohio-state-richard-strauss-sex-abuse.html.

68 "Report of the Independent Investigation: Sexual Abuse Committed by Dr. Richard Strauss at the Ohio State University," submitted by Caryn Trombino and Markus Funk of Perkins Coie LLP, May 15, 2019, https://presspage-production-content.s3.amazonaws.com/uploads/2170/reportoftheindependentinvestigationaccessible-376071.pdf?10000.

69 Rick Maese, "With Ohio State Facing Latest Sex Abuse Suit, Attorney Says May Report 'Barely Scratches the Surface,'" *Washington Post*, November 7, 2019, https://www.washingtonpost.com/sports/2019/11/07/with-ohio-state-facing-latest-sex-abuse-suit-attorney-says-may-report-barely-scratches-surface/.

70 Jennifer Smola, "Number of Sex Crimes at Ohio State, Michigan State 'Unprecedented' Due to Richard Strauss, Larry Nassar Cases," *Columbus Dispatch*, October 6, 2019, https://www.dispatch.com/news/20191006/number-of-sex-crimes-at-ohio-state-michigan-state-unprecedented-due-to-richard-strauss-larry-nassar-cases.

71 Cathy Spatz Widom, "The Cycle of Violence," *Science* 244, no. 4901 (1989): 160–66, https://www.jstor.org/stable/1702789?seq=1.

72 Natalie Wilkins et al., "Connecting the Dots: An Overview of the Links Among Multiple Forms of Vio-

サービス担当ディレクターであるB・エリオット・ホプキンスなどへのインタビューで述べられた内容より。
33 Stuart, "Warriors, Machismo, and Jockstraps." を参照。
34 Nadine C. Hoover and Norman J. Pollard, "Initiation Rites in American High Schools: A National Survey," Alfred University, 2000, https://www.alfred.edu/about/news/studies/high-school-hazing/index.cfm.
35 この研究を指揮した人物の一人であるアルフレッド大学のノーマン・ポラードへのインタビューより。
36 Susan Lipkins, *Preventing Hazing* (San Francisco: Jossey-Bass, 2006), 11.
37 リプキンスはこの話をインタビューの際にしてくれたが、著書『ヘイジングを阻止する』(*Preventing Hazing*) でも報告している。41–43.
38 同上。42.
39 これは仮名である。
40「チャイルド・ドウ対ワシントン公立学校他」(Child Doe v. Washington Public Schools et al.) 訴訟で提出された書類より。
41 テキストメッセージのコピーは、別紙20として、被告の部分略式判決の申立書、文書103に添付して法廷に提出された。
42 マクファーソンは宣誓供述の際に、デイヴィッド・スミスに対し、このように発言したことを認めている。彼は、子どもと一緒に廊下を歩いたり、教室で共に席に着くことはできないということを言いたかったのだと述べた。また、彼は、いじめの被害者を報復から守るために学校当局は便宜を図らなければならないという方針が学区に存在することを知らなかったと認めている。この宣誓供述書は、別紙21として、スミス家の部分略式判決の申立書、文書103に添付されている。関連頁はp.32とp.81である。
43 同上。36.
44 被告の略式判決申立書、文書102。
45 訂正後の訴状に対する被告の答弁書、資料21。4.「被告は申し立てを認める、あるいは否認するために十分な知識や情報を有していない」
46 文書103、別紙21。41.
47 宣誓供述書は2019年7月8日にオクラホマシティで取られ、「チャイルド・ドウ対ワシントン公立学校他」(Child Doe v. Washington Public Schools et al.) 訴訟でのスミス家の部分略式判決の申立書に別紙16として添付された。オクラホマ州立捜査局の調査は、州法の下で秘密とされているため、OSBIの調査結果はこれまで公表されていなかった。同局は、ワシントン中学校に関する最終報告書のコピーを求める私の要求を拒否し、ディーンの宣誓供述に関する質問にも回答しなかった。最終的には、2人の生徒が器物による強制性交罪で刑事告訴されたとディーンは言う。地方検事局は、少年裁判の守秘義務に関する州法があるとして、それに対する事実確認は行わなかった。
48 スミス家の部分略式判決の申立書、文書103。15.
49 以下のレビューは、男性のレイプに関する誤った常識について説明し、男性と女性がそれをどれほど肯定しているのかを、1992年と2008年で比較している。その比率は驚くほど類似していた。Jessica A. Turchik and Katie M. Edwards, "Myths About Male Rape: A Literature Review," *Psychology of Men & Masculinities* 13, no. 2 (2012): 211.
50 数年前にワシントン・ポスト紙が行った、キャンパス内での性的暴行に関するプロジェクトで、私は数人の同僚とキャンパス内での性的暴行被害者たち数十人にインタビューした。その中には、男性も多く含まれていた。ここで記述しているインタビューのいくつかは、そのプロジェクトから引用したものである。Nick Anderson, Emma Brown, Steve Hendrix, and Sudan Svrluga, "Sexual Assault Survivors Tell Their Stories," *Washington Post*, June 5, 2015, http://www.washingtonpost.com/graphics/local/sexual-assault/?j=story-5.
51 Rita C. Seabrook, L. Monique Ward, and Soraya Giaccardi, "Why Is Fraternity Membership Associated with Sexual Assault? Exploring the Roles of Conformity to Masculine Norms, Pressure to Uphold Masculinity, and Objectification of Women," *Psychology of Men & Masculinities* 19, no. 1 (2018): 3–13, https://doi.org/10.1037/men0000076.
52 Claude A. Mellins et al., "Sexual Assault Incidents Among College Undergraduates: Prevalence and Factors Associated with Risk," PLOS ONE 12, no. 11 (2017): e0186471, https://journals.plos.org/plosone/article?id=10.1371/journal.pone.0186471#pone.0186471.ref064.
53 Maya Luetke, Stacey Giroux, Debby Herbenick, Christina Ludema, and Molly Rosenberg, "High Prevalence of Sexual Assault Victimization Experiences among University Fraternity Men," *Journal of Interpersonal Violence* (January 2020), https://doi.org/10.1177/0886260519900282.
54 Scott M. Walfield, "'Men Cannot Be Raped': Correlates of Male Rape Myth Acceptance," *Journal of Interpersonal Violence*, December 2018, https://doi.org/10.1177/0886260518817777.
55 Turchik and Edwards, "Myths About Male Rape."
56 FBI, "Attorney General Eric Holder Announces Revisions to the Uniform Crime Report's Definition of Rape," news release, January 6, 2012, https://archives.fbi.gov/archives/news/pressrel/press-releases/attorney-general-eric-holder-announces-revisions-to-the-uniform-crime-reports-definition-of-rape.

Mikel L. Walters, Jieru Chen, and Matthew J. Breiding, "National Intimate Partner and Sexual Violence Survey: 2010 Findings on Victimization by Sexual Orientation," National Center for Injury Prevention and Control and Centers for Disease Control and Prevention, 2013, https://www.cdc.gov/violenceprevention/pdf/nisvs_sofindings.pdf, 1.

12 同上。15–16.

13 CDCの親密なパートナーと性暴力に関する2015年度の全国調査では、男性のレイプ被害者のうち87%は加害者が男性であると報告されている。しかし、挿入させられたと主張する男性の79%、性的強要被害に遭った男性の82%、そして、不本意な性的接触を受けた男性の53%は、加害者が女性であったと報告されている。Centers for Disease Control and Prevention, "Intimate Partner Violence, Sexual Violence, and Stalking Among Men," in "The National Intimate Partner and Sexual Violence Survey," 2015, https://www.cdc.gov/violenceprevention/datasources/nisvs/men-ipvsvand stalking.html.

14 被害者たちの証言や法廷での発言に関する記述は、2019年2月26日にユタ州第6区少年裁判所で行われた公判の公文書公開請求により入手した音声ファイルから引用したものである。

15 同上。

16 訴訟に関連して提出されたマーティンの宣誓供述書より。John Doe vs. Hamilton County Board of Education, U.S. District Court for the Eastern District of Tennessee, Doc 139-15, 52.

17 宣誓供述書と裁判官命令を含む、ハミルトン郡の学校に対するマーティンの訴訟に関連して法廷に提出された書類より詳細を入手。August 6, 2018, order by Judge Sandy Mattice, https://cdn.atixa.org/website-media/atixa.org/wp-content/uploads/2018/08/12192020/248-Ct-Order-on-Motions-for-Summary-Judgment2-1.pdf.

18 同上。

19 マーティンの宣誓供述書。61.

20 Susan Stuart, "Warriors, Machismo, and Jockstraps: Sexually Exploitative Athletic Hazing and Title IX in the Public School Locker Room," *Western New England Law Review* 35, no. 2 (2013): 377–423, https://digitalcommons.law.wne.edu/cgi/viewcontent.cgi?article=1710&context=lawreview.

21「誰かの自主権や価値を貶めるのに、『女子』『女』『ビッチ』『弱虫』などと呼んだり、貫通を伴う性的虐待をしたりすること以上に良い方法はないだろう」と、運動学教授でノーザン・アイオワ大学の大学院長を務めるジェニファー・ウォルドロンが私とのインタビューで話した。ウォルドロンは、少年による儀式化された性暴力について研究し、執筆してきた。

22 2018年8月6日のマティス判事の命令。

23 Kendi A. Rainwater, "All Three Defendants in Ooltewah Rape Case Found Guilty, Two Receive Reduced Charges," *Chattanooga Times Free Press*, August 30, 2016, https://www.timesfreepress.com/news/local/story/2016/aug/30/all-three-defendants-ooltewah-rape-case-found-guilty-two-reduced-charges/384141/#document_1661.

24 Travis Dorman, "Judge Tosses Perjury Charges Against Gatlinburg Detective in Ooltewah Rape Case," *Knoxville News Sentinel*, November 28, 2017, https://www.knoxnews.com/story/news/crime/2017/11/28/judge-tosses-perjury-charges-against-gatlinburg-detective-ooltewah-rape-case/903329001/.

25 バーンズの証言の該当箇所のビデオはオンラインで閲覧可能。"Ooltewah Assault Hearing Part 3," Law & Crime Network, February 15, 2016, https://www.youtube.com/watch?v=8G-epfmV_xA. 20:30からのコメントを参照。

26 同上。

27 バーンズの証言ビデオはオンラインで閲覧可能。"Full Preliminary Hearing: Ooltewah Assault," WRCB Chattanooga, 2016, https://www.youtube.com/watch?v=eE5b-0fJq8HE. "There was no rape or torture": 2:13:55. "What this case actually is": 2:14:42.「苦悶の叫びもなかった」というバーンズの主張は、彼が自らの調書で記述していた、被害者が「痛みで叫んでいた」という内容と矛盾しているように思われる。チャタヌーガの検察官ニール・ピンクストンが彼の供述に関する調査を依頼した後、大陪審はバーンズを2件の加重的偽証罪で起訴した。最終的に不起訴となったものの、現在バーンズはピンクストンを名誉毀損で訴えている。Dorman, "Judge Tosses Perjury Charges."

28 私はバーンズに連絡を取り、この発言の真意について尋ねた。彼は、事件に関連した民事訴訟が係争中のためコメントはできないと言い、彼の弁護士を紹介してくれた。弁護士が応答することはなかった。

29 教育委員会の代弁者によると、この事案は学区の賠償責任保険会社によって引き継がれたため、委員会もその弁護団も、この特定の動きやそれに関する法的手続きのいずれにも関与していないと述べた。

30 保険会社は、同じバスケットボール大会の遠征で被害に遭った別の生徒とも未公表の金額で和解した。

31 Kelsey Logan and Steven Cuff, "Organized Sports for Children, Preadolescents, and Adolescents," *Pediatrics* 143, no. 6 (2019): e20190997, https://doi.org/10.1542/peds.2019-0997.

32 ヘイジングの専門家である心理学者のスーザン・リプキンスや、米国州立高校協会のスポーツ・認可・学生

football-hazing-investigation/2018/11/02/1dae6656-dec2-11e8-85df-7a6b4d25cfbb _story.html.

2 ダマスカス高校の事件に関する記述は、私が入手したモンゴメリー郡地方裁判所に提出された逮捕状と、ワシントン・ポスト紙で報じられた検察官による事件説明に基づいている。Dan Morse and Donna St. George, "'Astonishingly Cruel': Prosecutor Describes Locker Room Sex Assault Case at Damascus High School," *Washington Post*, November 26, 2018, https://www.washingtonpost.com/local/public-safety/extraordinarily-violent-and-cruel-prosecutor-describes-sex-assault-case-at-damascus-high-school/2018/11/26/a48dde98-f19d-11e8-aeea-b85fd44449f5_story.html.

3 ワシントン・ポスト紙が報じた法廷での検察官の声明より。Morse and St. George, "'Astonishingly Cruel.'"

4 Dan Morse and Donna St. George, "A Football Locker Room, a Broomstick and a Sex Assault Case Roil a School," *Washington Post*, March 29, 2019, https://www.washingtonpost.com/local/crime/a-football-locker-room-a-broomstick-and-a-sex-assault-case-roil-a-school/

5 テネシー州の連邦地方裁判所で被害者が起こした「ジョン・ドウ対ハミルトン郡教育委員会他」（John Doe v. Hamilton County Board of Education et al.）訴訟による情報。本件は地元のメディア、特にチャタヌーガ・タイムズ・フリー・プレス紙でも大きく取り上げられた。

6 テキサス州西部地区の連邦地方裁判所で行われた「ジョン・ドウ他対ラバーニア独立学区」（John Doe et al v. La Vernia Independent School District）訴訟で、被害者とされる2人の両親によって連邦裁判所に提出された訴状による情報。本件は、以下のように、地元メディアでも大きく取り上げられている。Lauren Caruba and Caleb Downs, "Mugshots: La Vernia Athletics Scandal Arrests Climb to 13," *San Antonio Express-News*, April 12, 2017, https://www.mysanantonio.com/news/local/crime/article/3-more-students-arrested-La-Vernia-hazing-scandal-11068363.php.

7 Samantha Vicent, "Former Bixby Players Accused of Raping Teammate Ordered to Pay $300 in Restitution on Amended Assault Charge, Court Records Show," *Tulsa World*, February 20, 2019, https://www.tulsaworld.com/news/local/crime-and-courts/former-bixby-players-accused-of-raping-teammate-ordered-to-pay/article_7ea7c7f2-5518-5cc4-a218-d6a32881c832.html.

8 Ateret Gewirtz-Meydan and David Finkelhor, "Sexual Abuse and Assault in a Large National Sample of Children and Adolescents," *Child Maltreatment* 25, no. 2 (May 2020): 203–14, https://doi.org/10.1177/1077559519873975. 暴行や虐待を経験した少女のうち、加害者の88%が少年である。被害者が少年の場合、加害者の46%が他の少年であり、54%が少女である。1万3000人以上の調査対象者のうち、9歳以下の調査は対象者の親が記入している。つまり、子どもたちは虐待されたことを誰にも打ち明けないことが一般的であることから、いくつかの事案は数に含まれないことを意味する。10歳から17歳の子どもは自ら調査に記入しており、その回答で、性的暴行や虐待事案のうち3分の2は、親やその他の大人に報告されていないことが判明した。

9 この数字は、1990年代にCDCとカイザー・パーマネンテが実施した逆境的小児期体験に関する画期的な研究「CDCとカイザー・パーマネンテの逆境的小児期体験（ACE）研究」から引用。この研究は、1万7000人以上のカリフォルニア州民を対象とした調査に基づいており、対象者のほとんどは白人で高校以上の教育を受けていた。Centers for Disease Control and Prevention, "About the CDC-Kaiser Ace Study," accessed September 27, 2019, https://www.cdc.gov/violenceprevention/childabuseandneglect/acestudy/about.html.

少年における児童性的虐待の横行を測定しようとした別の調査では、より低い推定値が得られている。たとえば2013年には、ニューハンプシャー大学 児童に対する犯罪研究センターのデイヴィッド・フィンケルホー率いるチームによって、12人に1人の少年が18歳になるまでに性的虐待を経験していることが明らかになった。フィンケルホーは、研究者が「この問題に関する正確さをもっと求める」ことをしないのは、①かなりの数の男性が被害に遭っていること、そして②少年の問題は少女ほど頻繁ではないが十分に一般的な問題であり、少年を対象としたあらゆる予防・教育の取り組みが考慮され、実施されるべきだという総意があるからだとメールで述べている。David Finkelhor, Anne Shattuck, Heather A. Turner, and Sherry L. Hamby, "The Lifetime Prevalence of Child Sexual Abuse and Sexual Assault Assessed in Late Adolescence," *Journal of Adolescent Health* 55, no. 3 (2014): 329–33, https://doi.org/10.1016/j.jadohealth.2013.12.026.

10 Sharon G. Smith et al., "National Intimate Partner and Sexual Violence Survey: 2015 Data Brief—Updated Release," National Center for Injury Prevention and Control, Centers for Disease Control and Prevention, 2018, https://www.cdc.gov/violenceprevention/pdf/2015data-brief508.pdf, 2-3. 疾病予防管理センターによると、生涯で性的被害に遭ったことがあると回答する女性が44%であるのに対し、男性は25%である。

11 これらの数字はレイプ以外の性暴力を指している。この調査では、ゲイやバイセクシュアルの男性における比較可能なレイプ被害率を評価することはできなかった。

Account for About One-in-Five U.S. Parents," Pew Research Center, September 24, 2018, https://www.pewresearch.org/fact-tank/2018/09/24/stay-at-home-moms-and-dads-account-for-about-one-in-five-u-s-parents/.

18 Gretchen Livingston and Kim Parker, "8 Facts About American Dads," Pew Research Center, June 12, 2019, https://www.pewresearch.org/fact-tank/2019/06/12/fathers-day-facts/.

19 米国国勢調査局によると、1970 年には正看護師に占める男性の割合は 2.7% だった。2011 年までには、この数字は 9.6% に増加した。Liana Christin Landivar, "Men in Nursing Occupations: American Community Survey Highlight Report," U.S. Census Bureau, 2013, https://www.census.gov/content/dam/Census/library/working-papers/2013/acs/2013_Landi var_02.pdf. 労働統計局によると、2018 年には男性は正看護師のうちの 11.4% を占めていた。"Labor Force Statistics from the Current Population Survey," https://www.bls.gov/cps/cpsaat11.htm.

20 Livingston, "Stay-at-Home Moms and Dads Account for About One-in-Five U.S. Parents."

21 同上。母親は父親よりも約 75% 多くの時間を育児や家事に費やしている。

22 Bureau of Labor Statistics, "Labor Force Statistics from the Current Population Survey."

23 歯科助手と保育士に関するデータは労働統計局によるものである。小学校教師に関するデータは、毎年「教育の条件」("The Condition of Education")という概要を発行している米国教育統計センターによるもの。教員の性別に関するデータは同概要の小項目「公立学校教員の特徴」("Characteristics of Public School Teachers," 2020)から引用。https://nces.ed.gov/programs/coe/indicator_clr.asp.

24 この数字は、世論調査会社であるペリー・アンデム社が非営利団体のプラン・インターナショナル・USA のために 2018 年に実施した、10 歳から 19 歳を対象とした貴重な調査から引用している。"The State of Gender Equality for U.S. Adolescents," 2018, https://www.planusa.org/docs/state-of-gender-equality-2018.pdf.

25 同上。

26 「そうした経験(性行為)はしたいけど、ちゃんと意味のあるものにしたい」。コロンビア大学公衆衛生大学院の教授で、ニューヨーク・プレスビテリアン病院の青年クリニックを運営する医師、デイヴィッド・L・ベルが率いる研究者チームに、ある 15 歳の少年がこのように語った。「ただ経験したかったからではなく、お互いが望んでしたことであってほしいと思います。その出来事を振り返ったときに、ただその子とセックスをしたという思い出だけでなく、その子のことがすごく大事だったことを思い出したいのです」David L. Bell, Joshua G. Rosenberger, and Mary A. Ott, "Masculinity in Adolescent Males' Early Romantic and Sexual Heterosexual Relationships," *American Journal of Men's Health* 9, no. 3 (2015): 201–8, https://doi.org/10.1177/1557988314535623, retrieved from https://pdfs.semanticscholar.org/2771/384507b3666a29947b-9736d5ee6bfe50a200.pdf.

27 ウェイの研究に関する記述は、私が実施した彼女へのインタビューと彼女の著書によるものである。Niobe Way, *Deep Secrets: Boys' Friendships and the Crisis of Connection* (Cambridge, MA: Harvard University Press, 2013).

28 Venkatraman Chandra-Mouli et al., "Implications of the Global Early Adolescent Study's Formative Research Findings for Action and for Research," *Journal of Adolescent Health* 61, no. 4 (2017): S5–9, https://www.jahonline.org/article/S1054-139X(17)30358-0/fulltext.

29 Sara De Meyer et al., "'Boys Should Have the Courage to Ask a Girl Out': Gender Norms in Early Adolescent Romantic Relationships," *Journal of Adolescent Health* 61, no. 4 (2017): S42–47, https://doi.org/10.1016/j.jadohealth.2017.03.007.

30 Chunyan Yu et al., "Marching to a Different Drummer: A Cross-Cultural Comparison of Young Adolescents Who Challenge Gender Norms," *Journal of Adolescent Health* 61, no. 4 (2017): S48–54, https://www.sciencedirect.com/science/article/pii/S1054139X17303312.

31 Robert W. Blum, Mengmeng Li, and Gia Naranjo-Rivera, "Measuring Adverse Child Experiences Among Young Adolescents Globally: Relationships with Depressive Symptoms and Violence Perpetration," *Journal of Adolescent Health* 65, no. 1 (January 2019): 86–93, https://www.sciencedirect.com/science/article/pii/S1054139X1930062X.

32 第 8 章を参照。

33 同上。

34 Andra Teten Tharp et al., "A Systematic Qualitative Review of Risk and Protective Factors for Sexual Violence Perpetration," *Trauma, Violence, & Abuse* 14, no. 2 (December 2012): 133–67, https://doi.org/10.1177/1524838012470031.

第 1 章　私たちには見えていないもの —— 少年に対する性的暴行の密かな流行

1 Dan Morse and Donna St. George, "Five Teens Charged with Rape Counts Amid Damascus Football Hazing Investigation," *The Washington Post*, November 2, 2018, https://www.washingtonpost.com/local/public-safety/three-male-teens-charged-with-rape-amid-damascus-

註

プロローグ

1 ワインスタインは同意のない性交に関する全ての容疑を否認している。Jodi Kantor and Megan Twohey, "Harvey Weinstein Paid Off Sexual Harassment Accusers for Decades," *New York Times,* October 5, 2017, https://www.nytimes.com/2017/10/05/us/harvey-weinstein-harassment-allegations.html; Ronan Farrow, "From Aggressive Overtures to Sexual Assault: Harvey Weinstein's Accusers Tell Their Stories," *New Yorker*, October 10, 2017, https://www.newyorker.com/news/news-desk/from-aggressive-overtures-to-sexual-assault-harvey-weinsteins-accusers-tell-their-stories.

2 "Kavanaugh Hearing: Transcript," Bloomberg Government 提供。*Washington Post*, September 27, 2018, https://www.washingtonpost.com/news/national/wp/2018/09/27/kavanaugh-hearing-transcript/.

3 Emma Brown, "California Professor, Writer of Confidential Brett Kavanaugh Letter, Speaks Out About Her Allegation of Sexual Assault," *Washington Post*, September 16, 2018, https://www.washingtonpost.com/investigations/california-professor-writer-of-confidential-brett-kavanaugh-letter-speaks-out-about-her-allegation-of-sexual-assault/2018/09/16/46982194-b846-11e8-94eb-3bd52dfe917b_story.html.

4 同上。

5 Liam Chalk, Jonah Chang, and Simon Palmore, "Stand Up St. Albans," *Saint Albans News*, September 2018.

6 Gladys M. Martinez and Joyce C. Abma, "Sexual Activity and Contraceptive Use Among Teenagers Aged 15–19 in the United States, 2015–2017," National Center for Health Statistics (Hyattsville, MD), 2020, https://www.cdc.gov/nchs/products/databriefs/db366.htm. 全国家庭動向調査のデータによると、2015 年から 2017 年の間で、15 歳から 19 歳の少女のうち性交を行ったのは 42% であるのに対し、少年は 38%であった。少年の場合、その割合は 2002 年から 17%も減少している。

7 Danielle Kurtzleben, "Here's the List of Women Who Accused Donald Trump of Sexual Misconduct," NPR, October 20, 2016, https://www.npr.org/2016/10/13/497799354/a-list-of-donald-trumps-accusers-of-inappropriate-sexual-conduct.

8 David A. Fahrenthold, "Trump Recorded Having Extremely Lewd Conversation About Women in 2005," *Washington Post*, October 8, 2016, https://www.washingtonpost.com/politics/trump-recorded-having-extremely-lewd-conversation-about-women-in-2005/2016/10/07/3b9ce776-8cb4-11e6-bf8a-3d26847eeed4_story.html.

9 Philip Rucker, "Trump Says Fox's Megyn Kelly Had 'Blood Coming Out of Her Wherever,'" *Washington Post*, August 8, 2015, https://www.washingtonpost.com/news/post-politics/wp/2015/08/07/trump-says-foxs-megyn-kelly-had-blood-coming-out-of-her-wherever/.

10 Kirstin Olsen, *Chronology of Women's History* (Westport, CT: Greenwood Press, 1994), 113.

11 Joel McFarland et al., "The Condition of Education 2019. NCES 2019-144," National Center for Education Statistics, 2019, https://nces.ed.gov/pubs2019/2019144.pdf, xxxv, 147.

12 William J. Hussar and Tabitha M. Bailey, "Projections of Education Statistics to 2027. NCES 2019-001," National Center for Education Statistics, 2019, https://nces.ed.gov/pubs2019/2019001.pdf.

13 賃金平等に関する全国委員会が発表した米国国勢調査データより。https://www.pay-equity.org/info-time.html.

14 Samantha Schmidt, "Chance the Rapper Postpones Tour for Paternity Leave after Birth of Second Daughter," *Washington Post*, September 10, 2019, https://www.washingtonpost.com/lifestyle/2019/09/10/chance-rapper-postpones-tour-paternity-leave-after-birth-second-daughter/.

15 Alexis Ohanian, "Alexis Ohanian: Paternity Leave Was Crucial after the Birth of My Child, and Every Father Deserves It," *The New York Times*, April 15, 2020, https://www.nytimes.com/2020/04/15/parenting/alexis-ohanian-paternity-leave.html.

16 *Recode Decode*, hosted by Kara Swisher, podcast audio. Ohanian: all parents, including dads, should have six months of paid family leave. https://www.vox.com/recode-podcasts.

17 Gretchen Livingston, "Stay-at-Home Moms and Dads

【著者略歴】

エマ・ブラウン（Emma Brown）

ワシントン・ポスト紙の調査報道記者。ジャーナリストになる前は、ワイオミング州で自然保護官、アラスカ州で中学校の数学教師として勤務。夫と 2 人の子どもとワシントン DC に在住。

【訳者略歴】

山岡希美（やまおか・きみ）

翻訳家。16 歳まで米国カリフォルニア州で生活。同志社大学心理学部卒。訳書に『無意識のバイアス』（明石書店）。共訳に『リモートワーク』（明石書店）、『教えて！　哲学者たち』（全 2 巻、大月書店）など。

男子という闇
――少年をいかに性暴力から守るか

二〇二二年一一月一八日　初版第一刷発行

著　者――エマ・ブラウン
訳　者――山岡希美
発行者――大江道雅
発行所――株式会社 明石書店
一〇一‐〇〇二一　東京都千代田区外神田六‐九‐五
電　話　〇三‐五八一八‐一一七一
FAX　〇三‐五八一八‐一一七四
振　替　〇〇一〇〇‐七‐二四五〇五
http://www.akashi.co.jp
装　丁――間村俊一
印刷／製本――モリモト印刷株式会社
ISBN 978–4–7503–5281–7
（定価はカバーに表示してあります）

第三の性「X」への道

男でも女でもない、ノンバイナリーとして生きる

ジェマ・ヒッキー［著］
上田勢子［訳］

◎四六判／上製／264頁　◎2,300円

女性として生まれたが幼少期から自分の性に違和感を覚え、2017年にカナダで初めて男女の性別記載のない出生証明書を取得した人権活動家の自伝。周囲からのいじめや神父による性的虐待に悩みながらも、自己を貫く姿に勇気づけられる一冊。

《内容構成》

日本の読者のみなさんへ
序文
情熱
希望のウォーキング
：ポルトー・バスクから
コール・ブルックへ
タペストリー
聖霊
男子の人気者
希望のウォーキング
：ステファンヴィルから
コーナー・ブルックへ
告解
再定住
希望のウォーキング
：ディア・レイクから
サウス・ブルックへ
ユング
りんごとオレンジ
ツール
コロニアル・ストリート
希望のウォーキング
：グランド・フォールズから
ガンダーへ
善良な神父
患者H
イエスさま、マリアさま、
そしてジョーイ
希望のウォーキング
：ガンボから
クラレンヴィルへ
レシピ
改宗
地図を作り直す
重い荷物
白旗
希望のウォーキング
：アーノルズ・コウブから
ホリールッドへ
時計
教訓
王様
ホームラン
訳者あとがき

〈価格は本体価格です〉

見えない性的指向
アセクシュアルのすべて

誰にも性的魅力を感じない
私たちについて

ジュリー・ソンドラ・デッカー［著］
上田勢子［訳］

◎四六判／並製／320頁　◎2,300円

性的な関心が少ない、性的なものに惹かれない「アセクシュアル」を自認する人が増えている。アセクシュアリティの概説から暮らしの中で受ける誤解、さらには自分が、恋人が、友人がアセクシュアルだった場合の理解と対応まで、当事者として活動してきた著者が丁寧に説く。

《内容構成》

パート1　アセクシュアリティの基礎知識
パート2　アセクシュアリティの体験について
パート3　アセクシュアリティについての多くのうそ
パート4　もしあなたがアセクシュアルなら
（または、そうかもしれないと思ったら）
パート5　知っている人がアセクシュアルか、
そうかもしれないと思ったら
パート6　他の情報

〈価格は本体価格です〉